同济大学研究生教材

轨道车辆设计

RAILWAY VEHICLE DESIGN

陆正刚　王文斌　编著

内 容 提 要

铁道车辆和城市轨道交通车辆设计是一个多学科集成和交叉的系统工程,同时又是一个多学科设计优化的过程,所设计的轨道车辆既需要满足现代轨道交通系统对产品高安全可靠、环境友好的性能要求,又要降低设计和制造成本,缩短研发周期。本书从轨道车辆的车体和转向架的结构设计出发,重点介绍疲劳可靠性、多学科设计优化、被动安全和数字化虚拟设计等现代设计理论和方法,以及在轨道车辆及零部件设计方面的应用。全书共7章,主要内容包括绪论、车体结构设计、环境友好型转向架设计、疲劳可靠性设计、被动安全设计、多学科设计优化及虚拟设计。

本书为轨道车辆及相关专业的研究生课程教材,本硕贯通一体化课程教材,也可以作为相关研究人员的参考书。

图书在版编目(CIP)数据

轨道车辆设计/陆正刚,王文斌编著. ——上海:同济大学出版社,2015.12
ISBN 978-7-5608-6115-9

Ⅰ.①轨… Ⅱ.①陆… ②王… Ⅲ.①轨道车辆—设计 Ⅳ.①U270.9

中国版本图书馆 CIP 数据核字(2015)第 298990 号

轨道车辆设计

陆正刚　王文斌　编著

责任编辑　李小敏　　责任校对　徐春莲　　封面设计　潘向蓁

出版发行	同济大学出版社　www.tongjipress.com.cn	
	(地址:上海市四平路1239号　邮编:200092　电话:021-65985622)	
经　销	全国各地新华书店	
印　刷	同济大学印刷厂	
开　本	787 mm×1092 mm　1/16	
印　张	20.75	
字　数	518 000	
版　次	2015年12月第1版　2015年12月第1次印刷	
书　号	ISBN 978-7-5608-6115-9	
定　价	68.00元	

本书若有印装质量问题,请向本社发行部调换　　版权所有　侵权必究

前　言

　　铁道和城市轨道交通车辆，无论是机车、高铁动车组、城市轨道交通车辆还是现代有轨电车均是机、电、控制一体化和信息技术相结合的高技术、高安全产品，集成度高、复杂程度大。从概念、设计、零部件试验、整车装配和性能测试到最终产品的确认全过程开发周期长、试验成本巨大，而运用过程性能优劣和零部件的疲劳和可靠性预测和防治更需要长时间的数据积累。

　　现代轨道车辆的性能要求可以从安全可靠性(包括运行稳定性和安全性、结构强度与疲劳、系统可靠性等)、舒适性(包括动力学性能、车内噪声等)、低能耗(包括牵引系统优化、节能电机、再生制动、低运行阻力车体与转向架、节能技术等)和环境友好(包括低噪声设计、低振动传递、绿色设计、环保材料使用等)等四大方面来描述，因此轨道车辆的设计过程是一个多学科交叉的系统工程，包括动力学、有限元、疲劳可靠性、被动安全、空气动力学、NVH、材料等不同学科及学科交叉，同时又是一个多学科集成和优化的过程。

　　本书将轨道车辆的性能设计要求与现代设计理论和方法结合在一起，一方面重点介绍疲劳可靠性设计、被动安全设计、多学科设计优化、数字化虚拟设计等现代设计理论和方法；另一方面以轨道车辆的车体、转向架及零部件结构和性能设计为导向，提出轨道车辆基于安全可靠性、环境友好、多学科设计优化的设计方法和数字化设计平台。

　　本书重点介绍近年来国内外在现代设计理论和方法领域的理论、方法，轨道车辆设计方面的工程实例，以及编著者和研究团队近年来的研究成果。通过设计理论与工程实际的结合及案例分析来提升学生在轨道车辆设计方面的理论水平和解决工程设计的能力。

　　本书由同济大学陆正刚、王文斌编著。具体包括：陆正刚负责第1章绪论，第3章环境友好型转向架设计，第6章多学科设计优化，第7章虚拟设计以及第4章的第6节等；王文斌负责第2章车体结构设计，第4章疲劳可靠性设计的第1~5、7节，第5章被动安全设计等。在编写过程中，我们还得到了相关单位、行业专家、老师和研究生的支持，在此一并表示感谢。

　　本书的不少内容借鉴了国内外相关教材，也融入了近年来的研究成果，限于作者水平，难免有错误和不当之处，敬请读者批评指正。

目　　录

前言

第1章　绪论 ··· 1
1.1　机车车辆产品设计演变 ··· 1
1.1.1　机车 ·· 1
1.1.2　客车和动车组 ·· 4
1.1.3　货车 ·· 6
1.2　轨道车辆设计基本原则 ··· 8
1.2.1　车辆设计总体原则 ··· 8
1.2.2　车体设计原则 ·· 9
1.2.3　转向架设计原则 ·· 9
1.3　现代设计理论和方法 ··· 11
1.3.1　优化设计 ·· 13
1.3.2　疲劳可靠性设计 ·· 14
1.3.3　虚拟设计 ·· 14
1.3.4　创造性设计 ·· 16
1.3.5　现代设计方法在产品开发中的重要性 ························ 16
1.4　轨道车辆现代设计方法 ·· 16
参考文献 ··· 17

第2章　车体结构设计 ·· 18
2.1　车辆强度设计内涵及其技术进展 ··································· 18
2.1.1　车辆强度设计的内涵 ··· 18
2.1.2　轨道车辆结构设计与分析技术的进展 ······················· 20
2.2　客车车体设计 ·· 21
2.2.1　设计规范概述 ··· 21
2.2.2　作用在车体上的载荷 ··· 22

    2.2.3 应力评定 ··· 29
    2.2.4 车体刚度评定 ··· 31
    2.2.5 振动模态 ··· 32
    2.2.6 客车强度标准的发展趋势 ··· 33
    2.2.7 轨道车辆车体结构的有限元模型及计算实例 ························· 34
  2.3 货车车体设计 ··· 36
    2.3.1 设计规范概述 ··· 36
    2.3.2 车辆基本作用载荷(或力)及其组合 ···································· 36
    2.3.3 应力评定 ··· 40
    2.3.4 AAR 标准与我国标准的比较 ··· 40
  2.4 低阻力车体设计 ··· 41
    2.4.1 列车车体空气动力学问题 ··· 41
    2.4.2 高速列车外形设计 ··· 44
  2.5 轻量化车体设计 ··· 47
    2.5.1 车体轻量化的必要性 ·· 47
    2.5.2 轻金属材料的选择 ··· 47
    2.5.3 新型轻质结构材料及其在车体结构中的应用 ························· 51
    2.5.4 结构优化设计理论 ··· 53
    2.5.5 车体结构优化实例——磁浮车车体结构优化 ························· 55
  参考文献 ··· 58

第3章 环境友好型转向架设计 ·· 59
  3.1 转向架基本型式、功能和组成 ·· 59
    3.1.1 转向架基本型式 ·· 59
    3.1.2 转向架功能 ·· 61
    3.1.3 转向架组成 ·· 61
  3.2 转向架基本性能要求和设计规范 ··· 71
    3.2.1 转向架基本性能要求 ·· 71
    3.2.2 转向架设计规范 ·· 71
    3.2.3 转向架设计基本准则 ·· 73
  3.3 低阻力径向转向架设计 ··· 76
    3.3.1 径向转向架基本概念与动力学原理 ···································· 77

3.3.2　径向转向架基本型式 ··· 83
　　3.3.3　国内外低阻力径向转向架实例 ····································· 86
　　3.3.4　径向转向架设计原则 ··· 90
3.4　低噪声转向架设计 ··· 91
　　3.4.1　轮轨系统噪声及限制标准 ·· 91
　　3.4.2　轮轨滚动噪声分析 ··· 100
　　3.4.3　降低轮轨滚动噪声技术 ··· 109
3.5　转向架弹性及减振元件设计 ··· 122
　　3.5.1　金属-橡胶复合弹簧 ·· 122
　　3.5.2　磁流变液减振器 ·· 134
　　3.5.3　位移选择型减振器 PDD ·· 143
　　3.5.4　频率选择型减振器 FSD ··· 146
参考文献 ··· 147

第 4 章　疲劳可靠性设计 ·· 149
4.1　疲劳破坏与疲劳设计 ··· 149
　　4.1.1　疲劳破坏的特点 ·· 149
　　4.1.2　疲劳破坏过程 ··· 150
　　4.1.3　疲劳设计方法 ··· 151
4.2　疲劳载荷谱 ·· 152
　　4.2.1　疲劳载荷及其分类 ··· 152
　　4.2.2　随机疲劳载荷的处理及编谱 ······································· 152
4.3　材料强度-寿命曲线 ··· 154
　　4.3.1　疲劳应力循环 ··· 154
　　4.3.2　S-N 曲线 ··· 154
　　4.3.3　ε-N 曲线 ··· 155
　　4.3.4　循环应力-应变曲线 ·· 156
4.4　疲劳寿命分析 ··· 157
　　4.4.1　疲劳寿命评估方法 ··· 157
　　4.4.2　疲劳累积损伤理论 ··· 162
　　4.4.3　疲劳寿命分析流程 ··· 165
4.5　疲劳强度与寿命评定 ··· 168

  4.5.1 应力应变疲劳寿命估算法 … 168
  4.5.2 等效应力幅评估法 … 168
  4.5.3 疲劳极限线图法 … 169
 4.6 基于标准的疲劳寿命评估方法 … 170
  4.6.1 基于 AAR 标准 … 170
  4.6.2 基于 FKM 标准 … 171
  4.6.3 基于 IIW 标准 … 174
 4.7 车体结构疲劳寿命分析实例 … 175
 参考文献 … 177

第5章 被动安全设计 … 178

 5.1 车辆被动安全技术概述及耐撞击安全性能评价 … 178
  5.1.1 车辆被动安全技术概述 … 178
  5.1.2 轨道车辆耐撞击安全性能评价标准 … 181
 5.2 车辆被动安全系统组成及设计 … 182
  5.2.1 车辆碰撞的能量 … 182
  5.2.2 车辆被动安全系统的设计及其组成 … 183
 5.3 轨道车辆撞击吸能元件及装置 … 186
  5.3.1 吸能元件及结构的原理和要求 … 186
  5.3.2 薄壁圆管轴向碰撞吸能特性 … 187
  5.3.3 防爬器 … 188
 5.4 乘员二次碰撞安全防护 … 190
  5.4.1 撞击伤害及其影响因素 … 190
  5.4.2 乘员碰撞安全防护设计 … 192
 5.5 车辆碰撞仿真和试验技术 … 193
  5.5.1 车辆碰撞仿真分析技术 … 193
  5.5.2 车辆碰撞试验技术 … 197
 5.6 设计分析案例 … 200
  5.6.1 地铁车辆耐碰撞仿真分析 … 200
  5.6.2 高速动车组 … 203
 参考文献 … 209

第6章 多学科设计优化 ... 210

6.1 优化设计方法 ... 210
6.1.1 优化问题基本概念 ... 210
6.1.2 优化问题分类 ... 211
6.1.3 优化方法 ... 212

6.2 无约束问题的优化方法 ... 214
6.2.1 基于导数的优化算法 ... 214
6.2.2 非导数的优化算法 ... 216

6.3 约束问题的优化方法 ... 220

6.4 多学科设计优化 ... 221
6.4.1 多学科设计优化起源与发展 ... 221
6.4.2 多学科设计优化理论 ... 223
6.4.3 多学科设计优化平台 OPTIMUS ... 234

6.5 案例分析：基于多学科设计优化的高速轮对车轮型面镟修 ... 238
6.5.1 问题提出 ... 238
6.5.2 车轮型面镟修多学科设计优化数学模型 ... 239
6.5.3 优化镟修算例 ... 242
6.5.4 优化镟修后对车辆动力学性能的影响分析 ... 244

参考文献 ... 245

第7章 虚拟设计 ... 246

7.1 虚拟设计与虚拟样机 ... 246
7.1.1 需求样机 ... 249
7.1.2 概念样机 ... 249
7.1.3 工程样机 ... 249
7.1.4 最终原型样机 ... 250

7.2 虚拟设计与虚拟现实 ... 253

7.3 轨道车辆虚拟样机建模与仿真 ... 257
7.3.1 多体系统动力学基础 ... 257
7.3.2 多体系统动力学虚拟样机建模与仿真 ... 275
7.3.3 机械-控制系统虚拟样机建模与仿真 ... 284
7.3.4 参数化建模与优化分析 ... 288

7.4 轨道车辆虚拟设计仿真平台 291
7.4.1 平台开发意义和必要性 291
7.4.2 平台总体架构 293
7.4.3 平台组织架构及配置 294
7.4.4 轮轨接触几何和虚拟镟修模块 296
7.4.5 全参数化车辆多体动力学模型 300
7.4.6 动力学仿真模块 307
7.4.7 FEA 静强度分析模块 316
7.4.8 疲劳分析模块 318
7.4.9 虚拟现实功能模块 320
7.4.10 平台工程应用 320

参考文献 321

第1章 绪　　论

1.1　机车车辆产品设计演变

1.1.1　机车

从1804年英国人德里维斯克改进瓦特的蒸汽机造出了一台货运蒸汽机车开始,铁路运输从最初的马车牵引转变为蒸汽动力牵引。铁路机车的200多年发展历史,经历了从蒸汽机车、内燃机车、电力机车的不同动力集中驱动方式到目前高速列车的动力分散的电动车组,列车的速度从最初的每小时几公里,发展到超过500 km/h的轮轨驱动的最高纪录。

1810年,英国人史蒂文森开始自己动手制造蒸汽机车,到1814年他的"布鲁克"号机车开始运行,这台机车有两个汽缸、一个2.5 m长的锅炉,装有凸缘的车轮可以拉着8节矿车载重30 t,以6.4 km/h的速度前进。1825年从达灵顿到斯托克顿的铁路建成通车,两根轨道之间的距离为1 435 mm,这是世界上第一条采用机车牵引并同时办理客运和货运业务的铁路。图1-1为现存的最早的蒸汽机车。

图1-1　现存的最早的蒸汽机车(1897年)

在随后的几十年中,蒸汽机车虽然得到广泛应用,但也存在着许多难以克服的缺点,比如运送的煤的1/4被机车自己"吃掉"了,每行驶80～100 km就要加水,行驶200～300 km就要加煤,行驶5 000～7 000 km还要洗炉,在行驶中要排放黑烟,污染环境,尤其是在过山洞时,浓烟难以散出去,影响旅客和车上工作人员的健康,正是由于这些原因,曾经辉煌一时的蒸汽机车开始退出历史舞台,逐渐被新一代的电力机车和内燃机车所取代。

1879年,德国人西门子制造出一台小型电力机车,由150 V直流发电机供电。1890年,英国的电力机车正式用于营业;美国于1895年开始将电力机车应用于干线运输;以后德国、日本相继研制出了实用的电力机车,从此,电气化铁路迅速发展起来。目前电力机车的牵引功率可达6 400 kW,7 200 kW,9 600 kW,图1-2为西门子公司2010年生产的牵引功率6 400 kW的Vectron电力机车。

图1-2 西门子公司生产的Vectron电力机车(2010年)

20世纪初,美国通用电气公司组装了一辆汽油机车,用内燃机带动发电机,再通过发电机带动电动机,推动机车前进。柴油机发明后,由于它的经济性好,很快在铁路上得到广泛应用。1925年,美国新泽西州的中央铁路使用了第一辆220 kW的小型柴油机机车。后来很快出现了2 574 kW甚至5 516 kW的大型机车,可以牵引超过5 000 t的货物,速度高达145 km/h。特别是第二次世界大战后,柴油机车的性能和制造技术迅速提高,功率增加了近一倍,并逐渐向大功率发展,加之石油价格低廉,促进了内燃机车的发展。美国、英国、加拿大等国都在10年左右的时间内实现了内燃机车化。图1-3为美国通用公司(GE)生产的ND5和AC6000CW型柴油内燃机车。

(a) ND5内燃机车(1981年)　　　　　　(b) AC6000CW型柴油机车(2009年)

图1-3 美国GE公司生产的ND5内燃机车和AC6000CW型柴油机车

最早的动车出现在1906年,是英国人制造的一台电传动150 kW汽油动车,可坐91人,并带有行李间,用于不繁忙地段。到了20世纪二三十年代,柴油动车发展迅速,随着动车功率的增大,人们开始在动车后面加挂一节或几节轻型无动力车辆,形成动车组。

中国从1952年开始自制蒸汽机车,1958年开始自制内燃机车,1960年开始自制电力机车。目前,中国铁路开始了向高速重载发展的新时期。随着大秦重载铁路万吨重载列车的开行,我国还自行研制了时速超过170 km/h的SS9型电力机车和DF11G型内燃机车。主要干线在提速至160 km/h的基础上向更高速度迈进。

ND5型机车是美国通用电器公司(GE)运输系统商业分公司制造的交—直流电力传动干线客、货运内燃机车(图1-3a)。柴油机装车功率为2 942 kW,机车整备重量为138 t,构造速度为118 km/h,通过最小曲线半径为85 m,能够多机重联牵引。

美国通用电气公司为北美市场提供的"创新"系列柴油机车和AC6000CW型柴油机车(图1-3b)。牵引功率为4 474 kW,在此基础上,中国南车集团戚墅堰机车有限公司及美国通用电气公司(GE)共同研制了HXN5型柴油机车(图1-4a),2009年投入运用。该型机车是根据中国铁路技术规范改进设计而成6 000 HP交流传动货运柴油机车,机车轴式Co-Co,轴重为25 t,采用单司机室外走廊车架承载结构车体、GEVO-16电子喷射柴油机、IGBT牵引变流器、CCA微机控制系统等技术,可在平直线路上单机牵引5 000 t货运列车,最高运行速度为120 km/h。

青藏线用DF8B内燃机车是以目前国内干线装车功率最大的重载牵引货运内燃机车——东风8B型机车为基础,进行高原适应性设计改进,满足青藏线内燃机车在海拔5 100 m处机车功率不小于2 700 kW的技术要求。同时为了适应青藏高原地理环境特点机车采用许多新技术、新结构,如:司机室玻璃采用防紫外线镀膜玻璃,并在司机室顶部后端设有制氧机,供司乘人员使用;为满足机车电机、电器在高海拔地区使用,进行了相应的高原适应性设计改进,蓄电池选用低温性能好的超高倍率碱性蓄电池。冷却水系统采用加压冷却,减振垫采用低温性能好、抗辐射的橡胶减振垫,同时机车增设防雷设施等新技术(图1-4b)。

(a) HXN5型货运内燃机车(2009年)　　　　(b) DF8B高原内燃机车(2008年)

图1-4　中国21世纪制造的内燃机车

近年来,中国的电力机车技术发展迅速,HXD2B型机车是中国北车集团大同电力机车有限责任公司与法国阿尔斯通公司联合研发。其设计以阿尔斯通PRIMA6000机车为原型车。HXD2B型机车采用中间走廊,整体独立通风系统,分布式微机控制系统,实现逻辑控制与自诊断功能,IGBT功率模块变流器,异步牵引电动机,牵引电机采用滚动抱轴式悬挂装置,牵引控制装置采用独立轴控方式,单轴功率为 1 600 kW,总功率 9 600 kW,可牵引 8 000 t 货运列车,最大运行时速达 120 km/h(轴式 Co-Co,图 1-5b)。

(a) SS9 型电力机车(2001 年)

(b) HXD2B 电力机车(2009 年)

图 1-5 中国 21 世纪制造的电力机车

典型的中国机车型式及主要参数如表 1-1 所示。

表 1-1　　　　　　　　　典型的中国机车型式及主要参数

型号	HXD2B	SS9 型	DF11	DF8B(高原型)	HXN5
电力种类	电力	电力	内燃/客运	内燃/客、货运	内燃/货运
设计制造	阿尔斯通-大同	中国株洲	中国戚墅堰	中国戚墅堰	美国-中国
建造年份	2009 年	2001 年	1991 年	2008 年	2009 年
UIC 轴式	Co-Co	Co-Co	Co-Co	Co-Co	Co-Co
轨距	1 435 mm	1 435 mm	1 435 mm	1 435 mm	1 435 mm
电力系统	交流 25 kV/50 Hz	交流 25 kV/50 Hz	交—直流电传动	交—直流电传动 齿轮传动比 77/17	交—直—交流电传动
最高速度	120 km/h	170 km/h	160 km/h	100 km/h	120 km/h
输出功率	9 600 kW	5 400 kW	3 040 kW	海拔 5 100 m:2 700 kW 海拔 2 800 m:3 400 kW	4 003 kW
轴重	23 t	21 t	23 t	23 t	25 t

1.1.2　客车和动车组

铁路以其快速、安全、节能和环保等特点,一直是人类最为重要的交通运输工具之一。为了增强铁路与公路、水运和航空运输竞争的能力,必须提高旅客列车的运行速度,缩短旅行时间,改善乘车条件,保证行车安全,制造出轻、快、稳的铁路客车。

在第二次世界大战结束后,铁路客运发展缓慢,中远程不如航空运输,短程不如公路运输,曾经被戴上"夕阳产业"的帽子。为了摆脱铁路客运的困境,增强与航空、高速公路的竞争能力,发展高速铁路是铁路旅客运输走出低谷的唯一途径。1964 年 10 月日本东海道新干线高速客运列车揭开了世界高速铁路建设运营的序幕,它以 210 km/h 的高速运行于东京与大阪之间。后来,西欧的德国、法国等发达国家也开通了运行速度更高(250～300 km/h)的高速客运列车。高速铁路由于具有高速、安全、环境污染小、载客量大等优点,因此,20 世纪 80 年代以来,高速客运发展迅速。作为高速列车中的高速客车,在常规客车的基础上,在性能、结构、材料和装备上有了重大的改进,典型的如日本新干线列车、法国的 TGV 高速列车、德国的 ICE 高速列车等,与此适应的高速铁路客车也各有其特点(图 1-6a, b, c)。

进入 21 世纪,中国高速铁路得到了快速发展,《中长期铁路网规划》提出,到 2020 年,全国铁路营业里程达到 12 万 km 以上,建设高速铁路 1.6 万 km 以上。中国高速铁路发展以"四纵四横"为重点,构建快速客运网的主要骨架,形成快速、便捷、大能力的铁路客运通道,逐步实现客货分线运输。中国高速动车组的发展从 2004 年从法国的阿尔斯通、加拿大的庞巴迪及日本的川崎重工引进时速 200 km 的高速动车组开始,经过引进、消化、吸收再创新的过程,目前已有拥有了持续运行速度达到 350 km/h 的 CRH380 系列、具有中国特色的高速电动车组(图 1-6d)。

(a) 日本新干线动车组 E5(2009 年)

(b) 法国 TGV 高速列车(1996 年)

(c) 德国 ICE3 动车组(2002 年)

(d) 中国 CRH380 系列动车组(2010 年)

图 1-6 世界高速列车

传统客车仍然是铁路客运的主要车辆,铁路客车车种有硬座车、硬卧车、软卧车、餐车、行李车、邮政车等。

随着国民经济的发展、科学技术的进步和人民生活水平的提高,铁路客车的设计制造水平也不断提高。铁路客车制造业从 1953 年开始自行设计生产我国的第一代产品,即 21 型系列客车产品,1961 年停止生产。该型客车构造速度为 100 km/h,由于其构造速度低、制造工艺性差,技术经济指标和舒适性等方面都满足不了要求,所以被 22 型客车所取代(图 1-7a)。22 型客车是我国的第二代铁路客车,1959 年开始生产,其构造速度为 120 km/h,各种性能均较 21 型客车先进,22 型客车车体钢结构是由普通碳钢制造,钢结构腐蚀严重,其结构及车辆性能满足不了时代的要求,需要更新换代,由产品性能和技术经济指标更先进的新型客车来代替,即第三代客车——25 型客车(图 1-7b)。该型客车从 1966 年开始研制,1990 年生产,1993 年定型为主型客车,车体长为 25.5 m,车辆定距为 18 m,耐候钢制车体结构,车辆寿命可达 25～30 年。

(a) 22 型硬座客车(1959 年)

(b) 25 型软卧车(1995 年)

图 1-7　中国制造的客车

1.1.3　货车

目前中国由铁路运输完成的货运量占全国货物运输量的 55% 左右,铁路货车的数量、品种、质量等对铁路运输能力的提高以及运输质量的保证起着重要作用。截至 2012 年年底,中国铁路运营里程为 9.5 万 km,日均装车数 166 072 车,年货物运送总发送量超过 39 亿 t,其中行包发送量 1 222 万 t,货物运输总周转量 2.9 万亿 t·km,其中行包周转量 295.18 亿 t·km。国有铁路货车保有量超过 65 万辆。

货运重载化和快捷化是世界铁路运输发展的两大方向。

重载化能大幅度提高运输效率,降低运输成本,以煤炭、铁矿石、钢铁等运输为主,保持铁路在大宗、散装低值货物运输市场的竞争优势。

快捷化旨在提高货物送达速度、缩短送达时间、保证准时送达,增强铁路在中、高附加值货物运输市场上的竞争力。在快捷货物运输方面,中国 2007 年完成行包周转量 260.87 亿 t·km,2011 年全国铁路行包周转量完成 335.49 亿 t·km,五年增长 28.8%。据预测,在快捷货运方面,中国货物运输发展的基本态势是:

(1) 全社会货运总量和货物快运总量都呈增长势头;

(2) 快运量在总货运量中的比重呈上升趋势,快运需求增长高于货运总需求的增长;

(3) 快运量年均增长率高于货运总量的年均增长率。

随着经济和产业结构的调整和体制改革的深化,运输市场中货物的品类增加、技术资金含量增大,货物结构逐步轻型化,高附加值货物的运输量在总货运量的比重逐步增加,对外贸易货物运输快速发展,货物运输需求明显地表现为对服务层次的多样化和对服务质量要求的不断提高。

快捷货运提供了更加安全、快速、准时的货运服务。据不完全统计,在运送高运价率货物时,90% 的托运人更关心的是运输时间而非运费。虽然公路运输运费高、运距长,但货主还是被其快捷性所吸引。

其中,有时限要求的运输几乎都是通过快捷货运方式实现的。快速货运产品成为货运市场上各种运输方式的竞争焦点。

铁路货车的发展伴随着对不同货物的运输要求,形成了各种各样的车辆型式,包括敞车、平车、棚车、罐车和特种运输车等,比如自卸车、漏斗车、集装箱专用平车及运输小汽车双层平车等。车辆载重不断增加,轴重从最初的几吨,到现在的 25 t、30 t 甚至 40 t。车辆运行速度不断提高,一般为 70~120 km/h,最新研制的快捷货车运行速度可达 160 km/h。目前北美、南非、澳大利亚等以重载运输为主,中国、欧洲、俄罗斯则是重载快速并重。

图 1-8a 是中国 1975 年生产的 C64 敞车,图 1-8b 是德国联邦铁路(DB)运用的货物自卸车。

(a) 中国 C64 敞车(1975 年)

(b) 德国联邦铁路自卸车(2010 年)

图 1-8　不同时期货车型式

中国铁路货车的发展经历了两个阶段,实现了三次大的升级换代。第一阶段是从 1949 年至 1957 年的仿制国外产品阶段;第二阶段是从 1957 年至今的自行设计、自主创新阶段。①1956—1957 年,新中国第一个自主设计的 P13 型棚车,标志着中国铁路货车实现了载重由 30 吨级向 50 吨级的第一次升级换代。②1976—1978 年,中国铁路货车实现了载重 50 吨级向 60 吨级的第二次升级换代。③2003—2006 年,中国铁路货车实现了由载重 60 吨级向 70~80 吨级、速度由 70~80 km/h 向 100~120 km/h 的第三次大的升级换代。

20 世纪 20 年代,美国完成了大规模铁路建设,迄今仍以约 23 万 km 的线路里程遥居世界各国铁路路网规模首位。Ⅰ级铁路营业里程约占路网总里程的 67%。美国铁路以货运为主。美国国土辽阔,矿产资源和农产品丰富,尤其是煤炭运输量大的特点,为货运铁路发展提供了广阔的前景。货运铁路在综合交通体系中发挥骨干作用,近年来货运铁路市场份额在 40% 左右。2007 年,美国货运铁路完成货运量 22.6 亿 t,实现货运收入 568 亿美元,Ⅰ级铁路煤运量占总运量的比例为 43.8%。此外铁路是汽车的主要运送工具,美国生产的汽车中约有 70% 是通过铁路运输的。美国铁路在大宗货物长途重载运输方面一直占有巨大优势。

在重载货车研发方面,21 世纪开始,中国重载车辆的代表是 C80 型铝合金和 C80B 型不锈钢运煤敞车,由原中国北车集团齐齐哈尔轨道交通装备有限责任公司为大秦线开行 2 万 t 重载列车而开发的专用车辆。C80,C80B 型专用运煤敞车(图 1-9),车体材料采用轻型铝合金和经济型不锈钢,减轻了车辆自重,具有自重轻、载重大、耐腐蚀等特点。采用 25 t 轴重转 K6 型转向架,提高了车辆的可靠性。采用 E 级钢 16 号转动车钩和 17 号固定车钩,提高了重载列车运输的安全可靠性。

(a) C80 型铝合金运煤敞车　　　　　　　　(b) C80B 型不锈钢运煤敞车

图 1-9　25 吨轴重载重 80 t 运煤敞车

在快捷货运车辆的研发方面,20 世纪 70 年代以来,许多国家在高速客运方面取得了巨大成功,如法国 TGV、德国 ICE、日本新干线等,为充分利用高速线路的运输能力和适应快速货物运输的需要,一些国家研制出了多种形式的快速货车及转向架。比较成功的有法国的 Y37 型、德国的 DRRs 型、意大利的 Fiat 等快速货车转向架等。

20 世纪 90 年代,德国联邦铁路(DB)在高速铁路线上成功开行了时速为 250 km 以上的 ICE 高速旅客列车。为充分利用线路和加快货物运输,联邦铁路要求在客运间隙和夜间开行速度为 160 km/h 的货运列车。为此,德国 Talbot 公司研制了一种时速为 160 km/h 的快速货车转向架——DRRs 转向架(图 1-10)。

(a)　　　　　　　　　　　　　　　　　(b)

图 1-10　装有 DRRs 转向架的集装箱平车

1.2　轨道车辆设计基本原则

1.2.1　车辆设计总体原则

对动车组和客运车辆的设计制造应遵循先进、成熟、经济、适用、可靠的方针,遵循标准化、系列化、模块化、信息化的原则。

(1) 具有良好、可靠的运行安全性。采用了先进成熟的转向架、轻量化和模块化车体、具有先进的防滑、防空转控制系统和自动列车保护系统。牵引单元采用先进的 IGBT 功率元件以及 VVVF 控制牵引方式。设置安全行车监控系统,车下悬吊装置均采用安全防护设施。

(2) 以人为本的人性化设计。以舒适性、适用性为出发点,充分考虑旅客的旅行需求。如采用密接式车钩,避免纵向冲动。

(3) 节能和环境保护的设计理念。采用再生制动方式,低阻力走行装置降低运行能耗;采用阻燃、环保材料,整列车设真空集便装置,减少环境污染。

(4) 采用信息化技术,提升可靠性。有行车安全监测诊断系统和无线传输系统,实现列车监控、诊断的信息向地面设备的传输。

对货运车辆,同样应该遵循先进、成熟、经济、适用、可靠的方针,标准化、系列化、模块化、信息化的原则。重点包括:

(1) 具有良好、可靠的运行安全性。采用了先进成熟的转向架、轻量化和模块化车体,以降低产品的制造成本。

(2) 节能和环境保护的设计理念。低能耗转向架设计、低噪声技术的应用,减少环境污染,可循环材料的使用等。

(3) 便捷的可用性和可维修性,降低产品的运用成本。

(4) 对快捷货运车辆和特殊货物运输车辆应装备有车辆运行状态监测诊断系统,保障运用安全。

1.2.2 车体设计原则

车体是运送旅客和承载货物的基础,因此对轨道车辆的相关"安全、舒适、节能、环保"的总要求同样适用于车体的设计,具体体现在:

(1) 车体轻量化设计要求:采用合理的承载结构和新材料,在保障结构寿命和安全的前提下,降低车体自重;

(2) 车体耐碰撞安全设计要求;

(3) 客车车体的密封要求;

(4) 货车车体的可用性和可维护性。

1.2.3 转向架设计原则

在客车和高速动车组转向架的设计中,通常采用空气弹簧悬挂系统、无磨耗轴箱弹性定位、盘形制动为主的复合制动系统等。以下的设计原则在国内外基本上形成共识:

(1) 采用能有效地抑制转向架蛇行运动,提高转向架蛇行运动临界速度,提高转向架运行稳定性的各种措施。

(2) 采用高柔性的悬挂系统,降低轮轨间动力作用,以获得良好的振动性能,提高车辆和转向架运行的平稳性。

(3) 采用高强度、轻量化的转向架结构,提高转向架结构运用安全性。

(4) 驱动装置采用简单、实用、可靠、成熟的结构,尽量减小簧下质量和簧间质量改善轮轨间的动作用力,提高运行可靠性。

(5) 基础制动装置采用复合制动系统,提高运行安全性。

对货车转向架的一般要求是:结构简单合理,工作安全可靠,运行性能良好,制造成本低廉,维护检修方便等。一般货车转向架主要由轮对轴箱装置、弹簧减振装置、构架或侧架和摇枕、基础制动装置等几部分组成。

对快速货车转向架,由于运行速度的提高,许多设计方法参考了客车转向架,但是由于货物运输的要求,需要在运行安全性、可靠性、成本和可维护性等方面兼顾,基本的准则包括:

(1) 采用轴箱和中央弹性悬挂,减轻簧下重量。簧下重量对车辆的动力学性能和轮轨作用力都有较大影响,簧下重量越大,动力学性能越差,轮轨作用力也越大,因此,快速货车转向架应采用轴箱弹性悬挂来减少簧下重量。

(2) 采用空重车非线性悬挂系统,满足装载要求。由于货车在空重车工况下载荷变化大,受限界和车钩高度的限制,货车转向架垂向总挠度及空重车状态下垂向挠度差有严格限制。为使空、重车都具有良好的动力学性能,主悬挂系统应采用两级及以上线性弹性元件的组合或非线性刚度弹性元件。

(3) 减少悬挂中的磨耗件。随着运行速度的提高,转向架各部件的振动加剧,如转向架中磨耗件太多,将严重影响车辆运行性能的稳定,缩短维修周期,加大维修工作量和维修成本。所以快速货车转向架应尽量减少悬挂中的磨耗件,最好实现无磨耗。在结构上可采用弹性定位、液压减振器等方式来实现。

(4) 采用整体焊接构架或控制转向架蛇形运动稳定性。三大件转向架的菱形变形是影响车辆运行稳定性的主要因素,因此采用三大件式结构的快速货车转向架应在结构上采取相应措施增加转向架抗菱形变位的能力。而整体焊接构架则彻底消除了菱形变形。具有良好的横向运动稳定性,同时整体构架为安装盘形制动提供了条件,使转向架具有较好的制动性能,所以整体构架在快速货车转向架中得到了广泛的运用。

(5) 采用车体/转向架回转装置,提高转向架蛇形运动稳定性。货车速度提高以后,对稳定性的要求相应提高,因此在车体和转向架构架间应加装合适的抗蛇形装置,提高转向架的蛇形运动稳定性。比如采用常接触弹性旁承+纵向拉杆方式,安装油压式的抗蛇行减振器,或其他主动控制元件等。

(6) 采用盘形或轮盘制动装置。车辆速度提高后,对转向架的基础制动装置也提出了新的要求。由于不同国家对制动距离的要求不尽相同,所以快速货车转向架的制动方式也有较大区别。如欧洲铁路对制动距离要求较高,120 km/h 以下的转向架采用单侧或双侧踏面制动,当速度提高到 140 km/h 以上时,普遍采用盘形(轮盘)制动+防滑器的方式。

对重载货车转向架,目前国际上采用的常用设计准则包括:

(1) 采用高强度转向架结构,提高转向架结构安全性;

(2) 采用具有径向作用的转向架结构,以减小曲线轮轨横向力、降低车辆和钢轨磨耗,同时降低运行阻力;

(3) 采用一系悬挂系统,以减小簧下质量,改善轮轨间的垂直动作用力,实现低动力作用,提高转向架走行部和钢轨的使用寿命;

(4) 采用空重车非线性悬挂系统,满足装载要求;

(5) 基础制动装置采用复合制动系统,简化制动系统,提高运行安全性。

1.3 现代设计理论和方法

设计是设计者为满足社会和人们对产品功能的需要,运用基础知识、专业知识、实践经验和系统工程等方法,进行设想和构思、计算和分析,最后以技术文件的形式,提供产品制造依据的全过程工作。设计是为提供社会所需的产品进入市场所必要的一系列创新思维和活动。设计一直是人类重要的创造活动,从黄帝的指南车,到《天工开物》中记载的一个个灵巧的机械,到今天的高速铁路、航空母舰及神舟飞船,无一不包括设计的成果。

设计的任务是围绕着开发新产品或改造老产品而进行的。设计的最终目的是提供满足人们需求,具有一定功能,优质高效、价廉物美,并具有市场竞争力的产品。

设计是形成产品的第一道工序。产品的质量和经济效益取决于设计、制造和管理的综合水平,而产品设计是关键。没有高质量的设计就不可能有高质量的产品。设计本身如果有问题,可能会造成灾难性的后果。因此,设计具有时代性和创造性。

设计的思想和方法一方面不断影响着人类的生活与生产,推动社会进步;另一方面又受到社会发展的反作用,不断变化和更新。为了反映设计思想和方法随社会发展的变化,通常用"传统设计"和"现代设计"两个术语来表示。实际上,"传统设计"和"现代设计"都只是相对概念。

现代设计是面向市场、面向用户的设计。首先,好的产品始于先进的设计理念和对市场需求的深刻了解以及贯穿整个设计过程中的以人为本的信念。其次,现代设计要求对产品进行全寿命周期设计,即在设计过程中要考虑设计、制造、安装、运行、维修和报废等每一个阶段中用户的要求,也就是说,设计不仅要实现产品的基本功能要求,还应该体现人性化和环境友好的先进设计思想。此外,设计对象从最初的单一功能产品变为越来越复杂的系统,功能更加先进和全面,因此需要在设计时运用集成、综合、系统的方法与技术来解决设计问题。

与传统设计相比,现代设计有如下一些具体的特点:

(1) 传统设计中灵感和经验的成分占有很大的比例,思维带有很大的被动性。瓦特只是在烧开水时发现壶盖不断被蒸汽推动,才触发了发明蒸汽机的灵感。大量的机器是在实践中通过经验积累不断改进,才逐步完善的。但是今天,技术的飞速发展和市场竞争的激烈化,要求人们不断地提出大胆的设想和新的开发目标,要求运用现有的最新技术去创造前所未有的产品,并争取第一代就非常成功。传统的创造与设计过程明显地不能适应这一要求。人们着手研究创造与设计思维过程本身的规律,研究灵感、方案、优化设计产生的内在逻辑进程,由此产生了创造学、设计方法学、价值工程等理论,在国外很多大学还开设了"设计哲学(Design Philosophy)"或"设计方法学(Design Methodoloty)"课程,使今天的设计过程从基于经验转变为基于设计科学,成为人们主动地、按思维规律有意识地向目标挺进的创造过程。

设计方法学是研究产品设计规律、设计程序、设计思维和工作方法的一门综合性科学。设计方法学以系统工程的观点分析设计整体进程、设计方法和设计手段等的问题。在总结设计规律激发创造性的同时,它还研究现代设计理论、科学方法、先进手段和工具在设计中的综合运用。因此它对开发新产品、改造旧产品和提高产品的市场竞争能力有着十分重要的作用。

设计方法学的研究内容包括:分析设计过程及各设计阶段的任务;研究解决设计问题的逻

辑步骤和应遵循的工作原则;研究并促进各种创新技法在设计中的运用;通过各种现代设计理论和方法在设计中的应用,实现产品的科学合理设计,提高产品的竞争能力;深入分析各种类型设计的特点,有针对性地进行设计;利用系统工程方法编制设计信息库等。

(2)传统设计着重于实现产品本身预定的功能,现代设计则要求把对象置于"人-机-环境"大系统中,进行系统的设计,将预定功能在人、机、环境三者间进行科学的分配,如果由人承担某项功能从技术经济角度被认为最合理时,决不盲目追求自动化、无人化。现代设计对人开展了深入的生理学、心理学研究,要求在人与机之间做出最佳的界面设计。还要考虑产品从原材料提取、加工装配、投入使用,直到报废回收全生命周期各阶段与环境的关系,保证自然资源和生态的平衡,实现人类的可持续发展。

(3)传统设计偏重于强度准则,现代的有限单元法、断裂力学等领域的研究成果,进一步强化了人们强度设计的能力。在这基础上,现代设计的准则拓宽到产品涉及的更多领域。例如,由于机械总是由运动副组成,摩擦学设计已成为继强度之后第二重要的设计准则。任何产品都是由大量随机因素组成的系统,现代设计应以可靠性为准则进行可靠性设计,由于现代消费者对产品的需求已上升到物质与精神享受并重的层次,因此,在现代设计中对工业产品提出了艺术和美学要求,建立了系统的工业造型设计准则和方法,成为现代产品参与市场竞争的重要方面。由于现代设计是"人-机-环境"大系统的设计,产生了人机工程设计准则和绿色设计准则。

(4)传统设计流程,如图1-11所示的轨道车辆设计流程。传统产品开发,在概念设计之后,是一个产品设计—样机制造—测试评估—反馈设计的循环反复过程,这其中的每一次循环,都伴随有物理样机的制造或修改,随之而来的产品开发周期的延长和开发成本的增长。同时各分系统设计之间缺乏协调,在设计过程中无法对整个系统给出准确的描述,整个系统的性能只能靠实验来检验,缺乏有效的改进系统性能的技术手段,存在重复建模、降低工作效率、产品开发周期长、开发费用高的缺点。

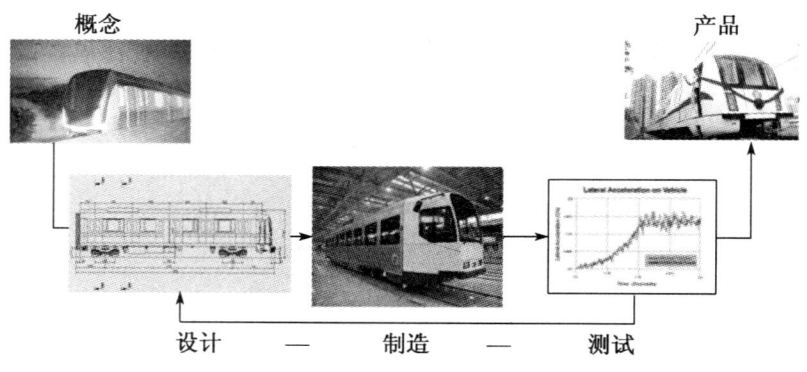

图1-11 传统设计流程

现代设计流程如图1-12所示。现代设计可运用虚拟设计技术,将传统的产品设计—样机制造—测试评估—反馈设计的循环过程采用虚拟样机技术,以数字化方式进行,避免了物理样机的制造,不仅利于缩短产品开发周期和降低产品开发成本,而且数字化方式有利于协同工作的进行,数字化模型的应用使得产品全生命周期的统一成为可能。此外现代设计可显著降低设计成本,减少设计—试验周期。

图 1-12 现代设计流程

(5) 传统的设计大多建立在手工操作的基础上,人脑的思维进度在很大程度上被这种缓慢的操作过程所约束,许多原来发生于人脑的三维构思,在传统的设计中必须用抽象的二维图形加以表达。而代表现代设计的 CAD 技术则很好地解决了这些问题,人们从计算机那里可以很快地获得为进一步思维所必需的理论计算结果和信息。大量的绘图工作由计算机代理,屏幕上的三维图形可以直接与人脑中的构思接轨。在传统设计中,机器的动态效果只能通过抽象的运动学、动力学数据加以反映,但虚拟样机技术能对未来机器的运转状态清晰地加以描述。在传统设计中,从概念设计、技术设计到编制工艺、计算工时成本,由许多部门用串行工作方法参与,需要一个漫长的过程。而今天并行设计技术,使人们在做出一个方案的设计时,从计算机网络中同时获得后续过程相关信息,使设计者可以及时修改,寻求一个全面的、综合的优化方案。

现代设计技术是科学方法论在设计中的应用,是设计领域中发展起来的一门新兴的多元交叉学科。它融合了信息技术、计算机技术、知识工程和管理科学等领域的知识,因此现代设计技术所包含的内容十分广泛。主要现代设计方法见表 1-2。

表 1-2 现代设计方法及特点

主要现代设计方法	特点
优化设计	设计范畴扩展化
可靠性设计	设计手段计算机化
模糊设计	设计手段虚拟化
动态设计	设计过程并行化
疲劳设计	设计过程智能化
模块化设计	分析手段精确化
并行设计	设计模块化
智能设计	集成设计环境
虚拟设计	动态设计优化
神经网络设计	设计制造一体化
专家系统	产品设计全寿命周期

1.3.1 优化设计

优化设计(Optimal Design)是从多种设计方案中选择最佳方案的设计方法。优化设计以最优化理论为基础,以计算机为工具,根据设计问题确定设计变量,建立目标函数,在满足给定的各种约束条件下,寻求最优的设计方案。优化技术首先于第二次世界大战期间在军事上得以应用。机械优化设计始于 20 世纪 60 年代,并在生产中得到广泛的应用。1967 年,R. L. 福克斯等发表了机构最优化论文,之后,C. S. 贝待勒等利用几何规划解决了液体动压轴承的优化设计问题。通常机械优化设计问题多属于非线性规划问题。随着数学理论和电子计算机技术的发展,优化设计在工程中得到广泛的应用和发展,已成为一门新兴的独立的工程学科。

通常一个设计方案可以用一组参数来表示,称为设计变量。如何找到一组最合适的设计变量,使所设计的产品结构最合理、性能最好、质量最高、成本最低或指定技术经济指标最优,具有市场竞争能力,同时设计的时间又不要太长,这就是优化设计所要解决的问题。一般来说,优化设计有以下几个步骤:建立数学模型、选择最优化算法、程序设计、判断搜索结果、确定计算终止条件、运行计算得到最优解。

1.3.2 疲劳可靠性设计

可靠性设计(Reliability Design)是保证系统及其零部件满足给定的可靠性指标的设计方法。所谓可靠性,则是指产品在规定的时间内和给定的条件下,完成规定功能的能力。可靠性理论是在第二次世界大战期间发展起来的。可靠性理论应用于机械设计方面的研究始于 20 世纪 60 年代,首先应用于军事和航天等工业部门,随后逐渐扩展到民用工业。对于复杂的产品来说,为了提高整体系统的性能,都是采用提高组成产品的每个零部件的性能来达到的,这样就使得产品的造价昂贵,有时甚至难以实现,例如对于由几万甚至几十万个零部件组成的很复杂的产品。可靠性设计所要解决的问题就是如何从设计中来解决产品的可靠性,以改善对各个零部件可靠度的要求。

可靠性设计的内容包括对产品的可靠性进行计算、可靠性分配及可靠性评定等工作。可靠性不但直接反映产品各组成部件的质量,而且它还影响到整个产品质量性能的优劣。可靠性分为固有可靠性、使用可靠性和环境适应可靠性等。可靠性的度量指标一般有可靠度、无故障率、失效率等。

1.3.3 虚拟设计

虚拟设计(Virtual Design)是以计算机辅助图形学(环境和模型构建)、计算机仿真技术(虚拟样机仿真)为基础、以传感技术和显示技术(人机交互)等为体现的现代设计方法之一,主要包括虚拟样机技术和虚拟现实技术,其核心是虚拟样机技术。

虚拟样机(Virtual Prototyping, VP)技术是近些年在产品开发的 CAX 如 CAD, CAE, CAM 等技术, DFX 如 DFA(Design For Assembly,面向装配的设计)、DFM(Design For Manufacture,面向制造的设计)等技术基础上发展起来的,它进一步融合了现代信息技术、先进仿真技术和先进制造技术,将这些技术应用于复杂系统全生命周期和全系统并对它们进行综合管理,从系统的层面来分析复杂系统,支持由上至下的复杂系统开发模式,利用虚拟样机代替物理样机对产品进行创新设计测试和评估,以缩短产品开发周期,降低产品开发成本,改进产品设计质量,提高面向客户与市场需求的能力。

虚拟样机技术是面向系统级设计的、应用于基于仿真设计过程的技术,包含有数字化物理样机(CAD 模型)、功能虚拟样机(CAE)和虚拟仿真(Virtual Simulation)三个方面内容。

对一般的机电产品而言,虚拟样机的内容如图 1-13 所示,包括基于计算多体系统动力学的运动特性分析,基于有限元、疲劳理论的应力疲劳分析,基于有限元非线性理论的非线性变形分析,基于有限元模态理论的振动与噪声分析,基于有限元热传导理论的热传导分析,基于有限元大变形理论的碰撞和冲击仿真、基于计算流体动力学(Computational Fluid Dynamics,CFD)理论的流体动力学分析、基于液压与控制理论的液压/气动与控制仿真,以及基于多领域混合系统建模与仿真理论的多领域混合仿真等。

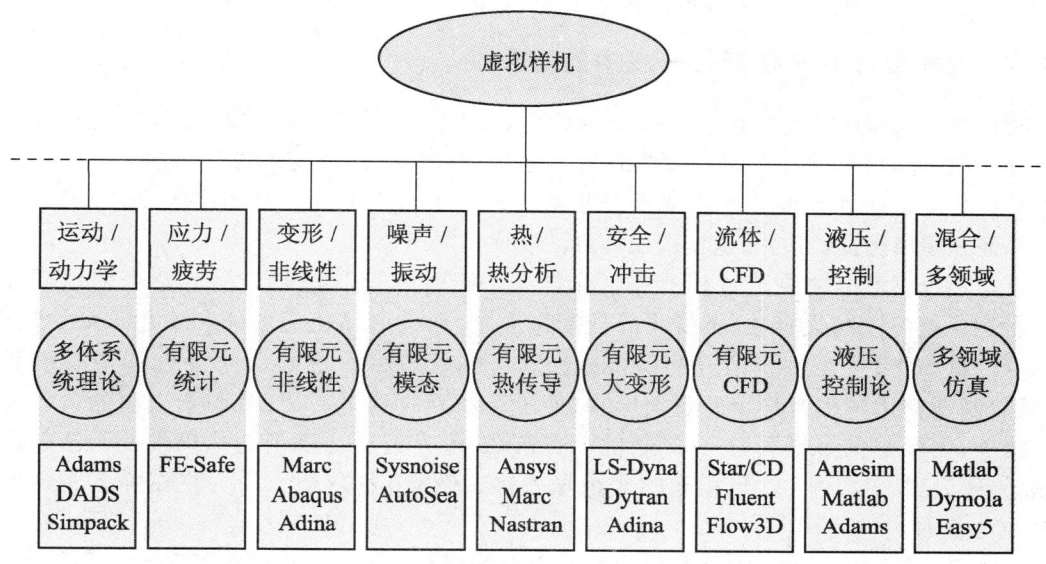

图 1-13 虚拟样机的内容、基础理论及支撑系统

虚拟现实(Virtual Reality,VR)技术是一种计算机界面技术,从本质上讲,虚拟现实就是一种先进的计算机用户接口,它通过给用户同时提供诸如视觉、听觉、触觉等各种直观而又自然的实时感知交互手段,最大限度地方便用户操作,从而减轻用户的负担,提高整个系统的工作效率。根据 VR 所应用的对象不同,VR 的作用可以表现为不同的形式,例如将某种概念设计或构思可视化和可操作化,实现逼真的超现场效果,达到任意复杂环境下的廉价模拟训练目的等。

虚拟现实利用计算机生成一种模拟环境(如飞机驾驶舱、操作现场等),通过多种传感设备使用户"投入"到该环境中,实现用户与该环境直接进行自然交互的技术。这里所谓的模拟环境就是利用计算机生成的具有表面色彩的立体图形,它可以是某种特定现实世界的真实体现,也可以是纯粹构想的世界。传感设备包括立体头盔(Head Mounted Display)、数据手套(Data Glove)、数据衣(Data Suit)等穿戴于用户身上的装置和设置于现实环境中的传感装置(不直接戴在身上)。自然交互是指用日常使用的方式对环境内的物体进行操作(如用于拿东西、行走等)并得到实时反馈。

一般的机电产品虚拟设计的关键是以多体系统运动学和动力学、数值分析为核心的虚拟样机技术。

1.3.4 创造性设计

创造性设计(Creative Design)是现代设计的基础。人类的发展史就是一个不断创新的历史。只有充分发挥创造性,采用创造性设计方法,才能设计出富有新颖性的、先进的产品,最大限度地满足市场需求。各国都非常重视创造性设计,纷纷进行研究和应用。在高校也开设有创造性设计课程,以培养学生的创造力,如学生创造发明过程中的分析能力、创造性思维和创造技法。创造性设计将会显著提高产品的竞争力,因此应当受到特别的重视。

1.3.5 现代设计方法在产品开发中的重要性

随着经济全球化时代的到来,市场竞争越来越激烈,设计在产品竞争中的作用也将越来越重要,没有优秀的产品设计和创新是难以在竞争中取胜的。这就要求设计人员了解现代设计技术及其在市场竞争中的作用,要求产品开发各个环节,尤其是设计与制造环节的工程技术人员熟练地掌握现代设计技术,以创造出综合性能优良的产品。

设计不仅对产品的制造过程有重要影响,也对产品走向市场、产品的整个使用周期有重要影响。把好产品设计关,不仅可降低制造成本,保证产品使用性能和使用寿命,增强产品的市场竞争力,从而产生很好的经济效益,同时,优良的产品设计可降低制造与使用能耗,减少制造使用过程对环境的负面影响,便于资源回收和再利用,有利于人类的可持续发展。此外,为了挖掘市场潜力,开拓新的消费市场,设计人员要以创新性思维发明新的产品或赋予产品以新的功能,以开拓新的经济增长点,增强企业乃至一个国家在经济全球化进程中的竞争力。

要使设计技术更好地在经济和社会发展中发挥积极作用,设计人员及相关工程技术人员必须熟练地掌握现代设计技术,并学会在实践中灵活地运用这些技术。只有这样才可能避免由于设计阶段的不足甚至错误造成制造阶段成本高、周期长和产品使用中性能差、能耗大等缺陷,才有可能及时地把握创新的思想火花,创造出社会需要的综合性能优良的新产品,才能不断提高企业的竞争能力。对于不直接从事设计的管理人员和高层决策者来说,了解现代设计技术的原理和使用,能对设计部门和设计人员制定更加合理的管理与指导政策,更加合理地配备资源,更为重要的是能帮助自己更好地进行宏观决策。现代设计技术大都以计算机技术为基础,并由不同层次的计算机应用软件来支撑,学习现代设计技术的主要任务是了解现代设计的基础理论,掌握实用工程软件的应用,并用于解决工程实际问题。

1.4 轨道车辆现代设计方法

轨道运输工具是铁路和城市轨道交通系统中重要的组成系统之一,是轨道交通的关键运载工具,目前轨道车辆产品设计制造和市场竞争同样是全球化的,阿尔斯通、庞巴迪、西门子、日本川崎重工、中国中车等国际化集团公司之间在大铁路和城市轨道交通领域的竞争越来越激烈,这对轨道车辆的设计提出了更高的要求。

为此,本书将对轨道车辆的基本要求与现代设计理论和方法结合在一起,形成轨道车辆现代设计的基本原则和方法(表1-3)。

表 1-3　　　　　　　　　　　　　轨道车辆设计方法

轨道车辆的基本要求	合适的设计方法
安全可靠性要求:运行稳定性和安全性、结构强度与疲劳、系统可靠性等 舒适性要求:动力学性能、噪声、振动 低能耗(节能)要求:牵引系统优化、节能电机、再生制动、低运行阻力车体与转向架、节能技术 环境友好要求:低噪声设计、低振动传递、绿色设计、环保材料使用等	多学科设计优化:针对不同学科和专业要求,应用优化方法,实现不同要求下的最佳解决方案 数字化设计:应用计算机建模、仿真分析工具,集成不同学科工具,形成数字化功能样机,开展产品开发

从表 1-3 中看出,对轨道车辆产品的设计要求,重点应该从产品的安全可靠性、舒适性(对客车、动车组和城市轨道车辆;对货车则为振动性能)、低能耗和节能、环境友好等四个方面予以考虑,而对每个方面的要求又包含了不同的性能指标,因此轨道车辆产品开发或设计方法需要能涵盖对产品性能要求的不同学科,采用多学科设计优化方法将成为现代轨道车辆产品开发的重要技术。此外,要实现对产品开发的集成、快速和性能的预测,在产品设计阶段评估设计的优劣,同时也为了更好地应用多学科设计优化方法,虚拟设计或数字化设计方法将成为现代轨道车辆产品开发不可或缺的重要技术和工具。在应用不同学科理论和软件工具下,可通过虚拟样机的构建,完成产品设计、仿真分析和性能预测。

参考文献

[1] Uwe Miethe, Martin Weltner. Lokomotiven [M]. Deutsche Bahn und Privatbahnen, 2011.
[2] Gunter Girnau. Sustainable Mobility [M]. VDV Forderkreis e. V., 1997.
[3] Karl Gerhard Baur. Bogie [M]. EK-Verlag GmbH, 2005.
[4] 严隽髦. 车辆工程[M]. 北京:中国铁道出版社,2011.
[5] 王安麟. 现代设计方法[M]. 武汉:华中科技大学出版社,2010.
[6] 张鄂. 现代设计理论与方法[M]. 北京:科学出版社,2007.
[7] 陈定方. 虚拟设计[M]. 北京:机械工业出版社,2004.
[8] 王国强. 现代设计[M]. 北京:化学工业出版社,2006.
[9] 熊光楞. 协同仿真与虚拟样机技术[M]. 北京:清华大学出版社,2004.

第 2 章 车体结构设计

结构强度是车辆运行实现高速、安全、耐久和可靠的保障。随着现代设计技术的发展,强度分析作为现代轨道车辆结构设计的一个重要组成部分,无论在新产品的研发还是原有产品的升级改造中都起着不可或缺的作用。

车辆强度设计与分析包括三个方面的内容:

(1) 分析和确定结构在运用中所受到的各种载荷及其组合作用。车辆是一种交通运输机械,在运行中承受着由运行环境及运载条件等多种因素引起的复杂载荷或作用力,而且这些载荷或作用力往往具有随机与动态的特性,这些作用力的模拟与简化就是结构分析的前期工作。轨道车辆通常受到多种载荷的单独或联合作用,因而车辆载荷工况的最大可能组合也就成为强度设计的重要依据。

(2) 采用有效的技术对给定结构进行强度设计与分析。随着有限元技术的日趋成熟和计算机技术的飞速发展,现在车辆结构分析普遍采用了有限元方法通过计算机求解,而且求解范围也从线性静态问题发展到动态与复杂的非线性问题,分析范畴从固体扩展到流体、流固耦合及电磁场,从而成为现代设计尤其是在强度设计应用领域最被广泛运用的技术。

(3) 确定结构在满足车辆运输安全及耐久性的要求下,对结构强度进行评估的方法。

2.1 车辆强度设计内涵及其技术进展

2.1.1 车辆强度设计的内涵

1. 机械强度安全理论及其进展

人们对机械强度安全的认识随着科学技术的发展而不断深入。静强度破坏这一现象是人们最早认识的强度安全问题,以后相应地发展了静载荷作用下的材料强度理论、屈服极限研究、弹塑性应力分析等,从而创建了材料力学、弹性力学、塑性力学等一系列学科理论知识,形成了传统的强度理论体系。其强度理论的特点是:①承受静载荷作用;②假设制造机械零构件的材料性能是均匀的、各向同性的、连续的。而结构强度安全则通过安全系数予以保障。

安全系数是考虑到实际结构所用材料可能存在的缺陷和其他不确定因素(如计算方法的不准确性、载荷的不确定性等)时,用来保证所设计的机械零构件有足够的强度安全储备量,其准则是在最大工作载荷下的工作应力不超过制造零构件材料的极限应力。如机械零构件的安全系数为 $n>1$,通常取值范围 $n=1\sim10$。

在确定安全系数时,一般对重要零部件(该零部件的损坏将影响到结构或人身安全等),$[n]$ 取大值;对非重要零构件,$[n]$ 取小值,但必须满足大于 1.0 的要求。

这种传统的强度设计方法,显然不适用于含裂纹和缺陷材料及复合材料等制造的零构件,也不适用于循环随机载荷作用下的结构,但其经过长期的发展形成的一套较为实用、简便和完整的体系,对于工程结构的静强度问题,仍然有着较大的实用价值,也是现代机械强度设计的基础。

机械史表明,工程中绝大多数机械是在动载荷作用下工作的,疲劳破坏普遍存在于各种机械之中。从19世纪中叶开始,人们就从大量蒸汽机车车轴断裂事故中,了解到在交变动应力作用下的疲劳破坏现象。德国工程师 Wohler 通过大量试验研究,奠定了疲劳研究的基础,开创了疲劳强度研究的新纪元。20世纪初期,人们又发现零件抵抗破坏的能力和时间有密切的关系,因此,强度问题又直接与寿命的概念连接在一起。

由于现代的机械零构件工作环境越来越恶劣,如高温、高压、腐蚀环境,工作载荷大,变化频繁,且多数是随机载荷,制造零构件的材料也由过去的一般钢铁发展到复合材料、陶瓷材料及非金属聚合物等材料,而近十多年来随着现代设计人性化越来越受到关注,以瞬态接触非线性技术为基础的车辆被动安全技术迅速发展,这些进展都使传统强度设计的理论和方法已远远不能满足现代机械使用的材料、工作条件及环境的要求,近年来新理论的发展和完善以及技术的进步,形成了现代强度的设计理论和方法。

现代机械强度理论除了传统的弹塑性理论之外,还发展了应用动强度理论、疲劳可靠性与断裂理论以及材料非线性、几何非线性和接触非线性理论,同时采用现代测试技术手段及计算机技术对机械结构进行综合分析,最终给出科学的强度设计指标,以满足工程的安全要求。

2. 轨道车辆结构强度分析的内涵

结构安全是机械结构强度设计的首要目标,这一"安全"实际上包括了使结构在设计寿命期内的运用中满足下列功能要求:

(1) 承受使用期间可能出现的各种载荷与变形,并具有良好的工作性能;
(2) 在正常维修和保养条件下,具有足够的运用耐久性;
(3) 在偶然事件(如脱轨、撞击等)发生时,能保持必需的整体结构稳定性。

这三点可概括为"工作适用性、使用耐久性和事故安全性",这些要求也就构成了广义强度分析的内涵,而结构安全主要通过结构的广义强度分析予以实现。

轨道车辆是一种在特定的轨道上以一定的方式(如轮轨系统为车轮与轨道滚动接触、磁浮列车为电磁场悬浮力和导向力的非接触式作用)运行的大运量交通运输工具,与一般地面交通工具不同处主要在于独特的导引方式及由此产生的特有的动力学特性,因而,其安全性的内涵呈现出其自身的特点。就结构而言,由于其运行模式和运量大的特点,导致其承受载荷与受载方式也有较大差别。当然,从总体而言,轨道车辆属于机械产品范畴,其结构分析方法与其他机械结构尤其地面交通运输工具如汽车有许多相通或相近之处。

与其他车辆一样,轨道车辆的安全性就是保障轨道列车在设计基准期内的运用中(正常运行或可能的突发事故)保持良好性能或保护乘员免受伤害的特性。

总体来说,轨道车辆的安全性主要体现在性能安全与结构安全这两个方面,而结构安全主要依靠强度设计予以保证。车辆结构强度是结构在运用及事故中抵御重要构件或整体结构失效乃至危及乘员安全的特性。

轨道车辆结构强度问题一般反映在以下几个方面:
(1) 结构静力破坏:这种破坏通常发生零部件上,也可能发生在货车调车作业与车辆碰撞事故中。

(2) 疲劳失效：这是由于结构部分薄弱部位耐久性差，疲劳强度不足，导致在动载荷作用下，运用一段时间的轨道车辆承载构件在这些薄弱部位发生裂纹萌生及扩展引起结构损伤与渐进断裂的失效模式。

(3) 结构动态特性设计不良引起的共振：这是因结构动态特性设计不合理导致结构自振频率与结构系统的振动频率重合而诱发结构的激烈振动，轻则导致动力性能的恶化，重则引起结构因剧烈振动而遭损伤乃至毁坏。

(4) 难以预测的意外事故引发的结构失效，例如由于气候与环境因素发生的意外翻车及因偶然或人为失误引起的车辆在较高运行速度下撞击后的结构坍塌，或车辆与障碍物碰撞后导致的交叠和结构塑性大变形，这些事故属于车辆运行中发生的偶发事件，一般来说是无法杜绝的，但往往也是直接严重危及乘员生命安全的恶性事故。

因而，这四个方面就构成了现代轨道车辆强度设计所需要进行的四种分析类型：①静强度（刚度）分析；②疲劳强度分析；③模态分析；④耐撞击安全防护设计与分析。

2.1.2　轨道车辆结构设计与分析技术的进展

轨道车辆结构分析技术经历了一个随着结构设计技术不断发展而发展的历程。

传统的工程结构分析是在材料力学和结构力学的基础上发展起来的。但材料力学主要研究材料的力学性能和进行单根杆件的强度、刚度和稳定性计算；结构力学的研究对象是由杆件所组成结构的强度、刚度和稳定性计算，其局限是结构的超静定次数不能多，因而无法对大型结构进行强度分析。近三十年科学技术的突飞猛进，尤其是计算机技术支持下的结构有限元分析技术的飞速进展，为车辆复杂结构强度设计提供了一个简便而有效的分析方法，特别对于结构设计最基本的静强度和刚度分析，具有更高的工程精度，从而成为工业领域应用最为广泛的分析技术之一。

进入20世纪80年代以后，有限元法在新理论新方法的推动下，其应用已由弹性力学平面问题扩展到空间问题、板壳问题，由静力问题扩展到稳定问题、动力问题乃至瞬态问题，从固体力学扩展到流体力学、传热学等学科，成为应用广泛的分析工具。

近年来非线性有限元的突破性进展，使设计人员对复杂的各类非线性结构分析问题有了较深入的理解及解决的可能。几何非线性有限元为薄壳结构的大位移小应变问题和橡胶类材料的大应变问题探索了解决方法；在材料非线性问题中，弹塑性有限元应用于分析结构的低周疲劳以及蠕变问题有限元在高温状态结构的疲劳寿命估算方面已有了长足的进步，而工程结构中最广泛但也最复杂的接触（包括挤压和撞击）非线性问题也有了良好的分析手段。这些进展推动了与结构安全密切相关的分析诸如随机动载荷作用下的疲劳寿命预测以及瞬态碰撞仿真等的发展，从而为结构事故安全与疲劳耐久性的解决发挥了积极作用。

随着许多大型通用的有限元程序如美国国家航空与宇航局研制的NASTRAN软件以及同样出自美国的HyperWorks，ANSYS以及ABAQUS，LS-DINA等软件推向商业市场，为有限元技术走向工程领域打下了良好的基础。现在，运用有限元软件进行分析已经成为车辆工程技术人员在结构设计中的重要和普遍的工作。

2.2 客车车体设计

2.2.1 设计规范概述

轨道车辆的载荷是车辆结构强度设计的依据。但由于轨道车辆运行条件、车辆型式以及线路状况的不同,其所受载荷也有较大的差别,因而设计依据的规范也分为铁道车辆、城市轨道车辆和高速列车等有所不同。在我国客车的发展历程中,技术借鉴的国家主要有前苏联、英国、日本、德国、法国等,涉及的相关标准主要有苏联、UIC、EN、JIS、DIN、NF等。国内现行的客车强度标准有 TB/T 1335—1996《铁道车辆强度设计及试验鉴定规范》、TB/T 1806—2006《铁道客车车体静强度试验方法》和《200 km/h 及以上速度级铁道车辆强度设计及试验鉴定暂行规定》。TB/T 1335—1996 和 TB/T 1806—2006 适用于标准轨距常速客车。

国外的标准主要有 UIC566《客车车体及其零部件的载荷》、EN 12663—1:2010《铁路应用-铁道车辆车体结构要求》、JIS E7105—2006《铁道车辆车体结构静载荷试验方法》和 JIS E7106—2006《铁道车辆车体结构静载荷试验方法》。UIC566 主要应用在出口客车上,CRH1 型、CRH3 型、CRH5 型动车组和部分城轨车采用 EN 12663,CRH2 型动车组和部分城轨车采用 JIS E7105—1989。JIS E7105—2006 是 JIS E7105—1989 的修订版,试验载荷和结果评定统一到新制定的 JIS E7106—2006《铁道车辆—客车车体结构通用要求》中。了解和对比分析这些标准,对客车车体设计选择合适的标准具有重要意义。

TB/T 1335—1996 规定了试验工况和评定标准。试验工况包括纵向压缩载荷、纵向拉伸载荷、垂向载荷、扭转载荷和顶车载荷工况,采用第一工况最大可能合成应力不得大于材料第一工况许用应力,以及顶车合成应力不得大于所用材料屈服极限进行强度评定,垂向弯曲刚度和扭转刚度只规定了推荐值,不是强制性的。

TB/T 1806—2006 是一个试验方法标准,规定了 TB/T 1335—1996 中对应工况的具体试验方法,并增加了端墙事故载荷工况和模态试验,但这 2 项不是强制性规定,是否进行这 2 项试验需由制造厂家和用户协商。

《200 km/h 及以上速度级铁道车辆强度设计及试验鉴定暂行规定》适用于 200 km/h 及以上速度级铁道车辆,其内容与 UIC566 基本相同,只是对车钩区域压缩载荷和拉伸载荷进行了改动(压缩 1 500 kN、拉伸 1 000 kN),以及增加了少许规定。

UIC566《客车车体及其零部件的载荷》主要规定了标准的适用范围;介绍了乘客质量的选取,乘客能施加的最大载荷和力矩以及部件的载荷要求等;超常载荷和运用载荷许用应力、安全系数规定;试验工况和试验方法介绍了试验目标、试验实施的方式和试验种类。

EN 12663—1:2010 主要规定了标准的适用范围;介绍了车体纵向静载荷工况、垂向静载荷工况、抬车工况和静载荷工况叠加,设备连接验证载荷工况,车体一般疲劳载荷工况,接口疲劳载荷,疲劳载荷工况组合,振动模态和其他设计载荷;规定了材料极限静态特性和疲劳特性的选取和确定原则;介绍了试验目的、验证载荷试验工况和试验程序、运用或疲劳载荷试验要求、振动试验要求和冲击试验要求。

JIS E7105—1989《铁道车辆车体结构静载荷试验方法》主要规定了标准的适用范围;试验种类,包括垂向静载荷试验、车端压缩载荷试验、扭转试验、3 点支承试验、弯曲固有频率测量试验、扭转固有频率测量试验和气密强度试验;介绍了测量项目、测量仪器和测点选择,各试验工况试验载荷和试验方法,各试验工况试验数据计算方法和评定准则。

JIS E7105—2006《铁道车辆车体结构静载荷试验方法》是在 JIS E7105—1989 的基础上修改制定的,其内容与 JIS E7105—1989 基本相同,主要修改内容包括规定了通常的 7 种试验(与 JIS E7105—1989 相同),需要进行与此不同的其他试验时,由交易双方协商确定;JIS E7105—2006 只规定了试验方法,试验载荷和试验结果评价方法全部引用 JIS E7106—2006 的规定;弯曲固有频率测量试验和扭转固有频率测量试验中,激振方法增多了,并增加了数据处理方法。

JIS E7106—2006《铁道车辆—客车车体结构通用要求》是在 EN 12663:2000 已推荐给多个国家使用,并极有可能申请成为国际标准的大环境下制定的。该标准尽可能地采用了 EN 12663:2000 中与客车相关的条款,并综合考虑了日本铁路系统广泛采用的做法和经验。JIS E7106—2006 主要规定了标准的适用范围;对铁道车辆车体、铁道车辆订货者、设计制造者、车辆类别、车辆质量和气密载荷进行了定义;介绍了车体结构的强度和刚度要求、载荷条件的不确定性、强度验证、刚度验证和疲劳强度验证;介绍了车体纵向载荷、垂向载荷、扭转载荷、3 点支承载荷、车体静载荷的叠加、设备连接验证载荷、车体结构疲劳载荷、作用于连接处的载荷和疲劳载荷的叠加;规定了使用材料的静强度和疲劳强度许用应力;介绍了试验的目的、静载荷试验项目和疲劳强度试验要求。

各标准适用范围如表 2-1 所示。

表 2-1 各标准适用范围对比

对比内容	地域范围	车辆范围
UIC566	所有国际铁路联盟成员;国际铁路联盟主要是由一些国家的铁路机构及有关组织参加的非政府性铁路联合组织,目前拥有 5 大洲 201 个成员	国际联运客车
EN 12663	欧盟和欧洲自由贸易联盟	客车和机车分为: P-Ⅰ类,如客车和机车; P-Ⅱ类,如固定编组车辆; P-Ⅲ类,如地铁和快速运输车辆; P-Ⅳ类,如轻型地铁和重型有轨电车车辆; P-Ⅴ类,如有轨电车车辆
JIS E7105—1989 JIS E7105—2006 JIS E7106—2006	日本	电力轨道车辆、内燃轨道车辆、有轨电车、客车和新干线电动车组

2.2.2 作用在车体上的载荷

1. 垂直静载荷

(1) 车体自重:进行车辆强度计算时,车体自重包括车体结构的重量,以及安装于车体上的车辆其他零部件和固定设备的重量。

(2) 车辆载重:车辆载重对客车而言主要指乘员及其携带行李的重量。在评定车辆车体强度时,旅客列车车辆的载重按所载乘客的重量计算。载客人数按客室的座席数,再考虑站立人数,载重假定为沿地板面积均布。

(3) 客车整备质量:指设备的辅助质量,如动车组的燃油,铁道客车用水以及餐车的餐料和食品等质量,其数值以装满备足的情况考虑。

铁路客车的载重包括旅客、乘务人员的质量等,旅客及其自带行李的质量按车辆容纳人数来计算。铁道车辆强度规范规定,座车的容纳人数分两种情况考虑:长途客车按座位总数加50%的超员计算,此时每一旅客及其自带行李的质量之和取为80 kg;市郊客车按座位总数加上站立人数计算,站立人数按每平方米自由面积站立7人考虑,此时每一旅客及其自带行李的质量取为65 kg。卧车容纳人数按卧铺总数计算,此时每一旅客及其自带行李质量之和取为90 kg。

城市轨道车辆一般额定站立人数按每平方米地板自由面积站立6人计,超员定额可按9人/m² 计算,人均质量计为60 kg。各个标准的取值见表2-2和表2-3。

表 2-2　　　　　部分标准对旅客(包括自带行李)载荷的取值　　　　　单位:kg

	UIC566	EN 12663	前苏联	TB 1335	JIS 标准
长途座车	最大质量 100	80	100	80	60
卧车	平均质量(包括行李)80	80	100	90	60
市郊车	不带行李平均质量 75	70	70	65	60

表 2-3　　　　　　　　　　车辆质量定义对比

对比内容	UIC566	EN 12663	JIS E7105—1989	JIS E7106—2006
工作状态下的车体质量 m_1	无条款规定,实际上与 EN 12663 相同	安装所有部件,完全装配好的车体质量。包括水、沙、燃料、食物等的最大运营储备和全体乘务人员质量	无条款规定,实际与 JIS E7106—2006 相同	安装所有部件,完全装配好的车体质量。包括水、沙、燃料等的最大装载量,但不包括全体乘务人员质量
最大有效载荷 m_2	座位数×80＋侧走廊和连廊面积×4×80 kg,每位乘客包括携带的行李为 80 kg	对于货车,为允许装载的货物质量。对于客车,取决于座位数和站立区每平方米乘客人数。这些数值由运营商在考虑所有法规条例的情况下确定。典型的乘客质量:长途,80 kg/人,包括行李;通勤/市郊,70 kg/人;典型的站立区乘客密度:长途,2～4人/m²;通勤/市郊,5～10人/m² 典型的行李区载荷:300 kg/m²	最大乘车人数时的人员质量。最大乘车人数为乘务人员数、座席人数和最大站立人数之和(客室地板,去掉沿座椅前沿 100 mm 宽度的地板面积后,有效宽度在 300 mm 及以上,且有效高度在 1 800 mm 及以上的地板面积除以 0.1 m²)的总和。然而,对于不设站席的车辆,将上面的 0.1 m² 换成 0.2 m²。另外,对于不允许超员的车辆,乘客定员人数加上乘务人员人数即为最大乘车人数。每位人员的质量取 60 kg	根据车辆结构和运用条件确定的乘务人员的质量、座席和站席乘车人员的质量,以及放在行李区域的随身携带行李质量等的总和。最大站立人数的计算方法示例:客室地板去掉沿座椅前沿 100 mm 宽度的地板面积后,有效宽度在 300 mm 及以上,且有效高度在 1 800 mm 及以上的地板面积除以 0.1 m²。对于不设站席的车辆,将上面 0.1 m² 换成 0.2 m²。乘务人员和乘车人员的质量按 55 kg 计算,指定与此不同的质量时,须按当事方之间的协定执行。放在行李区域随身携带行李的质量示例:按 300 kg/m² 计算

注:最大有效载荷的大小需根据车辆运用条件,由当事方之间商定。

续表

对比内容	UIC566	EN 12663	JIS E7105—1989	JIS E7106—2006
转向架或走行装置质量 m_3	无条款规定	车体悬挂系统以下所有设备,包括车体悬挂系统的质量。车体与转向架或走行装置间的连接件的质量应按比例分摊到 m_1 和 m_3 中	无条款规定	包括车体支承装置(二系悬挂)在内的所有下部结构件的质量

2. 垂直动载荷

垂直动载荷 P_d 是由于轨面不平、铁道钢轨接缝等线路原因以及由于车辆本身状态不良(例如车轮滚动圆偏心、呈椭圆状、踏面擦伤等因素)引起轮轨间冲击和车辆簧上振动而产生的。通常垂直动载荷由垂直静载荷乘以垂直动载荷系数而得,即 $P_d = K_{dy} P_{st}$。

《铁道车辆强度规范》规定垂直动载荷系数 K_{dy} 的数值与车辆运行速度 v(km/h),走行装置悬挂的静挠度 f_{st}(mm)以及所要计算的零、部件在悬挂系统中的位置等因素有关,并由下列经验公式计算:

$$K_{dy} = \frac{1}{f_{st}}(a+bv) + \frac{dc}{\sqrt{f_{st}}} \tag{2-1}$$

式中 f_{st}——车辆在垂直静载荷下的弹簧静挠度;

v——车辆构造速度;

a——系数,簧上部分(包括摇枕)取值为 1.50,簧下部分(轮对除外)取为 3.50;

b——系数,取值为 0.05;

c——系数,簧上部分(包括摇枕)取值为 0.427,簧下部分取值为 0.569;

d——系数,货车取值为 1.65,客车取值为 3.0。

各国垂向载荷的规定比较接近,见表 2-4。日本对于空气弹簧悬挂车辆的增载系数取值比较低,主要是建立在高质量空气弹簧的基础上,并得到大量试验验证。对旅客(包括自带行李)载荷的取值视实际情况决定。

表 2-4　　　　　　　　　　垂向载荷对比

UIC566	$1.3 \times (m_1 + m_2) \times g$	
EN 12663	P-Ⅰ类, P-Ⅱ类, P-Ⅲ类	P-Ⅳ类, P-Ⅴ类
	$1.3 \times (m_1 + m_2) \times g$　(b)	$1.3 \times (m_1 + m_2) \times g$
	注:(b)——对于采用设有安全系统的空簧悬挂装置,当安全系统指示空簧出现故障,从而实现受限运行,这种情况下 P-Ⅲ类车辆动荷系数采用 1.2,而不是 1.3	
JIS E7105—1989	枕簧为螺旋弹簧:$1.3 \times (m_1 + m_2) \times g$ 枕簧为空气弹簧:$1.1 \times (m_1 + m_2) \times g$	
JIS E7106—2006	枕簧为金属弹簧:$1.3 \times (m_1 + m_2) \times g$ 枕簧为空气弹簧:$1.1 \times (m_1 + m_2) \times g$ 不执行上面的规定时,应由当事方之间商定	

3. 纵向力

纵向力是当列车起动、变速、制动和调车作业时,在机车(或城市轨道车辆的动车)与车辆之间以及车辆与车辆之间所产生的牵引或压缩冲击力。纵向力通过牵引缓冲装置作用于车底架牵引梁上,使车体承受偏心的拉伸或压缩作用。纵向力的大小与机车的功率、列车重量、运行速度、制动机性能、缓冲器的特性、车体的纵向刚度、调车时车辆的碰撞速度以及司机的操纵技术等因素有关。因此要准确地决定纵向力的数值是很困难的。目前各国大多依据大量的运行和试验资料,并应用概率统计理论,定出在各种工况下的纵向力数值,作为车辆强度分析和试验的依据。

《铁道车辆强度规范》规定客车纵向拉伸力为 980 kN,压缩力为 1 180 kN;该力沿自动车钩中心线作用在车底架的前从板座或后从板座上。该纵向力在车体中所产生的应力必须与垂直静载荷、垂直动载荷、侧向力以及扭转载荷所产生的应力相叠加,其和不得大于第一工况许用应力。

城市轨道车辆属动力分散型,运用工况与干线铁路客车有所不同。它具有站距短,通过能力强,起动和制动频繁,加、减速度大,超载严重,线路坡度大,曲线半径小等特点,列车编组数一般也比干线客车少得多。另外,对于不同的车型(A,B,C 型)质量不同,车辆编组时的连挂速度对车辆所受的纵向力影响也有较大差异。由于目前国内城市轨道车辆设计载荷尚未形成标准,因而在设计时纵向力大多参照国外标准,比如 EN 12663(表 2-5,表 2-6)。

表 2-5　　　　　　　　　　　　纵向压缩载荷对比

UIC566	每个侧缓冲器 1 000 kN,自动车钩"c"压缩座或者"c"法兰承载面施加 2 000 kN(图 2-1)				
EN 12663	缓冲器或车钩高度压缩载荷 /kN				
	P-Ⅰ类	P-Ⅱ类	P-Ⅲ类	P-Ⅳ类	P-Ⅴ类
	2 000	1 500	800	400	200
	缓冲器高度对角线施加压缩载荷(如果安装了侧缓冲器)/kN				
	P-Ⅰ类	P-Ⅱ类	P-Ⅲ类	P-Ⅳ类	P-Ⅴ类
	500	500	—	—	—
JIS E7105—1989	电力轨道车、内燃轨道车和装密接式自动车钩的客车	有轨电车	装除密接式自动车钩外其他车钩的客车	新干线电动车组	
	490 kN	290 kN	980 kN	980 kN	
JIS E7106—2006	客车	新干线电动车组	电动车组	内燃动车组	
	980 kN	980 kN	345～490 kN	345～490 kN	

表 2-6　　纵向拉伸载荷对比

UIC566	自动车钩的"a"牵引座或者"c"法兰承载面施加 1 500 kN。自动车钩的"b"牵引座施加 1 000 kN,如果"a"牵引座和"b"牵引座合并成一个单一部件				
EN 12663	车钩区域拉伸载荷/kN				
	P-Ⅰ类	P-Ⅱ类	P-Ⅲ类	P-Ⅳ类	P-Ⅴ类
	1 000[a]	1 000	600	300	150
	注:a 对于某些类型的连挂装置,可能需要更高的载荷(如 1 500 kN)				
JIS E7105—1989	无规定				
JIS E7106—2006	客车	新干线电动车组		电动车组	内燃动车组
	980 kN	980 kN		345 kN	345 kN

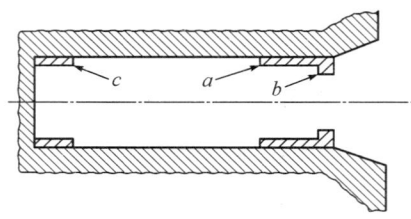

图 2-1　车钩止挡示意图

4. 侧向力

作用在轨道车辆车体上的侧向力包括风力和曲线运行时的离心力。根据《铁道车辆强度规范》,风力按风压力乘以车体侧向投影面积计算。风压力取为 0.55 kN/m² (或 550 Pa),风力的合力作用于车体侧向投影面积的形心上。

车辆运行在曲线区段时,受到离心力的作用。该力作用在车辆重心上,其方向沿径向指向曲线外侧。离心力使车体产生向曲线外侧倾覆的趋势,并使车辆靠外轨一侧的零、部件产生垂直增载(图 2-2)。

为了简化计算,如果在设计任务书(或建议书)中没有特殊规定,根据我国目前的车辆运行速度和曲线区段的外轨超高情况,车体离心力 H 的数值可取垂直载荷的 7.5%,即

$$H = 0.075 \times P_{st} (N) \qquad (2-2)$$

计算中假定 H 力的方向与风力的方向是一致的。

由于 H 力属空间力,而风压力则是一种分布面力,故要精确计算(或试验)出它们对车体零、部件应力的影响却是较为复杂的。为了简化计算,按《铁道车辆强度规范》通常在评定车体侧壁(包括下侧梁)的强度时,把由垂直静载荷 P_{st} 产生的应力增大 10%,作为考虑侧向力的影响。

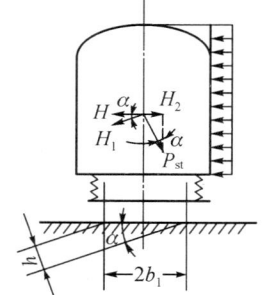

图 2-2　侧向力的作用

5. 扭转载荷

当轨道车辆通过线路的缓和曲线区段,在前位转向架已进入缓和曲线而后位转向架处于

平直道上时,这时前位转向架的外侧下旁承与车体相应的上旁承接触,并造成后位转向架的内侧下旁承与车体相应的上旁承接触。这样,在垂直载荷作用下,车体除了支承在前后转向架的两个心盘上外,还支承在处于对角线上的旁承上。因此,车体将承受扭转变形,扭矩的大小为 $\Delta P \times L$,其中 ΔP 为对角旁承的反力,L 为同一枕梁上心盘中心与旁承中心线之间的横向距离。对于无摇枕转向架式车辆,L 为二系悬挂中心间距之半。计算车体强度时,$\Delta P \times L$ 取为 $40 \text{ kN} \cdot \text{m}$,它们作用在车辆两个枕梁所在的横截面内。

国外只有日本考虑了扭转载荷。一般而言,在车体上不存在单纯的扭转载荷,而是与车体垂向载荷相叠加。所以欧洲标准在垂向动载荷中已经考虑了扭转载荷,就不再单独考虑了。日本针对其国内轻量化现状,规定了扭转载荷并单独评定。

6. 顶车载荷

在轨道车辆维修或因事故需要复位时,车辆还承受一种特定支撑条件下的载荷,其中有两种情况:

(1) 以一端转向架为支点,在车体另一端顶车位将车体连同该端的转向架一起顶起;

(2) 在车体两端顶车位以三点支承方式同时顶起整个车体(不包括转向架)。

欧洲车辆一般车体和转向架连接不能自动脱开,顶车载荷要求考虑转向架载荷。日本没有明确规定顶车载荷,但实际上三点支承试验已经考虑了顶车情况(表 2-7)。

表 2-7　　　　　　　　　　抬车载荷对比

UIC566	复轨:$(m_1+m_3) \times g$				
EN 12663	一端抬车				
	P-Ⅰ类	P-Ⅱ类	P-Ⅲ类	P-Ⅳ类	P-Ⅴ类
	$1.1 \times (m_1+m_3) \times g$				
	整体抬车				
	P-Ⅰ类	P-Ⅱ类	P-Ⅲ类	P-Ⅳ类	P-Ⅴ类
	$1.1 \times (m_1+2m_3) \times g$				
JIS E7105—1989, JIS E7105—2006 和 JIS E7106—2006 无规定					

7. 气动载荷

这是列车(高速铁道列车及磁浮列车)特有的在高速运行、交汇及通过隧道时所受的作用于车体表面的空气动力正压力。气动载荷按车体内外压差形成的压强施加。在磁浮列车设计气动载荷中,还叠加了侧风压力。

气动载荷各标准都有要求,但只有日本给出了具体的计算公式,并且压力值比较高,这是由日本多隧道和车体轻量化等原因决定的。我国 TB/T 1335 标准没有考虑气动载荷,因此不能满足速度比较高的动车组的试验要求。《200 km/h 及以上速度级铁道车辆强度设计及试验鉴定暂行规定》基本是参照 UIC566 标准制定的,但对于气动载荷的载荷值不能明确其出处,也没有试验数据证实(表 2-8)。

表 2-8　　　　　　　　　　　　　车体气密载荷对比

UIC566	待定
EN 12663	在下列环境下可能会产生大的空气动力载荷： (1) 列车高速通过； (2) 隧道运行； (3) 暴露在强侧风下。 运营商和设计者应考虑这些载荷来源的相关性，如有必要，应制订出反映这些载荷影响的合适的表示方法供分析用
JIS E7105—1989	$p = \left[380 \times \left(\dfrac{v}{200}\right)^2 + 20\right] \times 9.80665$ 式中　p——试验压力，Pa； 　　　v——最高运行速度，km/h
JIS E7106—2006	为了消除高速运行的车辆出入隧道及在隧道内运行因车内压力变动而引起耳朵的不适，车体一般采用气密结构。出入隧道及在隧道内运行所承受的气密载荷，有时会被作为疲劳载荷考虑。作为疲劳载荷考虑时，载荷条件、重复次数及使用材料的疲劳强度由当事双方商定

8. 端部载荷

我国 TB/T 1335 规范没有考虑车体端部载荷。在 UIC566 和 EN 12663 中有相关规定，见表 2-9。

表 2-9　　　　　　　　　　　端墙区域纵向压缩载荷对比

UIC566	缓冲中心线以上 350 mm 高度：400 kN 车窗下缘高度：300 kN 上边梁高度：300 kN				
EN 12663	地板上方 150 mm 高度的载荷 /kN				
	P-Ⅰ类	P-Ⅱ类	P-Ⅲ类	P-Ⅳ类	P-Ⅴ类
	400	400	—	—	—
	车窗下缘高度的载荷 /kN				
	P-Ⅰ类	P-Ⅱ类	P-Ⅲ类	P-Ⅳ类	P-Ⅴ类
	300[a,b]	300[b]	300[b]	—	—
	注：a 对于司机室在中部的机车为可选项； 　　b 在司机室端该载荷分布在窗框底部的水平梁上				
	上边梁高度的载荷 /kN				
	P-Ⅰ类	P-Ⅱ类	P-Ⅲ类	P-Ⅳ类	P-Ⅴ类
	300[a]	300	150	—	—
	注：a 不适用于机车				
JIS E7105—1989	无规定				
JIS E7106—2006	端墙区域要承受压缩载荷，其载荷条件需由当事方之间商定				

9. 载荷组合

对于组合载荷作用，UIC566 标准则规定纵向载荷与超常载荷相叠加，也就是在最大载重情况下发生最大纵向载荷；EN 12663—1:2010 标准规定纵向载荷与最大静载荷和最小静载荷分别叠加，也就是在静态最大载重情况下发生最大纵向载荷，或在静态最小载重情况下发生最大纵向载荷；日本规定纵向载荷与 1.1 倍的空车垂向静载荷相叠加，也就是仅考虑空车状态下才发生最大纵向载荷(表 2-10)。

表 2-10　　　　　　　　　　车体静载荷工况叠加对比

标准	工况
UIC566	如果在侧缓冲器或车钩缓冲器高度施加 2 000 kN 纵向压缩载荷，$2\ 000\ \text{kN}+1.3\times(m_1+m_2)\times g$；如果在"a"牵引座或"c"法兰承载面施加 1 500 kN 纵向拉伸载荷，$1\ 500\ \text{kN}+1.3\times(m_1+m_2)\times g$
EN 12663	缓冲器或车钩高度压缩载荷$+(m_1+m_2)\times g$；缓冲器或车钩高度压缩载荷$+m_1\times g$；车钩区域拉伸载荷$+(m_1+m_2)\times g$；车钩区域拉伸载荷$+m_1\times g$
JIS E7105—1989	压缩载荷$+a\times m_1\times g$（a——枕簧为螺旋弹簧时取 1.3，为空气弹簧时取 1.1）
JIS E7106—2006	车钩区域压缩载荷$+(m_1+m_2)\times g$；车钩区域压缩载荷$+m_1\times g$；车钩区域拉伸载荷$+(m_1+m_2)\times g$；车钩区域拉伸载荷$+m_1\times g$

2.2.3　应力评定

结构静强度设计的基本原则是：车辆及其零部件应确保承受各种运用载荷时具有必要的承载能力，一般规范采用的静强度要求为构件产生的静应力不大于材料的许用应力。对于静强度，UIC566 标准和 EN 12663 标准均采用许用应力法进行应力评定，许用应力由材料极限除以相应工况的安全系数得到，两标准中类似工况的安全系数基本一致。

虽然采用累积损伤法有利于充分利用材料性能，但是获得车辆承受载荷的载荷谱较困难，各种材料 S-N 图的绘制也需要进行大量的试验工作，实施起来比较困难。采用许用应力法评定疲劳应力简单可行，且易于实施，但相应安全系数的获取也应当建立在大量试验的基础上。日本则直接采用材料极限法进行评定，即安全系数全部取 1。可以看出日本对车辆轻量化要求是非常迫切的，但从车辆的运用状况来看，日本车辆很少出现问题，可见日本的车辆设计、制造工艺、材料性能、车辆检验等方面的控制必然是非常严谨的。JIS E7105—1989 标准中规定，扭转载荷采用材料的对称循环疲劳极限评定，而垂向载荷、纵向合成载荷、三点支承载荷直接采用材料的屈服极限进行评定，该标准中对于可能产生疲劳破坏的垂向载荷应用屈服极限进行评定作出了说明。

TB/T 1335 标准中考虑了纵向载荷、垂向载荷、扭转载荷的最不利组合情况，采用材料的许用应力进行评定。事实上这种最不利的组合情况是很少发生的，不会引起车体结构的疲劳破坏，但该标准中规定的许用应力却接近欧洲标准中的疲劳极限，偏于安全，不利于车体结构的轻量化。该标准中直接给出了部分材料的许用应力，而不是给出安全系数，给没有收录的材料许用应力的确定带来困难。

表 2-11 为我国 TB/T 1335—1996《铁道车辆强度设计及试验规范》中给出的车辆常用材料的许用应力。近年来制定的高速列车规范也参考国外的规范,对钢材的许用应力采用了材料的强度极限结合安全系数加以考核,其中安全系数考虑了结构焊接的因素。其一般原则是用材料屈服极限(σ_s 或 $\sigma_{0.2}$)与安全系数 S 的商进行计算,而对于钢材,许用应力可以用材料强度极限 σ_b 与安全系数的商计算。安全系数 S 的取值可按表 2-12 选取。

表 2-11　　　　　　　我国轨道车辆常用材料的许用应力　　　　　　　单位:MPa

材料及其牌号			车体及转向架零件(轮对除外)		制动零件
			第一工况	第二工况	
普通碳素钢	Q235-A	($\sigma_s=235$)	161	212	136
	Q275	($\sigma_s=275$)	188	248	159
耐候钢	09CuPCrNi	($\sigma_s=294$)	184	250	156
不锈钢	1Cr17Mn6Ni5N	($\sigma_s=275$)	188	248	159
低合金钢	16Mn	($\sigma_s=345$)	216	293	183
普通铸钢	ZG200—400	($\sigma_s=200$)	115	154	98
	ZG230—450	($\sigma_s=230$)	132	177	113
低合金铸钢	B 级钢	($\sigma_s=280$)	150	200	128
	C 级钢	($\sigma_s=420$)	195	259	166
铝合金	LF6	($\sigma_s=157$) ($\sigma_s=314$)	100	140 (转向架零件除外)	—
弹簧钢	60Si2Mn	($\sigma_s=1\,177$)	抗压及弯曲变形:981	剪切及扭转变形:736	

注:① 不锈钢 1Cr17Mn6Ni5N 的力学性能根据 GB 1220 选取。
② 铝合金 LF6 的力学性能根据 GB 3139 选取

表 2-12　　　　　　　　　材料许用应力对比

UIC566	材料的许用应力用材料屈服极限(σ_s 或 $\sigma_{0.2}$)与安全系数 S 的商计算。对于钢材,许用应力可以用材料强度极限(σ_b)与安全系数 S 的商计算。安全系数 S 取值如下					
	材料极限		超常荷载		运用荷载	
			无焊缝区	焊缝区	无焊缝区	焊缝区
	σ_b(适用于钢)		1.5		2.2	
	σ_s 或 $\sigma_{0.2}$		1.0	1.1	1.5	1.65
EN 12663	静强度		材料的静态极限性能应取材料规范给出的最小弹性/屈服极限和强度极限。试验应力评价,对于屈服极限或弹性极限,安全系数可取 1;对于强度极限,安全系数通常取 1.5,但在满足相关条件时,强度极限安全系数可降低,降低数应由运营商和设计者商定				
	疲劳强度		材料在疲劳载荷作用下的性能,如果有现行的欧洲或国际标准,或同等级别的代用资料,按标准执行。设计者应收集或通过适当的试验获取适用于其应用的验证数据。运营商和设计者应就这些采用的数据达成一致,计算方法分疲劳极限法和累计损伤法 2 种				

续表

JIS E7105—1989	静强度	屈服极限或弹性极限
	疲劳强度	疲劳极限由加载频次确定的时间强度
JIS E7106—2006	静强度	试验条件下的实测应力,按屈服极限评定。对于强度极限安全系数,由当事双方商定
	疲劳强度	材料在疲劳载荷作用下的性能,如果有现行的日本工业标准、国际标准或其他等同标准,按标准执行。设计者应收集可利用的适合于结构体材料的数据,包括疲劳强度的评价方法,与订货者进行协商

表 2-13　　　　　　　　　　　强度评价对比

UIC566	对于纵向压缩载荷工况、纵向拉伸载荷工况、垂向载荷工况、复轨工况和纵向载荷与垂向载荷叠加工况,应力不得超过超常载荷许用应力。对于运用载荷工况,应力不得超过运用载荷许用应力
EN 12663	对于纵向压缩载荷工况、纵向拉伸载荷工况、垂向载荷工况、抬车工况、失衡抬车工况和纵向载荷与垂向载荷叠加工况,应力不得超过静强度许用应力。对于疲劳载荷工况,材料性能和评价方法由当事双方商定
JIS E7105—1989	对于垂向载荷试验、车端压缩载荷试验,应力不得超过材料的屈服极限或弹性极限。对于 3 点支承试验,不应产生永久变形或塑性屈曲。对于扭转试验,应力不得超过材料的疲劳极限。对于气密强度试验,应力不得超过由加载频次确定的时间强度
JIS E7106—2006	对于纵向压缩载荷工况、纵向拉伸载荷工况、垂向载荷工况、3 点支承工况和纵向载荷与垂向载荷叠加工况,试验应力不得超过材料的屈服极限。对于扭转试验,评价方法由当事双方商定。对于气密强度试验,订货者与设计者应事先商定气密载荷正压和负压的大小及各值的重复次数、使用寿命期限及疲劳强度的评价方法

2.2.4　车体刚度评定

为避免结构变形(挠度)过大导致车辆或零部件工作能力的受损以及可能发生的超限界问题,对车辆部分结构件需要进行变形(刚度)计算与试验。

对于刚度要求,UIC566 标准、EN 12663 标准和 JIS E7105—1989 标准均指出车体结构应当保证适宜的刚度,使其能保持在自身允许的空间包络线范围内,并避免不可接受的动力学响应。由于欧洲标准规定的纵向载荷大,一般满足了强度要求也就能保证车体的刚度;但对于日本较小的纵向载荷和轻量化的车体结构而言,需要对车体刚度进行限制,相当弯曲刚度和相当扭转刚度会受到车体长度、定距长度等的影响,无法规定具体的数值统一要求,因此要求新造车的车体相当弯曲刚度和相当扭转刚度与类似车体结构进行比较,车体刚度不能有明显的降低。TB/T 1335 标准中规定了车体结构的弯曲刚度和扭转刚度的推荐限值,对于车体长度和车辆定距接近的车体来说是合适的,但对于评定结构尺寸差异较大的车体就不合适了。

1. 车体垂向弯曲刚度的评定标准

高速列车与铁道车辆以及其他整体承载的客车车体的相当弯曲刚度,按中梁和侧墙分别通过垂向弯曲刚度试验或计算所得中梁、侧墙挠度值代入下式求得:

$$EJ = \frac{WL_2^2}{384f}(5L_2^2 - 24L_1^2) \tag{2-3}$$

式中 EJ——相当弯曲刚度，N·m；
W——单位长度载荷，N/m；
L_1——底架外伸部分长度，m；
L_2——车辆定距，m；
f——中梁(f_z)或侧墙(f_c)中央挠度，m。

推荐用下列评定标准：

中梁的 $EJ \geqslant 1.30 \times 10^9$ N·m²；侧墙的 $EJ \geqslant 1.80 \times 10^9$ N·m²。

2. 扭转刚度的评定（表2-14）

车体扭转刚度按下式计算：
$$GJ_p = L\left(\frac{M_k}{\Psi}\right) \tag{2-4}$$

式中 GJ_p——相当扭转刚度，N·m²/rad；
Ψ——相对扭转角，rad；
L——相对扭转截面之间的距离，m。

客车车体的相当扭转刚度，推荐不小于 5.5×10^6(N·m²/rad)。

相对扭转角 Ψ 可按下式计算：

$$\Psi = \frac{(\delta_1 - \delta_2) - (\delta_3 - \delta_4)}{b_2} \tag{2-5}$$

式中 $\delta_i(i=1,2,3,4)$——加载后4个支承点相对于刚性基础垂向距离的变化值；
b_2——1,2 或 3,4 位两测点间的距离。

表 2-14　　　　　　　　　　刚度评价对比

UIC566	工作状态下的车体落在转向架上，在所有条件下，其固有频率应不同于转向架的蛇行运动频率和点头频率，以便在整个速度范围内不出现共振
EN 12663	刚度限值应确保车体保持在要求的空间包络线内，避免不可接受的动态响应出现要求的刚度值可用指定载荷下的允许变形或最低振动频率来规定。该要求适用于整个车体，或具体的部件、分组件任何额外的具体要求应由运营商和设计者商定
JIS E7105—1989	无条款规定
JIS E7106—2006	车体刚度应保持在整列车运用中，使乘坐舒适度不会因外力产生的共振等而发生明显下降的范围

2.2.5　振动模态

鉴于轨道车辆运用中车体弯曲振动与刚体系统振动的耦合对运行品质的影响，车辆动态特性——模态分析主要着重于车体结构模态。同时，由于这种耦合主要发生在高速运行时，因而在高速客车设计中对模态设计有较明确而严格的规定。按照"200 km/h 及以上速度级铁道车辆强度及试验暂行规定"，对车体提出了以下要求：

（1）整备状态车体弯曲自振频率与转向架点头和浮沉振动频率的比值应大于1.4；

(2) 整备状态车体一阶垂向弯曲自振频率不得低于 10 Hz。

对于高速磁浮列车,参考德国 TRO8 磁悬浮车辆设计技术条件,车体承载结构整备状态下的一阶垂向弯曲振型的频率应大于 7 Hz。

国外规范中的振动试验对比见表 2-15。UIC566 推荐了获得车体振动特性的途径,规定了技术要求。JIS 标准规定了试验方法,而 EN 12663 则规定了技术要求。

表 2-15　　　　　　　　　　　振动试验对比

UIC566	推荐通过在工作状态下完全装备好的客车或车体结构上进行试验来调查振动特性。车体的固有频率应与通过转向架传递的频率不同
EN 12663	(1) 车体完全装备好时,车体的固有振型应与悬挂系统频率充分隔离(或解耦),以避免在任何速度、车辆载荷或悬挂条件下出现不受欢迎的响应。 (2) 设备设备安装在安装座上,在所有运用条件下,其固有振型应与车体和悬挂系统的振动模态充分隔离(或解耦),以避免出现不受欢迎的响应
JIS E7105—1989	规定了弯曲固有频率测量方法和扭转固有频率测量方法
JIS E7106—2006	规定了弯曲固有频率测量试验项目和扭转固有频率测量试验项目

2.2.6　客车强度标准的发展趋势

EN 12663 除在欧盟和欧洲自由贸易联盟应用外,在其他地区或国家也有较广泛的应用。前面的对比分析表明,EN 12663 适用的地域范围仅次于 UIC566,但涵盖的车辆范围却最广。EN 12663 中关于 P-Ⅰ类车辆的结构要求与 UIC566 的国际联运客车相比大同小异。我国《200 km/h 及以上速度级铁道车辆强度设计及试验鉴定暂行规定》的车体强度要求与 EN 12663 中关于 P-Ⅱ类车辆的要求也类似,只是个别试验工况和载荷取值方面存在少许差异。TB/T 1335—1996 规定的工况较少,这些工况在 EN 12663 中均有与之对应的工况。虽然纵向载荷(压缩 1 180 kN、拉伸 980 kN)比 EN 12663 中的规定值小,但材料的安全系数取值较大,又采用最大可能合成应力进行评定,与 EN 12663 中的 P-Ⅰ类车辆比较,根据车体结构各部位主要承受的载荷不同,某些部位的强度要求更苛刻,而某些部位的强度要求则稍低一些。

我国干线客车在现有结构的基础上,只要对端墙区域结构稍加改进,就可适应端墙区域压缩载荷要求。TB/T 1806—2006 中已将端墙区域压缩载荷工况列为推荐工况,更换车体主要部位材质,完全能满足 EN 12663 关于 P-Ⅰ类车辆的强度要求。在今后一段时间内将获得大发展的城市轨道车辆也越来越多地向 EN 12663 靠齐。日本在制定 JIS E7106—2006 时,也尽可能地采用了 EN 12663 中规定的与客车相关的事项。种种迹象表明,EN 12663 将在世界范围内得到更广泛的应用。

国外各标准规定的纵向载荷各有其侧重面,欧洲的 UIC566 标准和 EN 12663—1:2010 标准侧重于乘客的安全性,要求承受的纵向载荷大,对车端强度要求很高;日本 JIS E7105—1989 标准规定的纵向载荷值比较低,对车端载荷没有明确要求。纵向载荷的规定是由不同的设计理念决定的,欧洲强调发生事故后的被动防护,以确保乘客的生命安全。而日本则更偏向于轻量化车体结构,用列车控制技术来保证安全性。标准的不同决定了欧洲和日本铁路客车结构,尤其是端部的不同。

2.2.7 轨道车辆车体结构的有限元模型及计算实例

实例分析对象为地铁车辆的车体承载结构。该地铁车体采用大断面铝合金型材焊接整体承载形式,在建模时按照实际结构采用板单元对车体结构进行离散。模型建立和计算分析采用 MSC.Patran 和 MSC.Nastran 软件。

1. 有限元模型

图 2-3 和图 2-4 给出了地铁车辆车体结构有限元分析的离散模型。

该车为铝合金整体承载结构,其特点是在底架、侧墙和车顶结构大量采用薄壁挤压型材。根据其结构特点,有限元分析建模时,所有挤压型材均离散为薄板单元,它们兼有薄膜与弯曲板的特性,车体的大、中型梁同样采用薄板单元。车体上部及底架下部模型以及局部放大图见 2-3a 和 b。

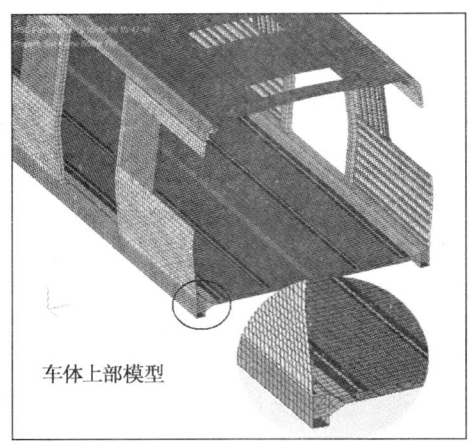
(a) 上部结构离散模型

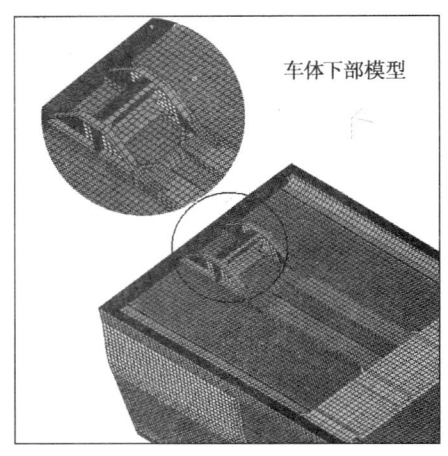
(b) 下部结构(牵引梁、枕梁)离散模型

图 2-3 车体结构的有限元模型及单元网格离散

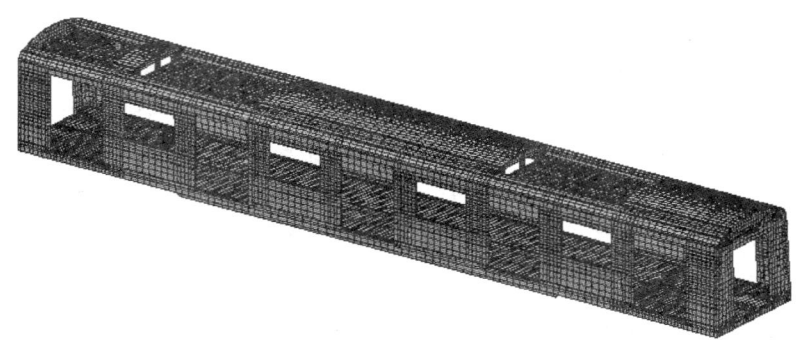

图 2-4 车体有限元离散模型

2. 载荷计算

载荷计算主要依据欧洲标准 EN 12663 标准,并参考德国 VDV152《符合 BOStrab 规定的公共客运轨道车辆的结构要求》和 TB/T 1335—1996《铁道车辆强度设计及试验鉴定规范》。

在各个工况下车体结构的应力均不得大于材料的许用应力。

计算中考虑了以下 4 种基本载荷：①垂向总载荷：垂向静载荷与垂向动载荷之和，垂向动载荷是由垂向静载荷乘以垂向动载荷系数而得。依据 EN 12663:2000，垂向动载荷系数取为 0.3。②纵向载荷：1 200 kN 的压缩载荷和 960 kN 的拉伸载荷。③空载载荷 AW0：车辆质量-转向架总质量。④超员载荷 AW3：AW3＝AW0＋超员载客量。

3. 计算工况及载荷组合情况

①AW0；②AW3×1.3；③AW3＋纵向压缩载荷；④AW3＋纵向拉伸载荷；⑤架车工况：AW3×1.1＋纵向压缩载荷＋扭转载荷；⑥复轨工况：车钩座中央处提升，另一端转向架固定，载荷组合：AW0×1.1＋单台转向架质量。

4. 边界条件（加载与约束）

在空簧座上施加垂直方向的弹性约束，纵向由施加在车钩安装座上的一组大小相等方向相反的纵向载荷平衡，垂直载荷由承载结构惯性力，均布在地板和空调座上的面压力组成。边界条件示意图如图 2-5 所示。

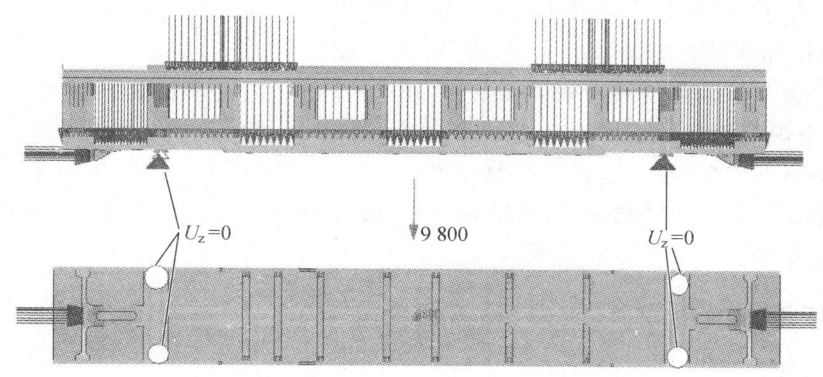

图 2-5　边界条件示意图

5. 静强度分析结果

图 2-6 为工况 4 的车体结构应力云图，最大应力位于牵引梁变截面处，数值为 116 MPa。图 2-7 为工况 3 下底架局部应力云图。在工况 2 下车体边梁的垂向位移为 9.05 mm。

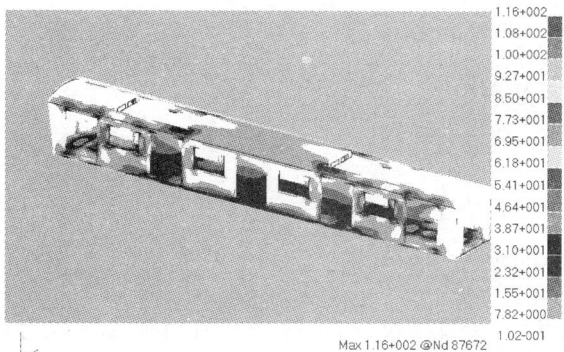

图 2-6　车体结构应力云图

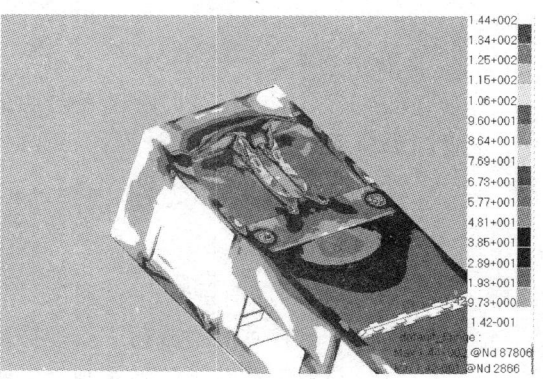

图 2-7　车体车钩安装座局部结构应力云图

2.3 货车车体设计

2.3.1 设计规范概述

国外的货车车体设计和试验标准有北美铁路协会 AARC 分册《货车设计制造规范》M-1001、国际铁路联盟规程 UIC577《货车应力》、苏联(俄罗斯)的《交通部 1 520 mm 轨距铁路(非自行)车辆计算和设计规范》及欧洲 EN 12663—2:2010《铁路车辆车体结构要求》等。其中 UIC577 标准适用于轴重较小、编组较少的情况。EN 12663 标准在欧洲大陆被广泛引用,已纳入 TSI 规范(互操作性技术规范)。AAR 标准适用于大轴重铁路货车,经过多年修订,已经形成了一套北美铁路在设计、制造、检验等方面比较完整的标准体系,并且被许多国家广泛采用,影响着国外重载技术的发展。我国目前铁路货车的主要部件如制动装置、走行装置、钩缓装置等都借鉴了 AAR 标准。我国出口巴西、澳大利亚等国家的大轴重货车,车体结构均是参照美国 AAR 标准设计的。

我国铁路货车车体强度现行标准 TB/T 1335—1996《铁道车辆强度设计及试验鉴定规范》是在俄罗斯规范的基础上制定的,适用于鉴定标准轨距铁路上构造速度不大于 120 km/h,列车牵引总重不大于 6 000 t,运煤专线 10 000 t 及以上,轴重不大于 25 t 的货车。随着货物列车编组数的增加和牵引质量的加大,列车纵向冲动必然增大,列车启动、制动、调速等工况的纵向力也会发生变化。

2.3.2 车辆基本作用载荷(或力)及其组合

1. 垂向静载荷

(1) 垂向静载荷包括自重、载重和整备质量。

(2) 车体自重与转向架自重之和称为车辆自重。车体及转向架自重是本身结构以及附于其上的所有固定设备的附件的质量之和。

(3) 货车载重,一般货车取标记载重,载重假定为匀布。敞车必须设有排水措施,为考虑雨雪增载对敞车车体结构强度的影响,取标记载重的 1.15 倍为载重。集中载重按设计任务书确定。

2. 垂向动载荷

垂向动载荷由垂向静载荷乘以垂向动载荷系数而定。

垂向动荷系数按式(2-1)计算:

$$K_{dy} = \frac{1}{f_j}(a + bv) + \frac{dc}{\sqrt{f_j}} \tag{2-1}$$

式中 K_{dy}——垂向动荷系数;

f_j——车辆在垂向静载荷下的弹簧静挠度(对于变刚度弹簧,静挠度值为垂向静载荷与相应载荷下的弹簧刚度之比),mm;

v——车辆的构造速度,km/h;

a——系数,簧上部分(包括摇枕)取值为 1.50,簧下部分(轮对除外)取值为 3.50;
b——系数,取值为 0.05;
d——系数,货车取值为 1.65;
c——系数,簧上部分(包括摇枕)取值为 0.427,簧下部分(轮对除外)取值为 0.569。

具有二系弹簧的转向架构架垂向动荷系数按式(2-6)计算

$$K_{dy} = K_{dys} + (K_{dyx} - K_{dys}) \frac{f_{jy}}{f_{j\Sigma}} \tag{2-6}$$

式中　K_{dys}——簧上部分的垂向动荷系数;
　　　K_{dyx}——簧下部分的垂向动荷系数;
　　　f_{jy}——摇枕弹簧静挠度,mm;
　　　$f_{j\Sigma}$——转向架的弹簧静挠度($= f_{jy} + f_{jz}$);
　　　f_{jz}——轴箱弹簧静挠度,mm。

垂向静载荷与垂向动载荷之和称为垂向总载荷。

3. 侧向力(包括离心惯性力和风力)

(1) 如果在设计任务书中没有特殊规定离心惯性力,则货车按垂向静载荷的 7.5% 取值。

在计算离心惯性力时建议将车体和转向架分别加以考虑。为简化计算,可假定转向架重心位于轮轴中心线同一高度上;车体重心距轮轴中心线的垂向高度:货车为 1 800 mm。

(2) 风力按单位风压乘以车体(或转向架)的侧向投影面积计算。风力的合力作用于投影面积的形心上,单位风压可取 540 Pa。

(3) 在计算或试验车体侧梁枕梁以及侧墙的强度时,可不施加侧向力而以加大垂向载荷来考虑侧向力的影响。垂向载荷增加数值:货车为垂向静载荷的 10%。

4. 斜对称载荷和扭转载荷

(1) 斜对称载荷时一组作用在构架上,反对称于构架两对称轴的相互平衡的垂向力系,其值按式(1-15)计算

$$Q = 2.68 L_2 \left(\frac{C_1 \cdot C_2}{C_1 + C_2} \right) \tag{2-7}$$

式中　Q——斜对称载荷,N;
　　　L_2——车辆两端轴颈中心之间的距离(见 GB/T 12814 表1),m;
　　　C_1——一个轴箱上轴箱弹簧组的总刚度,N/mm;
　　　C_2——转向架抵抗斜对称载荷刚度,N/mm。

$C_2 = 1/\delta$,此处 δ 为斜对称载荷 $Q=1$ 时,在构架上该载荷作用点沿 Q 力方向的位移,单位为 mm。

(2) 心盘支重式结构的车体不考虑斜对称载荷,但必须在下面第一工况中考虑 40 kN·m 的扭转载荷。

5. 纵向力及主载荷的最大可能组合

(1) 纵向力是指列车在各种运动状态时,车辆间所产生的压缩和拉伸的力。在计算和试验货车强度时,必须按第一种工况和第二种工况的载荷组合方式进行。

(2) 第一工况时,纵向拉伸力货车为 1 125 kN;压缩力取货车为 1 400 kN,该力分别沿车

钩中心线作用于车辆两端的前后从板座上。

这种力产生的应力与垂向总载荷、侧向力、扭转载荷等所产生的应力相加(装运散粒货物的车辆还应加上侧压力产生的应力),其和不得大于第一工况的许用应力。

(3) 第二工况时,纵向压缩力取为 2 250 kN,该力有 2 种作用方式:一是沿车钩中心线作用于车辆两端的后从板座上;二是沿车钩中心线作用于车辆一端的后从板座上,而为车辆及其所载货物的惯性力所平衡。

货车的走行部分和车体构件都必须考虑车体总重(车体静载重与车体自重之和)所产生的惯性力的影响,该惯性力沿车体纵向作用在车体(包括货物)的重心处。其大小按式(2-8)计算:

$$N_g = 2\ 250 \times \left(\frac{车体总重}{车辆总重}\right) \tag{2-8}$$

式中,N_g 为车体总重产生的惯性力,kN。

由这两种作用方式产生的应力分别与垂向静载荷产生的应力相加(装运散粒货物的车辆,还应加上侧压力产生的应力),其和不得大于第二工况许用应力。

随着我国铁路运输向高速、重载两个技术方向发展,其纵向力的要求也相应地进行了修改(表 2-16)。对于 70 t 级的新型铁路货车,其第一工况的纵向拉伸力为 1 780 kN,纵向压缩力为 1 920 kN;第二工况的纵向压缩力为 2 500 kN。而应用于大秦线重载运输,列车编组超过 10 000 t 的新型铁路货车,其第一工况的纵向拉伸力为 2 250 kN,纵向压缩力为 2 500 kN;第二工况的纵向压缩力为 2 800 kN。

表 2-16　　纵向载荷对比表

标准	中国				北美 AAR	铁盟 UIC		铁组 OSJD
	TB/T 1335—1978	TB/T 1335—1996	科技装[2004]10号文	运装货车[2003]63号文	AARM-1001	UIC 557	EN 12663	《俄罗斯规范》
拉伸	981	1 125	1 780	2 250	1 557	1 500 或 1 000		1 000 或 2 500
压缩	1 177	1 400	1 920	2 500	1 557	中心 2 000		1 000
	1 962	2 250	2 500	2 800	4 450	缓冲器中心 1 000,下方 750,对角 400		2 500
冲击	1 962	2 250(或 8 km/h)	2 500(或 8 km/h)	2 800(或 8 km/h)	5 562(或 22.5 km/h)	1 500(或 15 km/h)	由运营者提出	3 000(或 12 km/h)

6. 车辆通过曲线时所受的力

车辆通过曲线时所受的力,根据车辆在曲线区段上运行时的转向架的力的平衡条件而定。在计算上述载荷时车轮与钢轨间的摩擦系数取为 0.25。

7. 制动时产生的力

制动时产生的力包括制动系统中的力和制动时产生的惯性力。

(1) 制动系统中的力根据制动缸活塞杆上作用的最大的力,并取杠杆装置的传动效率为 100% 而定。此力在计算制动系统零件以及其他有关构件时,都应加以考虑。

(2) 制动时产生的车辆纵向惯性力按加速度等于 $0.25g$ 计算,此处 g 为重力加速度

($=9.81 \text{ m/s}^2$)。

8. 罐体压力

(1) 罐体的内压力为所装液体的蒸发气体的压力、液力冲击时所产生的压力及所装液体自重引起的静压力三部分之和。

(2) 罐体内的蒸发气体压力依设计任务书规定的安全阀调整压力取值。

(3) 液力冲击时产生的单位面积压力等于液体惯性力 N_g 除以罐体端面的投影面积所得的商。静强度计算及试验时,假定此压力的作用沿整个罐体是均匀的。冲击强度计算时,液力冲击所产生压力的值为按照线性规律由受冲击端板上的最大值衰减至另一个端板上为零。

N_g 值可用"纵向力及主载荷的最大可能组合"中所提及的相应工况的纵向力值乘以载重与车辆总重的比而求得。

(4) 在评价罐体作为壳体的稳定性时,应考虑真空现象(当下部排卸或液体蒸气快速冷却及在进气阀发生故障时,均可能出现这种现象)。

9. 散装粒状货物的侧压力

(1) 散装粒状货物的侧压力作用于垂直(侧)端墙之上,当进行第一工况强度考核仅考虑侧墙压力时,其单位面积上的压力按式(2-9)计算。

$$p_{d1} = 0.5vH\sqrt{(1-K_v)^2 + A_0^2} \times \sqrt{1+A_0^2} \times 9\,810 \qquad (2\text{-}9)$$

$$A_0 = K_h - (1-K_v) \cdot \text{tg}\,\theta$$

式中　p_{d1}——侧墙单位面积上的压力,Pa;

　　　v——散粒货物容重,t/m³;

　　　H——散粒货物实际装载高度(可根据标记载重、货物容重以及车体内长和内宽等确定),m;

　　　K_v——端墙上在重载车体重心高度处的垂向加速度与重力加速度的比值(一般可取 0.7);

　　　K_h——端墙上在重载车体重心高度处的纵向加速度与重力加速度的比值(一般可取 0.4);

　　　θ——散粒货物的自然坡角(度)。

设计通用敞车时,按装运水洗煤取值 $V=1.1$ t/m³,$\theta=25°$。

(2) 当进行第二工况强度考核时其侧墙单位面积上的压力按式(2-10)计算:

$$p_{d1} = 0.5vH[1+(\text{tg}\,\theta)^2] \times 9\,810 \qquad (2\text{-}10)$$

式中,v、θ、H 同式(2-9)。

端墙单位面积上的压力按式(2-11)计算:

$$p_{d2} = 0.5vH\sqrt{1+A_3+(A_1+A_2 \cdot H)^2} \times \sqrt{1+(A_1+A_2 \cdot H)^2} \times 9\,810 \qquad (2\text{-}11)$$

$A_1 = a - K_v \cdot h/L + K_v \cdot X \cdot \text{tg}\,\theta/L$;

$A_2 = K_v/L$;

$A_3 = A_2 \cdot X \cdot (A_2 X - 2)$;

$a = K_h - \text{tg}\,\theta$

式中　p_{d2}——端墙单位面积上的压力,Pa;
　　　H——同式(2-9);
　　　K_v——同式(2-9),一般可取 1;
　　　K_h——同式(2-9),一般可取 3;
　　　h——散粒货物表面至重载车体重心间的距离,m;
　　　L——车体内长的一半,m;
　　　X——重载车体重心至计算侧压力处的水平距离(均匀装载时 $X=L$),m。

10. 修理时加于车辆上的载荷

鉴定车辆强度时,应考虑在车体一端枕梁的两侧或其他顶车处用千斤顶架起重载车体。此时,车体任何断面的应力不得大于所用材料的屈服极限,顶车位置处的结构不得产生永久变形。

使车体承受很大载荷的特定架修方法必须在设计任务书中加以说明,以便在鉴定强度时考虑。

2.3.3　应力评定

TB/T 1335—1996 中考虑了纵向、垂向、扭转载荷的最不利组合情况,静强度用材料的许用应力进行评定。许用应力值为材料屈服极限除以相应工况的安全系数。俄罗斯、UIC577 和 EN 12663 均采用许用应力法进行应力评定,UIC577 和 EN 12663 的安全系数基本相同。AAR 采用材料的屈服极限或强度极限进行评定。

2.3.4　AAR 标准与我国标准的比较

AAR 标准与 TB/T 1335—1996 标准有一定的差异,主要包括垂向动载系数、车钩纵向力、车体侧向力及考核应力值等,详见表 2-17。

表 2-17　AAR 标准与 TB 1335—1996 标准比较

对比项目	TB/T 1335—1996	AAR 标准
垂向动载系数	$k_{dy} = \dfrac{1}{f_j}(a+bv) + \dfrac{dc}{\sqrt{f_j}}$	1.8
车钩纵向力	TB 1335 第一工况:纵向拉伸力货车为 1 125 kN;压缩力取货车为 1 400 kN;第二工况:纵向压缩力取为 2 250 kN。 对于 70 t 级的新型铁路货车,其第一工况的纵向拉伸力为 1 780 kN,纵向压缩力为 1 920 kN;第二工况的纵向纵向压缩力为 2 500 kN。而应用于大秦线重载运输,列车编组超过 10 000 t 的新型铁路货车,第一工况的纵向拉伸力为 2 250 kN,纵向压缩力为 2 500 kN;第二工况的纵向压缩力为 2 800 kN	压缩与拉伸:1 560 kN;车端压缩 4 450 kN,冲击 5 560 kN(载荷系数 1.0)
侧压力	第一工况及第二工况散粒货物侧压力	兰金(Rankine)公式横向压力(载荷系数 1.5)
中梁及底架刚度	中梁 1/1 500,侧梁 1/2 000	无明确规定
特殊工况	叉车工况、翻车机工况等	车顶载荷、车钩抬起工况等
考核应力值	小于材料的规定的第一工况及第二工况许用应力值	小于材料的屈服极限或强度极限

2.4 低阻力车体设计

列车空气阻力由列车表面空气摩擦阻力和空气压差阻力构成，因此，整列车的主要减阻措施可以归纳如下：

(1) 高速列车两端的端车头部采用流线型，列车前端能减轻气流滞止的影响，后端能减缓涡流或改变尾流结构，从而降低头尾车的空气阻力。

(2) 基于列车空气摩擦阻力形成的机理，摩擦阻力主要与附面层厚度有关，而附面层厚度主要与列车外形有关，如果在列车外形设计时尽可能选出可以降低附面层厚度的设计，即可减小列车空气摩擦阻力。

(3) 合理设计列车头尾流线外形，包括增加流线型头部长度，合理设计流线型头部俯视形状等。

(4) 相邻车辆连接部位采用外风挡结构，将车体连接部分的外表面延伸，使得两车体外表面间距缩小，这样可减弱气流分离及气流冲刷端墙表面的强度，以减小列车空气压差阻力。采用外风挡结构减阻的原因可以通过有无风挡的列车外表空气压力分布规律来解释。实验研究结果表明，采用外风挡结构可以使列车空气阻力降低10%左右。

(5) 尽可能使门窗部分与车身一致，减小由门窗引起的车身表面的凹凸不平。

(6) 车顶受电弓部分，安装导流罩以降低受电弓的阻力。

(7) 安装列车底部导流罩。

(8) 在列车车体侧壁的下部安装适当的裙板。

列车的空气动力学性能很大程度是由车头的形状确定，适当地设计车头，能极大地改善列车的阻力、升力、横向力、会车压力波以及隧道通过性能。

列车空气动力学研究的内容大致有：明线（非隧道）上列车运行时的表面压力波、会车时列车表面压力波、通过隧道时列车表面压力波动和微气压波，以及列车气动力等问题。

2.4.1 列车车体空气动力学问题

1. 明线运行时的列车表面压力

(1) 当列车以高速在空旷地带平直线路上行驶时，宏观上列车周围基本是一个较稳定的流场，空气绕流列车外表面。从分析和试验结果来看，列车表面压力可大致分为三个区域。

(2) 头车鼻尖部位正对来流方向的区域为正压区，并在列车头部鼻尖处压力达到最大值，然后沿着车头曲面压力开始下降（图2-8）。

(3) 车头部附近的高负压区，从鼻尖向上及向两侧，正压逐渐减小变为负压，到接近与车身连接处的顶部与侧面，负

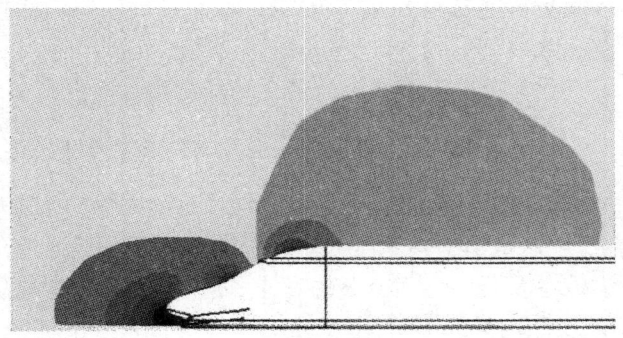

图2-8 列车纵截面头部表面压力分布图

压达到最大值(图 2-8)。

(4) 头车车身和尾车车身的的表面压力为负压(低于大气压力),其中尾部的负压区尤为明显。其纵截面尾部表面压力分布与图 2-8 基本相似。根据高速列车运行时车体表面压力分布的特点,头车上空调装置及冷却系统的进风口应布置在靠近鼻尖的区域内,因为此处正压较大,进风容易;而排风口则应布置在负压较大的顶部或侧面。在有侧向风作用的情况下,列车表面压力分布发生很大变化,侧向风对车顶的压力系数有很大影响,尤其对车顶小圆弧部位的影响最大。当列车在曲线上运行并遇到强侧风还会影响到列车的倾覆安全性。

2. 会车时的列车表面压力

在两列车会车(包括一列车与另一列静止不动的列车会车,以及两列相对运行的列车会车)时,将在静止列车和两列相对运行列车会车一侧的侧墙上引起压力波(压力脉冲)。这是由于相对运动的列车车头对空气的挤压,在列车间的侧壁上产生了很大的近似呈正弦的空气压力波。此压力波随着列车头部的运动在与之交会的另一列车侧壁上掠过。随着会车列车速度的大幅度提高,会车压力波强度将急剧增大。

图 2-9 是实测到的两列 CRH 动车组以相同速度相向运行交会时列车交会一侧表面某点压力波动幅值与列车运行速度之间的关系曲线。列车交会时产生的最大压力脉动值的大小,是评价列车气动外形优劣的两项指标。会车时的强烈压力波会对列车及其设施和站场员工的安全产生影响。同时,交会空气压力冲击波是一种瞬间的空气压力变化,传入车厢内后,会导致车内压力变化,该变化若超过允许范围,会影响旅客乘坐的舒适性。

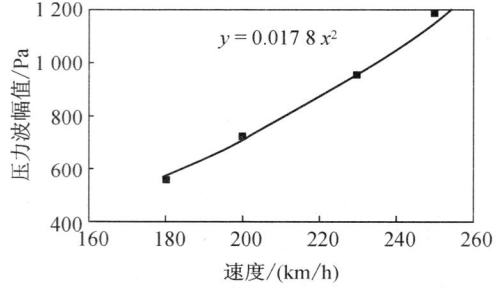

图 2-9 会车压力波幅值与速度关系曲线

试验和理论研究表明,在高速列车会车时,其会车压力波幅值大小与下列因素有关。

(1) 随着会车列车速度的大幅度提高,会车引起的压力波的强度将急剧增大。

(2) 会车压力波幅值随着头部长细比的增大而近似线性地显著减小。为了有效地减小高速列车会车引起的压力波的强度,应将高速列车的头部设计成细长而且呈流线形。

(3) 会车压力波幅值随列车内侧墙间距增大而显著减小,但减小的幅度随会车内侧距离增大而逐渐减小。为了减少高速列车会车压力波及其影响,应适当增大会车列车内侧距,即适当增大高速铁路的线间距。我国《京沪高速铁路线桥隧站设计暂行规定》中规定,京沪高速铁路正线线间距为 5 000 mm。

(4) 会车压力波幅值随会车长度增大而近似呈线性地明显增大。

(5) 经验计算公式表明,会车压力波近似地与 $\left(u_1 + \dfrac{u_2}{8}\right)^2$ (u_1 为通过车速度,u_2 为观测车速度)成正比,所以高中速列车会车时,中速车的压力波的幅值远大于高速车(一般高 1.8 倍以上)。这是由于会车压力波的主要影响因素是通过车的速度,在高中速列车会车时,中速车压力波主要受与之相交会的高速车速度的影响,高速车压力波主要受与之相交会的中速车速度的影响。表 2-18 列出了 CRH2 动车组与普通旅客列车在不同速度下交会时,实际测得的两车内外最大压力变化情况。

表 2-18　　　　　　　　　　车厢内、外最大压力变化情况

序号	列车速度/(km/h)		CRH2 动车组室内最大压力波幅值/Pa	CRH2 动车组车外最大压力波幅值/Pa	CRH2 动车组车内外压力幅值变化比	旅客列车室内最大压力波幅值/Pa	旅客列车车外最大压力波幅值/Pa	旅客列车车内外压力幅值变化比
	动车组	旅客列车						
1	220	120	8	602	1.33%	64	1 028	6.23%
2	220	140	9	964	0.93%	67	1 102	6.08%
3	220	160	11	1 025	1.07%	71	1 185	5.99%
4	250	120	9	597	1.51%	144	1 440	10.00%
5	250	140	11	761	1.45%	153	1 504	10.17%
6	250	160	12	963	1.25%	149	1 450	10.28%

从表 2-18 中可以看出,车内压力变化与车体结构气密性有关,CRH2 动车组气密性好,所以普通旅客列车车内外压力变化幅值之比远大于 CRH2 动车组。

3. 通过隧道时的列车表面压力

由于空间受到限制,列车高速通过隧道引起的空气动力效应(空气瞬态压力波、空气阻力、列车风、微气压波等)对列车运行的安全性、旅客乘坐的舒适性、隧道支护结构、车体结构、隧道周围环境、能耗均有不良影响,这是高速铁路隧道设计与高速列车设计中都必须解决的关键技术问题。

图 2-10 是一列速度为 200 km/h 列车和一列速度为 250 km/h 列车在长 2 065 m 隧道中会车压力波的实测情况,从中可以看出最大压力波动达到近 5 kPa。另外,隧道中列车运行的气动将大大增加。对单节车辆而言,平均空气压差阻力比明线空气阻力大 80%～90%。

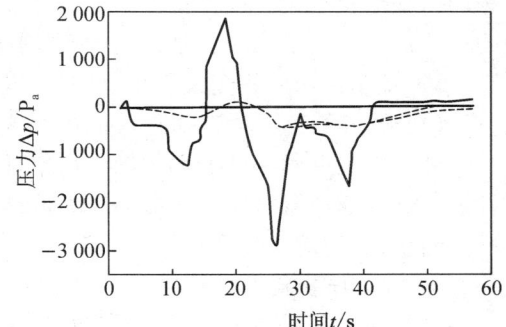

图 2-10　隧道中的会车压力波

4. 气动阻力

在地表大气层中,交通载体所受到的空气阻力、竖向力、横向力和压力波等与速度平方成正比,它们均随着速度的提高急剧增加,从而成为提高地面交通速度的主要制约因素。在一定速度下,高速列车的空气阻力及其他的空气动力作用取决于列车的外形、列车的截面及外表面的光滑平顺度。

作用于列车上的空气动力载荷如图 2-11 所示。其中,空气阻力关系到节能,升力、横向力、纵向力和转动力矩关系到列车安全,它们都是高速列车设计与运行中特别关注的参量。

(1) 空气阻力。列车的运行阻力包括空气阻力和机械阻力,空气阻力和速度的平方成正比,机械阻力(又称干扰阻力)和速度成正比。列车空气阻力主要由三个部分构成:

一是头部及尾部压力差所引起的阻力,称为"压

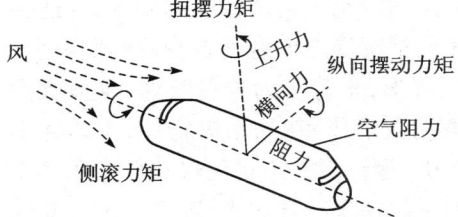

图 2-11　作用于列车的空气动力载荷

差阻力";二是由于空气黏性而引起的作用于车体表面的剪切应力所造成的阻力,称为"摩擦阻力";三是干扰车辆光滑表面的突出物(如手柄、门窗、转向架、车辆之间的连接风挡、车辆底架及车顶设备等)所引起的阻力,称为"干扰阻力"或"机械阻力"。

研究结果还表明,车辆底面离地面越近,空气阻力越小。对于时速为250～300 km/h的流线形列车来说,总阻力的75%～80%起因于外部气动阻力。在这些外部气动阻力中,大约30%为表面摩擦阻力,8%～13%为车头对于车尾的压差阻力,38%～47%为与转向架零部件相关的干扰阻力,还有8%～20%为受电弓和其他车顶设备的阻力。

在隧道中,列车的阻力高出明线一倍甚至多倍。隧道中空气阻力的大小,很大程度上取决于隧道的横截面积和长度,以及隧道的其他特性和列车特性。

(2) 气动升力。列车的表面局部压力高于周围空气压力的称为正压,低于周围空气压力的称为负压,而高速列车作为一个整体,是经受正的(向上的)还是负的(向下的)升力,取决于车辆所有截面的表面上压力累加的结果是正值还是负值。

升力与列车速度的平方成正比。高速列车的升力不可忽视,正升力使轮轨的接触压力减小,这对列车的牵引和动力学性能以及安全性产生重要影响。

(3) 气动侧向力。高速运行中的列车在受到侧向风力的情况下,会受到一个侧向力和一个围绕背风一侧轮轨接触点的倾覆力矩的作用。当风载荷达到一定程度时,侧向力及其侧滚力矩、摆头力矩的叠加作用将影响车辆的倾覆安全性。

试验研究结果表明,车辆受侧向风的气动阻力特性,不仅与车辆形状有关,而且还与桥梁等的路基形状有关。就车辆形状而言,车顶越有棱角,其阻力越大。风洞试验研究表明,最佳的车体横断面的形状应当是:车体侧面平坦而横截面尺寸向上渐缩(可以降低升力),顶部稍圆,车顶及车体侧面拐角处完全修圆(可以降低力矩)。

(4) 隧道微气压波。高速列车驶入隧道产生压力波,在隧道内以声速传播到达隧道口时,一部分压力波以脉冲波的形式向外放射,同时产生爆破声,造成了隧道口附近的环境问题。这种波被称为隧道微气压波。减小压力波梯度可以减少微气压波,在车体设计中需要减小列车横断面积,采用流线形车头等。

5. 列车行驶风

当列车高速行驶时在周围将产生空气运动,这就是列车行驶风。当列车以200 km/h速度行驶时,据测量,在轨面以上0.814 m,距列车1.75 m处空气运动速度将达到17 m/s,这是常人难以承受的风速。所以高速铁路车站正线不设站台或在站台上设置防护拦。

2.4.2 高速列车外形设计

高速列车外形与列车空气动力学有着密切的关系,为了适应空气动力性能的要求,高速列车外形设计在头形、车身截面外形、列车编组方式、车体表面情况等方面有其自身的鲜明特色。满足空气动力性能的列车外形,其头部和尾部外形均为流线形,车身应为鼓形断面,车体表面应非常光滑平整,门、窗需严格密封,不允许有凸出外表面的玻璃压条、扶手等物件,车体底部除转向架外应全部封闭。另外,在流线形列车的外形设计中,设计者并不是仅仅从技术角度考虑其产品的设计,而是将工业造型和艺术设计与空气动力学的理论结合起来,既要考虑气动性能,又要考虑外形美观,同时还需兼顾结构及工艺的要求。

1. 头部形状与列车气动性能的关系

良好的高速列车头形设计可以有效地减少运行空气阻力和列车交会压力波,并有利于高速列车的运行稳定性。根据研究,列车气动性能与车头形状之间有如下关系:

(1) 从头型对列车空气阻力、列车风、会车压力波等特性的综合影响,以及通过明线区间时对环境影响的考虑,在头型相同的情况下,流线形的头型长细比越大,气动性能越好。高速列车的长细比一般要求达到 3 左右或更大,这样既有利于降低列车交会空气压力波,又能有效地减小列车空气阻力,同时还能改善列车的其他空气动力性能。在头型长细比相同的情况下,列车头型以采用气流主要从上方逃逸的流线形的二维形状为最佳,它与采用气流从四周逃逸的三维形状的头型相比,其气动性能更好。

(2) 列车流线形头部长度一定时,横截面外轮廓线的形状对阻力有较大影响,例如,在无横风的情况下,对头车来说,椭球形阻力最小,扁宽形阻力最大;但对尾车来说,扁梭形阻力最小,鼓宽形阻力最大;从整列车考虑,头车为椭球形而尾车为扁梭形的总阻力最小。在有横风作用的情况下,扁宽形头车阻力较小,椭球形头车阻力较大。

(3) 对列车交会压力波而言,车头以扁宽形的为最小,椭球形的为最大,扁梭形和鼓宽形的介于中间。改变前窗部位过渡曲线,对列车交会压力波幅值影响较小;减小鼻尖部位过渡曲线的曲率半径(即扁形鼻尖),可以有效地降低列车交会压力波。此外,还应注意头部下方的导流板设计。

由此可见,减小列车空气阻力和降低列车交会压力波,既矛盾又统一,列车气动头部外形设计需要综合考虑各种因素。

2. 车体断面形状与列车气动性能的关系

列车高速运行时,除空气阻力外,作用在列车上的气动力还包括升力、侧向力、侧滚力矩、偏转力矩和俯仰力矩。这些力和力矩,特别是侧向力和侧滚力矩,对列车的运行平稳性和稳定性有较大影响。

车身气动外形设计主要在于断面形状设计。影响列车空气动力性能的断面形状参数,包括图 2-12 中的 R_1、R_2、R_3、R_4、α、β 以及车体宽度和高度。

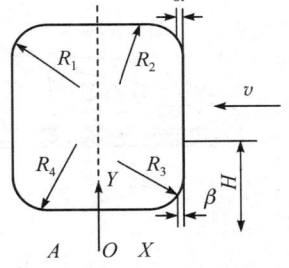

图 2-12 车体断面形状参数

在设计车体断面形状时需考虑以下因素:

(1) 研究结果表明,鼓形车体比直壁车体交会压力波幅值减少 10% 以上,可见鼓形列车能有效地提高横向稳定性、旅客舒适性和运行安全性。因而车体设计中,车顶为圆弧形,侧墙下方向内倾斜并以圆弧过渡到车底,侧墙上部向内倾斜并以圆弧过渡到车顶,即整个车体断面成为一个腰鼓形,这将有利于交会压力波、气动侧向力及侧滚力矩作用的缓解。

(2) 根据风洞试验结果来看,车辆底部形状对空气阻力的影响很大。为了避免地板下部机器部件的外露,应采用车底封闭外罩。

(3) 研究结果表明,车辆底面离地面越近,空气阻力越小。

3. 车体设计中的其他空气动力学问题

除了车身主体结构之外,在设计中,列车附属零部件安装位置的选取、进排气口的设置等,也应从空气动力学的角度加以考虑。例如,受电弓导流罩起减阻降噪作用,应尽可能安装在靠近动车尾端,以流线形为宜;列车端墙表面为正空气压力,车体底部和过渡圆弧处均为负压力,有利于排风;头车与拖车底部采用底罩可使升力小于且接近于零;受电弓导流罩使头车负升力减小,尾车正升力增大。另外,就整个列车而言,还要求车体表面光滑平整,车辆间的连接处要求平滑过渡,以减小列车阻力。

列车底部由于贴近地面,会产生较大的空气阻力。由图 2-13 可见,CRH2-300 动车组底部转向架之间的大部分区域为较小负压,转向架的前挡雪板部位为较大负压,转向架的后挡雪板为较小负压,会产生压差阻力,通过在转向架前后安装适当的导流罩,可以减低转向架的空气阻力。

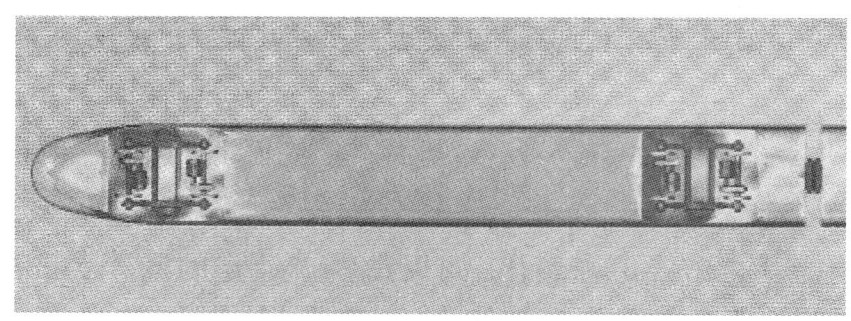

图 2-13　CRH2-300 型动车组转向架区域压力分布图

车端连接部的间隙会产生较大的空气阻力。为了研究车端间隙的空气阻力,通过对京津线上 CRH3 型车实车试验数据分析表明,在 330 km/h 运行速度下,由风挡引起的阻力系数约为 0.08,一般高速列车的压差阻力系数为 0.2,那么风挡空气的阻力约占压差阻力系数的 40%,说明在车端连接处增加风挡可以有效地减少空气阻力(图 2-14)。

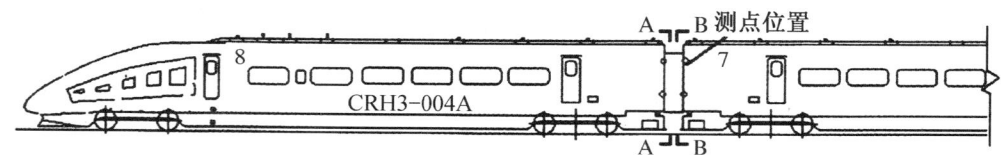

图 2-14　CRH3 动车组风挡压力测点位置图

高速列车在以空气为介质的地面上行驶。空气对列车和受电弓-接触网系统都会产生空气动力作用,受电弓在高速气流作用下,不仅会产生气动阻力还会产生气动升力。受电弓在气动升力的作用下,会明显改变弓网接触力大小,当接触力过小和接触电阻大时,将产生大的能耗和电热,特别是接触力过小,常易造成离线,即受电弓弓头脱离接触线而产生电弧,造成弓网触界面的烧伤。接触力过大时,过大的接触线抬升量,将使接触线局部弯曲,引起接触线疲劳损伤,同时使受电弓弓头滑板和接触线磨耗增大,严重时可造成弓网事故。可见,列车在高速行驶时,气动特性对高速受电弓的受流质量有直接的影响。良好的受电弓气动特性是

图 2-15　受电弓整流罩设计

确保弓网系统跟随性、稳定性和减少弓网磨损的重要因素,因而研究高速受电弓的气动特性,进行合理的气动特件设计是一项必要的工作(图 2-15)。

2.5 轻量化车体设计

2.5.1 车体轻量化的必要性

无论是高速磁悬浮列车,还是高速轮轨列车或城市轨道车辆,在额定牵引功率下,尽可能降低能耗以实现运行的高运能和低成本,是一个永恒的追求目标。列车运行时,所需要的牵引功率与列车的重量呈线性关系,即列车重量越轻,需要的功率越小。因此,轻量化对于客车来说就是节能增效,通过减轻客车自重、降低每位旅客所占质量,从而降低每位定员的牵引消耗,增加了运能,使所用材料得以充分的利用,有利于提高速度,同时降低轴重、减小轮轨动作用力,有益于改善列车的运行品质。

列车对牵引功率的需求,是根据列车的总质量、最高运行速度和在该速度下的列车单位阻力来确定的。高速列车需要的牵引功率 N 为

$$N = \frac{Q\omega v_{\max}k}{3\,600} \tag{2-12}$$

式中 Q——列车总质量,t;
  ω——列车的单位阻力,N/t;
  $v_{\max}$——列车的最高运行速度,km/h;
  k——裕量系数。

列车的单位阻力包括基本阻力和附加阻力,基本阻力中的空气阻力和机械阻力随列车运行速度的不同而异。研究表明,空气阻力与速度的平方成正比,机械阻力则与速度成正比。列车低速运行时,以机械阻力为主;当列车运行速度达到 100 km/h 左右时,空气阻力占运行基本阻力的 50%;如果列车速度提高到 200 km/h 时,空气阻力占 70%,机械阻力只占 30%;而列车以 250 km/h 速度平稳运行时,空气阻力约占列车总阻力的 80%~90% 以上。

轻量化设计的途径主要可归纳为两个方面:

(1) 采用轻量化材料,以轻质高强度材料代替高密度材料,这是轻量化设计最为直接的方法。

(2) 运用结构优化设计技术,这是在已有材料和结构的基础上,根据设计要求,设置参数和约束,采用最优化技术得到最轻量结构参数设计方案,是近 20 年间迅速发展起来的一种现代设计方法。随着电子计算机技术的应用和发展,这种方法被越来越广泛地应用在机械、建筑等结构设计各领域,成为工程设计的重要手段之一,也是较高层次的设计技术。

2.5.2 轻金属材料的选择

1. 几种金属材质的力学性能比较

轨道车辆结构普遍采用金属材质。表 2-19 列出了常用钢(低碳钢和不锈钢)和铝合金材

质的力学性能。铝的抗拉强度和屈服极限约为钢的1/2～2/3,密度为钢的1/3,纵向弹性模量为钢的1/3,对铝合金车体必须充分考虑铝材的力学性能。

铝合金车体的耐腐蚀性能低于不锈钢,不涂漆的铝合金车体用了一段时间后,由于大气中的腐蚀条件(如水、洗涤剂的作用以及运用环境中与金属粉尘接触),表面总会出现面蚀、点蚀、变色,影响美观,故大部分车都涂漆。此外,由于铝的熔点低,在地板下面吊装的高压大电流发热设备(如制动电阻箱等)应加装隔热板,以防火灾的发生。

表2-19　　　　　　　　　　　钢和铝材的力学性能比较

材料 力学性能	铝合金				不锈钢				低碳钢	
	A5052	A5083	A5005	A7N01	SUS304	SUS301			SS41	Q235-A
						$LT \geqslant$	$HT \geqslant$	$MT \geqslant$	$ST \geqslant$		
抗拉强度/MPa	180～220	280～360	140～180	$\geqslant 330$	530	1 050	880	770	410～420	380～460
屈服强度/MPa	$\geqslant 70$	130～220	$\geqslant 110$	$\geqslant 250$	$\geqslant 400$	$\geqslant 770$	$\geqslant 520$	$\geqslant 420$	$\geqslant 240$	$\geqslant 235$
伸长率	$\geqslant 190\%$	$\geqslant 160\%$	$\geqslant 30\%$	$\geqslant 100\%$	$\geqslant 210\%$	$\geqslant 100\%$	$\geqslant 250\%$	$\geqslant 350\%$	$\geqslant 170\%$	210%～260%
密度/(t/m³)	2.8	2.8	2.8	2.8	7.85	7.85	7.85	7.85	7.85	7.85
纵向弹性模量/MPa	720	720	720	720	1 800	1 800	1 800	1 800	2 100	2 100

2. 钢制与铝制车体的经济性比较

20世纪60年代以来德国的近郊电动车以及城市轨道车辆和普通铁路客车广泛采用铝合金车体,成为欧洲铁路使用铝质车体最多的国家。世界各国的高速列车,如德国的ICE、日本的东海道高速列车均采用铝制车体(法国的TGV电动车组车体为不锈钢车体)。

铝质车体得到迅速发展,其原因有以下几方面:

(1) 车体自重轻,减重效果好。由于型材为薄壁、中空,又减少了很多横向构件,板材为带筋板材,采用大型中空断面挤压铝型材在保证车体具有足够刚度前提下,简化了结构,使铝合金车辆质量大幅度降低。一般铝质车体的质量比钢质车体(钢结构)的质量可减轻1/4～1/3左右。例如我国制造的22型钢结构重为13.3 t,而德国的ICE铝制车体重仅8.65 t(表2-20)。

表2-20　　　　　　　　　我国部分列车车体结构的质量比较

系列	25型	CHR$_1$头车	CHR$_2$头车200系	CHR$_5$头车300系
车体结构材质	耐候钢	耐候钢　不锈钢	大型铝型材	大型铝型材
车体结构质量/t	13.11	12.5	6.7	8.1

(2) 新型铝合金的开发,大大地改善了加工性和可焊性。可以根据车体结构优化设计的要求,挤出各种复杂形状的铝型材,板宽可达700～800 mm,长度可达30 m,这样车体组装仅留下纵向焊缝,与钢制车体比较,其焊接工作量减少了40%左右。

(3) 运行品质良好。铝合金车辆自重小,节省牵引的能量消耗,提高了加速性能,可降低制动功率,使动力性能改善、舒适性提高、噪声降低,且具有良好的密封性。

(4) 耐腐蚀,降低维修费。铝合金具有良好的耐腐蚀性,从而延长了客车的使用寿命,减轻了检修工作量。

(5) 铝合金车体还具有外表平滑美观的优点。

据法国有关资料介绍,在以含铜钢制造的车体钢结构作为参照(系数为1),对三种材料(含铜钢、不锈钢和铝合金)制造的车体钢结构总体费用(包括材料价格,质量,制造费)比较表明:挤压型材的铝合金车体与钢制车体相当,不锈钢车体稍贵,为1.05。

表 2-21　　　　　　法国国家铁路三种材料车体的制造价格比较

车体使用材料	车体价格比		
	材料费	加工费	完成价格
钢制车体	0.09(1)	0.91(1)	1
不锈钢车体	0.25(2.78)	0.80(0.88)	1.05
铝合金制车辆(6005A 大型挤压型材)	0.48(5.34)	0.52(0.57)	1

注:括弧内的数值表示钢制基数,其他数值为钢制车的倍数。

3. 铝合金车体的结构特征及其设计与制造工艺

(1) 铝合金车体与钢车体的结构比较。

尽管同为金属,但钢材和铝材的材料特性有较大的差异,例如:

弹性模量　　　　　　　　$E_{st}/E_{AL} = 3/1$

在塑性范围的工作能力　　$W_{st}/W_{AL} = 2/1$

熔点温度　　　　　　　　$T_{st}/T_{AL} = 2.5/1$

单位重量价格　　　　　　$MP_{st}/MP_{AL} = 1/3$

因而导致由它们制成车体筒形结构的横截面各自具有特有的结构形式。例如为弥补铝合金刚度的不足,铝结构车多采用挤压型材,图 2-16 为钢制与铝制车体结构比较图。

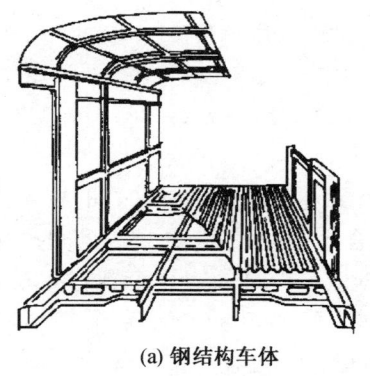 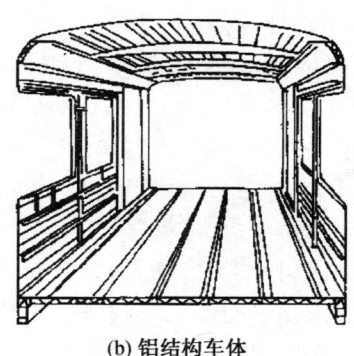

(a) 钢结构车体　　　　　　(b) 铝结构车体

图 2-16　钢制与铝制车体结构

钢结构车体一般采用 Z 形、L 形或 U 形组焊件或压型件作为车体的纵横杆件,外敷薄钢板,地板用薄钢板压制的波纹地板。由于钢的弹性模量较高,车顶可用其他材料制成,载荷主要由底架梁承担。

对于全钢结构的车体可将电气设备箱放置于底架的承载结构中,如图 2-17a 所示;由于铝合金的熔点比钢低得多,在涉及车辆防火问题时要特别引起注意,悬挂于车体地板下面的电气设备箱必须保持一个恰当的安全距离,如图 2-17b 所示。

全铝结构车体一般均采用断面形状较复杂的挤压型材,形成整体的复合地板(图 2-18)。

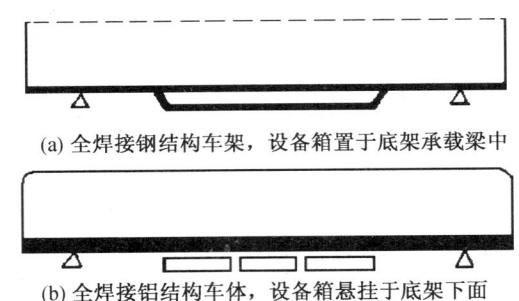

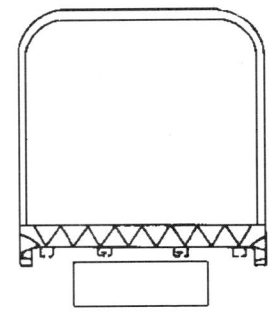

图 2-17　电气设备箱的配置要求　　　　图 2-18　整体复合地板铝车体断面

由于铝的弹性模量仅为钢的 1/3,为了保证车体具有足够的弯曲刚度,满足城市轨道车辆设计规范的要求:车体的静挠度不大于两转向架支承宽的 1‰。一般均需将车体按整体承载筒形结构的要求进行设计,底架连同侧墙、车顶、端墙共同承担作用于车辆上的各种载荷作用。

(2) 铝合金车体的设计与工艺特点。用铝合金代替钢作为承载车体的结构材料,其弹性模量仅为钢的 1/3。为了弥补这一不足,在车体上一般采用大型中空断面的挤压铝合金型材。根据车体不同部位的强度要求选用铝合金型材的材质,例如,对于受力较大的底架受力件选用强度较高的 A7N01;对于侧墙板、车顶板选用耐腐蚀性好的 Al-Mg-Mn 合金板材;大型中空型材的材质应选用 5000 系(Al-Mg)和 6000 系(Al-Mg-Si)合金;挤压型材则用 7000 系(Al-Zn-Mg)合金等。在车体结构设计中要注意车体的动态特性,特别对于高速车辆的车体要考虑结构的疲劳强度。在结构设计时,对于焊缝的布置和选择要注意到焊接的变形和焊接造成可能对母材强度的降低,以及焊接缺陷的影响等。在制作车体时,要合理选择材质和焊条(焊丝),从而达到更合理的匹配。如日本 200 系新干线客车选用 A7N01、7003 和 5083 三种铝合金;德国 ICE 高速列车车体主要材质为 AlMgSi0.7(AA6005A),板材采用 AlMg4.5Mn(AA5083),焊条为 SG-AlMg5(AA5356)和 SG-AlMg4.5Mn(AA5138)。焊接方法的选择应考虑材料的种类、厚度、形状的影响。

高速列车铝合金车体材料主要有 5000 系、6000 系和 7000 系,其各自的特性分述如下。

① 5000 系合金。5000 系合金是形变 Al-Mg 合金,其中 Mg 含量少的可作为装饰材料、高级器具材料、建树材料等,如 5N01,5005 等。Mg 含量较高的铝合金具有高强度、焊接性好的特点,被广泛应用于船舶、铁道车辆、化学机械等领域,如 5083。5000 系合金在冷加工的状态下强度较小,会出现拉长的老化现象,因此要进行稳定化处理,如 5083,经过冷加工后,再用高温去除应力,通常作为强度要求不高的结构骨架材料。在海水或工业污染大的环境里,如果不考虑外观,则基本不进行防腐蚀处理。

② 6000 系合金。6000 系合金是形变 Al-Mg-Si 合金,其强度、耐腐蚀性较好,能够作为代表性的结构用材。但是,在焊接时焊缝接头效率低,多数要通过小螺钉、铆钉、蛹栓来进行结构组装。其中,6061-T6 的屈服强度在 245 MPa 以上,与钢材相当,其优点是能够同钢材一样获得同等的许用应力,可用于铁塔、起重机等领域。6063 具有优良的挤压性,强度略低于

6061-T6,主要用于建筑用的门窗框。6N01 是强度介于 6063 和 6061-T6 之间的合金。

③ 7000 系合金。7000 系合金是形变 Al-Zn-Mg 合金,具有高强度特性,可细分为 Al-Zn-Mg-Cu 系合金和不含 Cu 用于焊接结构的从 Al-Zn-Mg 合金。Al-Zn-Mg-Cu 合金的代表是 7075,可用于飞机、体育用品类。不含 Cu 的 Al-Zn-Mg 合金具有比较高的强度,在焊接后的热影响区也能够通过自然时效恢复到与母材相近的强度,具有优秀的焊缝接头效率。7N01 是其中具有代表性的高强度铝合金,可作为高速列车车体材料。

2.5.3 新型轻质结构材料及其在车体结构中的应用

1. 钎焊铝蜂窝板(Brazed Aluminium Honeycomb Panels,BHP)结构

在设计高速车辆的车体时,要考虑车辆运行于隧道内所产生的压力波,该压力与车辆运行速度的二次方成正比,且为体压力,所以要提高车顶、侧墙、端墙、地板等各种结构的面外弯曲强度和刚度,提高整个车体的气密程度。因此,组成此类各部结构体的材料须具备较高的刚度指标。

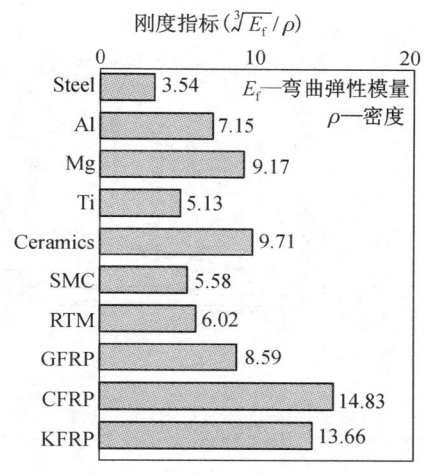

Steel—钢;Ceramics—陶瓷;SMC—片状模塑料;
RTM—树脂传递模塑成型玻璃钢;GFRP—玻璃钢;
CFRP—碳纤维玻璃钢;KFRP—芳纶纤维玻璃钢

图 2-19 各种材料刚度指标

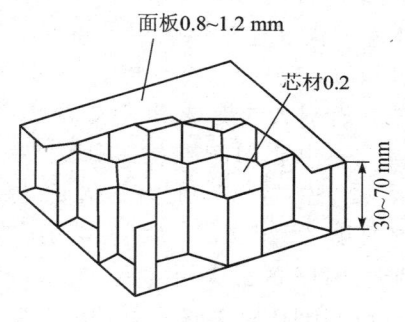

图 2-20 BHP 板结构

BHP 板结构面外弯曲刚度可用 $E \cdot t^3 /12$(E 为材料的弹性模量,t 为面板的厚度)表示,要使弹性模量小的轻型材料获得与弹性模数大、密度大的材料同等的弯曲刚度,必须加大厚度。图 2-19 表示金属及非金属各种材料的刚度指标,钢材的刚度指标在金属材料中属于最高的,此外还可通过结构设计采取措施提高刚度指标。众所周知,Ⅰ字型截面梁对于承弯具有最大的强度和刚度。设想把Ⅰ字型截面梁进行二维扩展即成 BHP。图 2-20 表示 BHP 的结构,面板采用 0.2~1.2 mm 的平板,蜂窝芯材采用 0.2 mm 的折曲薄铝板,组合成正六方形结构。这种结构的 BHP 密度虽小但面外弯曲刚度却很大,因而等效刚度指标可比铝材的刚度指标大。

BHP 的制作方法为,将以 A6951 为基材的硬钎焊薄板(JIS 3263)作为基材,上面滚压一层占板总厚度仅百分之几的 A4045 包层金属,制成面板和芯材。在真空中加热到约 600℃时,包层金属 A4045 被熔化,由于分子力的作用,进入面板与芯材、芯材与芯材的接触面,形成焊脚。冷却后，焊脚被固定，于是面板与芯材及芯材与芯材就被牢固地结合在一起。这就称为真空整体钎焊技术，它实际上是利用填充金属材料进行焊接的一种方法。

A6951 在冷却过程中被淬火，需对其进行回火处理得到 A6951-T6，方可用于制作车体，BHP 材料的机械性能列于表 2-22。

表 2-22 BHP 使用材料的机械性能

材质	拉伸强度 /MPa	屈服强度 /MPa	伸长率
A6951-H14	126	110	6%
A6951-T4	173	73	19%
A6951-T6	255	180	15%

日本日立制作所采用所制作的 30 mm×1 160 mm×1 970 mm 的 BHP 平板车体结构，经 FEM 强度计算和各种载荷工况的试验，现已使用于东日本公司的低噪声高速试验电动车。

此外，日立制作所还研制了用于高速新干线的 BHP 新型车体结构，为了提高轻量化系数和降低成本，取消了外附的横向补刚杆件，将 BHP 的厚度加厚，必需的补刚材采用从 BHP 内部组入标准骨架。上墙板的小圆弧部与车顶板连成一体均为 BHP 结构，这样更有利于制作和组装实现机械化和自动化。图 2-21 为该新干线车体结构外观。

日本新一代高速车辆采用了新型 BHP 车体结构后，由于蜂窝芯材内部有密封空间，空气泡的隔音和隔热效果有很大的提高，其等效导热系数为铝板的 1% 左右，更由于 BHP 结构体内表面平滑，有可能连续粘接隔热材，易于抑制热桥，从而提高了车辆整体的隔热效果。用于车顶、侧墙、端墙、地板等各部结构的曲面 BHP 的最大尺寸为 70 mm×1 050 mm×3 100 mm，BHP 板之间采用对焊连接组装，焊缝总长度约比同型铝结构车体减少 1/4。

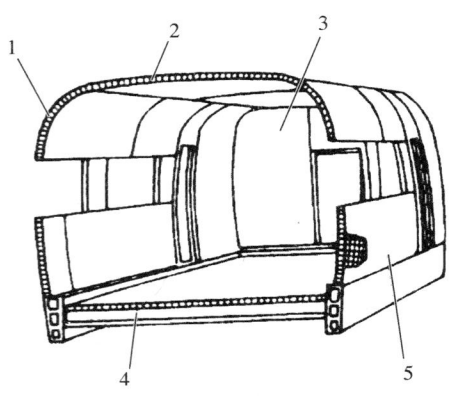

1—上墙板(BHP)；2—车顶板(BHP)；
3—端板(BHP)；4—地板(BHP)；
5—侧墙、窗间板(BHP)

图 2-21 日本新干线用 BHP 车体结构

2. 三明治夹层板(Sandwich Panel)结构

近年来国际上出现了一种新型的三明治板结构，由于这种板结构相对于传统的钢板结构有着质量特别轻的优点，而且兼有各种良好机械特性以及便于大规模制造等特点，首先在宇航业得到应用，德国 TR08 高速磁浮列车在车体结构中广泛采用铝合金三明治夹层板，从而使车体结构达到了高度轻量化的目标。近年来，在欧洲，铝三明治板已用于轨道车辆的结构，这一新型结构材料为车辆轻量化开辟了新的途径。

一个典型的对称的三明治板结构由两边相同厚度的薄面板夹着一块厚的轻质量中间层组成，如图 2-22 所示。

三明治夹层板的重要参数与特性如下：

(1) 材料参数。三明治夹层板的面板通常是由高性能材料制作的，如钢、铝以及纤维复合材料，而中间层通常是实体结构的泡沫材料、蜂窝型或轻质木材，目前在轨道车辆结构中

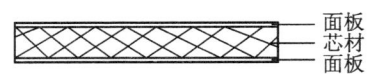

图 2-22 三明治板材结构

使用较多的是以铝合金或玻璃纤维塑料为面板、泡沫材料为中间层的三明治结构。其中常用的泡沫材料有 PVC、PEI、PMI 等,由于 PMI 具有良好的强度特性,耐火性,在高温下稳定的机械性能,是三明治板结构中用得较多的一种芯材。

德国高速磁浮列车车体结构中的铝三明治板面板采用 ENAW6000 系列的铝合金,密度在 2 700 kg/m^3 左右。用于车厢的三明治板上下面板的厚度是不同的,上面板一般为 1 mm,下面板为 0.8 mm。泡沫芯材有两种,一种为 Alrex R82.80,另一种为 Alrex 70.75。其密度分别为 90 kg/m^3 和 78 kg/m^3,显然比铝合金小得多。芯材的厚度一般在 40～50 mm。泡沫芯材在运用中主要起承剪作用,其极限剪切应力在 0.7～0.9 MPa。

(2) 刚度特性。三明治结构的刚度特性可由下列三种不同厚度芯材板的抗弯刚度比较予以说明。图 2-23 表明,如果单一材质结构在横断面处一分为二,并在中间加入轻质量的中间层的话,其抗弯刚度变大,且随着中间层厚度的增加愈加显著,这种现象一般被称为"三明治效应",这也是三明治板结构的主要优点之一。

不同厚度芯材三明治板断面	类型	厚度	相对质量	相对抗弯刚度
	A	t	1	1
	B	$2t$	1	7
	C	$4t$	1	37

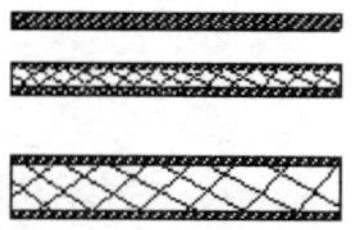

图 2-23 同材质不同芯材厚度夹层结构的三明治效应(忽略中间层材料质量)

(3) 强度特性。由于三明治板结构的厚度比一般板结构的厚度有较大增加,其抗弯模量也有较大增加。因而总体强度性能有较大加强。而芯材主要承剪切应力,但由于厚度高,承剪面积大,故芯材的剪应力并不大。磁浮车体有限元强度分析表明,车体所用芯材的最大剪应力在 0.4 MPa 以下,安全系数大于 1.75,因而三明治板结构在面板满足强度要求的情况下,泡沫芯材的强度也是安全的。

(4) 隔噪特性。一般说来,重金属材料、低刚度和高结构阻尼的板才能产生最高可能性的声音衰减指数。从机械学的观点来说,刚度降低而同时面密度增大是十分矛盾的。对于传统单层金属板结构车辆来说,降低刚度来提高隔声效果明显是不可取的,而通过增大面密度即增加结构质量来提高隔声效果显然又违背了车辆轻量化设计的原则。

而三明治结构与单层板结构不同,声波波速对其几何结构和使用材料的反应较之质量和厚度更为灵敏。通过调整三明治面板与中间层的材料,选择机械、物理特性差别不是很大的两种材料即可达到良好的隔声效果。

三明治板材结构还具有隔热阻燃等优点。正由于其较为突出的优点,目前在轨道车辆制造业,三明治板结构的应用日益广泛。另外一些以碳纤维材料为面板的三明治结构轻轨车及其他车辆也正在研发中。

2.5.4 结构优化设计理论

结构轻量化优化是基于优化设计理论,在给定的条件下,对产品的结构进行最轻量优化的方法。优化理论中的基本要素,如设计变量、目标函数、约束条件、设计空间和可行域等,构成了优化设计的基础。有限元技术为结构优化创造了良好的条件,通过优化技术与有限元技术的有机结合,由计算机自动寻找可行域内满足强度刚度等设计要求前提下最轻量结构方案,从而使车辆轻量化设计水平达到了一个全新的高度。

在优化设计时,一般需要考虑车体结构所受的某些特殊要求的制约,如车体梁柱尽可能归类,梁柱布置须考虑车内设备,车体蒙皮厚度分组不宜太多,而这些制约通常可以通过变量设置和约束条件等予以实现。

1. 优化设计的要素

(1) 目标函数。优化设计的目标是实现轨道车辆承载结构的轻量化,因此,将重量的最小化作为优化的目标函数,可表述为:$W(\boldsymbol{x}) \to \min f$。

(2) 设计变量。设计变量是指在设计过程中进行选择并最终必须确定的各项独立参数,是结构优化设计求解的主要对象。在数学上,设计变量表示为由其分量组成的向量:

$$\boldsymbol{x} = \begin{bmatrix} x_1 \\ \vdots \\ x_n \end{bmatrix} = (x_1, \cdots, x_n)^{\mathrm{T}} \in E^n \tag{2-13}$$

其中,E^n 表示 n 维欧氏空间。

车辆结构优化一般属于结构型式、几何关系、材料特性都已确定的优化问题。其最简单的设计变量是元件尺寸,如杆件的长度、横截面积,抗弯元件的惯性矩,板元件的厚度等,车辆结构以板材和梁件为主,而在有限元建模时大梁件通常以板单元予以离散,因而采用板厚作为优化设计变量是较为方便而有效的选择。

(3) 约束条件。在优化设计中,对设计变量取值时的限制条件,称为约束条件,它们是优化设计时必须满足和遵守的条件,它反映了有关设计规范、计算规程、施工工艺及构造等方面的要求,车体结构优化约束的对象通常是应力、位移、结构自振频率的取值范围等。边界约束又称区间约束,它规定了设计变量的取值范围。对于轨道车辆承载结构,可以根据经验和工艺条件等因素确定设计变量变化的上下限。

2. 结构优化的一般数学模型

车体结构优化的数学模型一般可以表示为:

$$\begin{cases} \text{求} \quad \boldsymbol{X} = (x_1, x_2, \cdots, x_n)^{\mathrm{T}} \\ \text{使} \quad W(\boldsymbol{x}) \to \min \\ \text{s.t.} \quad \text{Case } 1, 2, \cdots, i \quad \sigma_1 < \sigma_{m1} \quad (\text{工况 1 的应力约束}) \\ \qquad\qquad\qquad\qquad\quad \sigma_2 < \sigma_{m2} \quad (\text{工况 2 的应力约束}) \\ \qquad\qquad\qquad\qquad\quad \vdots \\ \qquad\qquad\qquad\qquad\quad \sigma_i < \sigma_{mi} \quad (\text{工况 } i \text{ 的应力约束}) \\ \quad\text{Case} \cdots \qquad\qquad\quad \delta < f_e \quad (\text{指定工况刚度约束}) \\ \quad\text{Case } k \qquad\qquad\quad f > f_0 \quad (\text{结构自振频率约束}) \\ \quad x_j^{\mathrm{L}} \leqslant x_j \leqslant x_j^{\mathrm{L}}, j = 1, 2, \cdots, P \end{cases} \tag{2-14}$$

其中,k 种工况对车体结构设计中应力、刚度及自振频率等施加约束。

3. 结构优化设计流程

结构优化设计流程如图 2-24 所示。

优化设计变量的类型可以有连续型和离散型两种,但目前一些有限元商业软件的设计变量参数优化都采用连续变量予以处理,因而实际问题中优化结果具有非整数性,难以直接用于实际设计,需根据工艺条件和标准选取最为接近的离散值对其进行圆整,并通过完整的有限元强度分析考察其可行性,才能获得可以采用的优化设计方案。

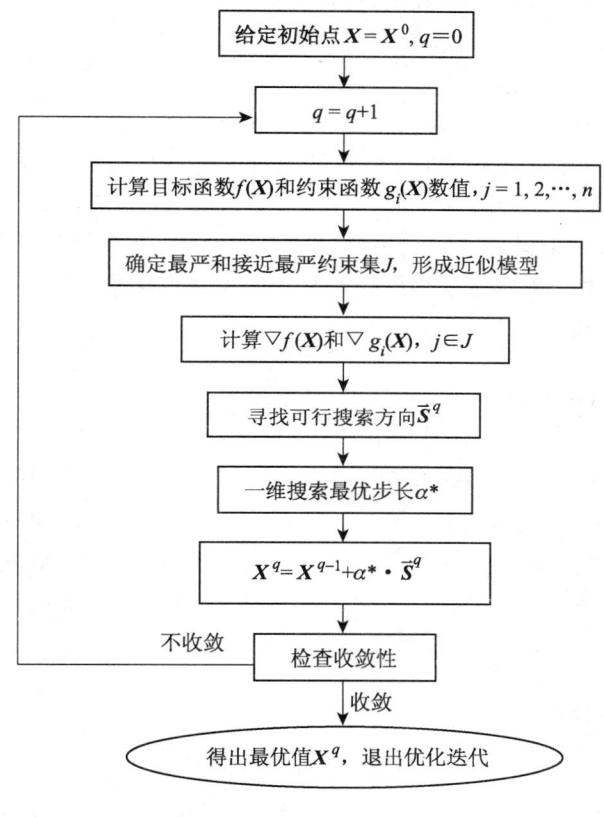

图 2-24 结构优化流程

2.5.5 车体结构优化实例——磁浮车车体结构优化

1. 优化设计数学模型

(1) 目标函数。本优化设计的目标是实现高速磁浮列车承载结构的最轻量化。

(2) 设计变量。磁浮列车承载结构是一个板梁体结构组成的复杂结构,而且车体车顶与侧墙由三明治复合板结构构成,设计参数需要合理选择。根据结构实际情况,确定了确定优化设计变量原则:

① 以主要梁件的铝合金型材厚度为设计变量。

② 把对承载结构总重影响较大的部件板厚作为设计变量。

③ 将承载结构中应力较大的部件和主要传力部件的板厚作为设计变量。

④ 三明治复合板结构不作设计变量处理。原因是:三明治板铝面板厚度只有 1 mm 左

右,优化的余量很小,而中间层的泡沫芯材虽然较厚,但其本身密度很小,对总重量的影响较小,况且该板材为外购产品,结构难以更改,因而,对三明治复合板仅予以应力约束。

由此,最后确定了 15 个板梁件厚度作为轻量化优化设计的设计变量。

(3) 性能约束:

① 应力约束:在各种载荷作用下不超过材料的许用应力,具体数值为:

② 车体和设备夹层各铝合金型材及隔板最大应力 $\sigma_1 \leqslant 178$ MPa。

③ 三明治复合板的面板最大应力 $\sigma_{m2} \leqslant 136$ MPa。

④ 车钩压板,叉形件及其加强板最大应力 $\sigma_3 \leqslant 215$ MPa。

⑤ 各部位三明治复合板芯材最大应力 $\sigma_4 \leqslant 0.6$ MPa。

⑥ 刚度约束:在单独垂向运用载荷工况下,车体下弦梁最大挠度 δ 小于 2 mm。

⑦ 频率约束:参考国外文献,结构整备状态下的一阶垂向弯曲振动自振频率应大于 7 Hz。

⑧ 边界约束:边界约束又称区间约束,它规定了设计变量的取值范围。对于高速磁浮列车承载结构,其设计变量的板厚可以根据经验和工艺条件等因素确定。

(4) 结构优化数学模型:

$$\begin{cases} W(x) \to \min \\ x = (x_1, x_2, \cdots, x_{15})^{\mathrm{T}} \\ \text{s.t.} \quad \text{Case 1, 2, 3} \quad \sigma_1 < \sigma_{m1} \quad (\sigma_{m1} = 178 \text{ MPa}) \\ \qquad\qquad\qquad\qquad \sigma_2 < \sigma_{m2} \quad (\sigma_{m2} = 136 \text{ MPa}) \\ \qquad\qquad\qquad\qquad \sigma_3 < \sigma_{m3} \quad (\sigma_{m3} = 215 \text{ MPa}) \\ \qquad\qquad\qquad\qquad \sigma_4 < \sigma_{m4} \quad (\sigma_{m4} = 0.6 \text{ MPa}) \\ \qquad \text{Case 4} \quad\qquad \delta < f_e \quad (f_e = 2 \text{ mm}) \\ \qquad \text{Case 5} \quad\qquad f > f_0 \quad (f_0 = 7 \text{ Hz}) \\ x_i^{\mathrm{L}} \leqslant x_i \leqslant x_i^{\mathrm{U}}, i = 1, 2, \cdots, 15 \end{cases} \quad (2\text{-}14)$$

其中五种载荷工况分别为:①Case 1——空气动力载荷工况;②Case 2——缓和曲线上侧风作用下的组合力;③Case 3——垂向超常载荷+车钩载荷;④Case 4——垂向运用载荷工况;⑤Case 5——整备状态下模态分析工况。

2. **基于有限元的优化设计模型**

结构优化运用 MSC 商业有限元软件,采用 MSC.PATRAN 软件建模,优化设计通过 MSC.NASTRAN 予以实施。优化模型以整车为对象,车体铝合金结构主要以薄板等参元、梁单元和少量实体单元离散,三明治板采用复合材料层合板单元离散。该模型如图 2-25 所示。

3. **优化结果及分析**

经过三轮迭代后,获得了可行域内的优化解。

优化后,车体结构质量由 6.299 t 减少到 5.306 t,相对减重率为 15.76%。而且经过优化后结构的应力分布较为均衡,说明结构各部分的承载能力都得到了较好发挥,而另一个重要指标结构一阶弯曲振动模态也控制在 7 Hz 以上,由此反映了优化的显著效果。

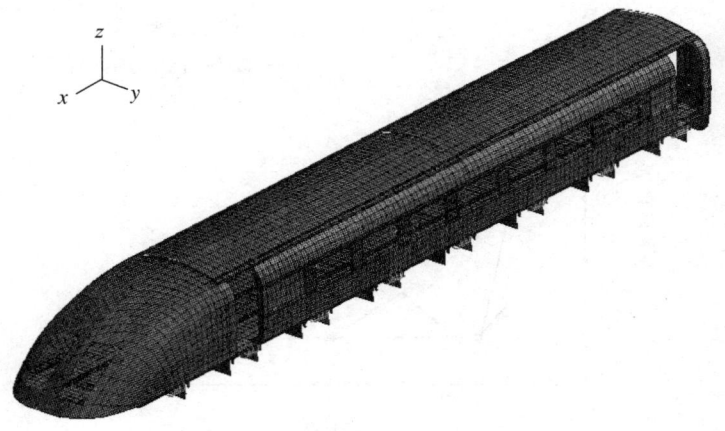

图 2-25 磁浮车体承载结构离散模型

4. 优化结果的一致性

为考察优化结果的一致性,对优化分析模型(主要是搜索空间)作了修改并作为第二方案重新进行了优化。修改的参数为:①增大初值,将各设计变量的初值增大一倍,以增大初始点与最优点的距离;②改变变量的搜索范围,将设计变量的边界约束的上限值增大一倍,而收敛条件、参数设置与原优化分析模型相同。

扩大空间后设计变量迭代历程表明,经 4 轮迭代后,设计变量逐渐收敛到原优化解,见图 2-26 和图 2-27。同时经过 6 轮迭代,结构优化的目标达到其最优值。由图 2-28 可以看到,两次优化结果是完全一致的。这既证实了优化的一致性,也说明了该优化结果就是目标函数在可行域内的最优解。

5. 优化结果的圆整

鉴于优化结果的非整数性,需要对优化结果予以圆整,然后再通过结构强度分析考察其可行性。本例的有限元分析表明,圆整参数满足强度要求,故这些参数可以作为结构优化设计方案。

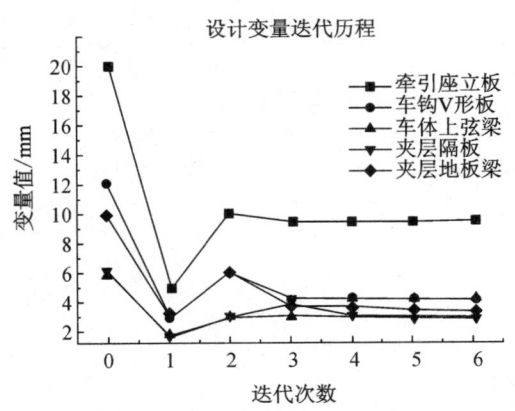

图 2-26 原优化方案设计变量迭代历程

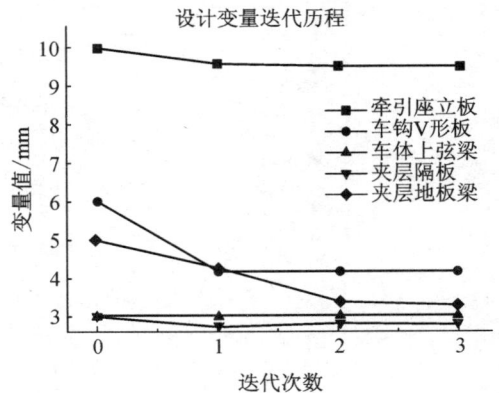

图 2-27 扩大空间后设计变量迭代历程

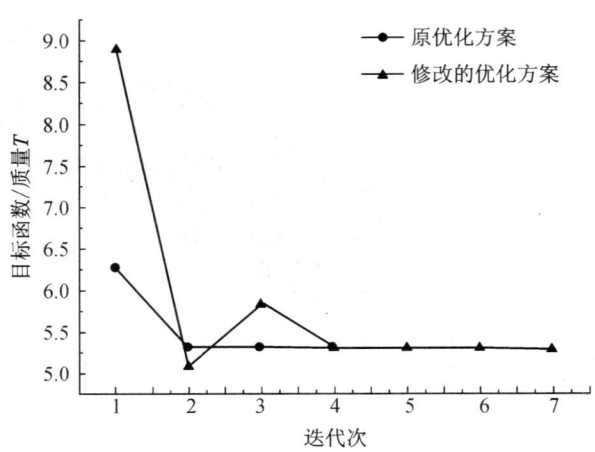

图 2-28　二次优化目标函数的迭代历程

参考文献

[1] 赵洪伦.轨道车辆结构设计[M].北京:中国铁道出版社,2009.
[2] 严隽髦.车辆工程[M].北京:中国铁道出版社,2011.

第 3 章 环境友好型转向架设计

进入 21 世纪,能源和环境成为世界经济可持续发展的两大主题。在中国,"建设资源节约型、环境友好型社会"成为政府推动、社会倡导、企业参与的可持续发展的工作。因此,不断提高资源环境保障能力,实现经济既快又好的发展需要我们不断开发科技含量高,资源消耗低,先进、实用、对环境友好的科学技术及产品,即环境友好产品(Sustainable Product)。环境友好产品是指在产品的整个生命周期内对环境友好的产品,该类产品的基本特征包括节能、无污染或少污染、低排放、可降解或循环使用等。

近年来,世界现代轨道交通的发展特征是绿色交通和节能环保,因此现代机车车辆产品研发和技术进步同样体现了环境友好的特征,特别对机车车辆的走行部——转向架而言,转向架是机车车辆能耗、磨耗、振动、噪声的集中体现,因此环境友好型转向架成为现代轨道交通体现绿色和节能环保的主要载体。本章将在论述转向架基本型式、组成和设计准则的基础上,重点介绍低能耗径向转向架、低噪声转向架的相关理论和设计方法,并针对影响转向架性能,影响环境振动、噪声的关键零部件提出相应的设计方法。

3.1 转向架基本型式、功能和组成

转向架是轨道车辆(铁路机车车辆、动车组、城轨车辆等)最重要的组成部件之一,实现轨道车辆走行功能,其设计是否合理直接关系到车辆运行品质、动力性能和行车安全。

从轨道交通的发展历史来看,无论是高速列车在全世界各地的疾速奔驰,万吨重载列车的绵延数公里的雄伟还是现代城轨车辆的快速发展和多样性,无一不与车辆走行部即转向架技术的进步发展息息相关,可以毫不夸张地说,转向架技术是"靠轮轨接触驱动运行的轨道车辆"得以生存发展的核心技术之一。

3.1.1 转向架基本型式

1. 按运输型式分类

从轨道交通运输型式来看,根据机车车辆的功能不同,转向架大体上可以分为机车、客车、货车和城轨车辆转向架等四大类(图 3-1)。

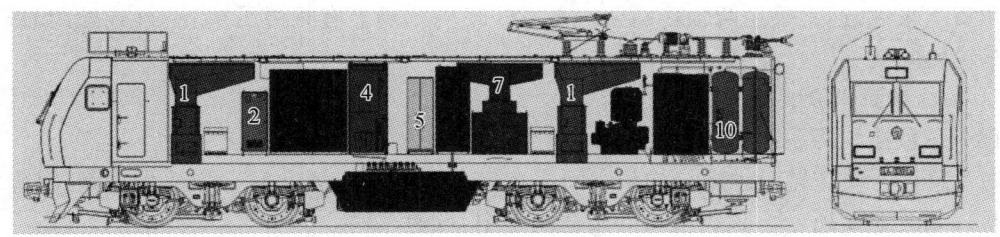

(a) 电力机车及转向架

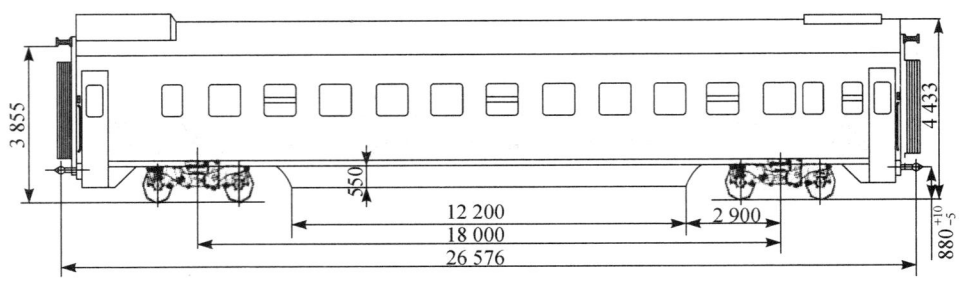

(b) 客车与客车转向架

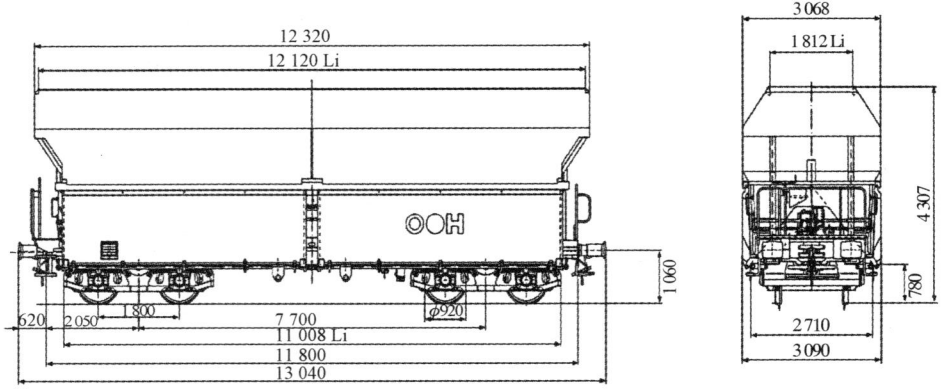

(c) 货车与货运转向架

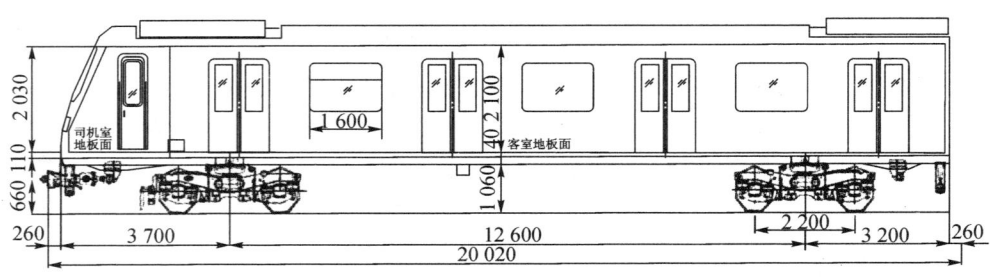

(d) 城轨车辆与转向架

图 3-1　转向架基本型式

2. 按轴数分类

一般铁道机车车辆有两轴转向架、三轴转向架和四轴转向架(极少数)等。目前,对大多数客车和货车来说,通常采用两轴转向架。在一些轻轨车辆上有时可见单轮对(或轮组)或独立旋转车轮转向架。

3. 按悬挂型式分类

有一系悬挂和两系悬挂转向架之分。

一系悬挂。仅在轮对轴箱与构架之间或者仅在构架与车体之间有弹性悬挂系统(弹簧＋阻尼器),如图 3-2 所示。该类型转向架适用于中、低速车辆。

两系悬挂。除了在轮对轴箱与构架间有弹性悬挂外,还在构架与车体间设置第二系弹性悬挂,如图 3-3 所示。一般适用于中、高速机车车辆。

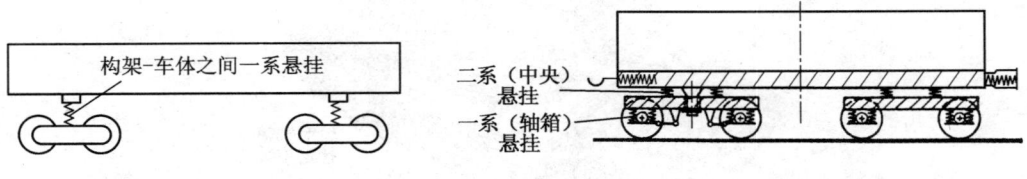

图 3-2　一系悬挂转向架示意图　　　　图 3-3　二系悬挂转向架示意图

4. 按与车体联接方式分类

按车体与转向架间的连接装置形式来分,可分传统联接方式转向架和铰接式转向架(亦称雅可比转向架)。如图 3-4 所示。

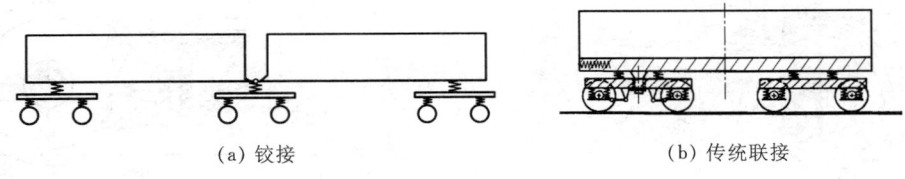

(a) 铰接　　　　　　　　　　　(b) 传统联接

图 3-4　车体与转向架联接方式示意图

传统联接方式转向架一般采用心盘(或牵引销)与车体的一端联接,车辆型式为独立式车辆。大多数车辆均采用两轴转向架的独立联接方式。

铰接式转向架一般位于联合车辆之间,实现列车的纵向耦合。典型的结构是法国 TGV 速列车采用铰接式转向架。

3.1.2　转向架功能

任何轨道车辆走行部或转向架都必须完成如下任务:

(1) 承载:承受转向架以上各部分的质量(包括车体、动力装置和辅助装置等),使轴重均匀分配。

(2) 牵引:保证必要的轮轨黏着,并把轮轨接触处产生的轮周牵引力传递给车体、车钩,牵引列车前进。对动力转向架上设置牵引装置,产生牵引力,非动力转向架并不产生驱动力,但提供轮轨黏着力。

(3) 缓冲:缓和线路不平顺对车辆的冲击,保证车辆具有良好的运行平稳性和稳定性。

(4) 导向:保证车辆顺利通过曲线。

(5) 制动:产生必要的制动力,以便车辆在规定的距离内减速或停车。

3.1.3　转向架组成

1. 转向架总体

一般动车组、客车和城轨转向架可分为动力转向架和拖车(非动力)转向架,以常见的动力转向架为例,如图 3-5 所示。

传统或重载货车转向架一般采用三大件型式转向架或其改进型式,如图 3-6 所示。

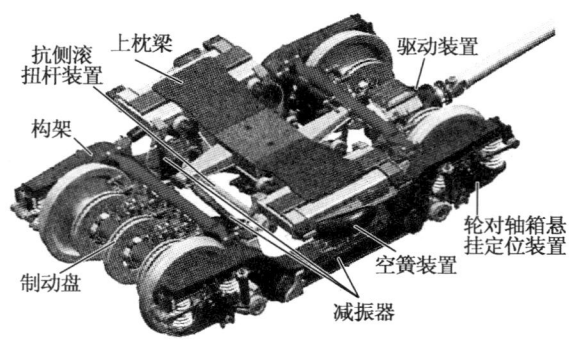

图 3-5 CRH5 动车组动力转向架结构示意图

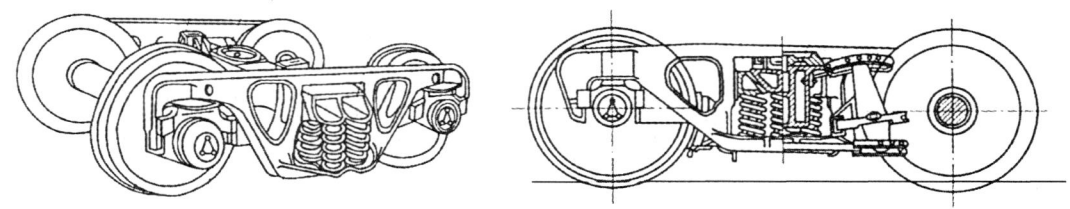

图 3-6 货车三大件式转向架结构示意图

一般两轴转向架其主要组成部分及其作用如下：

(1) 轮对：车辆通过轮对向钢轨传递质量，通过轮轨间的黏着产生牵引力或制动力。

(2) 轴箱：轴箱是联系构架与轮对的活动关节，提供轴承组件将车轮的转动转换为车辆沿轨道方向的移动。按轴承类型分，有滑动轴承轴箱和滚动轴承轴箱之分，现代机车车辆均采用滚动轴承轴箱，因为滚动轴承具有以下优点：能显著地降低车辆定行部分的工作条件，减少燃油的惯性事故，减轻维护和检修工作，减低运用成本。

(3) 一系悬挂(轴箱悬挂装置)：用来保证一定的轴重分配，缓和线路不平顺对车辆的冲击，并保证车辆运行平稳。机车、客车和地铁转向架的一系悬挂装置一般包括轴箱弹簧、垂向减振器和轴箱定位装置等。重载货车转向架一般采用金属-橡胶复合弹簧作为一系悬挂。

(4) 构架：转向架的关键部件之一，它将转向架各个零部件组成一个整体，并承受和传递各种作用力。焊接构架一般包括侧梁、横梁或端梁，以及各种相关设备的安装或悬挂支座等。对三大件型式货车转向架，一般采用铸造侧架和摇枕。

(5) 二系悬挂(车架(体)与转向架间的连接装置)：用以传递车体与转向架间的垂向力和水平力，使转向架在车辆通过曲线时能相对于车体回转，并进一步减缓车体与转向架间的冲击振动，同时必须保证转向架稳定。它包括二系弹簧、各方向减振器、抗侧滚装置和牵引装置等。

(6) 驱动装置(动力转向架)：将动力装置的扭矩最后有效地传递给车轮。对异步牵引系统一般包括牵引电机、齿轮箱、联轴节或万向轴和各种悬吊机构等。

(7) 基础制动装置：由制动缸传来的力，经放大系统(一般为杠杆机构)增大若干倍以后传给闸瓦(或闸片)，使其压紧车轮(或制动盘)，对车辆施行制动。包括制动缸(气缸或油缸)、放大系统(杠杆机构或空—油转换装置)、制动闸瓦(或闸片)和制动盘等。

2. 轮对

(1) 传统轮对。轮对一般由车轴、车轮等组成。车轴有实心车轴和空心车轴两种,车轮有整体车轮、轮箍轮、弹性车轮等不同型式。目前中国的轨道车辆一般采用整体车轮,国外有部分轮箍轮在使用。另外,高速动车组和地铁轮对还有动力轮对和非动力轮对的区分,其中动力轮对上通常装有牵引大齿轮(或齿轮箱),如图 3-7a 为动车组、客车、机车或地铁的带轮盘制动的动力轮对,图 3-7b 为拖车轮对。

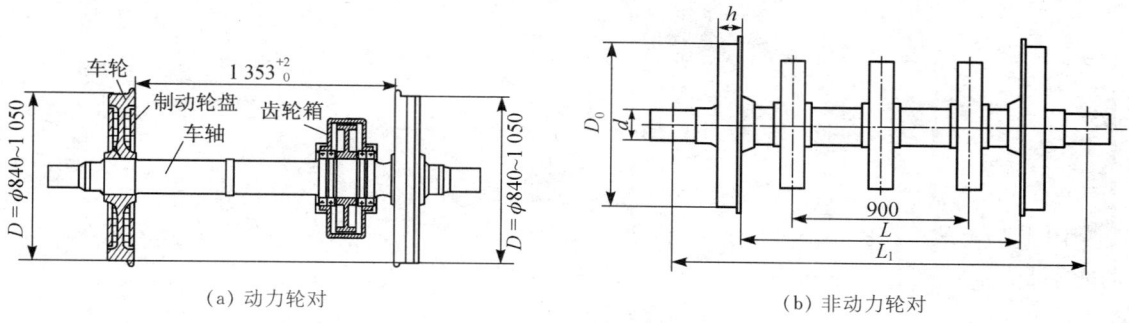

(a) 动力轮对　　　　　　　　　　　　(b) 非动力轮对

图 3-7　动车组转向架轮对

描述轮对的主要参数有轴重、滚动圆直径、轮对内侧距和车轮踏面等。

轴重是表明轮对最大承载的质量。

滚动圆直径描述车轮直径大小,其大小影响车辆及零部件性能,常用的有直径 840 mm 货车轮对、直径 915 mm 的客车轮对和其他不同直径的低地板轻轨车辆轮对等。

轮对内侧距是保证车轮与钢轨之间有一定横向间隙,一般中国标准轨距的轮对内侧距为 1 353 mm,欧洲和日本多为 1 360 mm,合适的轮对内侧距实现轮对自动对中作用,有利于车辆安全通过曲线,有利于安全通过辙叉,同时可以减少车轮轮缘与钢轨的磨耗。

车轮踏面形状对车辆走行的动力学性能、轮轨接触、磨耗等影响重大。

刚性轮对的组装工艺通常有两种:热套和液压套装。所谓热套,就是将轮心加热后套到车轴,轮箍加热后套到轮心。而所谓液压套装,就是在车轮与车轴拆装过程中,通过专门的液压设备向轮座接触面处注入高压油,使轮座孔扩张并同时施以轴向推力将车轮压入或退出。

(2) 独立旋转车轮横向耦合轮对。在低地板轻轨车辆和现代有轨电车中,由于采用独立旋转车轮转向架来降低地板面高度,与传统轮对不同,独立旋转轮对的左右车轮是独立旋转的,但是为了解决独立旋转轮对的直线对中性,通常通过轴桥联接左右车轮,实现左右车轮在横向运动自由度(轮对横移和摇头运动)的耦合。如图 3-8 所示。

(3) 踏面。由于轮轨之间特定接触几何关系,车轮踏面一般具有特定的形状,同时具有一定的斜度(图 3-9),其作用是:

① 便于通过曲线。车辆在曲线上运行,由于离心力的作用,轮对偏向外轨,于是在外轨上滚动的车轮与钢轨接触的部分直径较大,而沿内轨滚动的车轮与钢轨接触部分直径较小,使滚动中的轮对中大直径的车轮沿外执行走的路程长,小直径的车轮沿内轨行走的路程短,这正好和曲线区间线路的外轨长内轨短的情况相适应,这样可使轮对较顺利地通过曲线,减少车轮在钢轨上的滑行。

 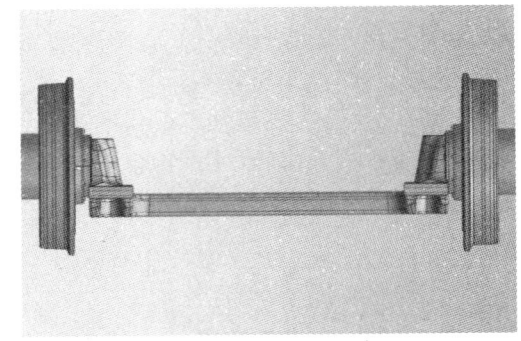

图 3-8 低地板独立旋转车轮横向耦合轮对

② 可自动对中。在直线线路上运行时,滚动过程中能自动纠正偏离位置。

由于车轮踏存在斜度、轮轨存在横向间隙,这是引起轮对、转向架和整个车辆发生蛇行运动的主要原因。

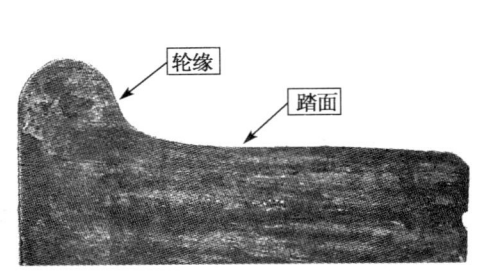 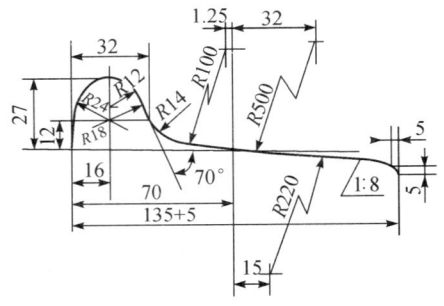

(a) 踏面定义　　　　　　　　(b) LM 型磨耗踏面

图 3-9 踏面形状及基本定义

描述踏面主要参数及主要含义见图 3-10。

车轮踏面形状和参数对车辆运行的安全性和平稳性影响巨大,而这样的影响是在与钢轨接触时,产生的轮对的相对钢轨的运动而引起的接触点变化的结果,描述车轮踏面形状和轮轨接触的几何参数有等效锥度、接触角参数和侧滚角参数等。

目前国内外主要踏面型式有中国的 TB 标准踏面,LM 磨耗踏面,LMA 高速动车组踏面,欧洲的 S1002、XP55 等踏面型式。

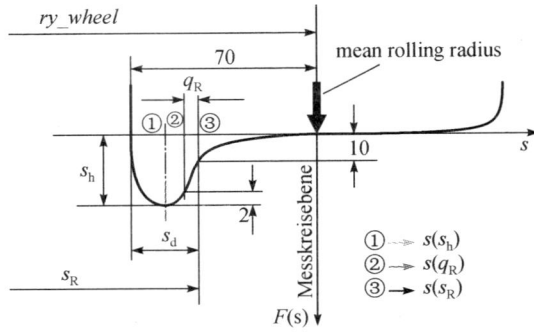

图 3-10 踏面参数基本定义

(4) 车轴。车轴是转向架轮对中重要的部件之一,直接影响车辆运行的安全性。根据国家标准 GB/T 12814—2002,中国车轴轴型已标准化和系列化。这是为了简化设计,便于制造、检修、运用,同时为了减轻车轴自重,提高经济效益,以适应不同车种和不同车辆自重和载重的要求,以及适应客、货运输用途不同的需要。

标准型滚动轴承车轴有 RB，RD，RE 等主要类型，各型车轴的主要参数及基本尺寸参见国家标准 GB/T 12814—2002。

车轴作为转向架簧下质量的主要组成部分，对于高速车辆和重载车辆，降低车辆簧下部分质量对改善车辆运行平稳性和减小轮轨间的动力作用有重要影响。空心车轴比实心车轴可减轻 20%～40%的质量，一般可减少 60～100 kg，甚至更多。实际上，由于车轴主要承受横向弯矩作用，截面中心部分应力很小，车轴最大弯曲应力与其抗弯断面模数成反比，具有相同外径空心车轴比实心车轴的抗弯断面模数减小并不大，因此采用空心型式后，对车轴强度影响很小，但减重效果明显。

在使用过程中，为预防和检查车轴在制造和使用过程中可能存在的裂纹曲线，必须采用自动化超声波探伤装置确保其运行安全。相关实验研究表明，目前的探伤技术可以实现内壁检测，使超探路径短，空心车轴轮座部横向裂纹探测精度比实心车轴高，裂纹定位正确，漏探、误判机率可明显减少。所以空心车轴的使用安全性比实心车轴还要高。

(5) 车轮。车轮有整体车轮、轮箍轮、弹性车轮等不同型式。目前我国采用辗钢整体轮和铸钢整体轮以及少量的轮箍轮(图 3-11)。

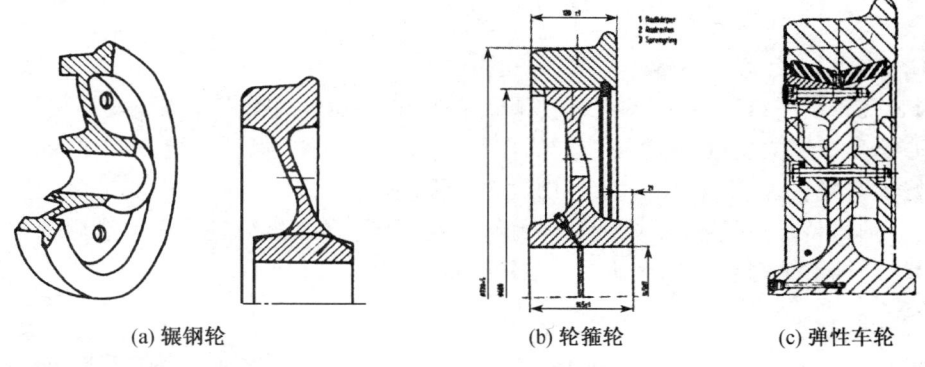

图 3-11 车轮型式

① 辗钢整体轮：简称辗钢轮，是由钢锭或轮坯经加热辗轧而成，并经过淬火热处理。辗钢轮具有强度高、韧性好、自重轻、安全可靠，运用中不会发生轮箍松弛和崩裂故障，适应载重大和运行速度高的要求；维修费用较低，轮缘磨耗过限后可以堆焊，踏面磨耗后可以镟修，能多次检修使用等优点。所以它是我国铁路车辆上采用的主型车轮。但辗钢轮制造技术较复杂，设备投资大，踏面的耐磨性不如轮箍轮的轮箍好。为了与不同型号的车轴相配合，辗钢轮也相应地规定了几种型式，可参见相关标准。目前辗钢轮的材质一般采用 CL60 钢材。

② 轮箍轮：又称带箍轮或有箍轮，由轮箍、轮心和扣环组成(图 3-11b)。从车轮的工作性质而言，这种结构形式比较合理，轮箍是用平炉优质钢辗压制成，强度高，耐磨性好；而轮心可用含碳量较低的 Q235 钢铸造的，韧性好，耐冲击。但是由于轮箍和轮心是组合式的，在运行中容易产生轮箍松弛和崩裂，严重威胁行车安全，且轮箍、轮心的机械加工量大，镶嵌工作量多，修理费用高及自重大等缺陷，故目前车辆上已很少使用。

③ 弹性车轮：在轮心(轮毂)与轮箍之间安置弹性元件橡胶弹性元件，使车轮在空间三维方向上的弹性比整体车轮柔软。采用弹性车轮能明显减小车辆簧下部分质量，减小轮轨之间作用力，缓和冲击，提高列车运行平稳性，减少轮轨磨耗，降低轮轨噪声。弹性车轮的缺点是结

构复杂,制造检修较难,并使车辆运行阻力略有增加。

根据橡胶元件的受力状态,弹性车轮的结构形式分承压、承剪和承剪压三种,如图 3-12 所示。前两种形式由于结构限制,如同时要求做到比较理想的径向和轴向缓冲性能是比较困难的,采用较多的是承剪压式橡胶元件弹性车轮。

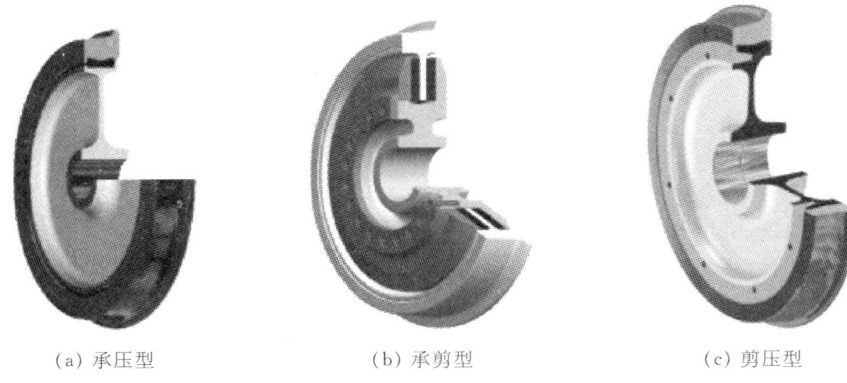

(a) 承压型　　　　　　　(b) 承剪型　　　　　　　(c) 剪压型

图 3-12　弹性车轮不同承载型式

3. 轴箱及定位方式

轴箱装置的作用:将轮对和侧架或构架联系在一起,使轮对沿钢轨的滚动转化为车辆沿线路的平动;承受车辆的质量,传递各方向的作用力;保证良好的润滑性能,减少磨耗,降低运行阻力;良好的密封性,防止尘土、雨水等物侵入及甩油,从而避免破坏油脂的润滑,甚至发生燃轴等事故。轴箱装置一般由轴承、轴箱体、轴箱悬挂装置等部分组成。根据选用轴承的型式,轴箱分为滚动轴承轴箱装置和滑动轴承轴箱装置,如图 3-13 所示。

(a) 滚动轴承轴箱　　　　　　　　　(b) 滑动轴承轴箱

图 3-13　轴箱装置示意图

采用滚动轴承轴箱装置是现代轨道车辆技术的重要措施之一。采用滚动轴承后,显著地降低车辆起动阻力和运行阻力,提高牵引列车的质量和运行速度。改善了车辆走行部分的工作条件,减少了燃轴等惯性事故,减轻了日常养护工作,延长检修周期,缩短检修时间,加速车辆的周转,节省油脂,降低运营成本。目前新造客、货车都采用了滚动轴承。

由于铁路车辆容许轴重比较大,故采用承载能力比较大的滚子滚动轴承。根据滚子的形状可分为圆柱滚子轴承、圆锥滚子轴承和球面滚子轴承,如图 3-14 所示。

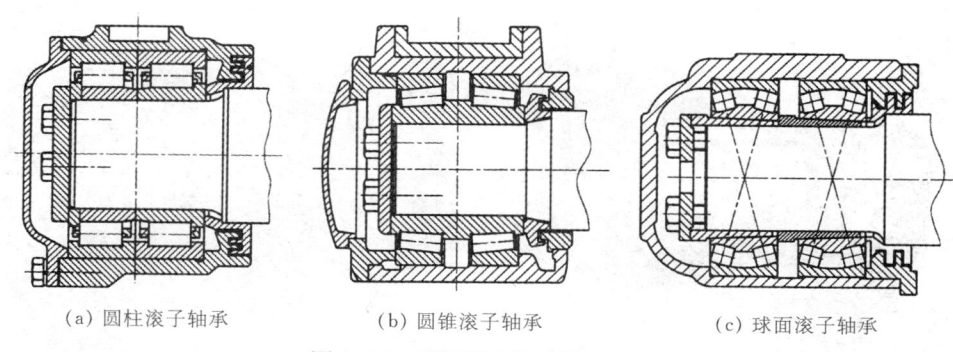

(a) 圆柱滚子轴承　　(b) 圆锥滚子轴承　　(c) 球面滚子轴承

图 3-14　不同型式滚动轴承轴箱

目的世界高速铁路所采用的轮对轴承主要是圆柱滚子轴承和圆锥滚子轴承两种结构,两者在性能上无明显差异,基本相同。大量的研究工作表明,随着运行速度的提高,采用圆锥滚子轴承性能优于圆柱滚子轴承的性能。这是因为在高速、高负荷情况下,圆锥滚子轴承的轴向负荷主要是由滚道承受(约另有 20%～30% 是由内圈挡边承受),而滚子与滚道的接触面之间主要是滚动摩擦;但圆柱滚子轴承则主要是靠两个挡边承受轴向负荷,滚子端面与挡边之间是滑动摩擦。所以圆锥滚子轴承摩擦力矩小,摩擦产生的温度低。如有的实验表明,在时速 250 km/h 条件下,圆锥滚子轴承温度比圆柱滚子轴承温度低 15℃～20℃,从而提高了安全性,延长了润滑脂寿命。故目前大部分时速超过 250 km/h 的高速车辆,一般采用圆锥滚子轴承。

影响轴承性能的主要因素是轴承结构(形式、保持架、内部形状),轴承质量(材质、热处理、精度),润滑油(质量、数量、种类),密封(形式、质量)和工作环境,在具体选用过程中应综合考虑。

轴箱悬挂装置主要由轴箱弹簧、垂向减振器和定位装置组成。轴箱与构架的连接方式对车辆运行性能有着十分重要的影响,这一连接装置通常称为轴箱定位装置。

常用客车、动车组和地铁转向架的轴箱定位方式主要有:

(1) 转臂式定位:比如德国高速列车 ICE3 转向架(图 3-15a)、中国 CRH3 系列转向架、快捷货车转向架等;

(2) 拉板式定位:比如日本 DT209 型转向架(图 3-15c)等;

(3) 拉杆式定位:比如中国的 CRH5 转向架(图 3-15d)等;

(4) 橡胶堆定位:比如上海地铁一号线转向架(图 3-15b)、DDRS 货车转向架(图 3-16b)等;

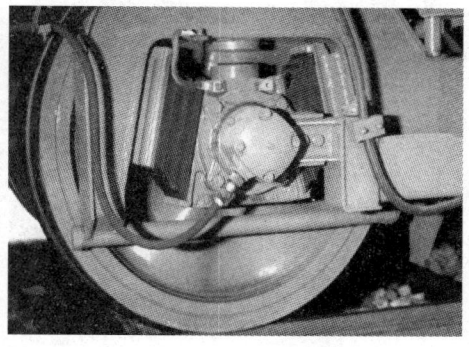

(a) ICE3 高速客车转向架　　　　　　　　(b) 地铁转向架

(c) 日本 DT209 客车转向架

(d) 中国 CRH5 转向架

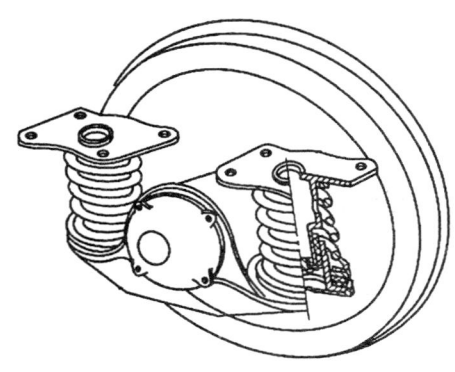
(e) 中国 209T 客车转向架

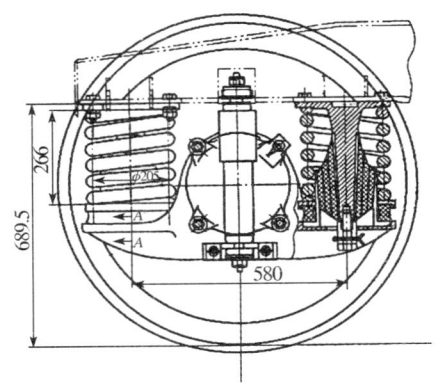
(f) 中国 209HS 客车转向架

图 3-15 客车转向架轴箱定位型式

(5) 干摩擦导柱式弹性定位:比如中国的 206,206G,206P,209T,209P,209PK(图 3-15e)等普通客车转向架。

一般货车转向架的轴箱定位方式主要有:

(1) 弹性定位:比如 27 t 轴重转向架(图 3-16c)等;

(2) 间隙干摩擦定位:比如中国转 8A 三大件转向架。

(a) 单轮对货车转向架

(b) 橡胶堆货车转向架

 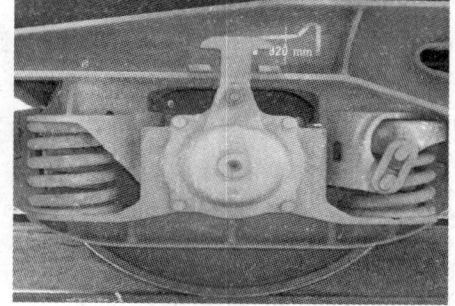

(c) 27 t 轴重货车转向架　　　　　　(d) Y25 货车转向架

图 3-16　货车转向架轴箱定位型式

轴箱定位型式的组成、特点及应用如表 3-1 所示。

表 3-1　　　　　　　　　　　　　　轴箱定位

轴箱定位型式	组成	优势	不足	应用场合
转臂(拉杆、拉板等)定位	弹性定位节点＋垂直承载钢弹簧	三向定位刚度确定设计方便	零部件多、制造要求高	中高速客车、高速动车组、快捷货运
橡胶堆定位	定位、承载复合橡胶弹簧	结构简单、元件数量少	三向定位刚度优化困难	地铁、货车
干摩擦定位	定位导柱(导框)＋承载弹簧	结构简单	有摩擦元件、定位参数稳定性不足	中低速客车、货车

4. 轴箱(一系)悬挂型式

轴箱(一系)悬挂一般由轴箱弹簧和垂向减振器组成。如图 3-17 所示，中国高速动车组 CRH1 转向架的一系悬挂，包含垂直钢弹簧和垂直液压减振器，主要承载车辆的垂直载荷，对地铁、轻轨车辆或重载货车转向架一般不设置垂直减振器。

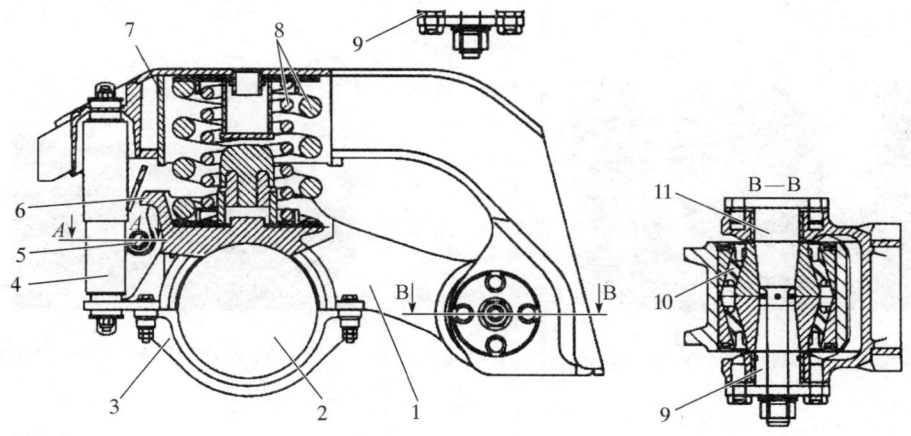

1—系转臂；2—轴箱；3—底部压板；4——系垂向减振器；5—止挡管；6—凸台

图 3-17　CRH1 高速动车组转向架轴箱悬挂装置

5. 焊接构架

客车、地铁或动车组构架一般由铸件和钢板组焊成 H 形构架。构架由侧梁、横梁、纵向梁等组成。侧梁具有提供空气弹簧的支撑、连接抗蛇形减振器、二系横向减振器、一系垂直减振器、组装一系转臂座的作用;动力转向架在横梁上设置电机吊座、齿轮箱吊座、牵引拉杆座和制动吊座等,当转向架采用轮盘制动时,在构架端部还设有缓冲梁,用于安装轮盘制动单元制动机和排障器。图 3-18 给出了一个典型的动力转向架的构架组成。

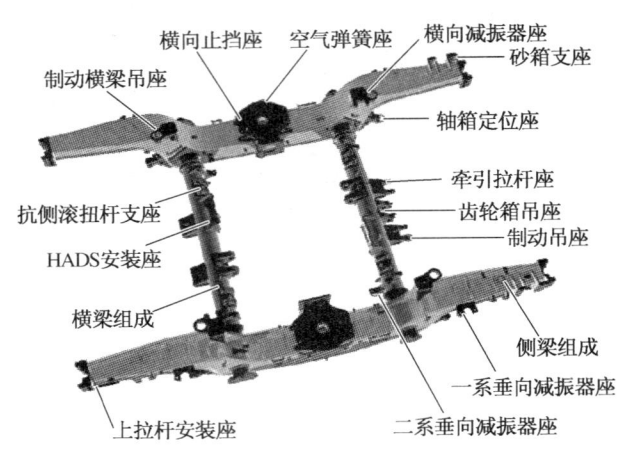

图 3-18 典型的客车动力转向架构架组成

6. 中央(二系)悬挂

对客车、地铁或动车组转向架,中央悬挂装置一般采用空气弹簧,车体通过空气弹簧落在转向架构架侧梁上。空气弹簧由一个空气胶囊和一个紧急支撑弹簧组成,其作用是支撑车体的质量,在转向架和车体之间提供垂向、横向和摇头的悬挂刚度。空气弹簧分别由各自的高度调整阀控制,其主要作用是保持地板面相对于转向架构架的高度。

为了防止车体产生过大的横向移动量,在转向架构架上安装横向限位橡胶止档。

在构架和车体之间安装垂向、横向和抗蛇行液压减振器。为减小车体相对于转向架的侧滚运动,在车体和构架间常常安装抗侧滚扭杆装置;为防止转向架与车体垂向分离,在车体和转向架之间设置安全吊缆(即防过充装置)。

在车体和转向架之间安装牵引拉杆装置。牵引拉杆位于转向架中部,传递牵引力和制动力。

典型的高速客车(动车组)转向架二系悬挂如图 3-19a 所示。

对货车转向架,一般的中央悬挂装置是其重要的承载、减振组成,如图 3-19b 所示。

(a) 典型的客车转向架中央悬挂

(b) 典型的货车转向架中央悬挂

图 3-19 典型的客车与货车转向架中央悬挂

7. 牵引装置

每个动力转向架有两个牵引电机,牵引电机通过三个柱形抗振吸收轴套,用螺栓连接在转向架构架上,牵引电机通过齿轮箱及联轴节与轮对联接,提供牵引动力,如图 3-20 所示。

8. 基础制动装置

目前高速动车组的动力转向架一般采用轮盘制动,有三种制动单元,一种设有停车制动,一种带有停车制动和一种设有停车制动并包括紧急缓解遥控装置。

非动力转向架一般采用轴盘制动,每个车轴三个盘单元,制动单元装在转向架构架的横梁上;制动盘的直径是 640 mm,通过轮鼓固定到车轴,并分为两部分,以便能更换制动盘,如图 3-21a 所示。

图 3-20 典型的动车组向架牵引装置

对货车转向架,基础制动装置一般为踏面空气制动,随着制动技术向集成化、模块化和智能化的发展,在现代货车转向架上逐渐采用集成制动系统,如图 3-21b 所示。

(a) 典型的动车组转向架基础制动装置

(b) 采用集成制动装置的货车转向架

图 3-21 基础制动装置

3.2 转向架基本性能要求和设计规范

3.2.1 转向架基本性能要求

对铁轨道车辆转向架的主要技术要求包括:
(1) 保证最佳的黏着条件:轴重转移应尽量小,且轮轨间不产生动黏-滑振动。
(2) 优良的动力学性能:尽量减小轮轨间的动作用力,减少轮轨接触应力和磨耗。
(3) 结构可靠,质量轻,工艺简单:尽可能减轻自重,且制造和修理工艺简易。
(4) 良好的可用性和可维修性:易于使用,便于检修。
(5) 零部件标准化和统一化:结构、型式和材料尽可能统一规范。

3.2.2 转向架设计规范

转向架由于其本身的重要性,在轨道车辆设计中,转向架的设计是重点,需要综合考虑转向架的动力学性能、零部件的强度和疲劳、动力转向架的牵引要求、转向架的制动性能等。在世界上,逐步形成相关的国际和各国国家的设计规范和要求,重要的国际和地区规范包括:

(1) ISO (International Organization for Standardization)
(2) IEC (International Electrotechnical Commission)
(3) EN (Europäische Norm)
(4) GOST (Staatlicher Standard der russischen Föderation)
(5) ASTM (American Standard for Testing and Materials)
(6) UIC-Merkblätter (Union internationale des chemins de fer)
(7) AAR (Association of American Railroads)
(8) GB(中国国家标准)
(9) DIN(德国标准)

表 3-2 列出了中国在 200 km/h 以下轨道车辆转向架设计方面应遵循的重要规范。

中国 200 km/h 以上的高速动车组及转向架设计的国家标准是《高速铁路设计规范》(TB 10621—2014)。

表 3-2　　　　　　　中国铁路车辆设计规范及标准(200 km/h 以下)

No.	标准代号	标准名称	The Name of Standard
1	GB 146.1—1983	标准轨距铁路机车车辆限界	Standard Gauge of Locomotive and Rolling Stock
2	TB/T 1883—1987	货车两轴转向架通用技术条件	General Technical Specification for Freight Two-Axle Bogie
3	GB/T 5600—1997	铁道货车通用技术条件	General Technical Specification for Freight Cars
4	GB/T 5599—1985	铁道车辆动力学性能评定和试验鉴定规范	Railway Vehicles-Specification for Evaluation the Dynamic Performance and Accreditation Test
5	TB/T 1335—1996	铁道车辆强度设计及试验鉴定规范	Railway Vehicles-Specification for Evaluation the Strength Design and Accreditation Test
6		200 km/h 及以上速度级铁道车辆强度设计及试验鉴定暂行规定	200 km/h and above Railway Vehicles-Temporary Specification for Evaluation the Strength Design and Accreditation Test
7	TB/T 1959—2006	铁道货车摇枕、侧架静载荷及疲劳试验	The Stationary Load and Fatigue Test of the Bolster and Side Frame in Railway Freight Cars
8	TB/T 2817—1997	铁道车辆用辗钢整体车轮技术条件	Technical Specification for Whole Rolling Steel Wheel in Rolling Stock
9	T1013—1999	碳素钢铸钢车轮技术条件	Code of the Carbonic Cast Steel Wheel
10	TB/T 2945—1999	铁道车辆用 LZ50 钢车轴及钢坯技术条件	Technical Specification for LZ50 Axle and Rough Steel in Rolling Stock
11	TB/T 1718—1991	车辆轮对组装技术条件	Assemble Technical Specification for Rolling Stock Wheelset
12	TB/T 2235—2002	铁道车辆滚动轴承技术条件	Technical Specification for Rolling Bearing in Rolling Stock

续表

No.	标准代号	标准名称	The Name of Standard
13	TB/T 2427—1993	铁道客车滚动轴承用轴箱装置技术条件	Technical Specification for the Bearing Axlebox Sets in Railway Passenger Cars
14	TB/T 1701—1985	铁路货车无轴箱滚动轴承组装技术条件	Assembly Technical Specification for no Axlebox Bearing
15	TB/T 1580—1995	新造机车车辆焊接技术条件	Welded Technical Specification for Manufacture Locomotive and Rolling Stock
16	TB/T 2949—1999	铁道车辆高度控制阀技术条件	Technical Specification for Height Adjusted Valve in Rolling Stock
17	TB/T 2916—1998	铁道车辆用双向闸瓦间隙调整器通用技术条件	Technical Specification for Bidirectional Clearance Adjusted Set of Brake Block in Rolling Stock
18	TB/T 2637—1995	客车转向架构架及摇枕技术条件	Technical Specification for Passenger Bogie Frame and Bolster
19	TB/T 46—1995	车辆用上下心盘技术条件	Codes of the up-down Center Pan in Rolling Stock
20	TB 1617—1985	机车车辆热处理通用技术条件	General Technical Specification for Heat Treatment in Rolling Stock
21	TB/T 2843—1997	机车车辆橡胶弹性元件通用技术条件	Technical Specification for Rubber Elastic Element in Rolling Stock
22	TB/T 3058—2002	铁路应用机车车辆设备冲击和振动试验	Railway Application-impulse and Vibration Test of the Rolling Stock Equipments
23	TB 1666—1985	铁路货车二轴转向架设计参数	Design Parameters for the Bi-axle Bogie in Railway Freight Cars
24	TB/T 2429—1993	铁道货车转向架基础制动装置技术条件	Technical Specification for the Brake Device in Railway Freight Bogies
25	TB/T 35—1999	货车用中心销	Freight Car Center Pins
26	TB/T 2813—1997	铁路货车摩擦减振器球墨铸铁斜楔技术条件	Technical Specification for Nodular Cast Iron Friction Damper in Freight Cars
27	TB 1978—1987	铁路货车转向架弓型制动梁通用技术条件	General Technical Specification for the Bow-shape Brake Beam of Freight Bogies
28	TB 1560—2002	货车安全技术的一般规定	General Specification for the Freight Cars Security Technical

3.2.3 转向架设计基本准则

1. 轮对

轮对的设计重点在按照相关设计规范进行选择,主要包括车轴、车轮、踏面型式等。

上述选择的参考依据是设计车辆的型式(机车、客货车、动车组、货车等)、设计运行速度、轴重等。一般情况下轮对的设计以选择为主,并且自主设计的余地不大,除非是特种车辆。

2. 轴箱及轴承

轴箱型式的选择：对客车、地铁、轻轨车辆和快捷货运车辆一般选用有轴箱结构，对低速和重载货车一般选用无轴箱结构。目前无论机车、动车组、客车或货车的轴箱轴承均采用滚动轴承。

车辆滚动轴承选型方法很多，目前较常用的是根据额定动载荷来选取。

额定动载荷是指额定寿命为 100 万转时，轴承所能承受的负荷，它是代表轴承负荷能力的主要指标。

所谓额定寿命是指一批同型号、同尺寸的轴承，在相同条件下转动时，其中 90% 的轴承在疲劳剥离前能够达到或超过的总转数，或在一定转速下的工作小时数。换句话说，能达到此寿命的可靠性(概率)为 90%。一个滚动轴承的使用寿命多长，也是考核的主要指标。

轴承的型号和尺寸不同，其额定动载荷也不相同，各种轴承的额定动载荷可在《滚动轴承产品样本》中查到。

新设计或改装轴承部件时，需要选择适用的轴承。选用轴承的程序如下：

(1) 确定轴承的工作条件。

① 轴承所承受负荷的大小和分向(径向、轴向或径向与轴向同时作用)；

② 负荷性质(稳定负荷、交变复荷或冲击负荷)；

③ 轴承转速；

④ 轴承工作环境(温度、湿度、酸度等)；

⑤ 机器部件结构上的特殊要求(调心性能、轴向位移、可调整游隙，以及对轴承旋转精度的要求等)；

⑥ 要求轴承的寿命。

(2) 确定轴承精度等级。根据轴承的工作条件，选择轴承类型及确定轴承精度等级。

(3) 选用轴承。根据轴承的负荷、转速和要求的寿命，计算所需轴承额定动负荷，并按此值在轴承产品样本中选取适用的轴承(计算值≤"样本"值)。需要注意，这里计算取的轴承负荷，当轴承同时承受径向负荷和轴向负荷时，必须换算为当量动负荷进行计算。

铁路车辆滚动轴承、在运用中承受着较大的、且变化的静、动载荷的联合作用。因此，要求轴承耐振、耐冲击、寿命高，而且要有较小的尺寸与质量，确保行车安全。所以，一般铁路轴承均设计成非标准系列的形式。设计中，轴承寿命应考虑厂、段修的期限，以便在检修车辆时，同时检修轴承。

在高速列车情况下，需要对整个轴承系统进行分析，以准确地确定轴承性能。轴承系统包括所设计车辆的环境条件、轴承、轴箱、润滑和密封方式。具体包括：

① 轴承精度等级、材质及热处理硬度；

② 轴承润滑脂；

③ 润滑脂的填充量。

(4) 轴承密封。轴承密封的作用就是防止外部污染物进入和内部润滑剂外溢，以保证轴承内部清洁和正常的润滑状态，否则轴承的运用可靠性将大大降低，轴承的使用寿命将大大缩短。因为轴承内含有杂质和润滑不良，使轴承在工作时其滚动面产生压痕、擦伤、麻点、锈蚀、变色等缺陷，使轴承在发生以内部为起点的正常材料疲劳损坏之前，就已经发生了以表面为起点的疲劳损坏。

从我国的有关厂、段对客、货车轴承故障的调查情况可看出，由于密封、润滑和光洁度不良造成轴承报废的数量占轴承总报废数量的比例为 42%～62%。显然对于高速转向架，其轴箱密封装置的作用是很重要的，不能采用毛毡式等结构，应采用整体金属迷宫式。为了避免金属件间相接触而造成事故，受到加工和组装精度限制，其迷宫间隙不能太小，所以其密封压力和性能受到一定限制。故它是一种不完全密封结构。它的优点是结构简单，装卸和检修方便，检修成本低，无磨耗，不产生附加运行阻力和摩擦生热，有利于控制轴温，寿命长，密封性能稳定，所以能满足客车的应用要求。

(5) 轴承游间的影响。轴承径向游隙：径向游隙对轴承的工作性能有重要影响，每一种轴承在下，都有最佳的径向游隙，使轴承寿命高，摩擦阻力小和磨损少。

径向游隙分为原始游隙、配合游隙和工作游隙，正确选择适宜的轴承游隙，可以使轴承的负荷合理地分布于滚动体之间，减少轴承工作时的振动和噪声，轴承转动灵活，轴和外壳在径向和轴向的活动量限制在游隙范围之内。

影响轴承游隙的主要因素是轴承与轴及轴箱体的配合形式与公差、加工精度、轴温变化、轴承的负荷。游隙过小，会使轴承工作温度升高，不利于润滑，影响轴承不同方向力的正常传递，甚至使滚子卡死；游隙过大，将会使轴承寿命减少，使振动与噪声增大，所以选择合适的游隙是重要的。

轴承轴向游隙：轴承轴向工作游隙对转向架性能有影响，在允许的条件下轴向游隙愈小，转向架性能愈佳。

(6) 轴承的运转温度及为降低轴温采取的措施。影响轴温的因素是多而复杂，如轴承的质量与结构、轴承内摩擦、轴承工作环境、润滑脂的黏度与质量和轴承系统的散热条件等。

为维持轴承良好品质，低的运转温度极为重要。即使温度稍有增加，也会降低油膜厚度，减少润滑脂寿命，缩短轴承寿命，使轴承尺寸增长。有关数据说明，若轴承温度从 85℃降至 65℃，约可使轴承寿命增加 35%、油膜厚度增厚 65%、润滑脂寿命增长 150%、轴承尺寸安定度提高 100%，因此轴承滚动所产生的内部摩擦，非常重要。

影响轴温因素的有关实验情况为：轴承温升的大小，要受是否连续运行的影响，但受负荷大小的影响小；高速车辆轴承承受的动态作用(振动)比一般车辆轴承大得多，这些动作用力会使轴承力矩增大一倍(约从 5 N·m 增至 11 N·m)，从而大大降低轴承的性能。

为降低轴温采取的措施：如轴承材质要好，适当提高精度、光洁度和可靠性；保证良好的润滑状态，选取适宜的润滑脂黏度，填充量要少；连续不停车运行时间应有一定限制；改善振动性能等。

3. 构架

客车转向架的构架设计一般应遵循如下原则：

(1) 满足构架上相关零部件的联接和悬挂要求，结构布置合理。

(2) 在满足静强度和疲劳强度外，应保证具有最小自重。

(3) 选择对称结构和模块化部件，简化设计和制造。

(4) 构架中各部分联接合理，减少应力集中。

(5) 在满足静强度和疲劳强度外，构架应具有合理的刚度(柔性)，其关键的低阶模态频率应与车辆的刚体自振频率明显区别。

(6) 焊接构架的焊缝的尺寸和型式应选择合理，以消除焊接应力。

(7) 在构架上需要考虑设置机车车辆脱轨后使其复位的支承部位。

对采用焊接构架式的货车转向架,其设计原则基本上同客车转向架。

三大件型式的货车转向架,其铸造的侧架、摇枕设计应遵循以下原则:

(1) 满足联接和悬挂要求,结构布置合理。
(2) 尽可能选择对称结构,简化设计和制造。
(3) 具有良好的铸造工艺。
(4) 在满足静强度和疲劳强度下,尽量降低自重。

4. 悬挂系统

转向架的悬挂系统在满足承载和几何布置前提下,还应重点考虑以下几点:

(1) 悬挂系统设计应满足转向架的动力学性能。
① 减小转向架和车辆的振动;
② 抑制转向架蛇行运动;
③ 保证车辆运行安全性;
④ 有利于车辆通过线路曲线。

(2) 悬挂系统设计应有利于零部件的制造和成本。
① 满足检修、制造;
② 使用耐久可靠;
③ 成本低;
④ 通用性好。

(3) 应从以下使用条件和环境中综合评估并优化:
① 线路状态;
② 车辆检修运用条件;
③ 技术设备和要求;
④ 其他因素。

3.3 低阻力径向转向架设计

轨道车辆在线路上运行时,从转向架设计出发,在运行速度和线条件一致的情况下,所谓的低阻力转向架主要指:

在直线上具有较好的横向运动稳定性,以减小轮对的横移和摇头角,降低纵向蠕滑力和冲角;

在曲线上,特别是小曲线上,具有径向或准径向的功能,保证轮轨之间的横向作用力和冲角较小,以减小轮轨横向力,轮缘接触或磨耗。

低阻力转向架的优势在于:①减少列车的牵引动力的消耗,降低轮轨磨耗、噪声和环境污染,特别对重载货运车辆和曲线半径较小的城轨车辆(包括有轨电车等)具有更大的经济意义。②车辆各零、部件的磨耗有所改善;③由于轮轨相互作用力的减小,可由适当降低线路标准,减少投资费用。

众所周知,提高转向架蛇形运动稳定性和改善转向架曲线通过性能往往是互相矛盾的。为了保证转向架高速运行时的蛇行运动稳定性,要求转向架的轮对与轮对间、轮对与构架间有足够的定位刚度及较小的车轮踏面斜率;而为了使转向架顺利地通过曲线,又要求轮对的定位尽量柔软和具有较大的车轮踏面斜率,以使转向架通过曲线时其轮对能处于(或接近)纯滚动的径向位置;为此采用径向转向架(Radial Truck)或独立旋转车轮转向架是解决稳定性和曲线通过能力矛盾的最有效措施,具有低阻力转向架的基本特征。

3.3.1 径向转向架基本概念与动力学原理

1. 基本概念

早在 20 世纪 70 年代,Wickens 就已指明:"对于任何对称的两轴转向架,要使它具有良好的曲线通过性能,就要求轮对间的弯曲刚度应该为零。而如果弯曲刚度为零,则表征蛇行运动失稳的临界速度也为零。"这就表明转向架悬挂系统主要参数之一的轮对纵向定位刚度对蛇行运动稳定性和曲线通过性能两者的影响是完全相反的。至于转向架的其他主要参数如轮对横向定位刚度、踏面斜率、二系悬挂刚度、转向架固定轴距、轴重等对蛇行运动稳定性和曲线通过性能两者的影响,也几乎完全是矛盾的。转向架设计者就是要根据对车辆的不同要求,采用折中的方法,协调两者的矛盾,或者开发一种新型转向架,使两者的矛盾得到缓和,于是,径向转向架就此应运而生。

车辆通过曲线时,所有轮对都具有趋于曲线径向位置的能力的转向架,称为径向转向架。传统转向架和径向转向架通过曲线时的轮对示意图见图 3-22。

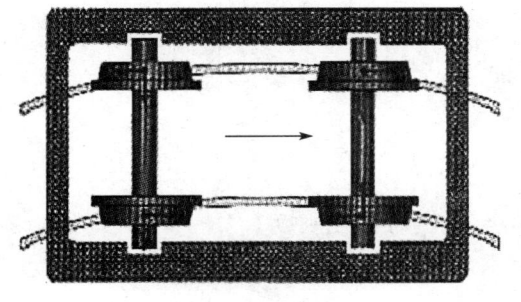
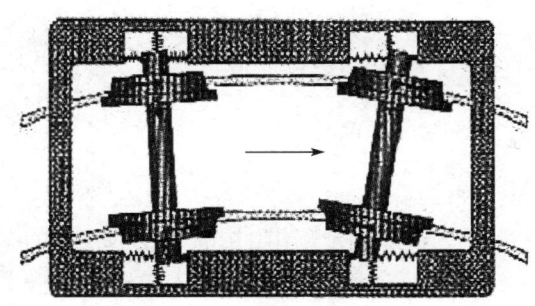

(a) 传统转向架　　　　　　　　　　　(b) 径向转向架

图 3-22　转向架通过曲线轮对位置示意图

2. 等效数学模型

具有任何结构形式的转向架,按力学观点都可以把它等效为两个相互弹性约束的轮对。以弹簧悬挂装置在水平平面内的特性不变为前提,该弹性约束可用等效剪切刚度 K_s 与等效弯曲刚度 K_b 的两弹簧来代换。

等效剪切刚度 K_s 的定义是:前轮对作横向位移时,后轮对便对前轮作用有弹性复原力,该单位位移所产生的力即称为两轮对间的等效剪切刚度。

等效弯曲刚度 K_b 的定义是:前轮对作摇头运动时,后轮对便对前轮作用有弹性复原力矩,该单位角位移所产生的力矩即称为两轮对间的等效弯曲刚度。

K_s,K_b 的值,可由实际转向架与等效模型两者的静力平衡方程求得。

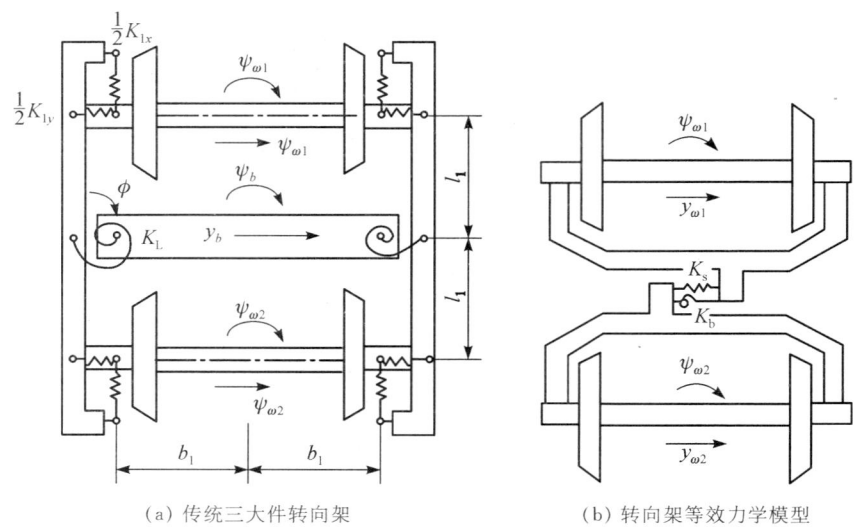

(a) 传统三大件转向架　　　　(b) 转向架等效力学模型

图 3-23　两系悬挂的三大件式转向架及其等效模型

对于图 3-23 的传统三大件转向架,在水平平面内有 7 个自由度,即前后轮对的横移 $y_{\omega 1}$, $y_{\omega 2}$,前后轮对的摇头 $\psi_{\omega 1}$, $\psi_{\omega 2}$,摇枕的横摆 y_b,摇头 ψ_b,左右侧架的菱形 ϕ。

$$\left.\begin{aligned}
\text{前轮对上的横向力} \quad & F_1 = K_{1y}(y_{\omega 1} - y_b - l_1 \psi_b) \\
\text{后轮对上的横向力} \quad & F_2 = K_{1y}(y_{\omega 2} - y_b - l_1 \psi_b) \\
\text{前轮对上的力矩} \quad & M_1 = K_{1x} b_1^2 (\psi_{\omega 1} - \psi_b - \phi) \\
\text{后轮对上的力矩} \quad & M_2 = K_{1x} b_1^2 (\psi_{\omega 2} - \psi_b - \phi)
\end{aligned}\right\} \tag{3-1}$$

侧架菱形变位时,有

$$l_1 F_1 - l_1 F_2 = -2 K_L \phi \tag{3-2}$$

式中,K_L 为左右侧架间阻抗纵向菱形变位的弹簧参数,简称抗菱刚度。

为了与等效模型一致,令式(3-1)中,

$$y_b = 0, \quad \psi_b = 0 \tag{3-3}$$

对于等效模型,有 4 个自由度即 $y_{\omega 1}$, $y_{\omega 2}$, $\psi_{\omega 1}$, $\psi_{\omega 2}$。

$$\left.\begin{aligned}
\text{前轮对上的横向力} \quad & F_1 = K_s(y_{\omega 1} - l_1 \psi_{\omega 1} - y_{\omega 2} - l_1 \psi_{\omega 2}) \\
\text{后轮对上的横向力} \quad & F_2 = K_s(y_{\omega 2} + l_1 \psi_{\omega 1} - y_{\omega 1} + l_1 \psi_{\omega 2}) \\
\text{前轮对上的力矩} \quad & M_1 = l_1 K_s(l_1 \psi_{\omega 1} - y_{\omega 1} + y_{\omega 2} + l_1 \psi_{\omega 2}) + K_b(\psi_{\omega 1} - \psi_{\omega 2}) \\
\text{后轮对上的力矩} \quad & M_2 = l_1 K_s(l_1 \psi_{\omega 1} + y_{\omega 2} - y_{\omega 1} + l_1 \psi_{\omega 2}) + K_b(\psi_{\omega 2} - \psi_{\omega 1})
\end{aligned}\right\} \tag{3-4}$$

两个系统中,共有:

$$\left.\begin{aligned}
F_1 + F_2 &= 0 \\
M_1 + M_2 + l_1 F_1 - l_1 F_2 &= 0
\end{aligned}\right\} \tag{3-5}$$

由式(3-1)—式(3-5),可解得:

$$\left.\begin{array}{l} K_s = \dfrac{b_1^2 K_{1x} K_{1y}}{2b_1^2 K_{1x} + 2l_1^2 K_{1y} + \dfrac{2b_1^2 K_{1x} l_1^2 K_{1y}}{K_L}} \\ K_b = \dfrac{1}{2} b_1^2 K_{1x} \end{array}\right\} \quad (3\text{-}6)$$

由式(3-6)可求得各种不同转向架轮对间的等效弯曲和剪切刚度。

(1) 对于无一系悬挂的三大件式货车转向架可认为：

$$K_{1z} \to \infty, \quad K_{1y} \to \infty,$$

于是
$$K_s = \dfrac{K_b}{2l_1^2}, \quad K_b \to \infty \quad (3\text{-}7)$$

(2) 对具有两系悬挂、H形构架的客车转向架，假定 $K_{1z}=K_{1y}$，$K_L \to \infty$，则有：

$$\left.\begin{array}{l} K_s = \dfrac{K_b}{(l_1^2 + b_1^2)} \\ K_b = \dfrac{1}{2} K_{1x} b_1^2 \end{array}\right\} \quad (3\text{-}8a)$$

当 $K_{1y} \to \infty$，$K_L \to \infty$ 时，K_s 可达到最大值，即

$$K_{s\max} = \dfrac{K_b}{l_1^2} \quad (3\text{-}8b)$$

3. 转向架动力学分析

对图 3-23 的等效模型，考虑在横向前后轮对的横移和摇头自由度，受到轮对间剪切刚度 K_s 和弯曲刚度 K_b 的约束，可以建立相应的具有 4 个自由度的转向架动力学模型，在转向架几何尺寸和轮轨接触参数不变的前提下，转向架的蛇形临界速度将取决于轮轨间的这两个约束刚度。

临界速度 v_{cr} 与 K_s-K_b 的关系如图 3-24 的等值曲线图。

图上的 A 线、B 线分别表示根据式(3-8a)及式(3-8b)所求得的 K_s 与 K_b 的关系。

分析图 3-24，可得出以下几点：

(1) 轮对的纵向定位刚度，也就是弯曲刚度确定后，两类不同结构的转向架，它的剪剪切刚度有一个最大值 $K_{s\max}$。这个值分别受到 A 线或 B 线的限制。对应其临界速度 v_{cr} 也有一个最大值。进一步说，当转向架其他参数不变时，如轮对的 K_{1x} 已确定，增加 K_{1y}，K_s 随之上升，在达到 $K_{s\max}$ 后，其 $v_{cr\max}$ 确定。因此，要提高临界速度，就要增加 K_s，最有效的措施是在等效模型

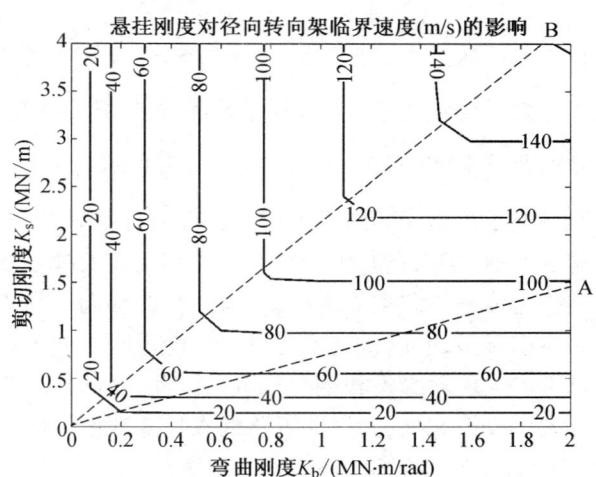

图 3-24 等效模型的临界速度等值线图

中 K_s 处并联一个弹性剪切约束，以直接增加总的剪切刚度值。

(2) 其中每一条等值线都有一段不同长度的垂直线段。这说明，增加 K_s 值，有一最佳范围，超过此范围，对提高临界速度非但没有好处，而且由于弯曲刚度增大后，降低曲线通过的性能。

(3) 在小弯曲刚度时，增加 K_s 所带来的提高稳定性的好处大于在大弯曲刚度时。

4. 径向通过原理

在小半径曲线上运行时，径向转向架能使轮对轴线处于径向位置。此处定义的小半径曲线，是指半径小于 500 m 的曲线。某些转向架，虽然有较柔软的一系悬挂，但即使在中等程度曲率半径的曲线上，轮对也不能处于径向位置（只能接近径向位置），因此只能称为准径向转向架。

对于径向转向架，为了获得良好的曲线通过性能，主要力求减小轮对纵向定位刚度 K_{1x}（即 K_b），但随之带来的后果则是降低了蛇行临界速度。为了满足速度要求，就应当提高 v_{cr}，这可用增加 K_s、也就是在两轮对间附加一弹性约束 K_{CB} 的办法来达到。径向转向架的两种典型结构方式（图 3-25），就是根据这个原理而设计成的。参考式(3-6)可得：

$$K_s = \frac{b_1^2 K_{1z} K_{1y}}{2b_1^2 K_{1z} + 2l_1^2 K_{1y} + \frac{2b_1^2 K_{1z} l_1^2 K_{1y}}{K_L}} + K_{CB} \tag{3-9}$$

应该指出，对角支撑悬挂刚度 K_{CB} 的存在，有利于提高临界速度，而不利于曲线通过，因为 K_{CB} 约束了轮对的横向位移。选择 K_{CB} 值应该要求适当，因为过大的 K_{CB} 值对提高 v_{cr} 并不显著，所以是不必要的。

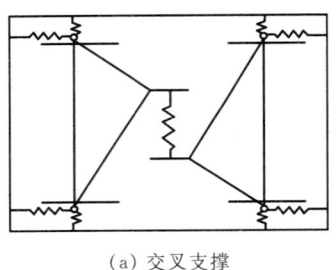

(a) 交叉支撑　　　　　　　　(b) 对角斜撑

图 3-25　径向转向架两种典型结构

为了获得良好的曲线通过性能，径向转向架的轮对定位刚度（K_{1x}，K_{1y}）往往取值很小，一般不大于 5 MN/m。由此轮对的摇头角刚度（$K_{1\psi} = K_{1x} b_1^2$）或弯曲刚度（$K_b = \frac{1}{2} K_{1x} b_1^2$）也较低。于是轮轨间的蠕滑力得以充分发挥其导向作用。轮对在少量的横向位移情况下所产生的蠕滑力矩，足以克服由于轮对角位移引起的弹性复原力矩。对径向转向架而言，要求其轮对角位移比传统转向架的大些，于是产生的横向蠕滑力也要大些，但其合成蠕滑力则较传统转向架的要小得多，所以也就不易发生车轮滑行。此外，由于轮对的横向位移较小，所以通过曲线时有可能实现轮缘不和钢轨接触。因此，径向转向架上轮缘与轨侧的磨耗、踏面与轨头的磨耗均可大大改善，这已为南非铁路的大量实践所证明。

5. 低阻力性能分析

对径向转向架的动力学性能，特别是低阻力性能的评价在此借助于欧洲铁路采用的典型的 Y25 货车转向架。标准的 Y25 转向架最早由法国国营铁路公司开发,它在过去的 40 年内被广泛用于欧洲的货车。Y25 转向架轮对采用轴箱导框定位,两级轴箱悬挂,采用 Lenoir 变摩擦减振器。转向架轴距为 1 800 mm,轮径为 920 mm,如图 3-26 所示。

图 3-26　标准 Y25 货车转向架

根据径向转向架原理设计的"Leila"转向架由德国和瑞士两国公司联合开发,"Leila"是德语缩略语,意思为"质量轻、低噪声铁路货车转向架",该转向架的设计目的是为了提升铁路货运市场的竞争性,同时注重节能和环保(图 3-27)。"Leila"转向架的典型径向特征是两个轮对由交叉杆交叉连接。

图 3-27　"Leila"转向架

与标准的 Y25 型转向架相比,"Leila"转向架可以减轻自重约 1.5 t,这主要是因为该转向架采用了内置构架式优化设计,自重的减少意味着减少了牵引自重的能量消耗,同时为提高列车的有效载荷提供了可能性。

在动力学性能方面,图 3-28,图 3-29 给出了车辆通过曲线半径为 300 m 线路时,Y25 转向架和"Leila"转向架的轮轨磨耗功、轮对冲角等指标。曲线上性能比较见表 3-3。

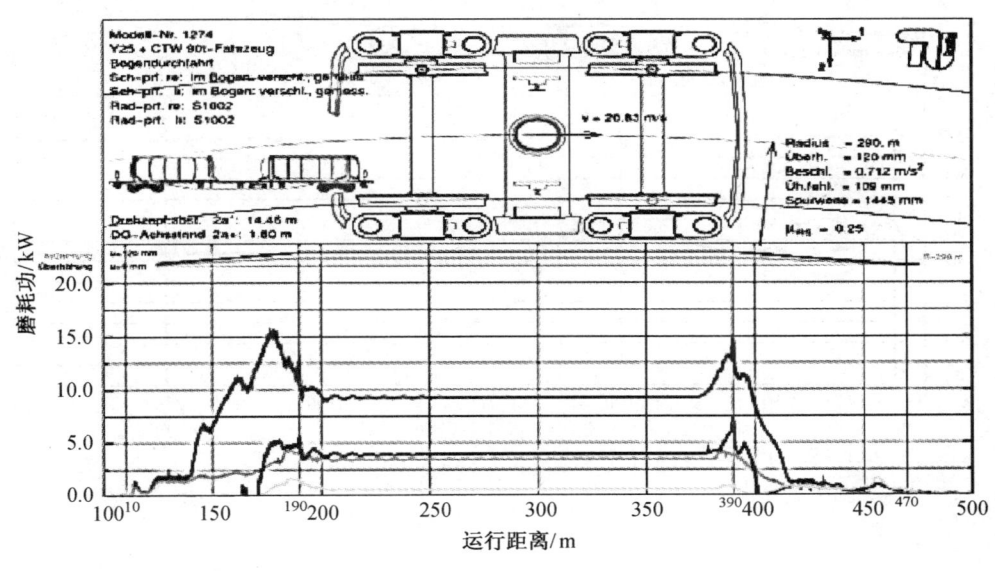

(a) Y25 转向架

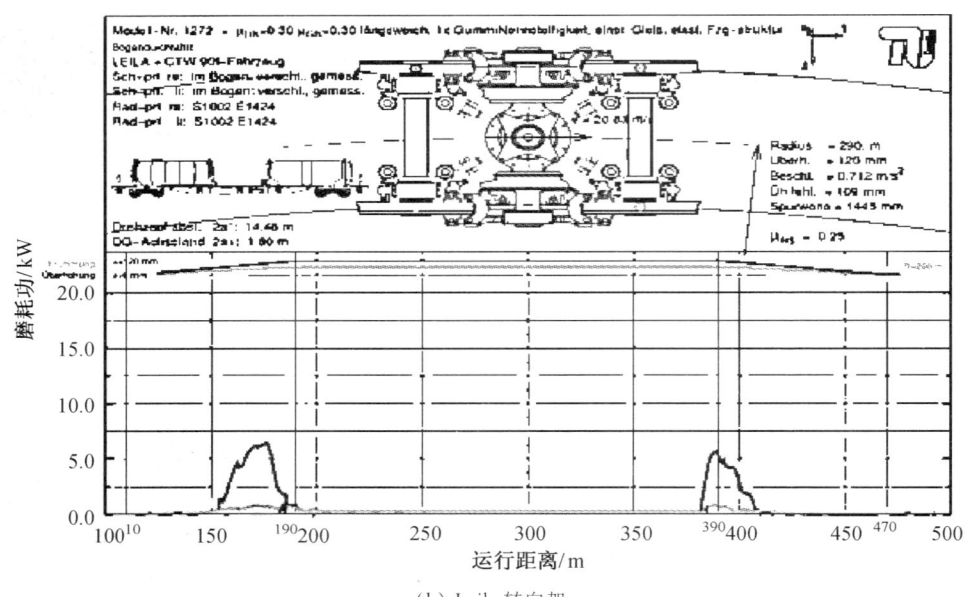

(b) Leila 转向架

图 3-28 转向架通过曲线半径为 300 m 轮轨磨耗功

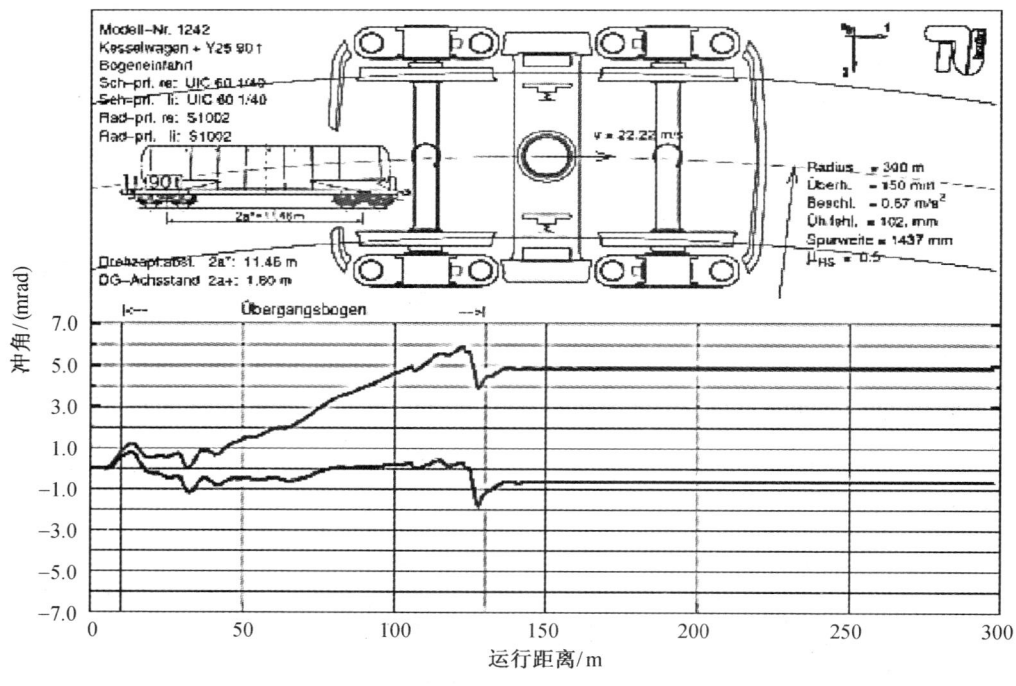

(a) Y25 转向架

第 3 章　环境友好型转向架设计

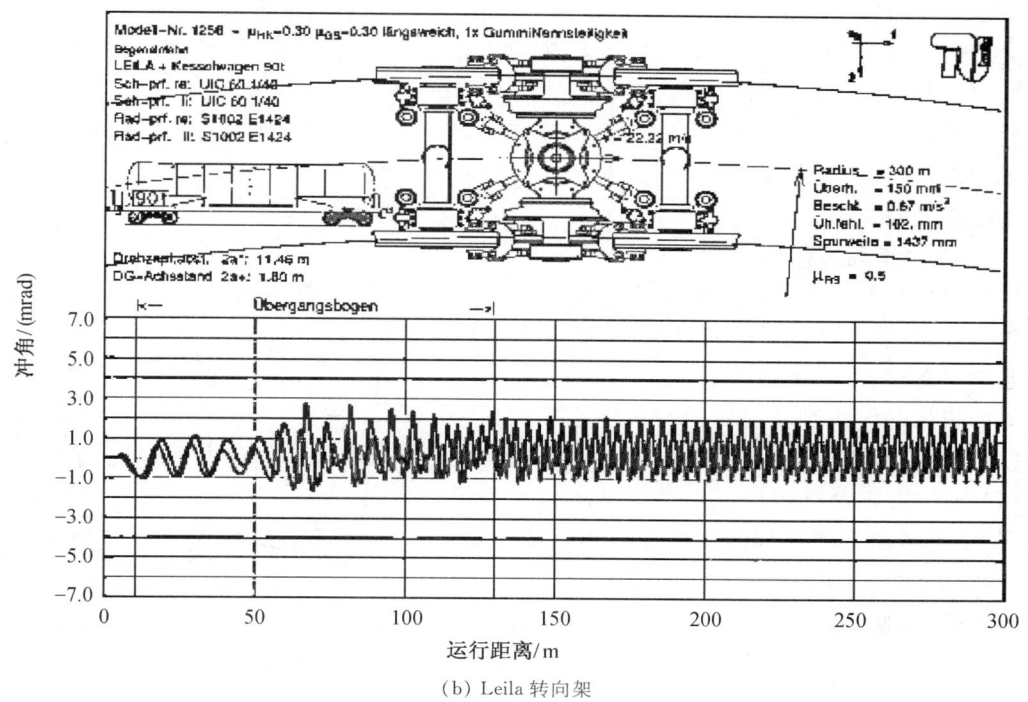

（b）Leila 转向架

图 3-29　转向架通过曲线半径为 300 m 轮对冲角比较

表 3-3　不同转向架曲线通过性能比较

线路 曲线半径 m	直线运行阻力 90t货车 kN	直线+曲线综合运行阻力 kN	减少量 kN	leila相比y25减少量 %	线路:比尔—巴塞尔		线路:温特图尔—圣巴伦		线路:罗马—米兰		线路:斯德歌尔摩—哥德堡	
					出现概率 %	leila相比y25减少量 %	出现概率 %	leila相比y25减少量 %	出现概率 %	leila相比y25减少量 %	出现概率 %	leila相比y25减少量 %
300	2.47	4.22	2.52	40.3%	21.2%		3.0%		0.0%		0.0%	
400	2.47	3.80	2.52	33.8%	23.0%		8.0%		2.0%		1.0%	
500	3.27	4.23	3.29	22.2%	17.0%		12.0%		4.0%		1.5%	
750	3.27	4.02	3.29	18.1%	13.0%		29.0%		3.5%		3.5%	
1000	3.27	3.88	3.29	15.2%	8.5%		9.0%		7.0%		5.0%	
1500	3.27	3.50	3.26	6.8%	8.0%		4.0%		3.0%		8.0%	
2000	3.27	3.35	3.26	2.6%	1.8%		2.0%		2.0%		3.0%	
直线	3.27	3.27	3.27	0.0%	7.5%		33.0%		78.5%		78.0%	
					100.0%	24.98%	100.0%	14.49%	100.0%	4.09%	100.0%	3.08%

表 3-3 计算结果表明：与 Y25 转向架相比，"Leila" 转向架的曲线通过能力大大提高，曲线上的横向力＋磨耗将减小 90％，而列车牵引能耗将减小 3％～25％。

3.3.2　径向转向架基本型式

根据导向原理不同，径向转向架分为自导向转向架（Self-steering Truck）和迫导向转向架（Forced-steering Truck）两大类。

自导向径向转向架是依靠轮轨间的蠕滑力进行导向的,它利用进入曲线时轮轨间产生的蠕滑力,通过转向架自身导向机构(交叉支撑或对角斜撑方式)的作用使转向架的前、后轮对"自动"进入曲线的径向位置。

迫导向径向转向架是利用进入曲线轨道时车体与转向架构架间的相对回转运动,通过专门的导向机构(如连接车体与轴箱或副构架的杠杆系统)使前、后轮对偏转,强迫轮对进入曲线后处于曲线径向位置。

1. 自导向模式及机构

自导向机构的作用是使车辆通过曲线时,同一转向架前、后两轮对呈八字形,其摇头角大小相等,方向相反。通过蠕滑力的作用使转向架上两轮对趋于径向位置(图3-30)。

导向机构的作用是使前后轮对产生相反的摇头角,其中杠杆比为 1∶1。

(1) 刚性自导向机构情况。当自导向机构为理想情况,即不考虑导向机构的弹件变形和连接间隙,则导向机构的作用是给同一转向架前后两轮对的摇头角一个约束,使

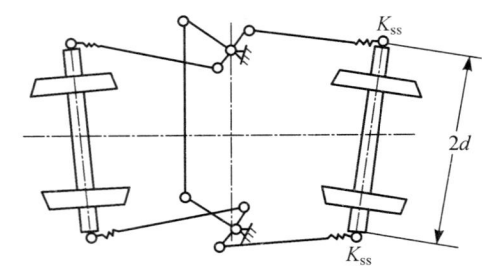

图 3-30 自导向机构原理图

$$\psi_{w1} = -\psi_{w2} \quad (3-10)$$

式中 ψ_{w1}——前轮对的摇头角;
ψ_{w2}——后轮对的摇头角。

(2) 弹性导向机构情况。当导向机构有弹性时,把导向机构的弹性换算到轮对每端与自导向机构连接处,设其导向刚度为 K_{ss},则前后轮对之间成为弹性约束,其约束力矩

$$M_{ss} = 2(\psi_{w1} + \psi_{w2})K_{ss}d^2 \quad (3-11)$$

式中 ψ_{w1}——同一转向架上前轮对摇头角;
ψ_{w2}——后轮对摇头角;
K_{ss}——换算在轮对每端与自导向机构连接处的导向刚度;
$2d$——轮对上左右导向机构的横向跨距。

力矩的方向在前后轮对上相反。

2. 迫导向模型与机构

(1) 刚性导向机构情况。迫导向转向架的原理是利用车辆通过曲线时转向架相对车体所作的摇头角位移,迫使轮对处于径向位置。当轮对处于完全径向位置时(图3-31),前、后轮对相对转向架的摇头角 $\pm\psi_w$ 与转向架相对车体之间摇头角 ψ_T 有如下关系:

$$G_N = \frac{\psi_w}{\psi_T} = \frac{\arcsin\dfrac{l}{R}}{\arcsin\dfrac{L}{R}} \quad (3-12)$$

式中 $2l$——转向架轴距;
$2L$——车辆定距;
R——曲线半径。

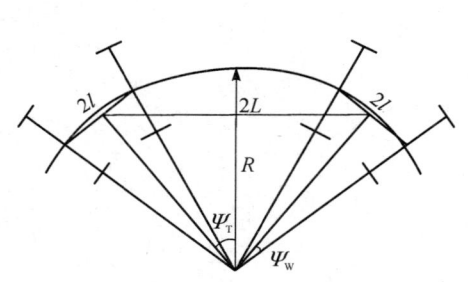

图 3-31 轮对径向位置关系图

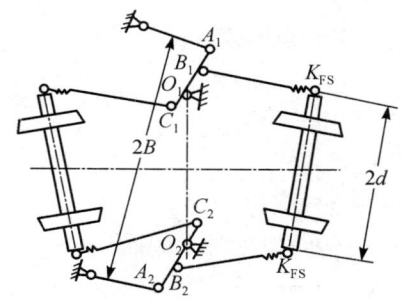

图 3-32 迫导向机构杠杆比例关系

在图 3-31 中，由于 $R \gg L$，$R \gg l$，故

$$\arcsin \frac{l}{R} \approx \frac{l}{R}, \quad \arcsin \frac{L}{R} \approx \frac{L}{R}$$

$$G_N = \frac{l}{L} \tag{3-13}$$

式中　G_N——迫导向机构的全径向增益。

迫导向机构的实际增益 G 是通过杠杆不同长度的比例关系实现的（图 3-32）。图中，A_1，A_2 为迫导向杠杆与车体连接点，B_1，C_1，B_2，C_2 为杠杆与轮对连接点，O_1，O_2 为杠杆在转向架的固定支点。

先看转向架一侧的迫导向机构。当 A 点向前纵向位移为 X_A 时，B 点向前纵向位移为 X_B，C 点向后纵向位移为 X_C，由于 OB，OC 的长度相等，X_B 与 X_C 的纵向位移大小相等方向相反。

转向架相对车体的转角为 ψ_T 时，有

$$X_A \approx \psi_T \cdot B$$
$$X_B \approx X_A \frac{OB}{OA}$$

轮对的转角为 ψ_w，即 $\psi_w \approx \dfrac{X_B}{d}$。

故迫导向机构实际增益 G 为

$$G \approx \frac{X_B}{d} \bigg/ \frac{X_A}{B} \approx \frac{OB}{OA} \cdot \frac{B}{d} \tag{3-14}$$

一般情况下，杠杆实际增益大于理论全径向增益，即 $G > G_N$，因为实际杠杆系统有一定的弹性，而且还有间隙，G 稍大时可以弥补杠杆变形及间隙造成的增益损失。

刚性导向机构的作用，是给 ψ_T 和 ψ_w 之间一个刚性约束，使

$$\psi_{w1} = G\psi_T$$
$$\psi_{w2} = -G\psi_T \tag{3-15}$$

迫导向机构的实际增益 G 是通过杠杆不同长度的比例关系实现的。

(2) 弹性导向机构情况。当导向机构有弹性时,设导向机构的弹性均换算到轮对每端与导向机构连接处,其刚度为 K_{FS}。则车体与两轮对之间出现一个弹性约束,其约束力矩各为

前轮对
$$M_{FS1} = (G\psi_T - \psi_{w1})2K_{FS}d^2$$

后轮对
$$M_{FS2} = (G\psi_T + \psi_{w2})2K_{FS}d^2$$

式中　G——迫导向机构增益;
　　　ψ_T——转向架相对车体摇头角;
　　　ψ_{w1},ψ_{w2}——前后轮对相对转向架摇头角;
　　　K_{FS}——迫导向机构换算刚度;
　　　$2d$——轮对上左右导向机构连接处的横向跨度。

3.3.3　国内外低阻力径向转向架实例

径向转向架首先是南非为货车开发研制的,于 1976 年投入运用。从 1978 年至 1982 年,加拿大研制成功了 DR-1 型和 DR-2 型两种机车车辆径向转向架。在 1980 年前西德为挪威提供的 5 台 Di4 型交流传动内燃机车上,就正式应用了 Hebschel 柔性浮动式径向转向架,而后得到了推广应用,此后又对其他型号交流传动内燃机车进行了改造,这些都是早期的径向转向架。现在,国外机车车辆行业内的领先的公司都有各自的径向转向架产品,也逐渐发展出各自的典型结构。

1. 典型的机车或客车径向转向架

(1) 美国通用公司的 HTCR 系列迫导向径向转向架。机车径向转向架主要有美国通用公司的 HTCR、HTCR-Ⅱ,分别应用于 SD60/70MAC、SD80/90MAC 型机车上(图 3-33),仅 1999 年就交付使用超过 1 500 台机车,HTCR 系列转向架在实际应用中取得了巨大的成功。

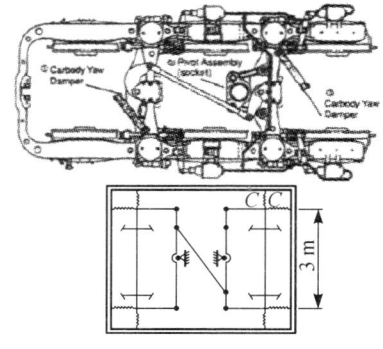

图 3-33　装有 HTCR 系统转向架的 SD90MAC 机车

(2) DF8B 迫导向径向转向架。国内目前的三轴径向转向架中实际投入实用的有 DF8B 内燃机车(图 3-34)和 DF4D 内燃机车。这两种转向架的导向原理都类似通用公司的 HTCR 系列转向架。

DF8B 内燃机车径向转向架采用了自导向径向调节机构、滚动轴承抱轴式牵引电机悬挂驱动装置、单拉杆配横向弹性定位装置的轴箱定位结构。试验结果表明,与同轴重、装有传统转向架且带轮轨润滑装置的东风 8B 型机车相比,装用径向转向架的东风 8B 型 7001 号机车的轮缘磨耗仅为前者的 16%。

 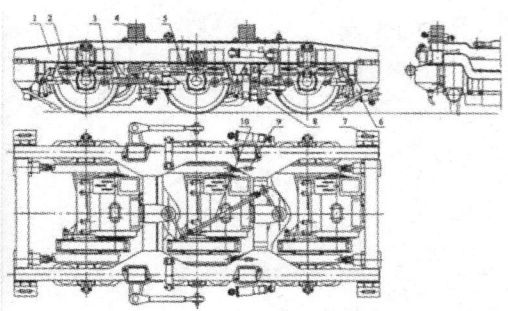

图 3-34　DF8B 内燃机车及径向转向架

2. 典型的货车径向转向架

(1) 南非 Scheffel 副构架自导向转向架。最先取得成功并已得到普遍应用的轮对自导向转向架是南非铁路的对角斜撑转向架,发明者是南非铁路工程师 Herbert Scheffel,所以也称 Scheffel 转向架(图 3-35)。这种转向架采用对角斜撑以确保直线运行时两轮对的可靠定位,而在曲线运行时轮对能沿曲线半径方向顺利通过。其设计特点是:

① 采用标准磨耗型踏面,等效斜率为 0.22。

② 以比较小的水平回转约束将轮对弹性悬挂于侧架,这是通过附加的橡胶垫来实现的,在轴箱承载鞍上有两块剪切刚度较小(0.17 MN/m)的橡胶垫,用以支承侧架,允许轮对作较小的横向位移。

③ 采用两根斜撑连接斜对角的轴箱承载鞍,允许轮对作径向或八字形位移,但限制菱形位移,这样就相当程度地提高了系统的稳定性。

试验和运用情况表明,这种转向架有较好的曲线通过性能,轮缘磨耗很小,运行品质也显著改进,最高运行速度可达 120 km/h。该转向架上安装于侧架和轴箱承载鞍之间的橡胶元件起了一系悬挂的作用,有效地降低了簧下质量。

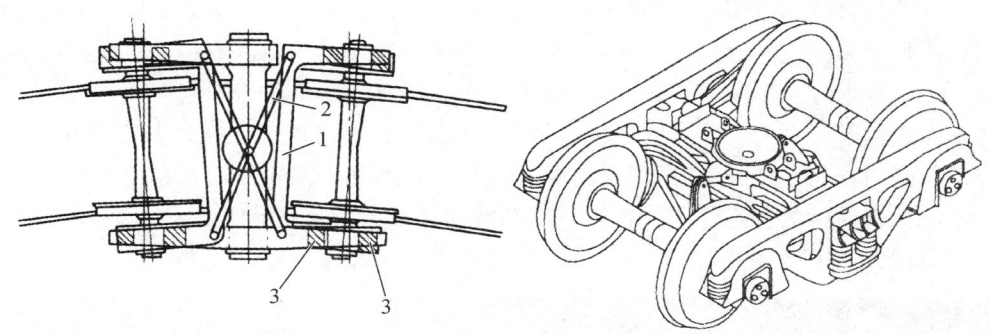

1—副构架；2—对角斜撑；3—承载鞍与侧架间弹性橡胶垫

图 3-35　Scheffel 转向架

(2) DR-1 自导向转向架。美国铁路工程协会 List 设计的 DB-1 型转向架是利用自导向径向转向架原理对现有三大件式转向架进行"径向改造"的一个例子。这种转向架的导向臂是由 Dresser 公司提供的,所以称为 Dresser DR-1 型转向架(图 3-36)。其基本结构为两个弓形导向臂分别固定于每一个车轴处的两个承载鞍上,并通过摇枕上的一个孔连接起来,以提供轮对间的对角控制,起稳定和导向作用。在承载鞍与转向架侧架间安装橡胶垫,提供一系弹性悬挂并给轮对以较小的纵向定位,允许其进入曲线的径向位置。这种转向架已经在美国和加拿大铁路上进行了大量的运行试验,积累了不少经验。

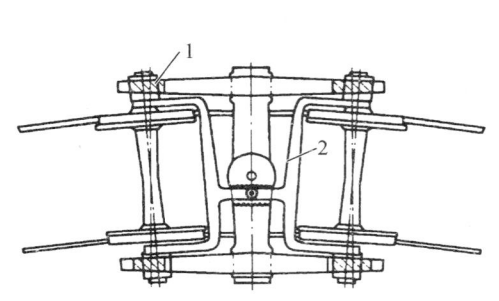

1—承载鞍上剪切橡胶垫;
2—安装在承载鞍上的导向臂

图 3-36 DR-1 转向架

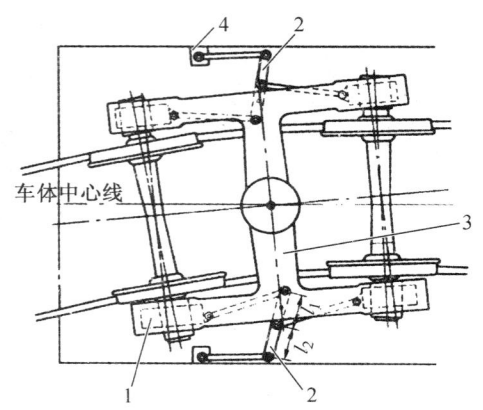

1—轴箱即一系悬挂;2—导向杠杆系统;
3—刚性构架;4—车体支点

图 3-37 Devine-Scales 转向架

(3) Devine-Scales 迫导向转向架。由英国 Scales 发明设计,美国匹兹堡 Devine 公司制造的 Devine-Scales 转向架(图 3-37)是迫导向径向转向架的一个例子。该转向架采用由高强度低合金钢焊接而成的刚性构架、标准 AAR 轴箱弹簧和摩擦减振器。转向架每侧的导向杠杆系统将轮对与车体连接起来。车辆进入曲线时,由于车体与转向架间的相对回转运动,导向杠杆系统使曲线外侧的相距扩大,曲线内侧的轴距缩小,从而使轮对处于径向位置;而在直线轨道上,刚性构架和导向杠杆系统使轮对保持在与轨道垂直的位置上,增加横向稳定性,抑制转向架的蛇行运动。据称,这种转向架在加拿大铁路的煤车上进行运用试验的结果比较令人满意。

(4) 转 K7 型副构架自导向转向架。该转向架是为副构架式径向转向架,适用于标准轨距、轴重 25 t、商业运营速度 120 km/h 的重载货车转向架。该转向架侧架与承载鞍之间安装有轴箱弹性定位装置。将一个轮对的左右两个承载鞍相连,形成副构架。前后两个轮对通过交叉拉杆与两副构架销接在一起,形成自导向机构。它能降低轮轨作用力和轮轨磨耗,有效解决提高转向架横向运动稳定性和改善转向架曲线通过性能之间的矛盾,从而降低转向架及轨道的维护费用(图 3-38)。

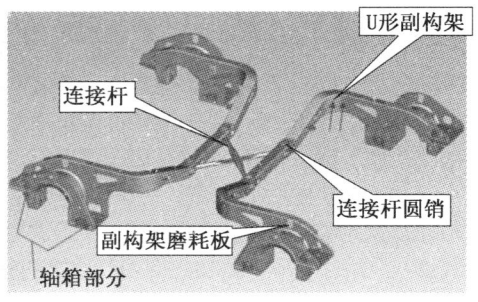

图 3-38 转 K7 型转向架副构架自导向结构

相对于传统的三大件结构转向架,副构架自导向转向架具有以下优势:

① 副构架自导向转向架在前后轮对之间采用轮对交叉拉杆和副构架相连,形成自导向径向机构,它能提高蛇行运动稳定性和改善曲线通过能力,解决了常规转向架运行稳定性和曲线通过性能的矛盾。

由于轮对受刚性副构架和交叉拉杆的约束,增加了转向架前后轮对的正位能力,因此在直线运行时具有较高的蛇行运动临界速度;而在曲线运行时,受径向机构的作用,前后两个轮对均能够趋于曲线的径向位置,减小了轮轨间的横向作用力峰值及轮对冲角,降低了轮轨力,减轻了轮轨磨损、运行阻力和运行噪声。

② 副构架转向架一系悬挂采用多层橡胶-金属剪切垫,实现了轮对的弹性定位,减轻了簧下质量,改善了轮轨之间的动力作用和车辆的运行品质。

需要注意的是,副构架自导向转向架良好的蛇行运动稳定性和曲线通过性能的前提是柔软的轮对纵向和横向定位刚度、较小的交叉拉杆变形,以及副构架和交叉拉杆连接部位的无间隙或小间隙等,否则,径向机构将失去作用。所以,在设计副构架机构时,副构架与交叉拉杆连接部应尽量采用无磨耗件或耐磨件,交叉拉杆应有足够的刚度,并严格控制径向机构的间隙和弹性变形。

(5) "Leila"转向架。前面介绍过"Leila"转向架(图 3-27)设计的目的是为了提升铁路货运市场的竞争性,同时注重节能和环保。

Leila 转向架采用内置式构架和内置轴承,一系悬挂装置由不同的非线性橡胶弹簧组合+标准的垂直液压减振器组成。橡胶弹簧嵌入轴箱中,橡胶弹簧组合一方面具有非线性垂向刚度,适应空重车载荷变化,同时具有合适的横向定位刚度来保证运行稳定性,转向架构架和端部止挡组合在一起控制转向架的垂向和水平方向移动。两个轮对由交叉杆交叉连接,采用轮盘形制动系统来代替铸铁闸瓦或复合闸瓦,根据主制动管传来的电子信号实施制动。该转向架装配的 UIC 标准心盘和标准的弹簧承载式旁承,能够与货车车体的连接面匹配。此外,在心盘的下面安装了二系橡胶弹簧,可以在水平面产生某些弹性。

与标准的 Y25 型转向架相比 Leila 转向架可以减轻自重约 1.5 t,这主要是因为该转向架采用了内置构架式优化设计,自重的减少意味着减少了牵引自重的能量消耗,同时为提高列车的有效载荷提供了可能性。

同时一系悬挂系统中的橡胶弹簧避免了轴箱和构架之间的直接接触,这样就降低了噪声,除此之外,轮对的导向性能也降低了尖叫声。与采用铸铁闸瓦的货车相比,整个噪声有望降低约 18dB,与现有货车转向架相比 Leila 转向架噪声在其整个使用期间比较稳定。

(6) RT-X4 迫导向径向转向架。在 20 世纪 90 年代,日本铁道综合技术研究所开发了 RT-X4 型带迫导向机构转向架的高速机车和货车,目的是为确保铁路货运用户需求,必须缩短列车到达时间。同时对在客运列车最高速度 160~200 km/h 的线路上,列车运行图要求货物列车也要以同样的速度运行。为缩短货物列车到达时间,在提高货物列车最高运行速度的同时,必须提高车辆通过曲线时的速度。由于机车、货车的质量大,在通过曲线时对轨道的压力也大。为了降低通过曲线时的横向压力,开发了带导向机构的转向架 RT-X4,见图3-39。

分别以空车和重车(装载 5 个 5 t 满载集装箱),以 90 km/h 最高运行速度,通过曲线标准速度+5 km/h 的条件进行了干线运行试验。试验结果表明,空车和重车均未发生蛇行运动,且在各种速度和各种曲线半径条件下,横向压力均比普通转向架小,最大平均值是 5~15 kN。

从而证明 RT-X4 径向转向架具有直线上的高速稳定性和大幅度降低曲线横向压力的特点。

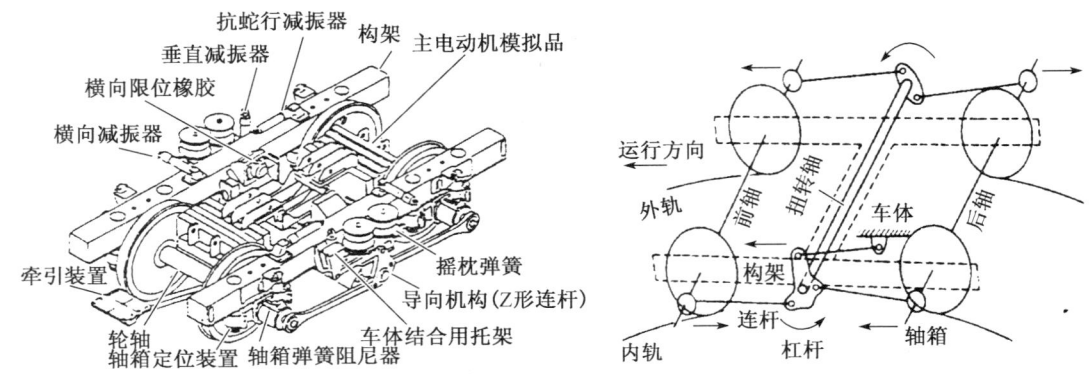

图 3-39　RT-X4 径向转向架

（7）SC101 地铁自导向径向转向架。SC101 地铁自导向径向转向架是日本东京地铁 1000 型转向架的后轮对上增加具有自导向机构的径向转向架（图 3-40）。在曲线上的轮轨横向力下降 30% 左右。

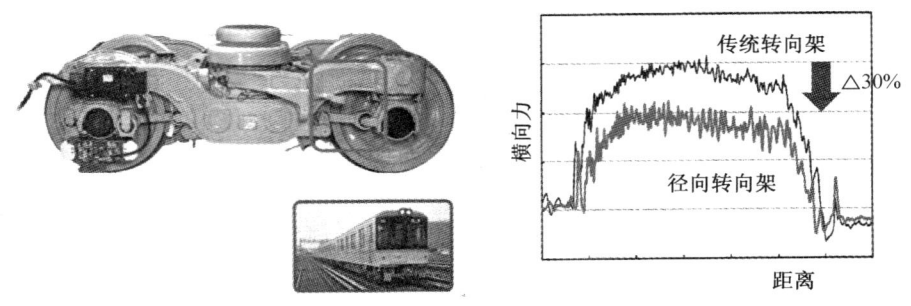

图 3-40　SC101 地铁径向转向架

3.3.4　径向转向架设计原则

径向转向架由于采用适当的径向机构,在转向架蛇形运动稳定性和曲线通过性能之间取得最合理的平衡,对在小曲线上运行的车辆在保障运行稳定性的前提下,在曲线运行时具有低轮轨横向力、低磨耗、低噪声等优点,因此可以说径向转向架是环境友好型的转向架,其体现的低能耗、低磨耗和低噪声等综合优势是其不断得到发展的重要原因。从现代设计方法入手,应用计算机设计和仿真技术,特别是借助机构运动学和系统动力学的分析手段,可以全面地针对径向机构的特点设计合理的径向转向架,主要的设计原则有：

（1）径向机构应能有效耦合前后轮对的摇头。

径向导向机构应使前后轮对的摇头相耦合,使两轮对摇头角度相同而方向相反(形成八字形)。这主要有三方面的作用,一是在几何上有利于轮对占径向位置,二是有利于均衡前后轮对的导向力,三是有利于提高转向架的横向稳定性。

（2）采用合理的轴箱定位方式和悬挂参数。

为满足轮对导向,需要较小的轮对纵向定位刚度,尽可能降低轮对的摇头约束,因此应采用专门的轴箱体结构及其定位方式,使轮对容易实现径向偏转。对一系弹簧和减振器应合理选择参数,并通过动力学仿真予以优化。

(3) 合理设置间隙,保证轮对径向调节。

径向导向机构各关节应合理设置橡胶元件,以改善转向架的走行性能,对动力转向架或机车转向架,应设置合理的间隙,使电机不阻碍轮对的径向调整。对制动装置,应合理设置闸瓦间隙,或者采用与轮对随动的制动装置。

(4) 采用磨耗型踏面或大等效锥度踏面。

径向转向架最主要的特点是依靠蠕滑力导向,要求车轮踏面具有较大的等效锥度,因此应尽量采用磨耗型踏面。在特殊情况下,设计专门的踏面形状满足要求。

(5) 对动力或机车转向架应实现导向力和牵引力的分流,并均衡导向力。

通过径向导向机构将左右两轮的纵向力分解成两个等值,同向的纵向力和两个等值反向的纵向力,前者传到构架上成为牵引力,后者使轮对摇头,成为导向力。

应合理设置径向导向机构,以均衡各轮导向力,提高转向架的曲线通过性能。

从结构的角度说,径向导向机构必须保证轮对具有横动和摇头自由度,但不能纵向平移。

3.4 低噪声转向架设计

何谓低噪声转向架?低噪声转向架是环境友好型转向架的一种。几乎所有的旅客和居住在铁路沿线的人们均有忍受铁路列车通过时产生噪声的折磨的经历。目前看来,人们感受到列车通过所产生的噪声应该与列车本身、轨道线路、距离线路的远近等三方面主要因素有关,大量的研究也表明,由车轮—钢轨的滚动所产生的噪声是罪魁祸首之一,并且随着速度的提高,轨道交通系统噪声水平不断增大(图3-41)。既然列车走行部是产生轮轨振动和噪声的关键部件,因此从降低噪声出发,探讨设计低噪声转向架成为机车车辆设计者和研究者追求的重要目标,实际上,随着人们对居住和交通环境要求的不断提高,这样的低噪声转向架设计技术将越来越受到重视,并成为轨道车辆产品竞争力提升的主要指标之一。

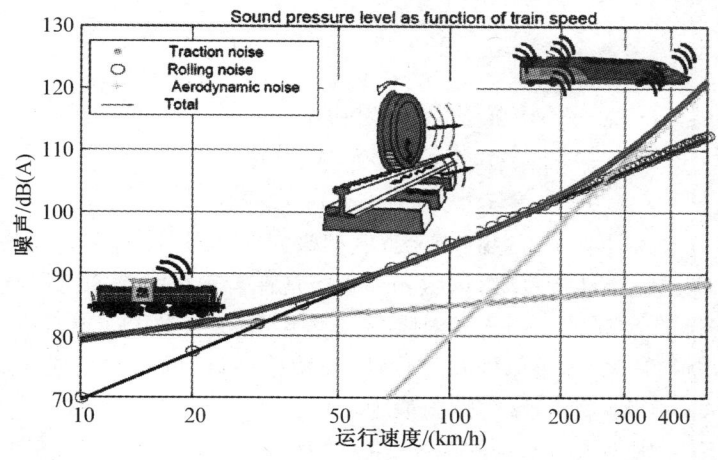

图 3-41 轨道交通噪声-运行速度关系图

3.4.1 轮轨系统噪声及限制标准

1. 基本概念

(1) 噪声评价方法。当物体振动的时候,会引起四周空气的扰动。空气具有质量和弹性,是可压缩的。空气被压缩后会扩张,然后又被压缩,由于这种不断的扰动,空气就形成了一定的压力,从而产生了声波。

衡量一个声音的强弱可以用声功率、声强、声压等。对于 1 000 Hz 的纯音,人耳刚刚能感觉到的声压为 2×10^{-5} Pa。人耳难以忍受的声压为 20 Pa。显然,用声压来表示声音的强弱很不方便。同时人耳对声音的感觉不是与声压的绝对值成线性关系,而是与其对数近似成正比。基于这两方面的原因,在声学中普遍使用对数坐标来度量声功率、声压和声强,称为声功率级、声压级和声强级,其单位为分贝,用 dB 来表示。

声功率级定义为将待测声功率与参考声功率的比值取常用对数,再乘以 10,即

$$L_W = 10\lg\frac{w}{w_{\text{ref}}} \quad (3\text{-}16)$$

式中　L_W——声功率级,单位为 dB;

　　　w——待测声功率,单位为 W;

　　　w_{ref}——参考声功率,$w_{\text{ref}} = 10^{-12}$ W。

声压级定义为将待测声压有效值与参考声压的比值取常用对数,再乘以 20,即

$$L_p = 20\lg\frac{p_\text{e}}{p_{\text{ref}}} \quad (3\text{-}17)$$

式中　L_p——声压级,单位为 dB;

　　　p_e——待测声压有效值,单位为 Pa;

　　　p_{ref}——参考声压,$p_{\text{ref}} = 2\times10^{-5}$ Pa = 20 μPa。

声强级定义为将待测声强与参考声强的比值取常用对数,再乘以 10,即

$$L_I = 10\lg\frac{I}{I_{\text{ref}}} \quad (3\text{-}18)$$

式中　L_I——声强级,单位为 dB;

　　　I——待测声强,单位为 W/m^2;

　　　I_{ref}——参考声强,$I_{\text{ref}} = 10^{-12}$ W/m^2。

人耳听力有很高的灵敏度和极大的动态范围,在该动态范围内人耳能正常地起作用。在噪声的物理量度中,声压和声压级是评价噪声强度的常用量,声压级越高,噪声越强,声压级越低,噪声越弱。但人耳对噪声的感觉,不仅与噪声的声压级有关,还与噪声的频率、持续时间等因素有关。人耳对高频噪声比较敏感,对低频噪声反应比较迟钝。实验证明,人们的听觉在 2 000~5 000 Hz 范围内最为灵敏。

根据人耳对不同频率的声音有不同灵敏度的特性,在许多声学测量仪器中设计了一种特殊的、经过一定计权的滤波器,这种滤波器称为计权网络。经过计权网络测量的声级,已经考虑了人耳听觉的特性,因此与人的主观感觉有较好的相关性。

一般声学测量仪器中设有 A,B,C 计权网络,它们分别近似模拟了 40 phon, 70 phon, 100 phon 三条等响曲线。通过这些计权网络测得的声级分别为 A 计权声级、B 计权声级、C 计权声级,并表示为 dB(A),dB(B),dB(C)。一般在不特殊注明的情况下,声级指 A 计权声级。A,B,C 计权网络的主要区别在低频范围内的衰减程度不同,A 计权网络衰减最大,B 计

权网络次之,C 计权网络最小。

大量的试验研究表明,A 计权声级与人的主观感觉响度、烦恼程度均有较好的相关性,即 A 声级的测量结果与人耳对噪声的主观感受近似一致,对高频敏感,对低频不敏感。A 声级越高,人感觉越吵闹,A 声级同人耳的损伤程度也对应得较合理,即 A 声级越高,损伤越严重。因此 A 声级是目前评价噪声的主要指标,已被广泛应用。当然,A 声级不能代替倍频程声压级,因为 A 声级不能全面反映噪声源的频谱特性,具有相同的 A 声级,其频谱可能有较大的差异。

为了更好地反映轮轨噪声对人的主观影响,对计算的客观声压级进行 A 计权网络修正。当噪声倍频程声压级或 1/3 倍频程声压级已知时,相应的 A 声级由下式计算:

$$L_A = 10\lg\left(\sum_i 10^{\frac{L_{pi}(\omega - \Delta i)}{10}}\right) \tag{3-19}$$

式中　L_A——A 声级,dB(A);
　　　$L_{pi}(\omega)$——第 i 个倍频程或 1/3 倍频程轮轨噪声声压,dB;
　　　Δi——相应的 A 计权网络的衰减值,dB。

在声场中的一定位置上,将某一段时间内间歇暴露的一个声级加权噪声,就其能量作时间平均所得的声级称为等值平均声级 L_{Aeq},其计算公式为

$$L_{Aeq} = 10\lg \frac{1}{T}\int_t^{t+T} \left(\frac{p_t}{p_{ref}}\right)^2 dt \tag{3-20}$$

式中　L_{Aeq}——T 时间内一个加权平均能声级(dB(A));
　　　T——测定时间,单位为 s;
　　　p_t——测定声压,单位为 Pa;
　　　p_{ref}——基准声压,取为 20 μPa。

在中国,轨道交通噪声一般采用 L_{Aeq} 作为噪声测量和评价指数。

(2) 轮轨噪声。在轨道交通中,噪声源、传播和接受可用图 3-42 表示,轮轨噪声源,产生近距离的噪声水平取决于声源的类型和它的特色。然后,沿声源和接收者之间的传播路径,随着距离增加,中间的障碍和其他因素,噪声逐渐降低(衰减),最后,所有不同来源的噪声叠加传递给接收者。

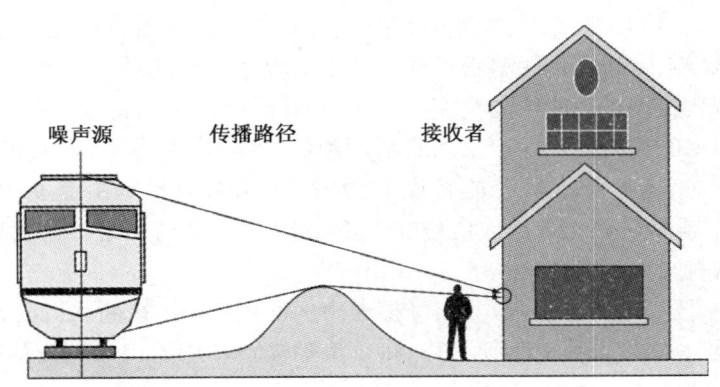

图 3-42　轨道交通噪声源—传播辐射—接受示意图

在轨道交通中,轮轨噪声主要有三种类型:轮轨摩擦噪声、轮轨撞击噪声和轮轨滚动噪声。每一种噪声均由相对应的机械结构的振动所产生。图 3-43 为列车通过在一个具有小半径曲线的钢结构线路上测量获得的钢轮-钢轨噪声分布。

在图 3-43 中,噪声分布中在 80 Hz 低频峰值。频率为 500～2 000 Hz 的范围内为轮/轨滚动噪声,虽然在这个例子中不占优势,因为列车运行速度较低。在 3 000 Hz 以上有明显的峰值,是在曲线上车轮与钢轨摩擦产生的尖叫声。

轮轨摩擦噪声(尖啸声)是指当车辆在小半径曲线线路上运行时发出的一种高声调噪声。一般的转向架式车辆,前后轮对平行地配置于转向架构架中,当车辆在小半径曲线线路上运行时,车轮沿曲线钢轨并非纯滚动运行,将产生局部的横向滑动,

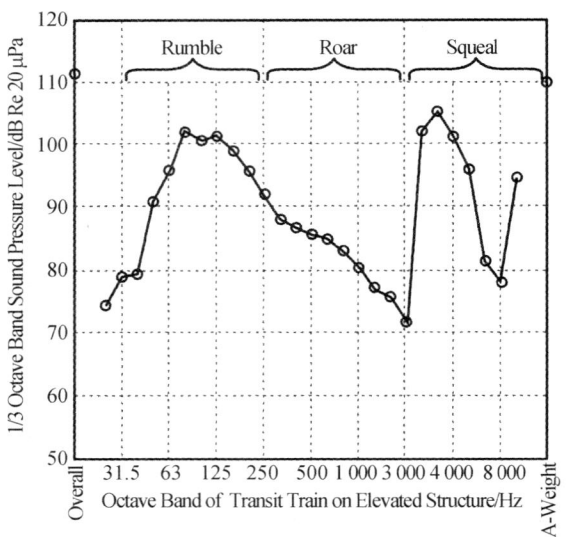

图 3-43　小曲线钢结构高架线路上列车通过时噪声分布

即所谓"卡滞-滑动效应"。正是这种在曲线上车轮对轨道的横向滑动引起的结构振动响应,形成一种高音调的尖啸声,频率一般在 2 000 Hz 以上。

轮轨撞击噪声是由车轮或钢轨表面的局部不连续性引起。这种不连续性包括钢轨的轨头间隙、不平顺的钢轨接头和车轮踏面局部磨损或剥离,以及在制动时闸瓦抱死车轮所造成踏面局部擦伤。

轮轨滚动噪声是由于钢轨表面的短波不平顺激发车轮结构振动通过空气传播而产生的。当列车运行速度超过 120 km/h 时,轮轨滚动噪声开始显现;当列车运行速度达 160～250 km/h 范围时,轮轨滚动噪声起主导作用。轮轨滚动噪声的能量集中在频率 800～2 500 Hz 范围。它是我国高速铁路噪声的主要来源。

图 3-44a—c 显示了距轨道中心 30 m 处,轮轨滚动噪声、钢轨振动噪声、车轮振动噪声等效声级的 1/3 倍频程图随列车运行速度的变化情况,相关计算参数选自我国铁路干线 60 kg/m 有碴轨道的基本计算参数,车轮选自 KD 车轮。由图可见,随着行车速度的增加,各个频率成分的铁路轮轨噪声、钢轨振动辐射噪声和车轮振动辐射噪声均随运行速度的增大而相应增大,而且车轮和钢轨振动噪声的增加幅度是相等的,并没有什么明显的区别。另外随着行车速度的增大,各个频率的轮轨振动噪声增加的幅度趋缓,例如由图可知,当列车由速度 60 km/h 增大到 120 km/h 时,各个频率成分的噪声大约增加 5 dB,当列车由速度 120 km/h 增大到 180 km/h 时,各个频率成分的噪声大约增加 3 dB。图 3-44d 列车运行速度和等效连续 A 声级的关系。当车速提高一倍,声级增大 5～8 dB 左右。

在以上三种主要类型的轮轨噪声中,摩擦噪声只发生在小半径曲线地段,撞击噪声由于大范围推广使用焊接长钢轨而成为次要噪声,轮轨滚动噪声却随着列车速度的提高成为铁路噪声的主要噪声源。

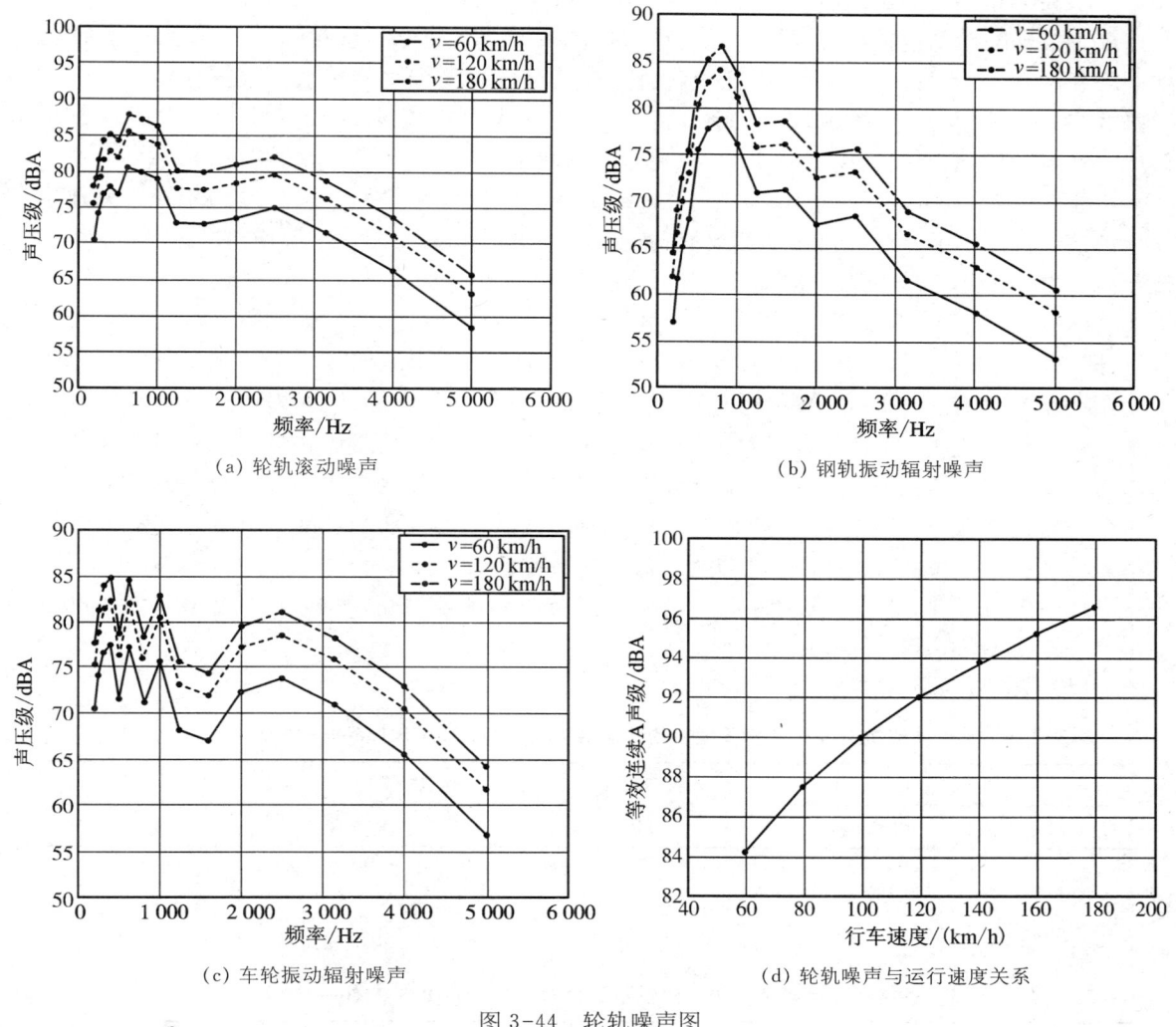

图 3-44 轮轨噪声图

2. 轮轨噪声限制标准

由于轮轨系统噪声对周边影响巨大，与人们的日常生活密切相关，是轨道交通系统环境评价中重要的指标，因此世界各国对轮轨噪声的研究和限制规范各不相同。噪声是轨道交通环保中的主要问题，它不仅直接涉及乘客、从业人员和沿线居民的身心健康，对行车安全也有直接影响。例如司机室和客室内噪声、振动、温度、湿度等如控制不当，可影响工作人员和乘务人员的情绪和劳动生产能力而危及安全。

1964 年日本东海道新干线开通运营以后，高速列车运行产生的噪声振动对沿线居民正常生活产生一定程度的干扰，引起强烈的不满。政府收到许多居民和团体的投诉，为此日本政府采取一系列行政措施解决新干线环境振动问题。1976 年日本环境厅发布的《关于环境保护方面需要对新干线铁路振动采取的对策》提出了有关新干线高速铁路环境振动的限值，直到目前为止仍在执行。该项法规规定新干线环境振动的限值为 90 dB，超过限值的地区应采取防止对策。

欧洲国际铁路联盟(UIC)试验研究所(ORE)的研究报告提出了有关铁路环境振动的限值建议。报告的振动数据主要来自常速铁路。报告根据原联邦德国铁路的一些调查认为,铁路振动高于 85 dB 时居民产生抱怨,低于此值时居民可以忍受振动的干扰。根据荷兰铁路的一些调查,其结果与联邦德国基本一致。报告的结论认为在德国标准 DIN4150 中的评价量 $K_B=0.6$(相当于计权加速度级 86 dB),可作为建议限定值。

挪威在 Oslo-Gardermoen 之间修了一条 48 km 长的高速铁路,速度 200 km/h。为建设这条铁路曾提出了一个环境振动建议值:速度 0.4～1.0 mm/s 或加速度 15～35 mm/s²(相当于 83.5～91 dB)。测量要求在建筑物内的卧室、起居室和厨房内进行。

中国政府早在 1982 年就颁布了城市区域环境噪声标准,并于 1993 年重新修订后公布执行,即 GB 3096—93《城市区域环境噪声标准》。该标准将城市区域按不同环境功能状况分为 5 类区域,并规定了不同的噪声限值,农村地区也参照此标准执行,这就为铁路噪声控制提出了比较严格的要求。另外于 1990 年颁布了 GB 12525—1990《铁路边界噪声限值及其测量方法》,该标准规定距铁路轨道中心 30 m 处的噪声限值为昼夜等效声级 70 dB(A),这实际上是一个铁路边界噪声排放标准。如果 30 m 外就有居住区或其他环境功能划分区域,则要按《城市区域环境噪声标准》的不同环境功能区划分标准要求来达标。

在中国,铁路噪声一般采用 L_{Aeq} 作为噪声指数。对新建铁路噪声限值一般在 $L_{Aeq}=60$～70 dB 之间,通常要求应是 60～65 dB。

(1) 铁路机车辐射噪声限值如表 3-4 所示。

表 3-4　　铁路机车辐射噪声限值平均稳态 A 声级 L_A(dB)(GB 13669—1992)

机车类型	电力机车	内燃机车	蒸汽机车
辐射噪声限值 /dB(A)	90	95	100

注:①在距轨道中心 7.5 m,距轨面 1.5 m 处测量,必要时测量高度 3.5 m。②内燃机车大修后,允差不大于 3 dB(A)。③不含鸣笛噪声。④速度为 120 km/h 及以下。

(2) 铁路机车司机室噪声限值如表 3-5 所示。

表 3-5　　铁路机车司机室内噪声限值平均稳态 A 声级(GB/T 3450—1994)

机车类型	实验速度 /(km/h)		稳态噪声 /dB(A)	添加间歇噪声后的等效声级 L_{eq} /dB(A)
	客运	货运		
内燃机车	90	70	80	85
电力机车	90	70	78	85
蒸汽机车	80	60	85	90

注:①内燃、电力机车距司机室地板面 1.2 m 处测量,蒸汽机车距司机室地板面 1.5 m 处测量。②新造及大修后机车按内部稳态噪声。③运营中机车按噪声等效连续 A 声级控制。

(3) 铁路边界噪声限值如表 3-6 所示。

表 3-6　　铁路边界噪声限值 L_{Aeq}(GB 12525—1990)　　　　　　　　单位:dB

昼间	70
夜间	70

注:本标准适用于城市铁路边界距铁路外侧轨道中心线 30 m 处的噪声的评价。

(4) 铁道客车噪声的评定标准如表 3-7 所示。

表 3-7　铁道客车车内噪声标准限值平均稳态 A 声级 L_A (GB 12816—1991)　　　单位:dB

车种与处所	软卧(空调、非空调)	硬卧与软卧(空调、非空调)	硬座、餐车餐厅及行李车、邮政车乘务员室(空调)
噪声允许值/dB(A)	65	68	68
车种与处所	硬座、餐车餐厅及行李车、邮政车、发电车乘务员室(非空调)	市郊硬座、餐车厨房及行李车、邮政车办公室	发电车控制室
噪声允许值/dB(A)	70	75	80

注:①运行速度 80 km/h 时,在客车地板上 1.2 m 处测量。②客车静止时,空调机组及发电机组满负荷运转,距轨道中心 3.5 m,距轨面 1.9 m 处测量的车外容许噪声值为 85 dB(A)。③客车静止时,空调机组及发电机组满负荷运转,车内噪声值比运行时容许噪声降低 3 dB(A)。

(5) 铁道客车车外噪声的评定标准如表 3-8 所示。

表 3-8　铁道客车车外噪声标准限值平均稳态 A 声级 L_A (GB/T 12816—1991)　　　单位:dB

车种	允许噪声级(≤)
各车种客车	85

注:本标准适用于各种客车静止时,空调机组及发电机满负荷运转时,距轨道中心线 3.5 m 处测量的车外噪声限值。

(6) 动车组噪声的评定如表 3-9 所示。

表 3-9　　　　　　　动车组噪声评定标准　　　　　　　单位:dB

处所	司机室	动车客室	拖车		内燃动车机器房
			软席客室	硬席客室	
电动车组	78	75	65	68	—
内燃机车组	78	75	65	68	90

(7) 地下铁道动车组司机室、客室噪声限值如表 3-10 所示。

表 3-10　地下铁道动车组司机室、客室噪声限值(GB 14892—1994)　　　单位:dB

地点	等级	地面线路测量	地下线路测量	地点	等级	地面线路测量	地下线路测量
司机室	一级	74	84	客室	一级	76	86
	二级	77	87		二级	79	89
	三级	80	90		三级	82	92

注:本标准适用于评价地下铁道电动车组司机室、客室内的稳态噪声检验。

(8) 地下铁道车站站台噪声限值如表 3-11 所示。

表 3-11　地下铁道车站站台噪声限值(GB 14227—1993)

站台等级	等效声级 L_{Aeq}/dB	$f=500$ Hz 时的混响时间 T/s
一级	80	1.5
二级	85	2

(9) 一些国家或地区铁路噪声限值汇总如表 3-12 所示。

表 3-12 一些国家或地区铁路噪声限值 单位:dB

国家或地区	噪声指数	线路类型	白天	休息	夜间	测点
澳大利亚	L_{Aeq}, 24 h	新建铁路		70		
	L_{Amax}			90		
奥地利	$L_r = L_{Aeq} - 5$	新、改建铁路	60~65		50~55	
中国	L_{Aeq}	距铁路 30 m	70		70	
丹麦	L_{Aeq}, 24 h	新铁路		60		户外,自由声场
	L_{Amax}	新铁路		85		
	L_{Aeq}, 24 h	既有线		65		
法国	L_{Aeq}, 12 h	高速铁路新线		60~65		户外,自由声场
德国	$L_r = L_{Aeq} - 5$	新居民区 改建铁路线	50~55		40~45	户外,自由声场
			59		49	
英国	L_{Aeq}	新居民区隔声 措施新线	55		42	户外,自由声场
			68		63	
中国香港	L_{Aeq}, 24 h	新居民区		65		
日本	$L_{A5\ max}$	新干线标准		70		户外,自由声场
韩国	L_{Aeq}	新建、既有线 环境标准	65		55	
荷兰	L_{Aeq}	新建、既有线 最大允许值	70(+3)	65(+3)	60(+3)	户外,自由声场
挪威	L_{Aeq}, 24 h	新建铁路		60		户外,自由声场
	L_{Amax}	新建铁路		80		
	L_{Amax}	既有线		76		
瑞典	L_{Aeq}, 24 h	新线新住宅区 既有线		60		户外,自由声场
				75		
瑞士	$L_r = L_{Aeq} - 5$	新建铁路	55		45	户外,自由声场
	$K = -5 \sim -15$	产生影响阈值	60		50	
	由车数而定	警告值	70		65	

(10) 国外部分高速列车噪声限值如表 3-13 所示。

表 3-13　国外高速列车噪声限值　　　　　　　　　单位：dB(A)

运行速度 /(km/h)	160	200	240	250	270	300	400
普通快速列车	85	88	—	91	—	—	—
德国 ICE-V 高速列车	79	82	—	85	—	89	102
德国 Transrapid 磁悬浮列车	—	84	—	89	—	92	100
法国 TGV-PSE 高速列车	—	92	—	95	—	—	—
法国 TGV-A 高速列车	—	87	—	—	—	94	100
西班牙 Talgo-Pendular 高速列车	—	82	—	—	—	—	—
日本东北新干线	—	—	80	—	81	—	—

注：①距轨道中心 25 m，距轨面 3.5 m 处测量。②客车内部噪声，瑞典 X-2 为 60 dB(A)(200 km/h)，德国 ICE 为 63 dB(A)(200 km/h)，65 dB(A)(280 km/h)。

3. 轮轨噪声研究进展

在欧美国家，轮轨噪声早已引起各国政府、铁路运输部门、高等院校的高度重视，政府发布环境噪声绿皮书都对铁路噪声给予了充分的叙述，定期召开轮轨噪声国际会议(IWRN)。

轮轨噪声主要来源于车轮、钢轨和道床所辐射产生的噪声。在车轮和钢轨辐射噪声对轮轨噪声的贡献方面，欧洲学者偏向于认为轮轨噪声以车轮辐射为主，而美国学者则偏向于轨道系统辐射的噪声。实际上在不同的频率范围内，车轮和钢轨对轮轨滚动噪声的贡献是不一样的，低于 1 000 Hz，钢轨是主要的噪声源；更高的频率，则车轮辐射的噪声占主导。但在对于冲击噪声和曲线啸叫，车轮和钢轨辐射噪声的主导地位还有待进一步研究，尤其是曲线啸叫情况。

基于本章节的重点是低噪声转向架设计，因此重点介绍车轮辐射噪声以及相关的研究进展为主。

在车轮振动-声辐射特性研究方面，Thompson 利用车轮的轴对称性，采用二维横截面有限元模型，对车轮的自由振动特性作了详细的分析，结果表明，车轮尺寸的改变会引起其固有频率显著变化，尤其是对 1 和 2 节圆模态。进一步地，Thompson 应用二维边界元法计算了车轮直径、辐板和轮毂厚度对车轮声辐射效率和方向性的影响。Sato 基于实验测试的方法，对服役在日本窄轨线路上的波浪型辐板车轮和直辐板车轮进行了现场线路试验和实验室台架试验，研究了它们的声振特性。Gautier 等在实验的基础上，开发了一个声学优化车轮，具有直且厚的辐板，轮毂与辐板交接处有较大的圆弧过渡，该车轮对高频有明显的降噪效果。Efthimeros 等基于遗传算法，以车轮辐射噪声最小为目标，对铁路车轮的几何形状进行优化设计。

Remington 采用相应的轮轨噪声模型，研究了钢轨尺寸、轮轨接触刚度、轮轨接触面积、列车运行速度、车轮圆整、钢轨打磨、钢轨接头、车轮扁疤等参数对轮轨噪声的影响，他指出降低轮轨接触刚度、增加轮轨接触面积，以及通过车轮圆整和钢轨打磨降低轮轨粗糙度，可显著地降低轮轨噪声。

轮轨粗糙度通过接触斑激励轮轨系统，接触斑对轮轨噪声辐射有重要影响。Thompson 详细比较了 Remington 解析接触滤波模型与分布弹簧支撑(DPRS)模型对轮轨噪声的影响。

相比欧美国家，中国对轮轨噪声的研究工作起步虽晚，但发展迅速。焦大化《铁路环境噪声控制》介绍了国外关于轮轨噪声的研究现状、方法和结论，这是国内最早关注轮轨噪声的论著。雷晓燕等在《铁路交通噪声与振动》中，对国外关于轮轨滚动噪声的预测模型作了较为详细的介绍，并介绍了一些降低轮轨滚动噪声的实例。徐志胜运用车辆/轨道耦合动力学理论、噪声辐射与传播理论，建立了基于时域的轮轨噪声预测模型。其模型的最大特点就是将时域的车辆-轨道耦合动力学延伸扩展至轮轨噪声预测分析，运用该模型，计算分析了不同辐板厚度和轮辋质量条件下的轮轨噪声，对几种典型的无碴轨道的轮轨噪声特性、轨道结构参数对轮轨噪声的影响展开研究，提出了低噪声轨道结构设计原则，并从轨道吸声、声屏障等方面对控制无碴轨道噪声进行了计算分析。刘林芽、雷晓燕根据 TWINS 模型，研究了车轮参数变化对轮轨噪声的影响，分析表明，增加车轮辐板厚度和车轮踏面质量有利于降低轮轨噪声。魏伟以轮轨表面粗糙度为激励，基于车辆-轨道耦合动力学模型计算轮轨作用力，利用有限元与边界元相结合的方法，研究了轮对的振动声辐射特性，其计算结果与 TWINS 模型相比基本一致。

3.4.2 轮轨滚动噪声分析

1. 轮轨滚动噪声分析模型

(1) TWINS 模型。在 20 世纪 70 年代，Remington 等人提出了轮轨噪声分析理论模型。该模型基于车轮和铁轨的运行表面的不平顺(粗糙度)使车轮和钢轨相对于彼此振动，这些振动通过结构传送，从而辐射噪声。Remington 的模型基于表面粗糙度激励下的轮轨随机振动理论，以轮轨间表面粗糙度的傅里叶变换(粗糙度谱)作为输入，求得轮轨振动的平均振动速度功率谱，用来预测噪声。Remington 模型的核心思想是认为轮轨表面不平顺是激发轮轨振动的根源，而轮轨振动是轮轨噪声的直接原因。随后，这种模式得到进一步发展和扩大，Thompson 对 Remington 的早期模型进行了发展和扩展，以 Remington 线性粗糙度相对位移激励模型为基础，Thompson 考虑了更详细的轮轨接触关系。为了更有效地反映车轮的高频振动特性，车轮采用了有限元模型，并引入车轮旋转的影响。

以 Thompson 改进后的模型为基础，欧洲铁路研究所(European Railway Institute, ERRI)组织有关人员开发了一个名为 TWINS(Track Wheel Interaction Noise Software)轮轨滚动噪声预测软件。图 3-45 为理论模型的基础，图 3-46 为预测模型框图。

大量的线路验证性实验表明：该模型能够较准确地预测轮轨滚动噪声。该软件在欧洲成为预测轮轨噪声水平、开发减振降噪产品、指导新线设计和旧线改造的主要理论工具。

应用 TWINS 模型的核心是如何更精确地计算轮轨相互作用力，并应用结构动力学方法分析得到车轮、钢轨和轨枕等其他参与结构振动和辐射噪声的部件的结构响应。

(2) 轮轨激励源。引起轮轨滚动噪声的主要的激励现在广泛认同是由于车轮、钢轨表面的不平整和轨道不平顺引起的，这种表面的不平整通常简称为"粗糙度"，相应的波长通常为 $5 \sim 200$ mm，幅值在 $1 \sim 50$ μm 之间，图 3-47 给出了德国铁路车轮、钢轨表面粗糙度水平的统计数据。轨道不平顺激励引起车轮和钢轨之间的垂直振动。这可以通过比较具有踏面铸铁制动的车轮与具有盘式制动的车轮在光滑和粗糙的钢轨上所产生的噪声之间的差异来定性说明。一般认为踏面制动的车轮表面粗糙，而盘型制动车轮表面光滑。引起轮轨滚动噪声的主要激励源总结有：

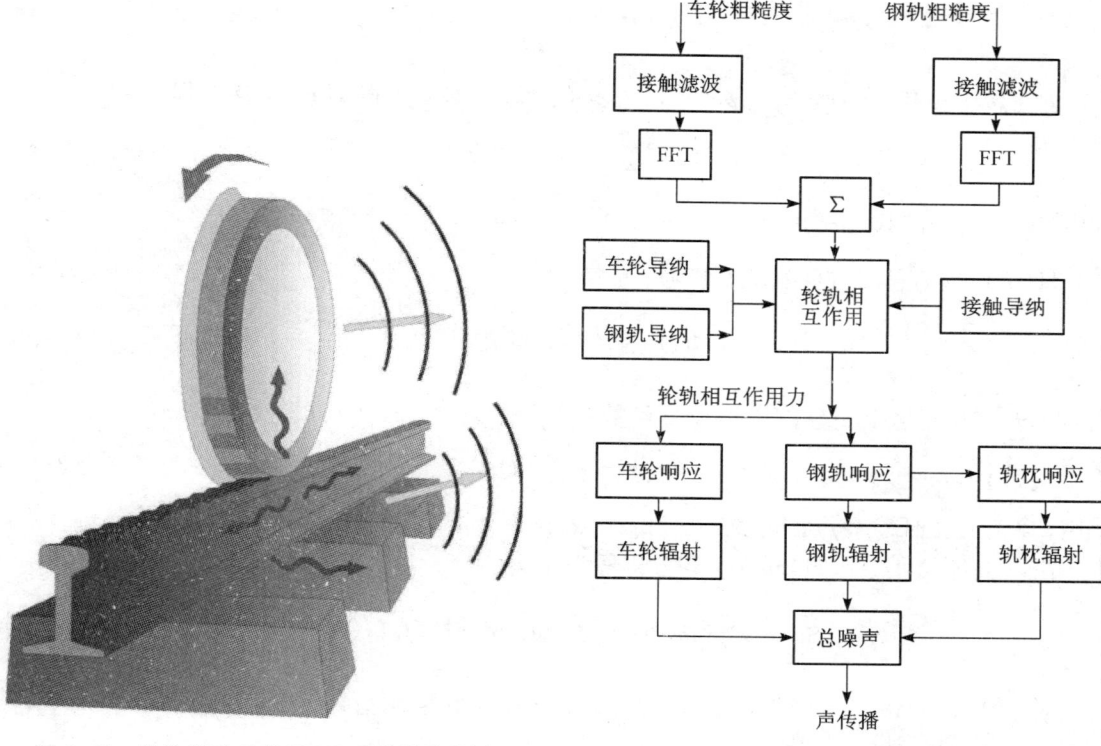

图 3-45 轮轨滚动噪声 TWINS 模型示意图

图 3-46 TWINS 软件计算框图

① 车轮踏面的表面粗糙度;
② 车轮踏面擦伤、剥离、扁疤等局部缺陷;
③ 钢轨表面波磨及表面粗糙度;
④ 钢轨表面局部缺陷;
⑤ 轨道不平顺。

(3) 车轮振动-辐射噪声模型。在轮轨噪声预测中,现在一般基于有限元法建立车轮的振动噪声预测模型。比如 Heiss 采用三维实体单元建立了包含超过 8 000 度的自由度的一个轮对

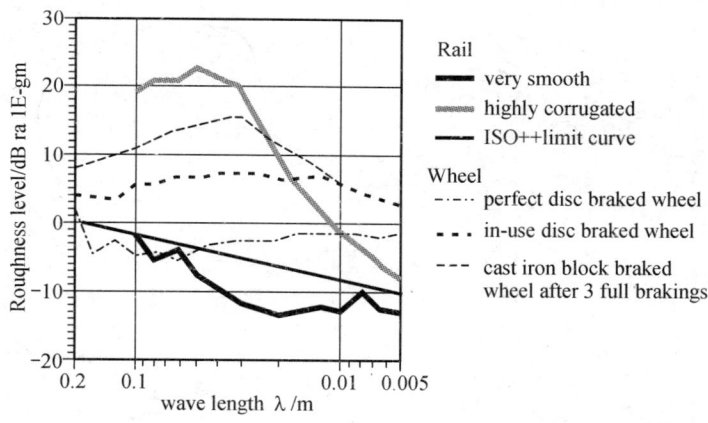

图 3-47 德国铁路车轮、钢轨表面粗糙度水平

有限元模型。D. J. Thompson 等建立了车轮轴对称有限元模型,在轴对称有限元模型的边界建立边界单元模型,对车轮在简谐载荷激励下声学进行了计算,其边界单元为一维线单元,边界单元网格是沿车轮径向截面的轮廓曲线。

目前采用边界元法是计算车轮振动辐射噪声的主要方法。

对车轮结构振动引起的向空气的辐射噪声,可采用直接边界元法求解。

均匀介质的波动方程:

$$\nabla^2 P - \frac{1}{c^2}\frac{\partial^2 P}{\partial t^2} = 0 \tag{3-21}$$

对于简谐变化的声压 $P = pe^{i\omega t}$ 代入波动方程(3-21)，可得 Helmholz 方程：

$$\nabla^2 p + k^2 p = 0 \tag{3-22}$$

式中，$k = \dfrac{\omega}{c}$ 为波数；ω 为角频率；c 为介质中的声速。

Helmholz 方程二维问题基本解为

$$G(Q, S) = -\frac{i}{4}H_0^{(2)}(kr) \tag{3-23}$$

式中，$H_0^{(2)}(kr)$ 为第二类零阶 Hankel 函数。

$$r = |S - Q| \tag{3-24}$$

式中，Q 为 Γ 上任意一点；S 为空间任意一点。

由以上各式可得到 Helmholz 积分方程为

$$C(S)p(S) = -\int_{\Gamma}\left[i\rho\omega v_n(Q)G(Q, S) + p(Q)\frac{\partial G(Q, S)}{\partial n}\right]d\Gamma \tag{3-25}$$

对于如图 3-48 所示的任意形状区域，边界单位法向量 $\boldsymbol{n}$ 指向区域内部，且式中

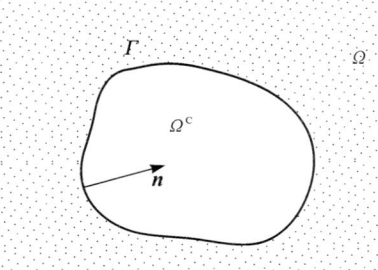

图 3-48　任意形状区域图

$$C(S) = \begin{cases} 1, & S \in \Omega \\ \dfrac{1}{2}, & S \in \Gamma \\ 0, & S \in \Omega^c \end{cases} \tag{3-26}$$

则当 S 点位于区域边界上时，$C(S) = \dfrac{1}{2}$，积分方程变为

$$\frac{1}{2}p(S) = -\int_{\Gamma}\left[i\rho\omega v_n(Q)G(Q, S) + p(Q)\frac{\partial G(Q, S)}{\partial n}\right]d\Gamma \tag{3-27}$$

对边界积分方程进行离散，将区域边界 Γ 划分为 m 个单元和 n 个节点，每个单元上的节点数为 l，采用等参单元，则单元上任意点的坐标与边界节点坐标间的关系为

$$\begin{cases} x = \sum_{i=1}^{l} x_i N_i(\boldsymbol{\xi}) \\ y = \sum_{i=1}^{l} y_i N_i(\boldsymbol{\xi}) \end{cases} \tag{3-28}$$

式中,N_i 为插值型函数,这里采用 3 节点 2 次单元插值函数。

同样,单元上任意点和节点声压与速度由下述关系:

$$p = \sum_{i=1}^{l} p_i N_i(\boldsymbol{\xi}) \tag{3-29}$$

$$v_n = \sum_{i=1}^{l} v_{ni} N_i(\boldsymbol{\xi}) \tag{3-30}$$

计算边界上第 i 个节点声压,代入边界积分方程(3-27),可得:

$$\frac{1}{2} p_i + \sum_{j=1}^{l} h_{ij} p_j = \sum_{j=1}^{l} g_{ij} v_j \tag{3-31}$$

其中,h_{ij},g_{ij} 为对每个单元循环计算并组合得到。

对于单元 Γ_j,有

$$\boldsymbol{h}_i^{\mathrm{T}} = \int_{\Gamma_j} \frac{\partial \boldsymbol{G}}{\partial \boldsymbol{n}} \boldsymbol{N}_i \mathrm{d}\Gamma \tag{3-32}$$

$$\boldsymbol{g}_i^{\mathrm{T}} = -\mathrm{i}\rho\omega \int_{\Gamma_j} \boldsymbol{G} \boldsymbol{N}_i \mathrm{d}\Gamma \tag{3-33}$$

利用式(3-31)计算所有边界节点声压,并组合可得

$$\frac{1}{2} \boldsymbol{I} \boldsymbol{p} + \boldsymbol{H}^* \boldsymbol{p} = \boldsymbol{L} \boldsymbol{v}_n \tag{3-34}$$

式中,$\boldsymbol{H}^*$ 为 $\boldsymbol{H}$ 矩阵的共轭矩阵。

最后得到线性方程组

$$\boldsymbol{H}\boldsymbol{p} = \boldsymbol{L}\boldsymbol{v}_n \tag{3-35}$$

式中,$\boldsymbol{H} = \frac{1}{2}\boldsymbol{I} + \boldsymbol{H}^*$。

利用 Helmholz 方程三维问题基本解

$$G(\boldsymbol{Q}, \boldsymbol{p}) = \frac{\mathrm{e}^{-\mathrm{i}kr}}{4\pi r} \tag{3-36}$$

式中,$G(\boldsymbol{Q}, \boldsymbol{p})$ 为自由空间的格林函数,$r = |\boldsymbol{p} - \boldsymbol{Q}|$;$\boldsymbol{Q}$ 为 S 上任意点;$\boldsymbol{p}$ 为空间任意点。

得到 Helmholz 积分方程为

$$C(\boldsymbol{p})p(\boldsymbol{p}) = -\int_S \left[\mathrm{i}\rho\omega v_n(\boldsymbol{Q})G(\boldsymbol{Q}, \boldsymbol{p}) + p(\boldsymbol{Q}) \frac{\partial G(\boldsymbol{Q}, \boldsymbol{p})}{\partial \boldsymbol{n}} \right] \mathrm{d}S \tag{3-37}$$

对于三维声学外问题,边界单位法向量 $\boldsymbol{n}$ 指向区域内部,且式中

$$C(\boldsymbol{p}) = \begin{cases} 1, & \boldsymbol{p} \in E \\ \dfrac{1}{2}, & \boldsymbol{S} \in S \\ 0, & \boldsymbol{S} \in I \end{cases} \tag{3-38}$$

其中 E, S, I 分别表示观测点的位置在结果外部、表面上和内部。

当 $\boldsymbol{p}$ 点位于区域边界上时，$C(\boldsymbol{p}) = \dfrac{1}{2}$，此时对边界积分方程(3-37)进行离散，可得边界元求解方程为

$$\boldsymbol{Hp} = \boldsymbol{L}\boldsymbol{v}_n \tag{3-39}$$

式中，$\boldsymbol{H}$，$\boldsymbol{L}$ 为系数矩阵。

上述方程组波数为内部问题特征值时，不存在唯一解，现采用 Schenck 提出的 CHIEF 方法来解决此问题，即对原问题增加 k 个位于求解区域之外的节点，即所谓的 CHIEF 点，这些点 $C(S) = 0$。因此：

$$0 = -\int_S \left(\mathrm{i}\rho\omega v_n G + p \frac{\partial G}{\partial n} \right) \mathrm{d}S \tag{3-40}$$

将式(3-40)离散化，可得：

$$\boldsymbol{0} = \boldsymbol{L}'\boldsymbol{v}_n - \boldsymbol{H}'\boldsymbol{p} \tag{3-41}$$

式中，$\boldsymbol{L}'$、$\boldsymbol{H}'$ 均为 $e \times k$ 维。

由式(3-35)、式(3-41)可得：

$$\begin{pmatrix} \boldsymbol{H} \\ \boldsymbol{H}' \end{pmatrix} \boldsymbol{p} = \begin{pmatrix} \boldsymbol{L} \\ \boldsymbol{L}' \end{pmatrix} \boldsymbol{v}_n \tag{3-42}$$

求解上述方程前，引入边界条件，常见的边界条件包括以下三种：

(a) 指定边界声压(Dirichlet 边界条件)：

$$\boldsymbol{p} = \boldsymbol{p}_e \tag{3-43}$$

(b) 指定边界法向速度(Neumann 边界条件)：

$$\frac{\partial \boldsymbol{p}}{\partial \boldsymbol{n}} = -\mathrm{i}\omega \rho_0 \boldsymbol{v}_n \tag{3-44}$$

(c) 指定混合边界条件、阻抗边界条件(Robin 边界条件)：

$$z = \frac{\boldsymbol{p}}{\boldsymbol{v}_n} \tag{3-45}$$

将已知的边界条件代入式(3-42)，可以将方程归结为求解线性方程组：

$$\overline{\boldsymbol{A}}\boldsymbol{x} = \boldsymbol{b} \tag{3-46}$$

式中，$\overline{\boldsymbol{A}}$ 为 $(e+k) \times e$ 阶矩阵。

上述方程为超定方程，使用最小二乘法来求解。

一旦表面压力已求得,结构面上的 i 节点处单频声场的声强 I_n^i 由下式给出:

$$I_n^i = \frac{1}{2}\text{Re}[p^i \cdot (v_n^i)^*] \tag{3-47}$$

式中,Re[ ]表示取实部,上标"*"表示共轭,v_n 为结构表面法向振动速度。

在此基础上,结构的辐射声功率可表示为

$$W = \int_S I_n \text{d}S \tag{3-48}$$

通常而言,最后的计算结果一般用声压级和声功率级来衡量。

(4) 车轮振动辐射噪声计算实例

① 车轮振动模态计算。以地铁车辆上采用的 S 形辐板统型车轮为例,应用有限元法,采用 8 节点的六面体网格模拟,有限元模型如图 3-49 所示。

由于车轮具有对称性,其振动形式与圆盘相似,可分为面内的径向振动模态和周向振动模态,以及面外的轴向振动模态。通过分析 0～5 000 Hz 内车轮所有模态振型可以看出,车轮的主要振型包括车轮轮辐和轮辋的轴向振动、车轮踏面沿径向振动,图 3-50 给出典型的车轮振动模态。

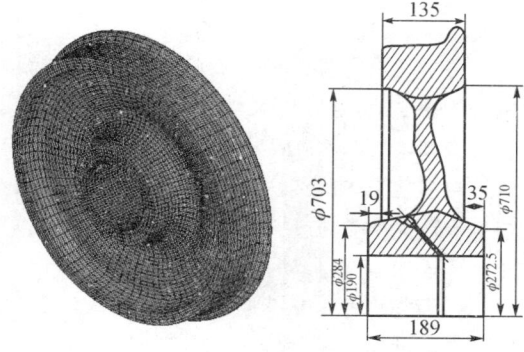

图 3-49 S 形车轮有限元模型图

(a) 0 节圆 1 阶轴向(385.58 Hz)

(b) 0 节圆 2 阶轴向(495.97 Hz)

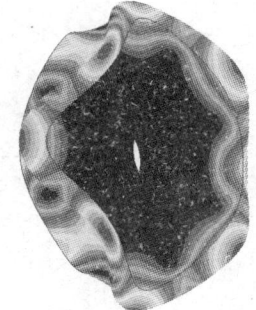

(c) 0 节圆 4 阶轴向(2 044.2 Hz)

(d) 1 节圆 2 阶轴向(3 198.1 Hz)

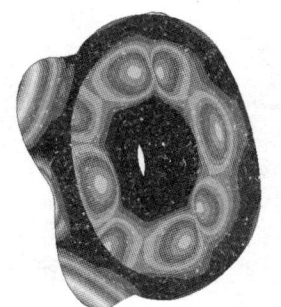

(e) 1 节圆 4 阶轴向(4 680.6 Hz)

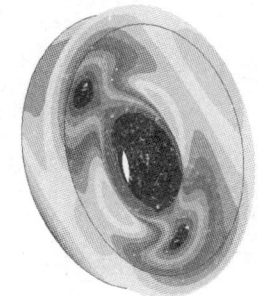

(f) 2 节圆 1 阶轴向(4 133.2 Hz)

   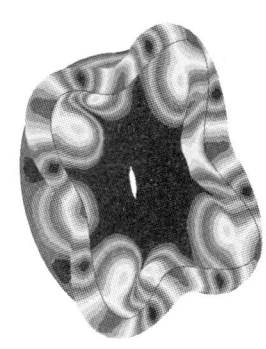

(g) 1阶径向(1 766.7 Hz)　　(h) 2阶径向(2 405.4 Hz)　　(i) 3阶径向(3 006.9 Hz)　　(j) 2阶径向(3 749.8 Hz)

图 3-50　车轮典型振动模态

由于车轮的模态振型对车轮的辐射噪声影响很大，所以在车轮轮辐或者在车轮轮辋安装阻尼降噪装置抑制其振动能够有效降低车轮辐射噪声。

② 车轮频率响应分析。根据轮轨横向和垂直动作用力作用在轮轨接触区域的事实，在评价车辆结构振动辐射噪声时，首先采用模态频率响应分析分别求解在单位横向力和垂直力作用下车轮的结构振动响应。图 3-51a 为仿真分析时激励点和输出点位置。图 3-51b 为车轮踏面上某输出点的振动位移响应。

对实际系统，可以通过建立车辆-轨道系统动力学模型，在相关轨道不平顺激励下，通过动力学仿真分析可得到轮轨间横向、垂向作用力，对其进行傅里叶变换后可得到频域内的作用力。在轮对的有限元模型中，将对应的频域下的横向轮轨力、垂向轮轨力作用在已建立的轮对有限元模型上，采用频率响应法可计算得到车轮各离散节点的响应速度、加速度值。

该方法重点研究在轮轨动载荷作用下，车轮结构振动特征，对优化车轮结构，寻找降噪措施是有效的。

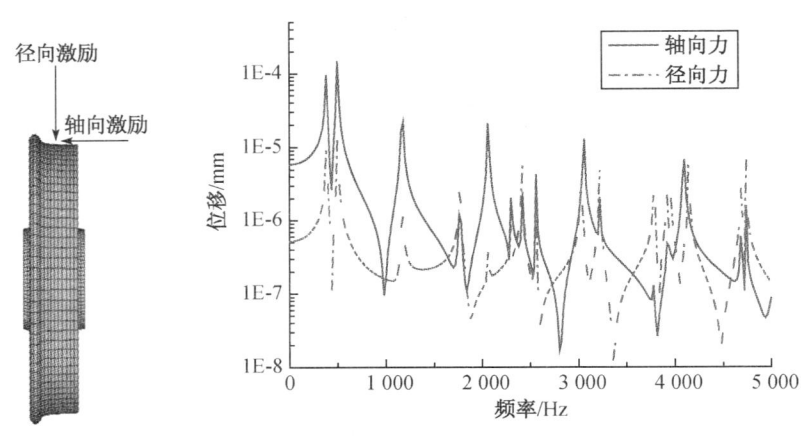

(a) 车轮激励　　(b) 轴向单位力和径向单位力激励下振动位移响应

图 3-51　车轮振动响应分析

③ 车轮振动辐射噪声计算。应用 LMS. SYSNOISE 软件，分析车轮振动的辐射噪声。具体地：

(i) 从车轮有限元实体网格中提取车轮的边界网格，即整个车轮模型的外壳，将提取出来的边界面网格导入分析软件中。

(ⅱ)将在单位力作用下车轮表面的频率响应提取出来,作为速度边界条件模型的激扰,采用直接边界元法进行计算。

图 3-52 给出了采用该方法在单位径向垂直力作用下车轮表面声压值。计算频率范围为 0~5 000 Hz,步长为 10 Hz。

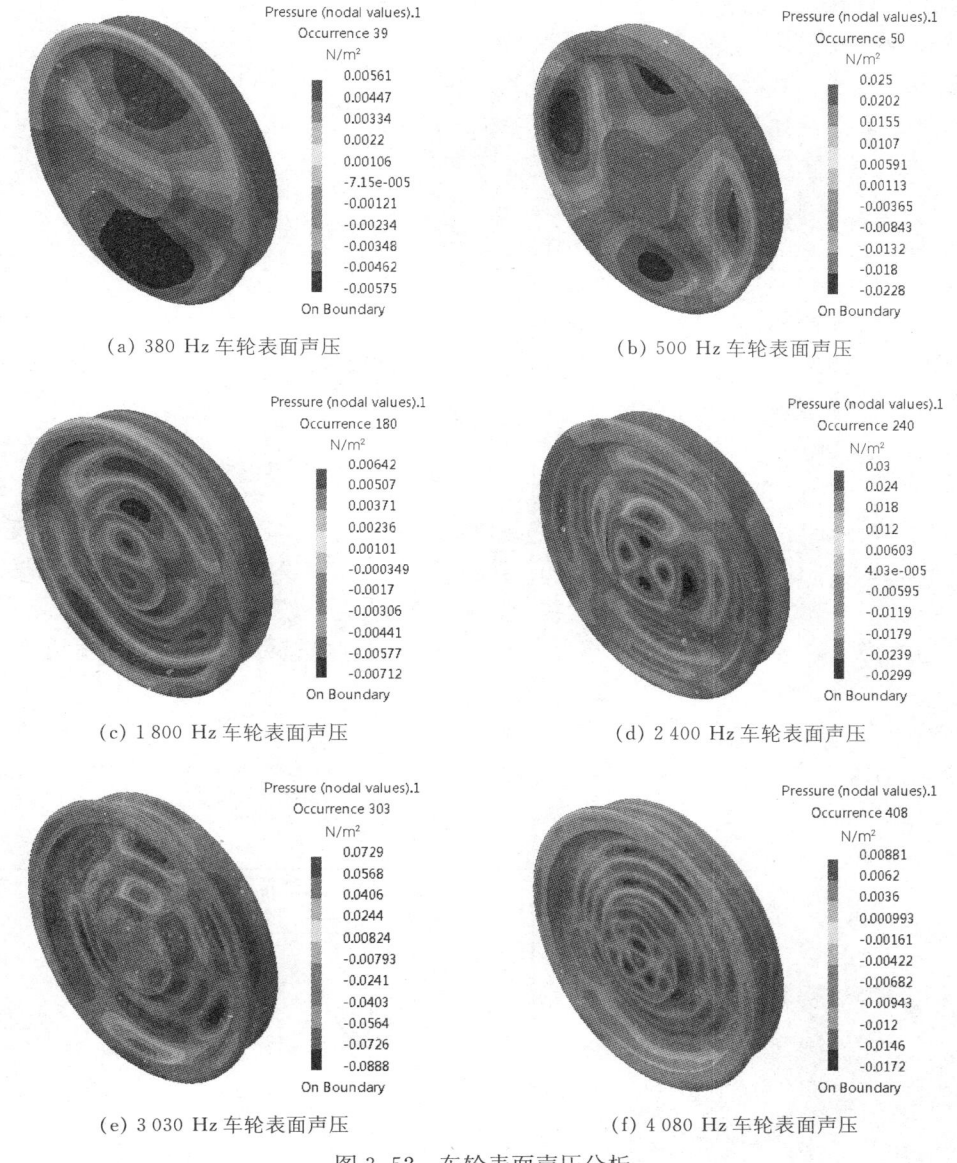

图 3-52　车轮表面声压分析

从图中可以看出车轮振动引起的车轮表面声辐射主要集中在轮辐以及轮辐和轮辋的连接处,所以在设计低噪声车轮时,首先要考虑降低轮辐和轮辋处的辐射噪声,将减振降噪结构安装在轮辐或者轮辐和轮辋的连接处,从而降低车轮表面的辐射噪声。

通常噪声的仿真计算及测量结果以声压级来衡量,但对于轮轨噪声而言,在不同的位置、角度测量,其声压级值及变化规律均有较大变化,因此通过声功率级来衡量噪声的水平更为合理,因为声功率级反映的是噪声的整体水平。

图 3-53 给出了车轮辐射声功率级的分布情况。从中可以看出峰值出现在 2 200~5 000 Hz,这说明了车轮的辐射噪声主要是由于高频振动引起的。从图中可以看出,辐射声功率级最大值达到 69.3 dB(A),是由 4 680.6 Hz 的(1,4)模态激发的,其模态振型如图 3-50e,是 1 节圆 4 阶轴向模态,是车轮轮辋和轮辐轴向扭转弯曲变形引起的。次高峰值为 61.2 dB(A),是由 3 198.1 Hz 的(1,2)模态激发的,其模态振型如图 3-50d,是 1 节圆 2 阶轴向模态,同样也是车轮轮辋和轮辐轴向扭转弯曲变形引起的。再其次峰值为 60.9 dB(A),是由 2 405.4 Hz(c,2),其模态振型如图 3-50h,是车轮 2 阶径向模态,由车轮踏面面内径向变形引起的。由此可以看出,车轮轮辐和轮辋的轴向扭转弯曲变形以及踏面的面内径向变形是车轮产生高频辐射噪声的主要原因。

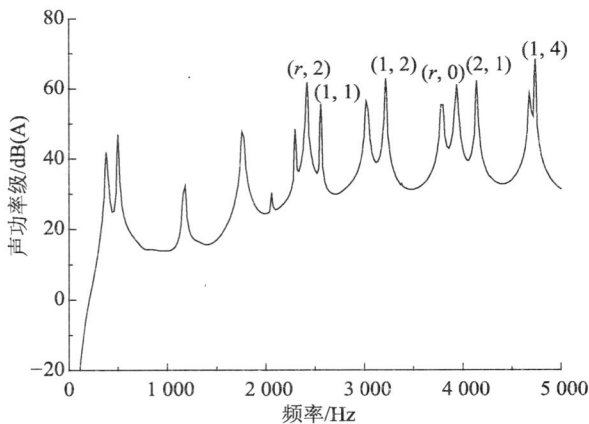

图 3-53 车轮辐射声功率级谱图

由图 3-53 看出,车轮振动辐射噪声分布范围极广,因此结合车辆振动模态对各个波峰进行分析,为车轮外形结构优化提供支持。

④ 车轮振动辐射噪声验证。为了验证车轮辐射噪声计算模型的准确性,可采用试验方法对其进行验证。在试验中采用单个车轮作为试验对象,并与仿真计算结果进行对比。

试验时,将车轮通过柔性悬浮在空中,在车轮中心高度附近设置拾音器,通过信号采集器收集噪声信号,通过模态力锤对车轮施加作用力。

图 3-54 为实验测量的声压级值与仿真计算得到的声压级值对比图。由图可知,采用上述车轮振动辐射噪声模型计算结果与实验数据基本吻合。所产生的误差主要是由于实验现场有一定的背景噪声;其次,实验现场空间不规则表面对噪声反射的影响无法模拟计算。

(a) 噪声试验

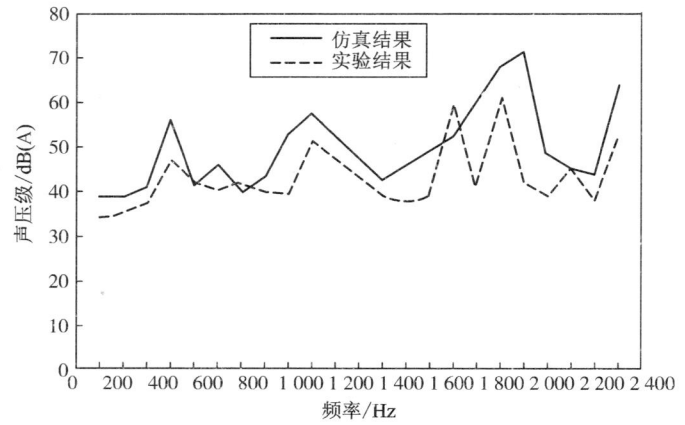
(b) 车轮噪声实验与仿真结果对比图

图 3-54 车轮噪声实验及验证

2. 轨道振动-辐射噪声模型

Thompson 等对轨道模型进行了进一步的扩展和完善,体现在 TWINS 模型中,可供选择的轨道模型有三种:

(1) 两层连续支撑 Timoshenko 梁模型;

(2) 两层离散支撑 Timoshenko 梁模型;

(3) 考虑了钢轨截面变形的两层连续支撑 Timoshenko 梁模型。

这些轨道模型各有其本身的特点,其中第一种轨道模型简单易行,但对轨枕的处理过于粗糙;第二种对轨枕的处理较符合实际;第三种则可以模拟轨道的横向振动特性。

轨道模型中用 Timoshenko 梁模型取代了 Remington 模型中的 Euler 梁模型,从而使得钢轨的高频振动得以更真实的反映。Thompson 等研究指出,轮轨相互作用引起了车轮和钢轨的振动,而钢轨通过轨下垫层将振动传给轨枕,因此,在该模型中考虑了轨枕的噪声辐射。

此外采用有限元方法或有限样条方法也可以建立钢轨模型。

3. 轮轨冲击噪声模型

轮轨冲击噪声是轮轨噪声的重要方面,对环境的影响不亚于轮轨滚动噪声,但这方面的理论研究并不多,Ver 等以车轮扁疤、宽轨缝、钢轨低接头等冲击型激扰为对象,用一个较简单的模型估算出相应列车运行速度下的最大声压级 L_{max},即

$$L_{max} = \begin{cases} 20\lg v, & v < v_{cr} \\ 20\lg v_{cr}, & v > v_{cr} \end{cases} \tag{3-48}$$

式中 v——列车运行速度;

v_{cr}——列车运行的临界速度。它是车轮半径、车辆簧上质量、簧下质量以及冲击型激扰参数(如扁疤长度、错牙高差)的函数。对于给定的车辆、轨道及冲击型激扰参数,就是一个常数。

在 Ver 等研究的基础上,Remington 提出了一个"等效粗糙度谱"的概念,用以等效表示车轮扁疤、钢轨接头等冲击型激扰的谱,但遗憾的是并没有合适的实验数据来证明这种等效粗糙度谱的合理性。

目前的研究倾向于采用轮轨碰撞模型来研究轮轨冲击噪声。

同样对轮轨摩擦啸叫噪声的研究也属于轮轨系统噪声的一部分,特别对小曲线半径区段的影响作用显著。

3.4.3 降低轮轨滚动噪声技术

1. 车轮外形优化技术

对车轮的优化常常要基于多方面的综合考虑(如造价、质量、安全性、磨耗、噪声、互换性等)。造价低、质量轻、安全可靠性高、磨耗低、低噪声和良好的互换性等,这些目标有时往往是互相矛盾的,良好的车轮设计往往是各方面性能折中的方案。

车轮截面形状对其振动声辐射有重要影响,这在上面的车轮振动-辐射噪声模型中可以看到。在保证其他性能指标满足要求的前提下,对其进行声学优化,以降低车轮振动声辐射非常有意义。

(1) 研究现状与进展。在法国,以提高车轮截面对称性为设计原则,对 TGV 拖车轮对进

行声学优化。通过在轮缘相对侧的轮辋位置附加质量,以补偿车轮踏面部分的非对称性,其设计方案如图 3-55 所示。经 300 km/h 的线路试验测试结果表明,由车轮部分贡献的沿线噪声,在高于 1 600 Hz 的频段,可达 4.0～5.0 dB(A) 的降噪效果,其车轮整个频段降噪效果约为 2.0 dB(A)。

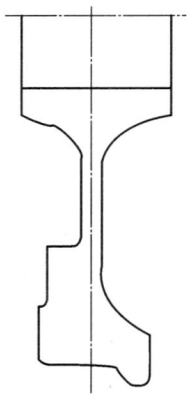

欧洲 OFWHAT 项目中开发出一种 860 mm 直径的声学优化车轮,采用厚轮辐结构,预测降噪效果为 4.0 dB(A),但实测效果仅为 1.5 dB(A),Silent Freight 项目开发的 860 mm 直

图 3-55　TGV 拖车车轮声学优化方案

径声学优化货车车轮,以 100 km/h 运行时的现场测试结果显示,其中一种优化车轮(图 3-56b)与标准 UIC 920 mm 直径货车车轮相比,噪声降低 3.0 dB(A)。配合进行约束阻尼处理后,总降噪效果可以达到 5.0 dB(A)。

在车轮外形优化中,研究结果显示:车轮辐板形式和车轮直径是车轮形状声学优化设计的两个重要方面。主要有:

① 若辐板取曲线形状,由于轮载引起的辐板变形大,径向振动模式和轮向运动复合时的振动将加大,所以采用直型辐板大有裨益。

② 通过增加板厚,增大板的刚度来提高车轮的固有频率。这些固有模态对轮轨噪声辐射有重要影响,因此增大其自振模态频率使部分模态频率超出轮轨激励的频率范围,这样,在轮轨粗糙度激励下只有相对较少的车轮模态被激发出来,从而达到降低车轮振动和噪声辐射的目的。

③ 减小车轮直径,由于产生噪声的辐射面积变小,而且固有振动频率增大,因此可以减小噪声。

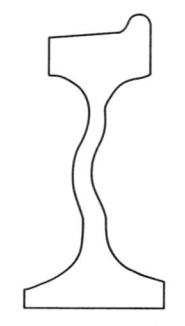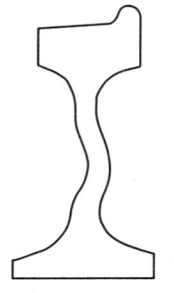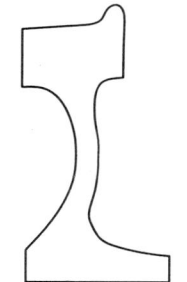

(a) 920 mm 参照车轮　　(b) 860 mm 优化方案 1　　(c) 860 mm 优化方案 2

图 3-56　车轮外形声学优化方案

但是,很多新型的声学优化车轮难以被应用到实际运营中。比如 Daneryd 对辐板穿孔车

轮进行了理论研究,即通过穿孔在轮辐内外之间形成"声学短路"来降低车轮的声辐射效率。车轮穿孔对低频噪声有效,预测降噪效果可达 6.0~9.0 dB(A),而对高于 1 000 Hz 的频段,效果并不明显,且实际线路测试时未取得较好的降噪效果。此外,对踏面制动的轮对,制动时闸瓦与车轮摩擦会产生较高的热应力,车轮残余热应力的大小依赖于车轮辐板截面的几何形状。为使车轮辐板保持较低的热应力水平,而不至于产生应力集中,这就不仅要求车轮辐板尽量设计成曲线型,同时要求轮缘和轮毂在车轮轴向上有一定的横偏。

可行的优化策略是在进行车轮低噪声设计的同时兼顾低应力设计(包括机械应力和热应力),这样对车轮的声学形状优化就不会仅仅停留在研究层面,为大面积应用于实际扫清障碍。日本住友制钢所的 Akama 等在进行车轮低噪声优化时就同时考虑了低应力设计,所采用的辐板形状优化基准是:

① 制动及轨道反力对辐板作用的应力小;
② 辐板振动引起的噪声低;
③ 刚度和质量与原车轮大体相当;
④ 尽量降低制造成本。

辐板形状对应力的影响如下:

① 通过将辐板设计成曲线形,就能大幅减小踏面制动引起的热应力和轨道反力造成的机械应力。
② 增大辐板斜度,使辐板厚度减小,产生的热应力就小。
③ 增大轮辋处和轮毂处的圆角半径,产生的应力就小。
④ 增大车轮直径,就能减小辐板的热应力和机械应力。

由上可见,低噪声车轮辐板设计与低应力车轮辐板设计的原则往往相悖,设计时需要小心折中处理。因此设计时应在维持原有车轮质量和刚度大体不变的情况下,对辐板的偏置量、厚度、辐板到轮毂及到轮辋的过渡圆弧这些尺寸作为可变设计参数进行设计(图 3-57)。通过优化算法自动地改变这些参数得到的设计形状,利用有限元进行热应力和机械应力分析,并与原型车轮进行比较,选定有希望的候补形状,再进一步通过有限元边界元进行噪声分析,优选出质量和刚度与原型车轮相同,辐板应力降低,噪声也降低的辐板形状。

(2) 车轮外形优化实例。根据已有的研究结论,对车轮形状进行优化主要考虑以下几方面的因素:

① 轮辋与辐板连接处是优化的一个关键部位,因为轮辋对车轮的径向振动有较大的影响,而辐板对轴向振动起主要作用,在轮辋与辐板的过渡圆弧处对其适当的加厚对控制轴向和径向噪声均有一定的作用。

② 由于轮毂与车轴相连,车体的振动部分通过车轴反作用于车轮上,在轮毂与辐板过渡处采用较大的圆弧有助于减少该

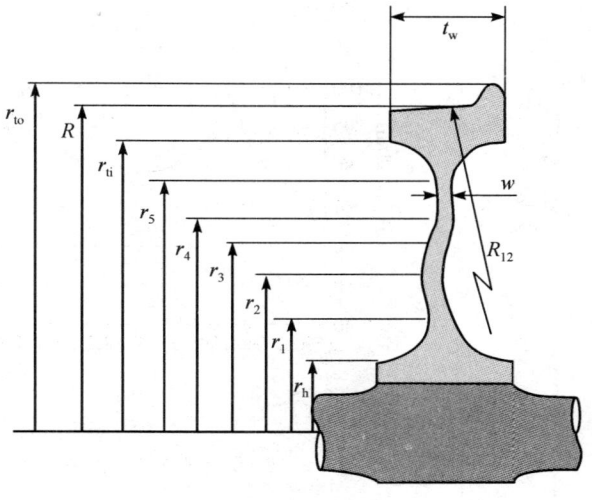

图 3-57 参数化车轮外形

处的振动。

③ 在优化车轮的外形过程中,需注意尽可能减小车轮的表面积。因为表面积变小后,相当于减少了噪声的声源。

④ 在考虑辐板形式时,由于 S 形辐板具有较大的表面积,尽量避免采用 S 形辐板。采用直辐板形式更有利于降低辐射噪声。

⑤ 优化过程中需注意对轮对质量的控制,使轮对质量的增加控制在合理的范围内。

图 3-58 为外形结构优化之后与原车轮结构外形的对比图。

采用轮对模型,研究在单一频率正弦力 F 作用下,结构优化前后的车轮辐射噪声计算结果如图 3-59 所示。可以看出在单一频率正弦力 F 作用下,当使用结构优化后的轮对时,可使对应声功率级值降低,因而对于单一频率的作用力,相对于原车轮形状,优化后车轮所产生的辐射噪声较小。

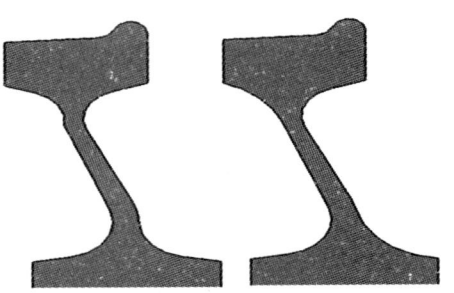

(a) 标准车轮外形　　(b) 优化后车轮外形

图 3-58　车轮外形优化前后对比图

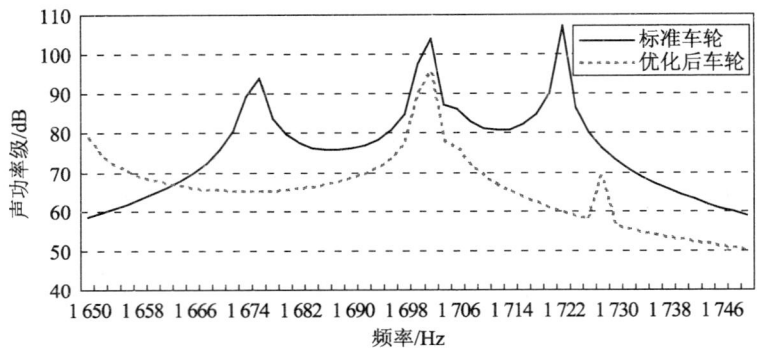

(a) 激励频率 $f=1\,702$ Hz

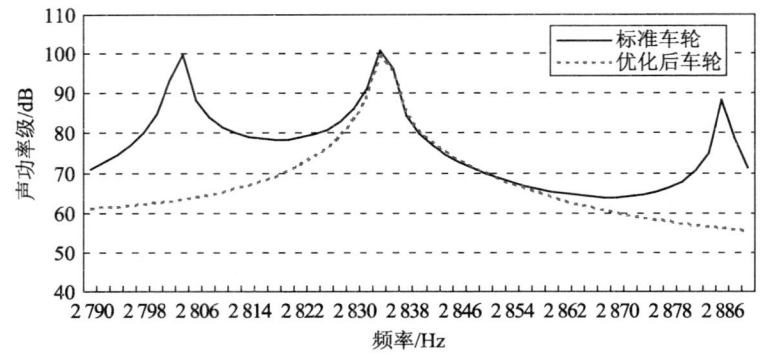

(b) 激励频率 $f=2\,834$ Hz

图 3-59　单一频率激励下车轮辐射噪声分布

虽然优化车轮外形对于单一频率激振力引起的噪声有一定的降噪作用,但还需要通过实际运行工况来检验其降噪性能。因此,采用动力学仿真方法,在轨道随机不平顺谱激励下,对车轮结构优化前后轮对的结构辐射噪声分别进行计算,结果如图 3-60 所示。

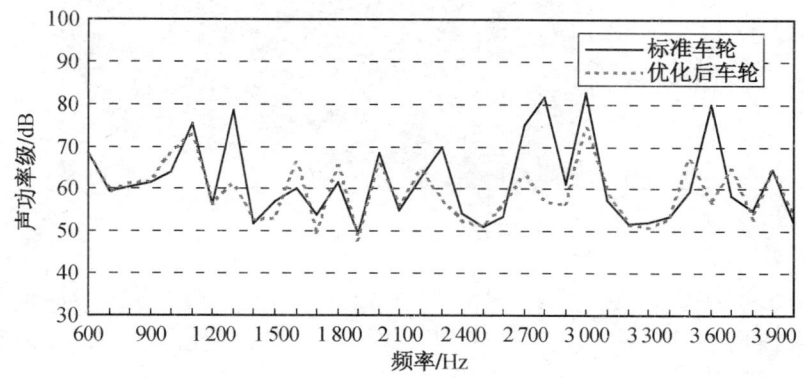

图 3-60　车轮外形优化前后辐射噪声对比图

由图 3-60 看出,通过轮对外形的优化,车轮辐射噪声有较为明显的降低,在 600~4 000 Hz 的计算频率内的波峰值,优化后的轮对噪声各个峰值有明显的降低,尤其是最高峰值可降低 10 dB 左右,降噪效果明显。

实例分析结果表明,通过轮对外形的优化设计来降低结构振动辐射噪声效果显著,这点在国外的实验研究中亦可得到证实。但由于受其他诸如车轮质量、强度、疲劳、成本等因素的限制,要大规模推广,仍需做更多的分析研究。

2. 增加阻尼装置

根据机械振动理论,机械结构系统在激振力作用下,当激励频率与结构系统的固有频率相同时将会有谐振现象发生。谐振时的系统阻尼是唯一可以起减振作用的因素,因此利用结构阻尼减振设计方法才是对谐振进行有效控制的重要途径。阻尼减振就是将振动能变成热能耗散出去,从而达到减振目的。其方法是依靠提高机械结构阻尼(材料阻尼、接触阻尼)来降低或消除机械的振动及由振动产生的噪声。

(1) 主要技术方案。从目前的研究与应用现状来看,车轮阻尼措施主要包括层状约束阻尼、调谐质量阻尼器和摩擦阻尼装置等。

早在 1988 年英国就采用在车轮辐板上粘贴层状约束阻尼来控制轮轨曲线啸叫,并取得很好的效果。近年来许多专家学者加强了通过阻尼措施控制轮轨滚动噪声的研究。Jones 和 Thompson 从理论方面,对在车轮辐板区域表面粘贴层状约束阻尼措施进行了研究,与刚性车轮相比,车轮滚动噪声降低约 3.0~4.0 dB(A);Nielson 基于多目标优化实验设计方法对横截面声学优化的车轮进行了约束阻尼处理,通过仿真计算得出对车轮滚动噪声有近 10.0 dB(A) 的降噪效果;基于欧洲对列车运行噪声控制的研究和需求,针对盘式制动的车轮,对欧洲标准 890 mm 直径车轮在辐板两侧进行铝基约束阻尼处理,如图 3-61 所示层状约束阻尼车轮。在意大利 ETR500 高速列车上安装测试了这种低噪声车轮,结果表明,当列车速度在 191~295 km/h 时,沿线总噪声级降低 4.0~5.2 dB(A)。但考虑到制动热负荷对阻尼材料使用寿命的影响,这种阻尼车轮只能安装在采用轴盘式制动的轮对上。

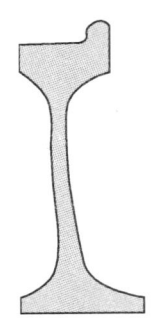

图 3-61　层状约束阻尼车轮

对轮盘制动,制动盘安装在车轮辐板两侧,如图 3-62a 在辐板两侧安装的盘式制动轮对所示,制动盘安装后增大了轮对的损失因子,同时由于刹车盘完全遮蔽住辐板,从传播路径上阻碍噪声的传播,实测显示有 2.0～3.0 dB(A) 的降噪效果。日本新干线采用轮径较小的直型辐板车轮并在车轮辐板两侧装设制动盘,具有约束车轮辐板位置弯曲振动和抑制噪声辐射的作用。Lucchini 公司开发的 Syope Braw 是在轮辋位置进行约束阻尼处理,用于制动盘安装在辐板两侧的轮对上,如图 3-62b 所示,在辐射两侧安装的盘式制动轮对,并预测在线路运行时 Syope Braw 能对滚动噪声有至少 4.0 dB 的降噪效果。

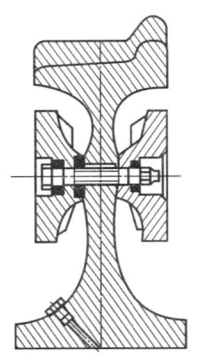

(a) 轮盘制动轮对　　　　　　　　　　(b) 带约束阻尼轮盘制动车轮

图 3-62　轮盘制动车轮

动力吸振器又称调谐质量阻尼器(Tuned mass damper, TMD),简单来说就是基于动力吸振原理的质量-弹簧系统,能够在特定共振频率范围内降低结构的振动。其基本原理是:通过在目标振动系统(即主振系)上附加一个子结构(即吸振器),适当选择子结构的结构形式、动力参数以及与主振系的耦合关系,改变主振系的振动状态,从而在预期的频段上减小主振系的强迫振动响应。它的特点是:结构简单,易于实施,能有效抑制频率变化较小的结构振动。

由于车轮在滚动时,自身的多个模态受到轮轨表面粗糙度的激发,从而形成一种多模态多频率的宽频带滚动噪声。要治理这种噪声,就需要对车轮多个主要噪声辐射模态同时进行抑制。用多个单自由度动力吸振器组合起来控制车轮这种多自由度振动系统,且其各频率分布于车轮几个主要噪声模态固有频率附近,同时对振动系统的多个模态的振动噪声加以控制,这种阻尼器称为车轮多自由度动力吸振器。车轮多自由度动力吸振器实际应用的形式主要有分布式结构和层叠式结构。

分布式结构的车轮多自由度动力吸振器是采用多个单自由度动力吸振器在控制面(如辐板)上均布的形式来构成,采用这种形式时,每个单自由度动力吸振器的频率与车轮其中一个主要噪声辐射的频率相一致,组合起来吸收不同模态的振动。这种结构的吸振器的优点在于参数比较容易确定。如图 3-63 为一个带有调谐质量阻尼器的降噪车轮,采用了多个单自由度动力吸振器均布于辐板的分布式结构,并测试了其降噪效果。对装有吸振器的标准 UIC920 mm 直径车轮的测试表明,车轮滚动噪声降低 4 dB。在 Silent Freight 项目中,将吸振器安装在截面形状优化后的直径 860 mm 的车轮上,车轮降噪效果达 7 dB,安装在消声车轮时,降噪效果可达 8 dB。

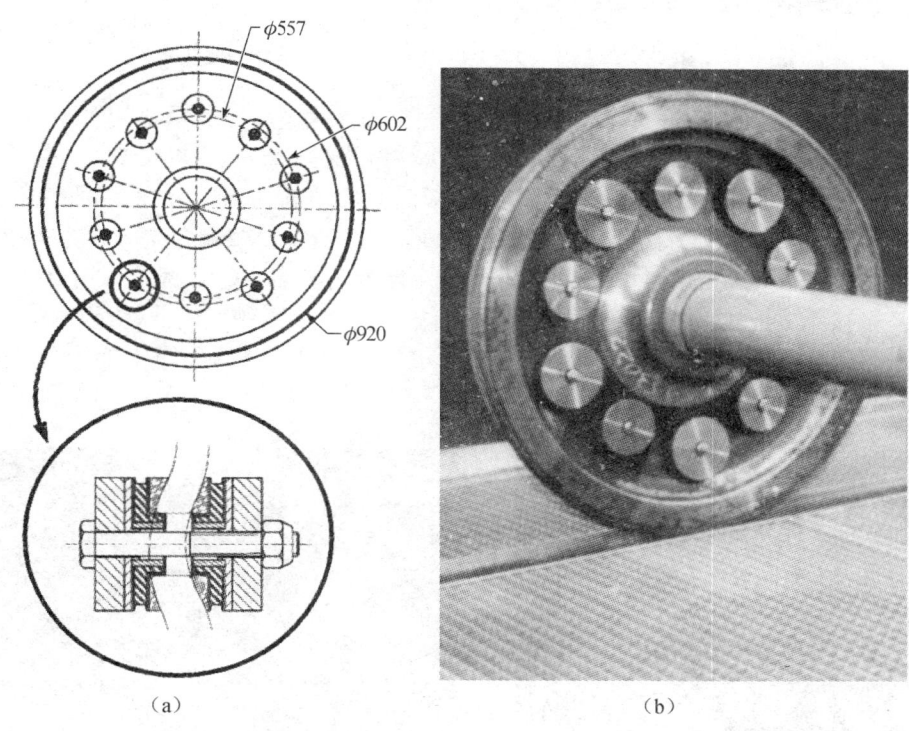

图 3-63 带有调谐质量阻尼器的降噪车轮

层叠式结构的车轮多自由度动力吸振器是把多个单自由度吸振器层层叠加起来,以吸收车轮多个主要噪声辐射模态的振动,这种层叠结构可以弥补分布式结构的安装空间要求较大和控制点分散的缺点,但随着多个单自由度动力吸振器叠加在一起,其各阶固有频率也发生了变化,与原来的各单自由度吸振器固有频率不一致,导致吸振器参数较难确定。图 3-64 为 Schrey & Veit 公司设计生产的一系列三明治块状动力吸振器,即属于层叠式结构的车轮多自由度动力吸振器。它们安装在车轮轮缘内侧,对曲线啸叫和滚动噪声均有较好的降噪效果。其产品 VICON-RASA 应用在德国 ICE2 高速列车上,当列车速度在 160～280 km/h 时,对滚动噪声降噪效果达 7.5～8.0 dB(A);但在荷兰 Noise Pilot Dolomite Shuttle 项目的长期测试中,对滚动噪声的降噪效果却只有 2.5 dB(A)。此外,Bochumer Verein 设计生产的舌形调谐质量阻尼器大量应用于轻轨车轮上,据厂方测试资料,该阻尼器对轮轨曲线啸叫有 10～30 dB 的降噪效果。

图 3-64　S&V 公司生产带有三明治块状动力吸振器的降噪车轮

针对踏面制动的货车车轮,Luccini R S 公司为德国通用货车车轮设计出一种基于摩擦阻尼的低噪声车轮 Hypno,如图 3-65a 所示,图 3-65b 为装在 Y25 货车转向架上的实例。该减振器装置包括两个平的钢制环形板,这两个环形板面对面地耦连结合并在车轮的辐板前方附装于车轮上,从而覆盖车轮位于轮毂和轮辋之间的区域。当车轮轮辋发生较大的弯曲变形时,该装置通过上述彼此面对并接触的金属板之间产生摩擦力来减小车轮振动和噪声辐射。这种减振装置完全由钢铁制造,能耐受踏面制动时轮辋处高达 500℃ 的高温。通过现场测试发现,这种减振装置可以使货运列车通过噪声降低约 2 dB(A),当它与钢轨阻尼器联合使用时,可以降低列车通过噪声约 5 dB(A)。

(a) 低噪声车轮 Hypno　　　　　　　　(b) 装有噪声车轮 Hypno 的 Y25 转向架

图 3-65　基于摩擦阻尼的低噪声车轮 Hypno

在 Silent Freight 项目中,对基于摩擦阻尼的阻尼环的减振降噪机理进行了研究,并设计出一种新型的梯型阻尼环,如图 3-66 环形阻尼车轮所示。该安装有摩擦金属环的车轮,包括轮辋,在轮辋的一侧或两侧的内缘面上开设有环形槽,在所述环形槽内嵌有金属摩擦环。由于摩擦学的复杂性,目前这一类摩擦阻尼器的机理尚无定论。这种车轮的啸叫声衰减的原因可能是车轮轮辋振动时,金属环和槽之间的摩擦或者冲击耗能,也可能是与啸叫声相关的振动的衰减源

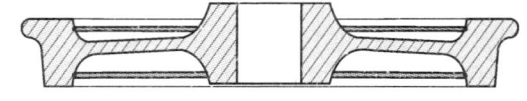

图 3-66　环形阻尼车轮示意图

自车轮与金属环之间的模态耦合。测试结果显示,它对曲线啸叫有 10～30 dB 的降噪效果,对滚动噪声有 0～3 dB 的降噪效果。

在日本,采用阻尼环和金属-橡胶复合三明治阻尼环车轮(图 3-67)的研究显示,对高频噪声的降低效果明显(图 3-68)。

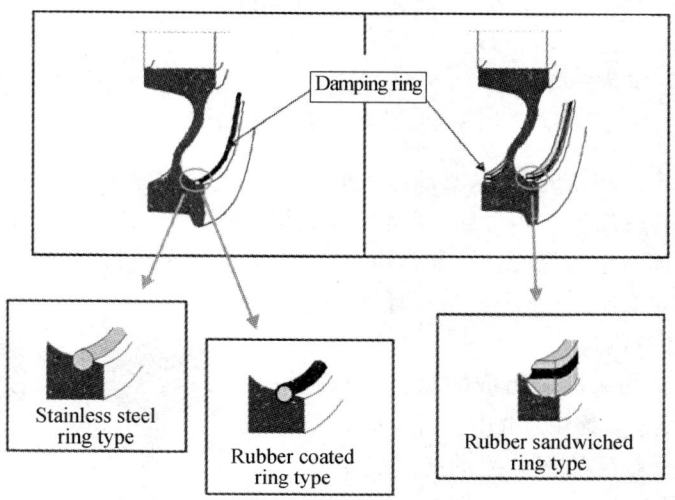

图 3-67 金属-橡胶复合环形阻尼车轮示意图

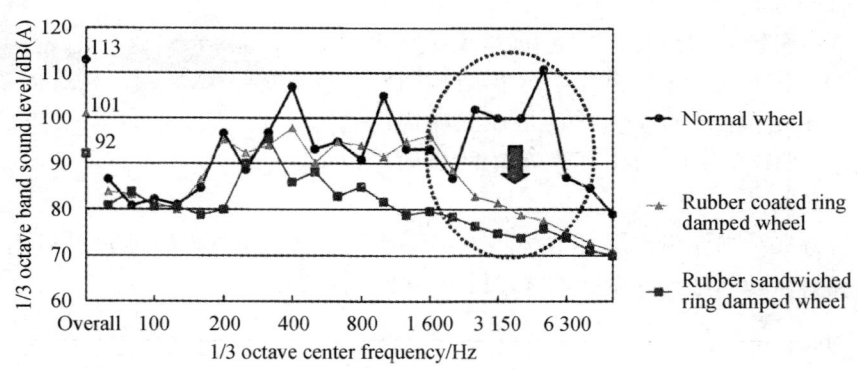

图 3-68 金属-橡胶复合环形阻尼车轮降噪效果

(2)【设计分析实例 1】 约束阻尼层对辐射噪声的影响分析。

随着轨道车辆减噪技术的迅速发展,在保留原轮对结构基本不变的基础上,通过增加阻尼装置来降低车轮辐射噪声已成为了最新的研究方向。通常而言,这些附加的装置包括动力吸振装置、阻尼器以及在车轮表面粘贴约束阻尼层。

将阻尼层牢固的粘贴在基层金属表面后,再在阻尼层上部粘合刚度较大的约束层,所用的约束层通常是金属板,这种结构称为约束阻尼层结构,如图 3-69a 所示,其由黏弹性阻尼层及结构约束层组成。当车轮结构发生弯曲变形时,约束层相应弯曲与车轮表面保持平行,它的长度仍几乎保持不变。由图 3-69b 可知,阻尼层下部受到压缩,而上部受到拉伸,即相当于车轮表面相对于约束层产生滑移运动,阻尼层产生剪应变,不断往复变化,从而消耗机械振动能量。

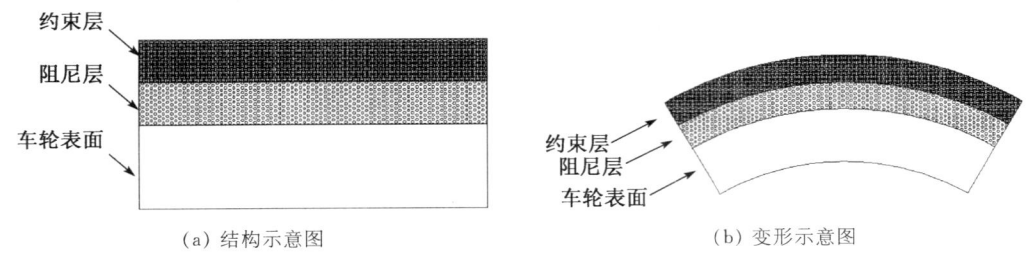

图 3-69　车轮约束阻尼层方案

黏弹性阻尼层起到减振的作用,其减振的效果除了与材料性质有关外,还与其厚度有关。在黏弹性阻尼层外有一层结构阻尼层,通常是金属层,对黏弹性阻尼层进行固定。此外,约束层的挠曲刚度对增加阻尼效果的作用非常重要,因为它直接影响到黏弹性层中剪应变的大小。

衡量材料阻尼的大小,通常用材料损耗因子 η 来表征,它不仅作为材料内部阻尼的量度,而且也是由黏弹性阻尼层与金属约束层所组成的复合系统阻尼特性的量度。同时,η 与约束层的固有振动、在单位时间内转变为热能而损失的部分振动能量成正比。η 值越大,则单位时间内损耗振动的能量越多,减振降噪的效果也就越明显。

通过之前的分析可知,辐板的横向振动对车轮的轴向辐射噪声有较大的贡献,图 3-70a 给出了在车轮辐板处增加约束层方案,黏弹性阻尼及结构阻尼层厚度各为 3 mm。轮辋的径向振动是径向噪声的最主要来源之一,图 3-70b 给出了在车轮两侧轮辋添加约束层方案。

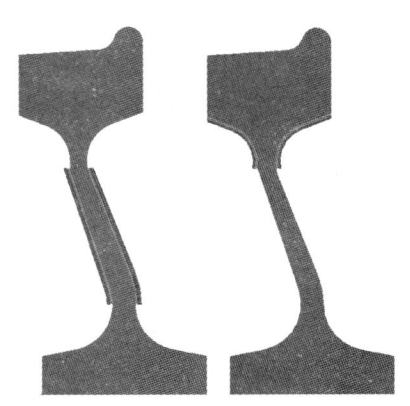

(a) 辐板增加约束层方案　(b) 轮辋增加约束层方案

图 3-70　具有约束层减噪车轮示意图

上述两种方案黏弹性阻尼层及结构阻尼层厚度均为 3 mm。与标准轮对对比,增加约束层后车轮的辐射声功率结果分别如图 3-71a 和图 3-71b 所示。

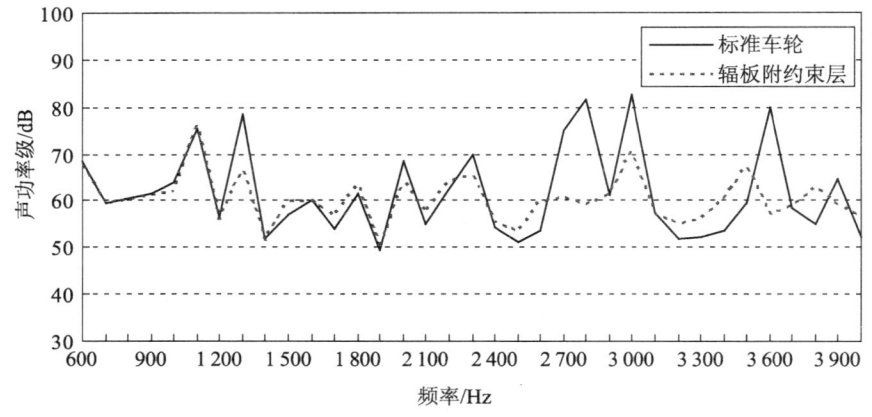

(a) 辐板增加约束层方案

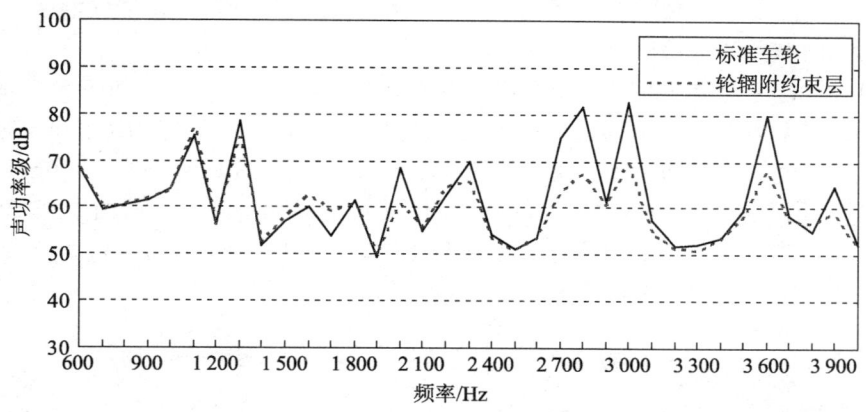

(b) 轮辋增加约束层方案

图 3-71 具有约束层减噪车轮减噪对比

由图 3-71a 结果所示,辐板处增加约束层后,噪声分布状况发生变化。在 3 500～4 000 Hz 范围内,约束阻尼层对辐板处的轴向振动在高频内有一定的抑制作用。

如图 3-71b 所示,在轮辋处附加约束层对噪声的结果有很大的影响,在噪声的数值上,除 1 700 Hz 处的值与标准轮对计算结果相比略有上升外,其余各处基本能达到降噪的要求。

综上所述,与在辐板处附加阻尼层相比,在轮辋处附加约束结构降噪效果更好,且能在更大的范围内起到降低噪声的作用。

(3)【设计分析实例2】 S形辐板车轮弹性降噪块方案。

从之前分析得知,S形辐板车轮在径向单位力激励下,辐射声功率级在 4 680.6 Hz 达到最大值 69.3 dB(A),是 1 节圆 4 阶轴向模态,是车轮轮辐轴向扭转弯曲变形引起的。次高峰值为 61.2 dB(A),是由 3 198.1 Hz 的 1 节圆 2 阶轴向模态激发的,同样也是车轮轮辐轴向扭转弯曲变形引起的。基于以上的分析结论,提出一种在车轮辐板处安装弹性降噪块来降低车轮辐射噪声的低噪声车轮设计方案,如图 3-72 所示。弹性降噪块安装在车轮辐板曲率半径最大处,通过螺栓螺母将内、外侧弹性降噪块连接起来。弹性降噪块由三层金属铝板构成的约束层和两层丁基橡胶构成的阻尼层硫化而成。

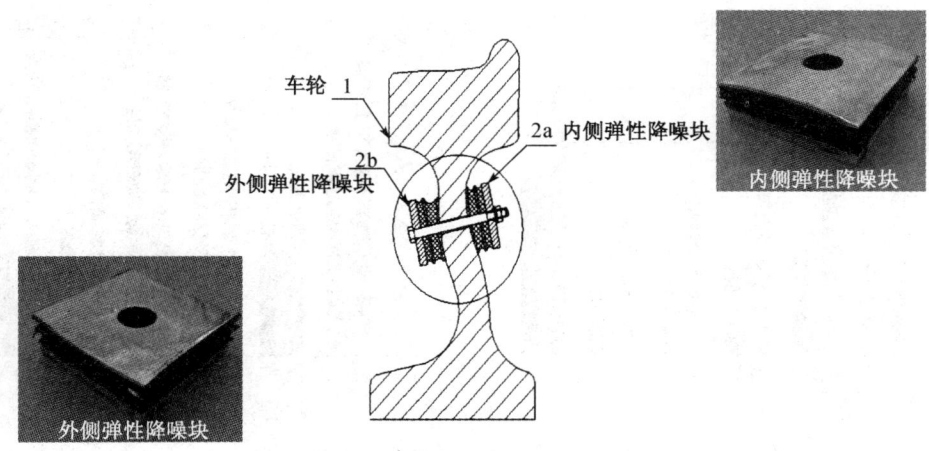

图 3-72 S形辐板车轮弹性降噪块方案

由于车轮2阶和4阶轴向振动产生的变形较大,为了衰减其轴向振动变形能,弹性降噪块沿车轮轮辐周向布置8个,每个相距45°。

在有限元软件中建立安装弹性降噪块的S形辐板车轮有限元模型,如图3-73a所示。仿真计算在径向单位力激励下车轮的声功率级如图3-73b所示。可以看出,车轮辐板上安装弹性降噪块后的车轮辐射声功率级相比原车轮有不同程度下降,在中高频段2 500～5 000 Hz降噪效果明显,平均下降3～5 dB(A)。4 680.6 Hz处辐射声功率级最大值由原来69.3 dB(A)下降4.2 dB(A),3 198.1 Hz处辐射声功率级次高峰值由原来61.2 dB(A)下降3.8 dB(A)。说明车轮弹性降噪块能够有效地降低车轮辐射噪声。

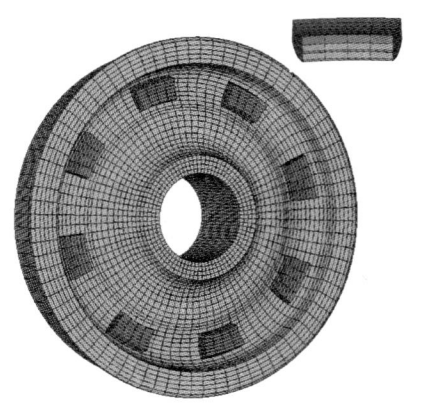 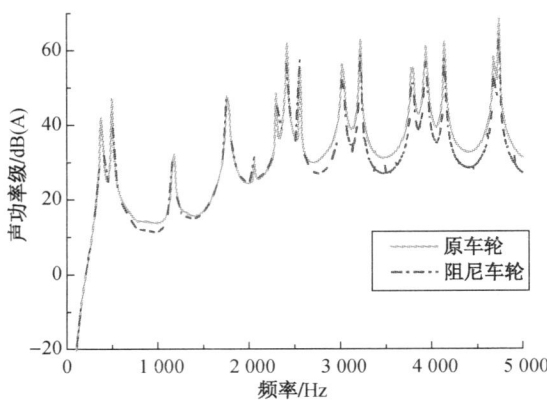

(a) 具有弹性降噪块车轮有限元模型　　(b) 弹性降噪块的车轮声功率级比较

图3-73　S形辐板车轮弹性降噪块方案分析

上述方案的验证是在实验室中完成,车轮分为原车轮、安装硬弹性降噪块车轮、安装软弹性降噪块车轮三组实验。将实验车轮用钢丝绳悬吊起来,近似模拟自由状态。采用落球激励法,分别撞击车辆踏面和车轮轮缘,模拟径向和横向激励。采用B&K公司数字采集设备采集车轮两侧6个场点声压传感器处的声压值。

图5-74a给出了原车轮、安装软弹性降噪块车轮、安装硬弹性降噪块车轮在轴向激励下,6个测得的声压平均值;在径向激励下,6个测点的声压平均值如图5-74b所示。

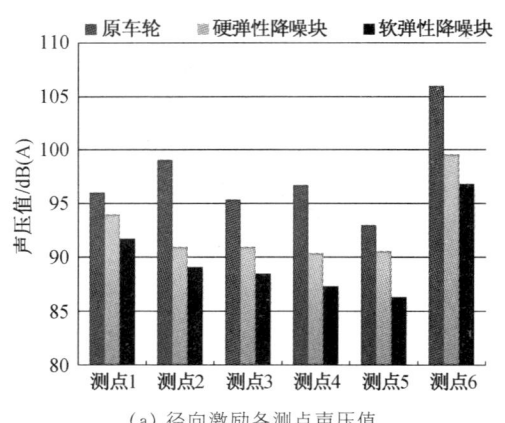 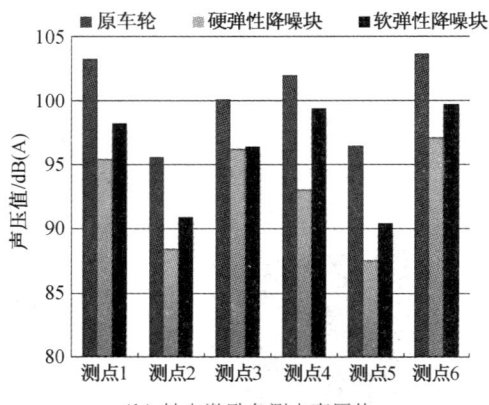

(a) 径向激励各测点声压值　　(b) 轴向激励各测点声压值

图3-74　S形辐板车轮弹性降噪块降噪效果

在现场测试中,可以明显感觉到安装弹性降噪块的车轮在外力激励下,车轮发出沉闷并且比较短促的声音;而原车轮在外力激励下发出尖锐高亢的声音,并且声音衰减较慢。由图3-74可以看出,安装弹性降噪块后,车轮在轴向激励和径向激励下,车轮的辐射噪声都有明显的下降。

在降低车轮辐射噪声方面,需要综合多方面来考虑车轮弹性降噪块的设计和安装。

3. 弹性车轮技术

弹性车轮最初是为降低轮轨间冲击力和消除曲线啸叫而设计的。弹性车轮的轮毂和轮辐之间含有橡胶隔层,隔离层为车轮提供阻尼,隔离和衰减来自轮轨接触区的振动。在过去几十年,有几种弹性车轮在轻轨、地铁等城市轨道交通中得到广泛应用,并取得了很好的效果,例如 Bochum 和 SAB 车轮,图 3-75 所示为 Bochum54 和 84 弹性车轮。其中,Bochum 54 型车轮在轮重 6 t 以下的轻轨交通车辆上成功运用 30 多年,迄今为止,将近有 20 万个这种车轮在全世界的交通部门中投入使用。

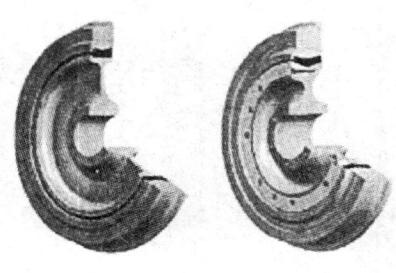

图 3-75　Bochum54 和 84 弹性车轮

按橡胶元件的主要受力情况,弹性车轮的结构形式粗略可分为三类,即压缩型、剪切型、压缩剪切复合型。图3-76 为 SAB 弹性车轮。其中压缩剪切复合型弹性车轮的橡胶元件采用 V 形布置,综合利用橡胶元件承受压力和剪力,不仅能充分利用车轮空间,而且其压应力和剪应力的分配可以随橡胶元件的倾角大小而改变,从而轴向刚度和径向刚度能达到最佳匹配。故而现在橡胶弹性车轮多采用压缩剪切型橡胶元件。

目前对曲线啸叫的机理研究,主要基于轮轨横向蠕滑力饱和曲线的负阻尼导致车轮或钢轨的不稳定振动。弹性车轮中镶嵌的弹性橡胶块的阻尼特性能有效抵消这种负阻尼,因此可以有效地降低曲线啸叫。另外由于弹性车轮的轮箍并不像传统车轮那样被刚性约束住,在车轮轴向有一定的柔度,因而在过曲线时,车轮的踏面可以在横向摩擦力的作用下跟随钢轨有一定的横向位移,从而避免在更长距离上出现车轮相对于钢轨的横向

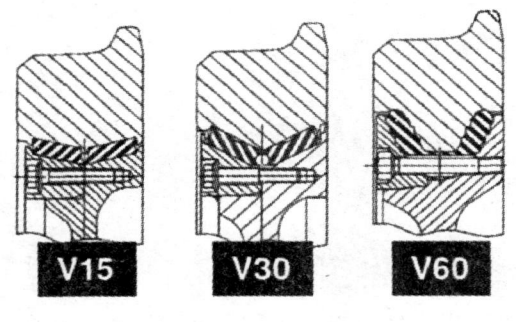

图 3-76　SAB 弹性车轮

粘滑,故而降低了因横向粘滑引起的啸叫。同时弹性车轮的橡胶块将车轮辐板和踏面的振动解耦,减弱了车轮的整体刚性,降低了轮辋向车轮辐板的振动能量传递,从而能有效降低车轮的滚动噪声。

Jones 和 Thompson 用 TWINS 预测了弹性车轮轮轨滚动噪声的影响,并研究了橡胶元件的弹性模量、损失因子对轮轨滚动噪声的影响;Bouvet 等也基于 TWINS 模型,研究了橡胶参数对轮轨滚动噪声的影响,优化后的弹性车轮能够降低车轮滚动噪声 $4.0 \sim 6.0$ dB(A),降低轨道噪声 $1.3 \sim 3.0$ dB(A),轮轨滚动总噪声级降低 $0 \sim 4.0$ dB(A)。日本在新干线 STAR 动车上装有弹性车轮的测试研究表明,25 m 处的噪声测点声压级降低约 $1.0 \sim 2.0$ dB(A);转向架正上方的车内声压级要比使用普通车轮降低 $1.0 \sim 2.0$ dB(A);高架桥正下方的噪声级降低

了约 2.0 dB(A)。但是由于弹性车轮的结构特征,虽然能取得较好的降低轮轨噪声的效果,并不适合在高速列车上采用。

3.5 转向架弹性及减振元件设计

轨道车辆的减振降噪性能一方面需要设计者在转向架结构上进行优化和创新设计,另一方面需要在转向架悬挂系统中采用具有减振降噪的元件。实际上,在转向架设计中,除了满足动力学性能、牵引性能、制动性能和承载等基本要求外,在结构设计中,实现智能型、轻量化、结构可靠、性能优良等也是非常必要的,同时转向架性能和稳定可靠在很大程度上取决于这些关键零部件的结构设计,本节将针对影响转向架动力学性能、结构可靠性的关键弹性元件、减振元件和智能型元件给出具体设计及分析方法。

3.5.1 金属-橡胶复合弹簧

橡胶弹簧或金属-橡胶复合弹簧在铁路机车车辆上得到了广泛的应用,特别在转向架悬挂系统、弹性车轮等减振降噪元件等方面有大量的应用。

主要因为减振橡胶元件有以下优点:
(1) 形状不受限制,各个方向的刚度可以根据设计要求自由确定。
(2) 弹性模量较小。可以得到较大的弹性变形,容易实现理想的非线性特性。
(3) 具有较高内阻,对突然冲击和高额振动的吸收,以及隔音具有良好效果。
(4) 同一弹簧能同时承受多方向载荷,结构简单。
(5) 安装和拆卸简便,无需润滑,有利于维护和保养。
(6) 质量轻。

当然,橡胶弹簧有以下缺点:
(1) 耐高温低温性能不如金属弹簧。
(2) 耐油性能也不如金属弹簧。
(3) 对于直射日光需要注意用薄膜遮蔽等。
(4) 长期用于大载荷时弹性会减弱(较大蠕变)。

图 3-77 给出了一个典型的高速转向架设计,可以看出在转向架上采用的橡胶弹性元件多达 40 个。

比如在采用嵌装减振橡胶的弹性车轮中,一个很大的优点是簧下质量约减轻 20%,把过去属于簧下的轮心、车轴、轴箱以及传动装置的一部分放到簧上。这样做的结果改进了车辆的振动性能,同时由于橡胶能吸收高频振动,消除冲击,从而降低噪声。

在巴黎、加拿大的蒙特利尔和墨西哥等城市地下铁道车辆使用橡胶空气轮胎,使用橡胶空气轮胎车辆的主要特点是:
(1) 车内外噪声低,对于防止噪声有很大作用;
(2) 粘着系数高,加减速度高;
(3) 和一般钢轮钢轨车辆相比,能在陡坡道上运行;
(4) 由于在构造上必需使左右走行轮能够独立转动,所以能通过半径小的曲线;

(5) 空气轮胎起到缓冲装置的作用。

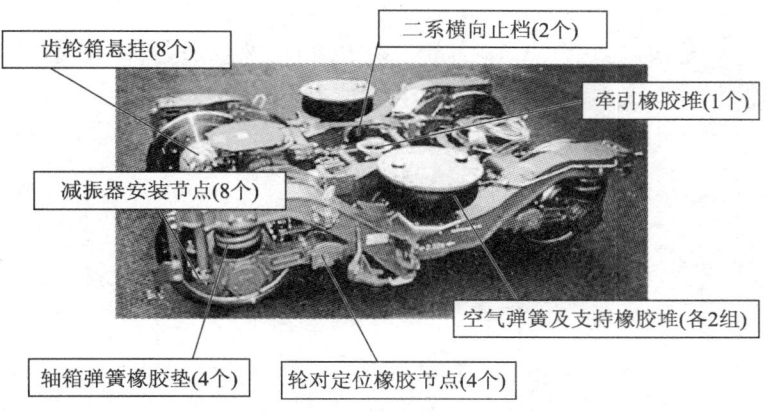

图 3-77 高速动车组转向架采用橡胶弹性元件的分布

在轨道车辆上使用橡胶弹性元件有各种各样的形式：从外形上看有圆柱形、圆锥(台)形、矩形和梯形等不同形状，包括衬套和实体结构。从组合结构上看，除了有简单形状的纯橡胶弹簧，也有金属-橡胶复合弹簧(图 3-78)。从元件功能作用来看，有压缩弹簧、剪切弹簧和扭转弹簧。

图 3-78 金属-橡胶复合弹簧

1. 简单橡胶弹性元件的一般设计方法

(1) 静弹剪模数(G)、静弹性模数(E_a)、表观弹剪模数(G_a)及动弹性模数的计算。

静弹剪模数是橡胶元件设计中最基本参数之一，它与橡胶的硬度及成分有关，其中最主要的因素是橡胶的硬度，对于硬度相同而成分不同的橡胶，其值之差不超过 10%。

橡胶元件在压缩或剪切下的应力与应变关系，可以归结为确定橡胶的静弹剪模数。但是在技术条件中，一般并不规定静弹剪模数，而是规定橡胶的硬度。

静弹剪模数与肖式硬度的关系如图 3-79 橡胶静弹剪模数所示，设计计算时可查取或利用下式进行计算：

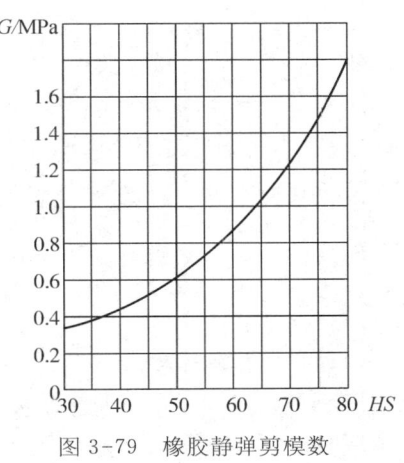

图 3-79 橡胶静弹剪模数

$$G = 0.119e^{0.034HS} \text{ (MPa)} \tag{3-49}$$

式中,HS 为橡胶肖式硬度。

静弹性模数 E_a 是橡胶弹簧设计中的重要参数,它与橡胶的品种、硬度、工作温度、形状尺寸、变形特点以及与金属支承面固结状态等许多因素有关,试验表明:

拉伸变形时: $$E_a \approx 3G \tag{3-50}$$

压缩变形时: $$E_a \approx iG \tag{3-51}$$

式中,i 为几何形状和硬度影响系数,可用以下近似公式计算:

垫圈 $$i = 3 + kS^2 \tag{3-51a}$$

衬套 $$i = 4 + 0.56 kS^2 \tag{3-51b}$$

矩形块 $$i = \frac{1}{1+\frac{b_1}{b_2}}\left[4 + 2\frac{b_1}{b_2} + 0.56\left(1+\frac{b_1}{b_2}\right)^2 kS^2\right] \tag{3-51c}$$

式中　k ——系数,$k = 10.7 \sim 0.098HS$;
　　　b_1,b_2 ——矩形块的宽度和长度;
　　　S ——形状系数。

形状系数 $S = \frac{A_1}{A_f}$,即 S 为橡胶元件的承载面积 A_1 与自由面积 A_f 之比。例如,直径为 D、高度为 H 的圆柱体,$S = \frac{D}{4H}$;

长为 A、宽为 B 的矩形块,$S = \frac{AB}{2(A+B)H}$。

剪切变形时,有
$$G_a = jG \tag{3-52}$$

式中,j 为弯曲变形影响系数,其值为
$$j = \left(1 + \frac{H^2}{12i\rho^2}\right)^{-1} \tag{3-53}$$

式中　ρ ——截面回转半径;
　　　H ——橡胶元件高度;
　　　i ——几何形状和硬度影响系数。

当橡胶弹簧圆柱体的 $\frac{H}{D}$ 或矩形块的 $\frac{H}{A}$（或 $\frac{H}{B}$）的值小于 0.5 时,可略去弯曲变形影响,对于较薄的橡胶衬套也可以同样处理,这时近似取
$$G_a = G \tag{3-54}$$

动弹性模数是橡胶弹簧承受动载荷时的弹性模数,其值不仅取决于橡胶硬度,而且还与温度、变形速度和幅值,以及平均应力或平均应变等因素有关。目前因为有关资料较少,在初步估算时,可利用图 3-80 橡胶元件动、静模数比和硬度关系曲线查取。当采用试验方法确定动

弹性模数时,试验条件应尽可能符合其运用工况。

(2) 应力计算。橡胶元件在简单拉伸和压缩变形时,其应力 σ 和应变 ε 的关系式为

$$\sigma = \frac{E_a}{3}[(1+\varepsilon)-(1+\varepsilon)^{-2}] \quad (3-55a)$$

式中,$\varepsilon = \dfrac{\delta_v}{h}$ (δ_v 为橡胶弹簧变形量,h 为橡胶弹簧厚度)。该公式约在拉伸应变为 20% 和压缩应变为 50% 这个重要的工程应用范围内有足够的精确度。从橡胶弹簧承受疲劳强度考虑,一般应变量控制在 $\varepsilon < 15\%$,此时可近似地取

$$\sigma \approx E_a \varepsilon \quad (3-55b)$$

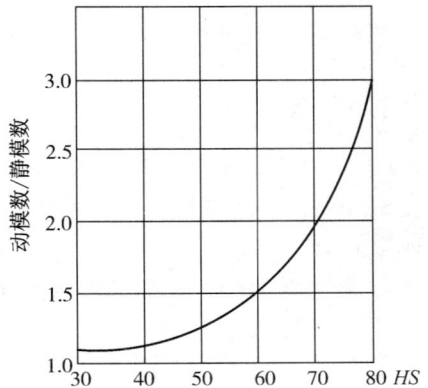

图 3-80 橡胶元件动、静模数比和硬度关系曲线

橡胶弹簧剪切应力 τ 和剪切应变 γ 的关系式为

$$\tau = G_a \gamma = jG\gamma \quad (3-56)$$

式中 $\gamma = \dfrac{\delta_1}{h} = \tan\theta$,$\delta_1$ 为剪切变形量,h 是弹簧高度。试验表明,τ 与 γ 呈线性关系在 $\gamma < 1$ 时成立。

橡胶的许用应力与许用应变的选取是否合理,将会影响橡胶弹簧的使用寿命,许用应力和许用应变与橡胶弹簧承受载荷特性及重复次数有关。表 3-14 列出了橡胶的许用应力和许用应变,可供设计计算时参考。这些数值是一般形状和材质的平均数值,对于特殊形状和材质的橡胶弹簧,需要由实验来确定。

表 3-14 橡胶的许用应力和许用应变

应力类型	许用应力 /MPa		许用应变	
	静态	动态	静态	动态
压缩	3.0	±1.0	15%	5%
剪切	1.5	±0.4	25%	8%
扭转	2.0	±0.7	—	—

(3) 静刚度计算。

① 圆柱形橡胶弹簧。如图 3-81 圆柱形橡胶弹簧所示(上、下支承面与金属体不粘接)。

压缩刚度 $$K_1 = \frac{E_a A}{H} \quad (3-57a)$$

剪切刚度 $$K_s = \frac{GA}{H} \quad (3-57b)$$

式中,A 为承载面积。

矩形截面:$A = ab$ (a,b 为截面的边长)。

圆形截面：实心时，$A = \dfrac{\pi}{4}D^2$（D 为直径）；

有中心孔时，$A = \dfrac{\pi}{4}(D^2 - d^2)$（$d$ 为小孔直径）。

② 端部带圆角的圆柱形橡胶弹簧。为了避免应力集中，通常在橡胶与金属的硫化部分做成带圆角的圆柱形橡胶弹簧所示那样的圆角形过渡，而圆角半径对橡胶弹簧刚度是有影响的。其刚度计算公式如下：

a. 圆形截面（参看图 3-82 带圆角的圆柱形橡胶弹簧）。

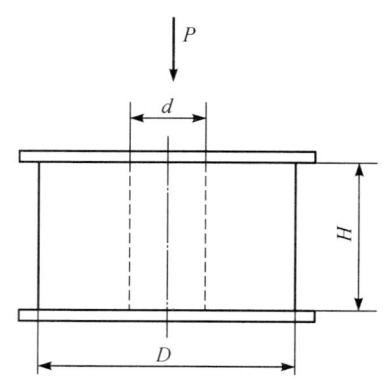 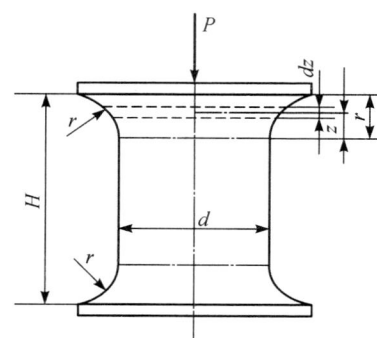

图 3-81 圆柱形橡胶弹簧　　图 3-82 端部带圆角的圆柱形橡胶弹簧

压缩刚度
$$K'_1 = E_a \pi \left[\frac{4(H-2r)}{d^2} + 2\int_0^r \frac{\mathrm{d}z}{\left(\dfrac{d}{2}+r-\sqrt{r^2-z^2}\right)^2} \right]^{-1} \tag{3-58a}$$

当 $r \ll d$ 时，
$$K'_1 = E_a \frac{\pi d^2}{4}\left[H - (8-2\pi)\frac{r^2}{d}\right]^{-1} \tag{3-58b}$$

当 $r = 0$ 时，
$$K'_1 = E_a \frac{\pi d^2}{4H} \tag{3-58c}$$

b. 矩形截面（等截面部分的长边为 a，短边为 b）。

压缩刚度
$$K'_1 = E_a \left[\frac{(H-2r)}{ab} + 2\int_0^r \frac{\mathrm{d}z}{(a+r-\sqrt{r^2-z^2})(b+r-\sqrt{r^2-z^2})}\right]^{-1} \tag{3-59a}$$

当 $r \ll a 、b$ 时，
$$K'_1 = E_a ab \left[H - \left(2-\frac{\pi}{2}\right)\frac{a+b}{ab}r^2\right]^{-1} \tag{3-59b}$$

当 $r = 0$ 时，
$$K'_1 = E_a \frac{ab}{H} \tag{3-59c}$$

③ 衬套式橡胶弹簧。

对承受轴向剪切或轴向扭转的橡胶衬套，如图 3-83 所示。

对衬套的长度不变，图 3-83a 衬套式橡胶弹簧，其刚度：

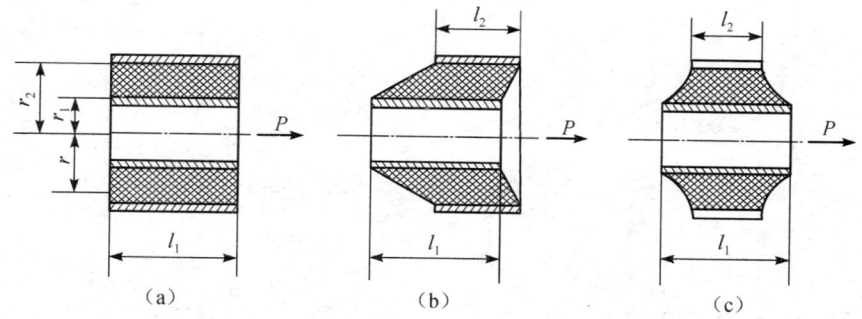

图 3-83 衬套式橡胶弹簧

轴向剪切刚度
$$K_a = \frac{2\pi l G}{\ln\left(\dfrac{r_2}{r_1}\right)} \tag{3-60a}$$

轴向扭转刚度
$$K_\tau = 4\pi l G \left(\frac{1}{r_1^2} - \frac{1}{r_2^2}\right)^{-1} \tag{3-60b}$$

衬套的长度随半径线性改变,图 3-83b 衬套式橡胶弹簧,其刚度:

轴向剪切刚度
$$K_s = \frac{2\pi G(l_1 r_2 - l_2 r_1)}{(r_2 - r_1)\ln\left(\dfrac{l_1 r_2}{l_2 r_1}\right)} \tag{3-61a}$$

轴向扭转刚度
$$K_\tau = \frac{4\pi G(l_1 r_2 - l_2 r_1)\left(\dfrac{1}{r_1^2} - \dfrac{1}{r_2^2}\right)^{-1}}{r_2 - r_1} \tag{3-61b}$$

衬套切应力和半径无关而为常数,如图 3-83c 衬套式橡胶弹簧,其刚度:

轴向剪切刚度(应满足 $l_1 r_1 = l_2 r_2 = l r$ 的条件)
$$K_s = \frac{2\pi G l_2 r_2}{r_2 - r_1} \tag{3-62a}$$

轴向扭转刚度(应满足 $l_1 r_1^2 = l_2 r_2^2 = l r^2$ 的条件)
$$K_\tau = \frac{2\pi G l_2 r_2^2}{\ln\left(\dfrac{r_2}{r_1}\right)} \tag{3-62b}$$

④ 空心圆锥橡胶弹簧。

在研究空心圆锥橡胶弹簧时,假设其橡胶元件具有彼此平行的内外支承面母线。如图 3-84 所示,其在承受轴向载荷、径向载荷、弯矩和扭转力矩下相应的轴向、径向、弯曲和扭转刚度分别为

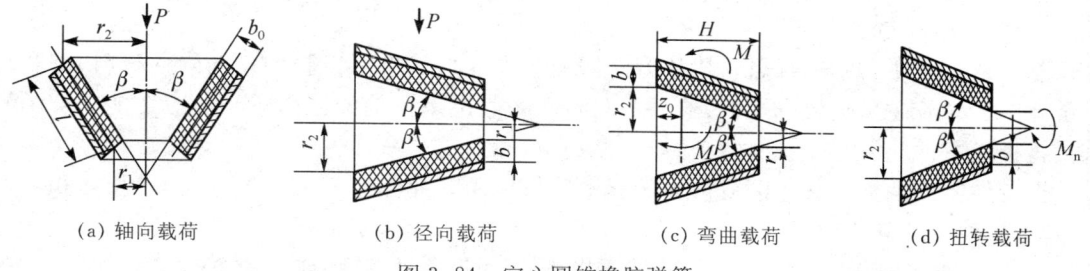

(a) 轴向载荷　　(b) 径向载荷　　(c) 弯曲载荷　　(d) 扭转载荷

图 3-84 空心圆锥橡胶弹簧

轴向压缩刚度 $$K_1 = \frac{\pi l(r_1 + r_2)}{b_0}(E_a \sin^2\beta + G\cos^2\beta) \tag{3-63a}$$

式中，$E_a = iG$，$i = 4 + 0.56kS^2$，$S = \dfrac{l}{2b_0}$。

径向刚度 $$K_r = \frac{\pi(r_1 - r_2)}{\tan\beta \ln\left(1 + \dfrac{2b}{r_1 + r_2}\right)}(E_a + G) \tag{3-63b}$$

弯曲刚度 $$K_w = \frac{\pi H z_0^2(E_a + G)}{3\ln\left(1 + \dfrac{2b}{2r_2 - z_0\tan\beta}\right)} + \frac{\pi G}{3\tan\beta} \times \frac{(r_2 + b)^3 - (r_1 + b)^3}{\ln\left(1 + \dfrac{2b}{r_1 + r_2}\right)} \tag{3-63c}$$

式中，z_0 为弯曲中心至大端平面的距离，可由如下方程式求得：

$$\frac{z_0^2}{\ln\left(1 + \dfrac{2b}{2r_2 - z_0\tan\beta}\right)} = \frac{(H - z_0)^2}{\ln\left(1 + \dfrac{2b}{r_1 + r_2 - z_0\tan\beta}\right)} \tag{3-63d}$$

同轴扭转刚度

$$K_n = \frac{4\pi G}{b\tan\beta}\left[\frac{1}{8}(r_2^4 - r_1^4) + \frac{b}{4}(r_2^3 - r_1^3) + \frac{b^2}{16}(r_2^2 - r_1^2) - \frac{b^3}{16}(r_2 - r_1) - \frac{b^4}{32}\ln\frac{2r_2 + b}{2r_1 + b}\right] \tag{3-63e}$$

（4）动刚度计算。橡胶弹簧的动刚度主要依靠实验测定，在设计时，对形状简单的橡胶弹簧，可用式(3-64)进行估算：

$$K_d = m_d K_{st} \tag{3-64}$$

式中，K_{st} 为静载荷作用下橡胶弹簧的静刚度；m_d 为系数，表示动模数与静模数之比，可由图 3-80 橡胶元件动、静模数比和硬度关系曲线查取。

2. 复杂金属-橡胶复合弹簧有限元计算

由于橡胶材料的双重非线性和体积不可压缩性，特别对形状复杂的橡胶元件，使得橡胶力学问题的理论计算十分困难，无法采用上述简单形状橡胶元件的刚度计算方法，随着计算机的发展和有限单元法技术的发展，目前一般采用有限元方法来分析金属-橡胶复合弹簧的静特性（刚度、应力与应变等）等力学问题，采用实验方法来建立橡胶弹簧的动态特性及力学模型。橡胶弹簧的静特性与橡胶材料的超单元本构模型密切相关。

（1）橡胶材料超弹性本构模型。对于橡胶材料的超弹性本构理论的研究，发展至今，橡胶材料力学性能的描述方法主要有两类：一类是认为橡胶为连续介质力学的唯象学描述；另一类是基于热力学统计的方法。

基于连续介质力学的唯象学描述方法假设在未变形状态下橡胶为各向同性材料，即长分子链方向在橡胶中是随机分布的，这种各向同性的假设是用单位体积（弹性）应变能密度函数来描述橡胶特性的。

应变能密度函数定义为因变形而储存于单位体积的弹性势能。图 3-85 为单位体积下一个应力-应变迟滞环曲线。

图 3-85 中由加载曲线和卸载曲线围成的区域为迟滞环，其形成所耗散的能量为 W_{hys}，称

为迟滞环能,该部分能量主要是由于橡胶在循环作用下摩擦生热产生的;灰色区域为卸载应变能 W_{off};初始加载时即在最小应变处所具有的应变能为 W_{min}。应变能密度表示为

$$W_{SED} = W_{min} + W_{off} + W_{hys} \quad (3-65)$$

单位体积的应变能 W_{SED} 可通过式(3-66)求取,式中的 σ,ε 分别为应力、应变。

$$dW_{SED} = \sigma d\varepsilon \quad (3-66)$$

近年来,应变能密度函数也常被应用于橡胶疲劳寿命分析领域。

基于统计热力学方法的理论则认为:观察到橡胶中的弹性恢复力主要来自橡胶中熵的减少,熵的减少是由于橡胶的伸长使得橡胶结构由高度的无序变得有序。由对橡胶中分子链的长度、方向以及结构的统计得到橡胶的本构关系。常用橡胶本构模型见表 3-15。

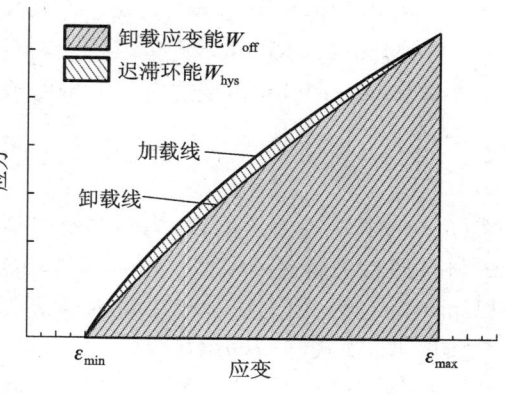

图 3-85 橡胶材料应力-应变变化过程

表 3-15   常用橡胶材料本构模型

	本构模型	阶数
基于连续介质力学的唯象学模型	N 次完全多项式模型	2N
	N 次缩减多项式模型	N
	Ogden 模型	2N
基于热力学统计模型	Arrude-Boyce 模型	2
	Van der Waals 模型	4

假定在零应变状态下橡胶聚合物的长链分子随机分布,橡胶是各向同性的,这样硫化橡胶的力学性能可以采用应变能密度函数 U(因变形而储存于单位体积的弹性势能)来描述,其工程应力-应变本构关系由应变能函数应变不变量的导数来表达。应变能密度函数 U 的一般形式为

$$U = U(\overline{I}_1, \overline{I}_2, J, C_1, C_2, \cdots, C_m, D_1, D_2, \cdots, D_n) \quad (3-67)$$

式(3-67)中 $\overline{I}_1,\overline{I}_2$ 分别为一阶、二阶应变不变量;J 为总体积比;C_1,C_2,C_m 为 m 个表示超弹性材料剪切特性的常数;D_1,D_2,D_n 为 n 个表示超弹性材料压缩特性的常数;$\overline{I}_1,\overline{I}_2$,$J$ 与超弹性材料的三个偏伸长率 $\overline{\lambda}_1,\overline{\lambda}_2,\overline{\lambda}_3$ 的关系为

$$\begin{cases} \overline{I}_1 = \overline{\lambda}_1^2 + \overline{\lambda}_2^2 + \overline{\lambda}_3^2 \\ \overline{I}_2 = \overline{\lambda}_1^{-2} + \overline{\lambda}_2^{-2} + \overline{\lambda}_3^{-2} \\ J = \overline{\lambda}_1 \overline{\lambda}_2 \overline{\lambda}_3 \end{cases} \quad (3-68)$$

式(3-68)中偏伸长率 $\bar{\lambda}_i = J^{-\frac{1}{3}}\lambda_i$，其中 λ_i 为主伸长率，$i = 1, 2, 3$。

① Mooney-Rivlin 模型。

Mooney-Rivlin 模型的应变能密度函数为

$$U = C_{10}(\bar{I}_1 - 3) + C_{01}(\bar{I}_2 - 3) + \frac{1}{D_1}(J-1)^2 \tag{3-69}$$

式(3-69)中 C_{10}，C_{01} 和 D_1 为材料模型参数，这种模型是最简单的超弹性模型，未知精确参数的材料通常采用这种模型。这种函数虽然不能够表示应力应变曲线的大应变部分的"陡升"(Upturn)行为，但是在小应变和中等应变时可以较好地模拟材料特性。初始剪切模量 μ_0、体积模量 K_0 由式(3-70)给出

$$\mu_0 = 2(C_{10} + C_{01}), \quad K_0 = \frac{2}{D_1} \tag{3-70}$$

② Yeoh 模型。

Yeoh 模型为减缩多项式的特殊形式，其应变能密度函数为

$$U = \sum_{i=1}^{3} C_{i0}(\bar{I}_1 - 3)^i + \sum_{i=0}^{3} \frac{1}{D_i}(J-1)^{2i} \tag{3-71}$$

式(3-71)中，C_{i0}，D_i 均为材料模型参数，其余参数意义和 Mooney-Rivlin 模型中一致。

③ Ogden 模型。

Ogden 模型应变能密度函数为

$$U = \sum_{i=1}^{N} \frac{2\mu_i}{\alpha_i^2}(\bar{\lambda}_1^{\alpha_i} + \bar{\lambda}_2^{\alpha_i} + \bar{\lambda}_3^{\alpha_i} - 3) + \sum_{i=1}^{N} \frac{1}{D_i}(J-1)^{2i} \tag{3-72}$$

式(3-72)中，μ_i，α_i 均为描述剪切应变的材料参数，其余参数含义与上述一致，初始剪切模量 $\mu_0 = \sum_{i=1}^{N} \mu_i$。当 N 为 1 时，Ogden 模型简化为 Mooney-Rivlin 模型，$N = 3$ 时，Ogden 模型称为 Ogden 三阶模型，在工程中得到了较为广泛的应用。

④ Arruda-Boyce 模型。

Arruda-Boyce 模型是基于热力学统计模型，也叫 eight-chain 模型，其应变能密度函数为

$$U = \mu \sum_{i=1}^{5} \frac{C_i}{\lambda_m^{2i-2}}(\bar{I}_1^i - 3^i) + \frac{1}{D}\left(\frac{J^2 - 1}{2} - \ln J\right) \tag{3-73}$$

式(3-73)中，$C_1 = \frac{1}{2}$，$C_2 = \frac{1}{20}$，$C_3 = \frac{11}{1\,050}$，$C_4 = \frac{19}{7\,050}$，$C_5 = \frac{519}{673\,750}$，这些参数可由热力学统计方法获得，具有明确的物理意义。μ 为初始剪切模量 μ_0，初始体积模量为 $K_0 = \frac{2}{D}$，λ_m 为锁死应变(Locking Stretch)，其位置大约在应力应变曲线最陡的地方。

⑤ Van der Waals 模型。

Van der Waals 模型的应变能密度函数为

$$U = \mu\left\{-(\lambda_m^2 - 3)[\ln(1-\eta) + \eta] - \frac{2}{3}\alpha\left(\frac{\widetilde{I} - 3}{2}\right)^{\frac{3}{2}}\right\} + \frac{1}{D}\left(\frac{J^2 - 1}{2} - \ln J\right) \tag{3-74}$$

式(3-74)中,

$$\widetilde{I} = (1-\beta)\overline{I}_1 + \beta\overline{I}_2, \quad \eta = \sqrt{\frac{\widetilde{I}-3}{\lambda_m^2-3}} \tag{3-74a}$$

式(3-74a)中 μ 为初始剪切模量,λ_m 为锁死应变,α 为全局相互作用参数,β 为不变量混合参数,D 表示其压缩特性。初始剪切模量 μ_0 和体积模量 K_0 分别由式(3-74b)给出

$$\mu_0 = \mu, \quad K_0 = \frac{2}{D} \tag{3-74b}$$

(2) 橡胶弹簧动态模型。橡胶弹簧的动态特性取决于外界激励载荷、频率、幅值以及使用环境温度和静态载荷等,目前常用的动态特性或橡胶元件的动力学模型基本上均是在基本动态力元(如线性弹簧、线性阻尼器、干摩擦单元等)上的叠加组合。在实际系统分析中针对不同的研究目的采用不同的动态模型。主要的线性黏弹性力学模型有 Kelvin-Voigt 模型、Maxwell 模型和 Zener 模型等。

① 弹簧+阻尼器并联模型。如图 3-86a 所示,线性弹簧+阻尼器并联模型,或称之为 Kelvin-Voigt 模型。由一个线性弹簧单元与一个线性阻尼器并联构成,是最简单而且使用范围最广的橡胶动态模型。该模型的不足是不能描述固体松弛现象和瞬态应变产生的弹性效应。

② 弹簧+阻尼器串联模型。如图 3-86b 所示,线性弹簧+阻尼器串联模型,或称之为 Maxwell 模型。由一个线性弹簧单元与一个线性阻尼器串联构成,是常见的线性黏弹性模型,能反映橡胶的瞬态应力-应变关系。

③ 线性固体模型。如图 3-86c 所示,为了避免 Kelvin-Voigt 模型的不足,用 Maxwell 模型代替线性阻尼器,从而形成典型的 Zener 线性固体模型。具有上述两个模型的综合优势,既能反映橡胶弹簧的高频特性,又能反映瞬态载荷作用和瞬态应力-应变关系。

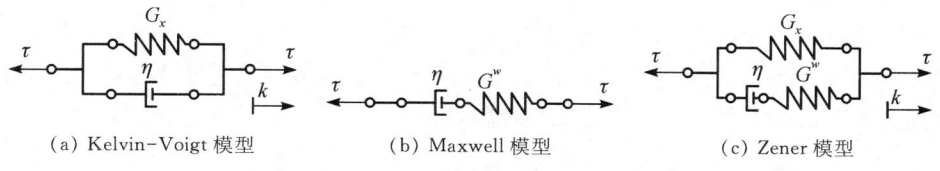

(a) Kelvin-Voigt 模型　　(b) Maxwell 模型　　(c) Zener 模型

图 3-86　橡胶弹簧动态线性黏弹性模型

其他的动力学模型,如分数导数模型、黏弹塑性叠加模型等仍然可以根据需要或实验进行进一步的变换后应用,以便能更准确地反映橡胶弹簧地动态性能,这对于单一橡胶弹簧悬挂系统而言意义更大。

(3) 橡胶弹簧疲劳分析。评价材料的疲劳性能主要有两种方法:一种是应力-疲劳寿命曲线;另一种是应变-疲劳寿命曲线。作为超弹性材料,天然橡胶的应力-应变曲线呈非线性关系,工程上一般选用应变疲劳曲线评价橡胶材料的疲劳寿命。

结构失效可以定义为完整失效或是裂纹萌生到一定长度。疲劳失效前所经历的应力或应变循环次数,称为疲劳寿命,一般用 N 表示。户原春彦认为基于橡胶材料裂纹萌生疲劳寿命理论其疲劳寿命与疲劳损伤参数存在如式(3-75)所示的关系:

$$\psi = k(N_f)^\beta \tag{3-75}$$

式中，ψ 为疲劳损伤参数（一般为最大工程主应变、最大对数主应变、应变能密度等参数，本文选定最大对数主应变 ε_L），N_f 为疲劳寿命，k 为疲劳损伤公式系数，β 为疲劳损伤指数。

将式(3-75)两边取对数，公式可以写成

$$\lg(\varepsilon_L) = \lg k + \beta \lg(N_f) \tag{3-76}$$

即最大对数主应变与疲劳寿命在双对数坐标系下成线性关系，曲线的斜率为损伤指数 β。

3. 金属-橡胶弹簧设计分析实例

作为重载货车转向架的关键技术之一，轴箱一系悬挂定位装置对提高车辆的动力学性能有着至关重要的作用，一系悬挂依靠橡胶垫剪切变形和承载鞍与侧架导框之间的配合，实现轮对的弹性定位，减轻转向架簧下质量，隔离轮轨间高频振动，同时缓和轮轨冲击，防止热轴的发生，有利于改善转向架的动力学性能，提高转向架侧架等零部件的疲劳寿命(图3-87)。

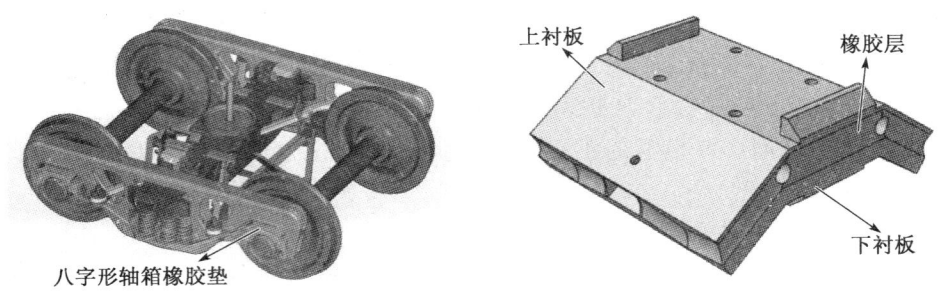

图 3-87 转向架轴箱橡胶垫及工作示意图

轴箱橡胶垫是橡胶与上下金属通过硫化工艺粘合在一起的"三明治"式叠层结构，通过调整橡胶层厚度和倾斜角度，满足不同的三向刚度比要求。

采用 ABAQUS 建立轴箱橡胶垫的有限元 FEM 分析模型。为保证计算精度，橡胶层采用六面体网格，只在过渡部分采用少量五面体网格。橡胶作为近似不可压缩材料，采用三维杂交单元(Hybrid Formulation)。采用 Mooney-Rivlin 模型定义橡胶力学特性(应力-应变关系)。上、下衬板与橡胶层是粘接在一起的，最后的有限元模型如图 3-88 所示。

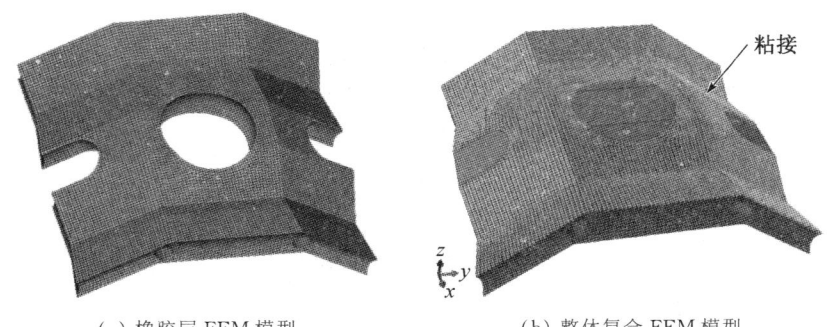

(a) 橡胶层 FEM 模型　　　　　(b) 整体复合 FEM 模型

图 3-88 轴箱橡胶垫 FEA 模型

(1) 静刚度分析。以转向架整备状态为平衡点，分别分析在单独垂直、横向和纵向载荷作

用下轴箱橡胶垫的载荷-位移变化,绘制成图 3-89 的三方向刚度曲线。

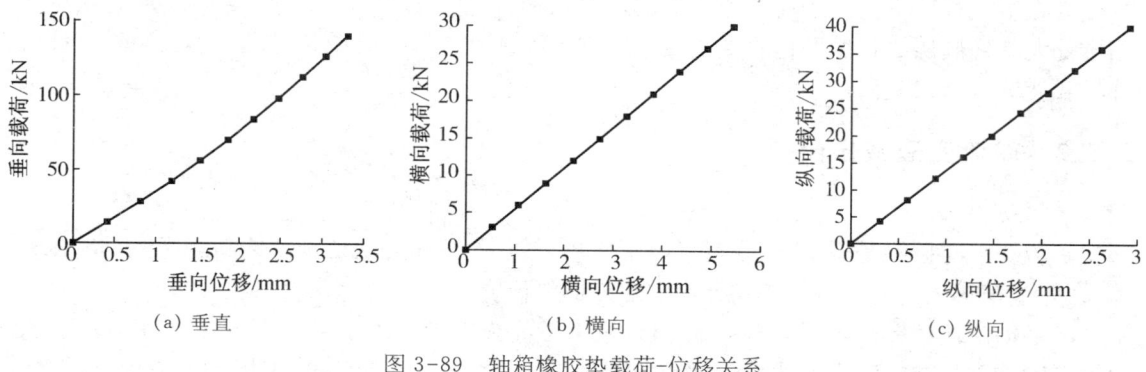

(a) 垂直　　　　　　　　(b) 横向　　　　　　　　(c) 纵向

图 3-89　轴箱橡胶垫载荷-位移关系

(2) 应力应变分析。图 3-90 给出了在应用 Mooney-Rivlin 模型下,分析橡胶垫在单独垂直载荷、垂直载荷+横向载荷作用下,橡胶层上的应力分布,可以看出最大应力均出现在橡胶与金属粘合边缘处。

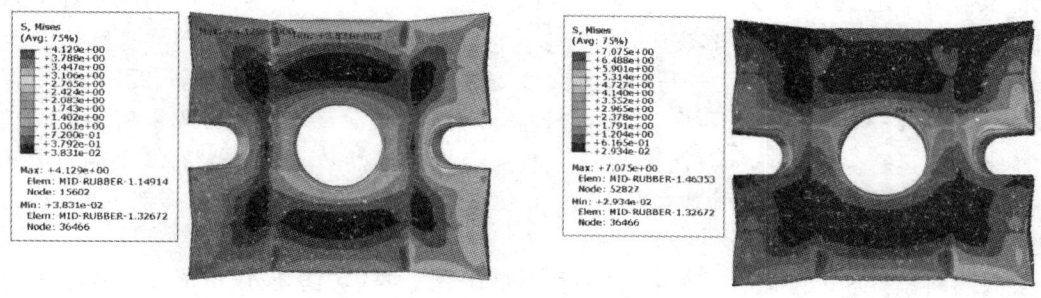

(a) 单独垂直载荷　　　　　　　　(b) 垂直载荷+横向载荷

图 3-90　橡胶垫应力云图

相对金属来说,橡胶的变形属于大变形状态,用对数应变更能反映实际的变形效果,更接近单元节点的实际变形,图 3-91 给出了在单独垂直载荷、垂直载荷+横向载荷作用下,橡胶层对数主应变分布云图。作为疲劳破坏评价参数,因此下文中所说的应变均为最大对数主应变。

垂向工况下,橡胶垫应变云图如图 3-91 所示。与合成应力分布类似,在橡胶层与金属粘合边缘处,应变水平较大,最大对数主应变为 0.660 8。橡胶垫最大对数主应变在中间圆孔边缘处。

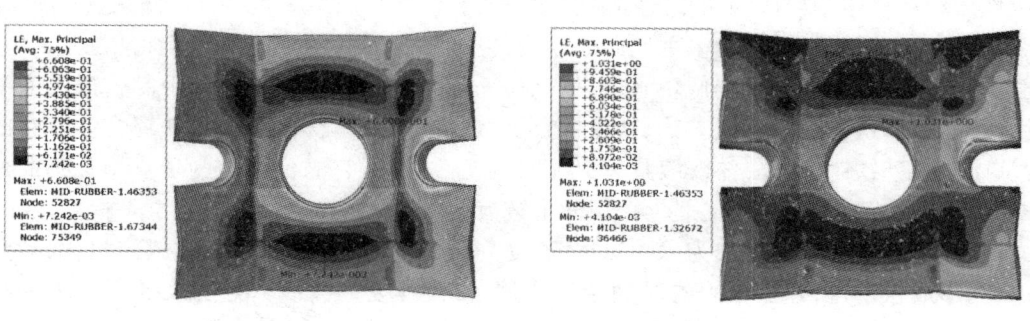

(a) 单独垂直载荷　　　　　　　　(b) 垂直载荷+横向载荷

图 3-91　橡胶垫对数应变云图

结合分析看出,在橡胶垫的边缘部位出现了一定程度的应力集中,研究表明,橡胶边缘部分应力在很大程度上决定于与边缘相邻的橡胶自由面的外表形状。因此,橡胶层与金属层的粘合处尤其橡胶层的自由面边界处需要做特别的工艺处理。同时应该对轴箱橡胶垫进行疲劳分析和疲劳寿命试验研究。

3.5.2 磁流变液减振器

1. 发展综述

磁流变液减振器是近20年来逐渐兴起应用于桥梁、公路和轨道交通的新型半主动减振元件,在轨道车辆上的应用国内外均开展了这方面的研究。

半主动悬挂(Semi-active Suspension)最早是由美国加州大学戴维斯分校 Karnopp 教授根据车辆被动悬挂的特点及线性最优控制理论思想于1973年提出的,采用 Skyhook 阻尼(天棚阻尼)原理,利用电液式主动减振器在 Lord 公司做了基于电液/电磁技术的半主动振动试验。最初被应用于列车、越野车和军用坦克等减振研究中,但是直到20世纪80年代由于阻尼可变减振器的应用才促使这种振动控制思想的推广。

日本最早于1996年对装有横向半主动悬挂系统的车辆进行了一系列试验,随后在其新干线列车上装车投入了使用。试验表明:装有该半主动悬挂系统的车辆的横向乘坐舒适度要比一般车辆的舒适度高。西门子公司开发的 SF60 走行装置,二系横向悬挂采用了半主动悬挂系统。德国 ICT-VT605 也采用了一套垂向半主动悬挂系统。日本摆式客车采用半主动式悬挂系统来提高运行品质,在车体和摆梁之间安装可变式减振器,车体上安装有2个横向加速传感器,传感器将检测在转向架构架中心处的车体振动,控制器分配可变式减振器的阻尼力,以减轻车体振动。

受材料科学发展的限制,半主动悬挂系统早期研究主要集中于应用电液或电磁技术的半主动悬挂系统方面。此时,国外 Margolis 等提出 On-Off 半主动控制策略,其他学者也采用各种方法优化半主动悬挂性能,采用电液、电磁和电(磁)流变技术设计各种半主动悬挂。随着功能材料的发展,发现电/磁流变液体流变特性的可控性能适应车辆悬挂系统的要求,而且应用该材料比应用电液、电磁技术更容易实现悬挂系统的耗能控制,为进一步提高半主动悬挂系统的性能提供有利条件,因此成为近年来研究的热点。

磁流变液(Magneto-Rhelogical Fluid,简称 MRF 或 MR)是1948年由 Rabinow 发明的一种可控流体,它是一种能够随外加磁场强度变化而改变流变特性的智能材料,通常为载体液、磁性微粒和稳定剂组成的两相悬浮液。载体液要求具有低黏度、高沸点、低凝点、高化学稳定性、抗"磁击穿"等特性,一般采用硅油或煤油,也可以使用水和优质煤油等性能稳定的液体。磁性微粒要求具有高磁导率和低矫顽力,其直径一般为 $1\sim 10~\mu m$,目前用于制备磁流变液的磁性微粒有拨基铁、铁氧钡、铁氧铬、铁镍合金、铁钴合金等,用铁钴合金和铁镍合金制备的磁流变液比用拨基铁制备的磁流变液具有更好的流变性能,但它的价格较为贵。稳定剂的作用是防止磁性微粒沉降和结团,一般为采用分子链大的表面活性剂。

在无磁场作用时磁流变液为牛顿流体,当受到强磁场时,其悬浮颗粒被感应极化,彼此间相互作用形成粒子链,并在极短的时间相互作用,由流体变为具有一定剪切屈服应力的黏塑体,随着磁场的加强,其剪切屈服应力也会响应增大,这就是磁流变效应。

在磁流变液的发展中,美国 LORD 公司开创了磁流变液发展的新局面,他们特别强调磁流变液可用于汽车减振器、离合器和制动装置等,并开始磁流变减振器的研发。美国高校研究机构和企业起步早,也取得了一定进展。Dyke、SpencerJr、Sam 和 Carlson 等为深入研究磁流变减振器在结构振动控制中应用的可能及充分利用磁流变液的各种优异特性,从 Lord 公司取得磁流变减振器作为样品,完成了应用于建筑物及桥梁地震保护的磁流变减振器的设计建模。韩国学者 Kim、Lee 和 Jeon 等对汽车用磁流变减振器进行试验研究,在自行设计台架上作了实验验证。国内磁流变液应用中,中国科学院长春光学精密机械研究所、中科院物理所、武汉理工大学复合材料国家重点实验室、复旦大学物理系及中国科学技术大学力学和机械工程系进行材料特性研究,目前,磁流变液半主动减振技术已经有一些成功的应用研究实例。

2. 磁流变减振器的工作模式

磁流变减振器是以磁流变液(MR)这种新型的智能材料作为阻尼器的工作液,并在阻尼器的活塞轴上缠绕电磁线圈,线圈产生的磁场作用于磁流变液,通过控制电磁线圈电流的大小来改变磁流变体的黏度,实现阻尼可调的目的。根据磁流变液在阻尼器中的受力状态和流动形式的不同,磁流变减振器可分为流动模式、剪切模式、挤压模式以及这三种基本模式的任意组合。

磁流变液的三种基本工作模式如图 3-92 所示。

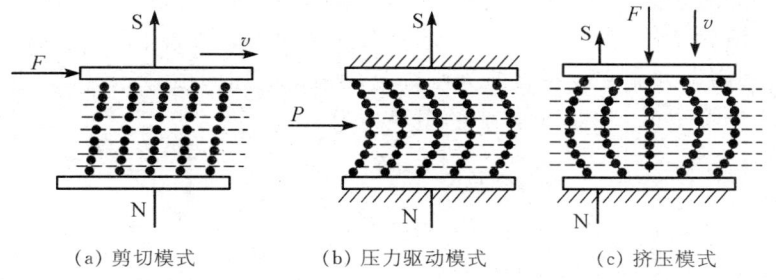

(a) 剪切模式　　(b) 压力驱动模式　　(c) 挤压模式

图 3-92　磁流变液的三种基本工作模式

(1) 剪切模式。如图 3-92a 所示,在两平行放置的平板之间,充满磁流变液,F 为施加在上板上的力,v 为上板的移动速度,其移动方向与磁场方向相互垂直,当有外加磁场作用时,这些颗粒在磁场力作用下相互吸引,沿着 N 极和 S 极之间的磁力线方向形成链状结构,这些颗粒链限制了流体的运动,因而增加了悬浮颗粒的黏度特性,磁流变液在外加磁场作用下产生了抗剪切应力的作用,随着外加磁场强度的增加,磁流变液的抗剪切能力愈强。这种工作模式可开发变速器、离合器、制动器、锁紧等磁流变器件。

(2) 流动模式。如图 3-92b 所示,磁流变液在压力 P 作用下通过固定的平板(或圆筒等),磁流变液流动的方向与磁场方向垂直,可通过改变励磁线圈的电流控制磁流变液的压力。这种工作模式可用于液压控制伺服阀器件。

(3) 挤压模式。如图 3-92c 所示,在两个平行平板之间充满磁流变液,其中下板固定,上板以速度 v 沿与磁场方向相同的方向向下移动,挤压两平板之间的磁流变液,磁流变液在挤压力的作用下向四周流动,其流动方向与磁场方向垂直。上板移动的位移较小,磁流变液产生的阻尼力却较大,这种工作模式可用于振动阻尼器和隔振器等磁流变器件。

考虑到轨道车辆半主动减振器、液压减振器和抗蛇行减振器输出力较大的特点,在轨道车辆上使用磁流变减振器可以采用剪切阀式磁流变减振器,兼有剪切模式和流动模式的优点,具有结构简单、磁路设计较方便、出力大等优良特性,应用前景更为广阔。根据设计情况采用单出杆或双出杆模式。图 3-93 为双出杆剪切阀式磁流变减振器的工作原理示意图。

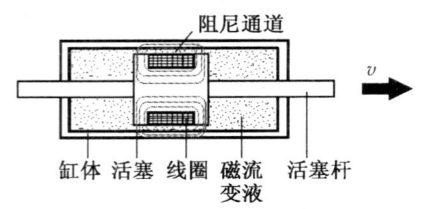

图 3-93 双出杆剪切阀式磁流变减振器工作简图

活塞在工作缸内作往复相对直线运动,挤压内腔的磁流变液迫使其流过缸体与活塞间的间隙(阻尼通道)。在没有磁场作用下,磁流变液以牛顿流体作黏性流运动,符合牛顿流体的本构关系;当加上磁场后,磁流变液就会瞬间由牛顿流体转变为黏塑体,使流体的流动阻力增加,表现为具有一定屈服应力的类似于固体的本构关系。

3. 磁流变减振器力学模型

由于流变后磁流变液的动态本构关系比较复杂,减振器的动态阻尼力呈现强非线性关系,目前国内外关于磁流变液本构关系的研究有很多成果,汇总主要有:

(1) Bingham 黏塑性模型。Bingham 模型是最常用来模拟磁流变减振器,该模型由一个线性黏滞阻尼器和一个库仑摩擦元件并联组成。大量试验表明,流变后的磁流体在外力作用下的屈服过程由屈服前区、屈服区和屈服后区 3 个阶段组成。屈服前区和屈服区两部分具有黏弹性。由于磁流体工作状态基本都处于屈服后区,因此,为了简化磁流变减振器阻尼力的计算,Bingham 模型假定磁流变液屈服前为刚体且不流动,屈服后开始流动,且屈服后磁流变液为非零屈服力牛顿流体。阻尼器产生的阻尼力为

$$F = c_0 x + f_y \mathrm{sgn}(\dot{x}) + f_0 \qquad (3\text{-}77)$$

式中 c_0——磁流变液屈服后的黏滞阻尼系数;

x——磁流变减振器活塞杆的位移;

f_y——磁场引起的磁流变的屈服力,与磁流变液屈服应力和电流有关;

f_0——蓄能器引起的阻尼器出力偏差或者摩擦损耗力,可忽略不计。

从式(3-77)可见,Bingham 模型中阻尼力基本上由两部分组成:黏性阻尼力 $c_0 x$ 和库仑阻尼力 $f_y \mathrm{sgn}(\dot{x})$。根据 MRF 屈服前刚性且不流动的假定,当作用于阻尼器的外力小于 f_y 时,阻尼器活塞杆的速度 $\dot{x}$ 为零。阻尼力中的黏性阻尼力和摩擦损耗力在阻尼器工作过程中基本保持不变,而由流变效应产生的库仑阻尼力随外加磁场的大小而不同,所以阻尼力的变化主要取决于库仑阻尼力的变化。

(2) 改进的 Bingham 模型。前述的 Bingham 模型是磁流变减振器最常用的模型,但通过众多实验曲线能看出 Bingham 模型不能拟合阻尼器低速时的恢复力衰减现象,不能体现滞回区。所以国内外学者就 Bingham 模型提出了多种改进方式,式(3-78)是其中一种改进的具有滞后环的 Bingham 模型,其表达式如下:

$$\begin{cases} F = C_1 v + F_y \mathrm{sgn}(v - v_0), & v' > 0 \\ F = C_1 v + F_y \mathrm{sgn}(v + v_0), & v' < 0 \end{cases} \qquad (3\text{-}78)$$

其中,v 和 v' 是阻尼器活塞和套筒的相对速度和相对加速度,是黏性阻尼系数,是磁流变减振器的零力速度。

此模型有 3 个未知数,可以通过实验数据拟合得到。

(3) Bouc-Wen 模型。为更好地拟合阻尼器低速时的恢复力衰减现象,Spencer 等人根据 Bouc-Wen 模型引入两个内变量,构造了包含 14 个待定参数的微分方程模型,可较好地拟合试验数据。这是到目前为止描述磁流变减振器特性最为精确的模型。该模型由下列 7 个方程描述:

$$\begin{cases} f = c_1\dot{y} + k_1(x - x_0) \\ \dot{z} = -\gamma|\dot{x} - \dot{y}||z||z|^{n-1} - \beta(\dot{x} - \dot{y})|z|^n + A(\dot{x} - \dot{y}) \\ \dot{y} = \dfrac{1}{(c_0 + c_1)}[\alpha z + c_0\dot{x} + k_0(x - y)] \\ \alpha = \alpha(u) = \alpha_a + \alpha_b u \\ c_1 = c_1(u) = c_{1a} + c_{1b} u \\ c_0 = c_0(u) = c_{0a} + c_{0b} u \\ f = c_1\dot{y} + k_1(x - x_0) \\ \dot{u} = -\eta(u - v) \end{cases} \quad (3-79)$$

式中　f——输出力,N;
　　　c_1——低速区的黏性阻尼系数,N·s/cm;
　　　k_1——磁流变减振器补偿装置的刚度系数,N/cm;
　　　x——输入位移,cm;
　　　x_0——弹簧的初始位移,用于表示磁流变减振器补偿装置产生的偏置力,cm;
　　　z——内变量;
　　　c_0——高速区的黏性阻尼系数,N·s/cm,$\alpha(N/cm)$,$\beta(cm^2)$;
　　　A——Bouc-Wen 数学模型的控制参数;
　　　常数 c_1、c_0 和 α——施加电流的函数;
　　　v——输入电压,V。

这 14 个参数通过试验数据拟合出来。

(4) 修正的 Bouc-Wen 模型。在 Bouc-Wen 模型的基础上,各国的学者在具体应用时提出了一些改进措施,比如以下修正的 Bouc-Wen 模型,磁流变阻尼力看作是黏滞力与 Bouc-Wen 滞变阻尼力之和的形式,应用 Bouc-Wen 滞变力模型磁流变液在低应变下的黏弹性以及高应变下的库仑特性所表现出的复杂非线性特性。磁流变阻尼力可以表示为

$$F = c_0\dot{x} + \alpha z \quad (3-80)$$

其中滞变位移 z 由下式决定

$$\dot{z} = -\gamma|\dot{x}||z||z|^{n-1} - \beta\dot{x}|z|^n + A\dot{x} \quad (3-81)$$

其中,$c_0\beta$,γ,n 对于固定的磁流变液和耗能器是常数,参数 α 和 A 只是电流强度的函数,且参数 A 随电流的增加而减小,而参数 α 随电流的增加而增加。

(5) 多项式模型。多项式模型的核心是利用系统位移和速度的多项式函数来拟合滞后非线性力,同时将多项式中滞后非线性力分解为两部分:一部分为单值非线性函数,称为骨架曲线,另一部分为双值非线性闭合曲线,代表滞后环。其中存在两条选择回路:正向加速度回路

和负向加速度回路,根据活塞与套筒之间的相对加速度方向来选择相应的控制回路。磁流变减振器阻尼力的表达式:

$$F_1 = \sum_{i=0}^{n} a_i v^i \quad (v > 0) \tag{3-82}$$

$$F_2 = \sum_{i=0}^{n} a_i v^i \quad (v < 0) \tag{3-83}$$

式中　F_1 和 F_2 ——滞后非线性力的正向和负向加速度对应的力的表达式;
　　　a_i ——从曲线拟合中获取的实验系数;
　　　n ——多项式的阶,取决于滞回环的形状和要求的精度。

4. 磁流变减振器阻尼力的计算

采用 Bingham 模型作为阻尼器的性能估计和初步设计的依据,合理地确定出磁流变减振器的结构参数。

大量试验表明,流变后的磁流体在外力作用下的屈服过程由屈服前区、屈服区和屈服后区3个阶段组成。屈服前区和屈服区两部分具有黏弹特性。由于磁流体工作状态基本都处于屈服后区,因此,为了简化磁流变减振器阻尼力的计算,磁流变液的本构关系近似取为式(3-84)所示的 Bingham 体:

$$\tau = \tau_y(B)\text{sgn}(\dot{\gamma}) + \eta\dot{\gamma} \quad (\tau > \tau_y, \text{屈服后区}) \tag{3-84}$$

式中　τ ——磁流变液的剪应力;
　　　τ_y ——磁流变液的屈服应力,与磁场强度 B 有关;
　　　η ——磁流变液塑性黏度;
　　　$\dot{\gamma}$ ——剪切率。

所以,通过控制线圈中的电流大小就可以控制磁场的强弱,进而控制磁流变液在阻尼通道中的流动,实现对减振器阻尼力的控制。

由剪切阀式减振器的结构可知,液体流经缸筒与活塞的环形阻尼通道很小,仅有 $1\sim2$ cm,此值远小于活塞的周长以及活塞的轴向长度,因此可以将其结构简化为平行平板间的流动,如图 3-94 所示。为了简化分析,工作于混合工作模式的磁流变减振器的阻尼力可以看成流动模式下的阻尼力和剪切模式下的阻尼力的叠加。

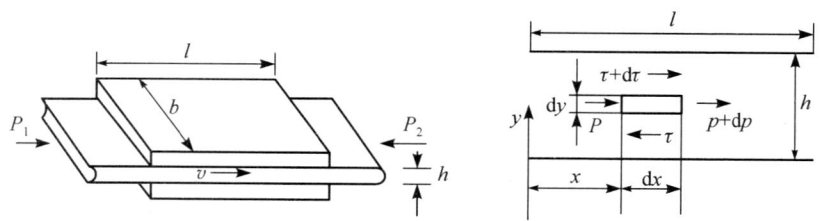

图 3-94　磁流变减振器的流动工作模式

(1) 流动模式计算。当磁流变液装置的两个磁极处于相对静止状态,磁流变液在压差作用下通过两磁极之间流动时,可以通过控制磁场强度来控制磁流变液的平均流速,从而控制磁流变液的流量,这种工作模式可称为磁流变液的流动模式。其物理模型如图 3-94 所示。

在两磁极间的间隙中,磁场强度近似认为是均匀磁场,$\tau_y(y)$ 为常数。液体在压差 $\Delta P = P_2 - P_1$ 作用下,在固定平行平板间隙中的流动满足

$$\frac{\mathrm{d}\tau}{\mathrm{d}y} = \frac{\mathrm{d}P}{\mathrm{d}x} \tag{3-85}$$

取磁流变液的本构关系为 Bingham 模型,则

$$\tau = \tau_y + \eta\dot{\gamma} = \tau_y + \eta\frac{\mathrm{d}v}{\mathrm{d}y} \tag{3-86}$$

式中,v 为磁流变液的流速。对式(3-85)积分,则有

$$\tau(y) = \frac{\mathrm{d}P}{\mathrm{d}x}y - C_1 \tag{3-87}$$

其中,C_1 是待确定的积分常数

将式(3-87)代入式(3-86),得沿 x 方向的流速满足一阶微分方程

$$\frac{\mathrm{d}v}{\mathrm{d}y} = \frac{1}{\eta}\left(\frac{\mathrm{d}P}{\mathrm{d}x}y - C_1 - \tau_y\right) \tag{3-88}$$

设磁流变液产生屈服的剪切应力为 τ_y。当压力梯度 $\frac{\mathrm{d}P}{\mathrm{d}x}$ 增大,增大到上下平板处的剪切应力为 $\tau_y(0)$、$\tau_y(h)$ 时,这时上下平板附近的磁流变液才开始屈服。当压力梯度 $\frac{\mathrm{d}P}{\mathrm{d}x}$ 继续增大,磁流变液在上下平板附近的屈服区增大。在剪切应力不大于屈服应力时,磁流变液以相同的速度流动,发生柱塞流,如图3-95所示。

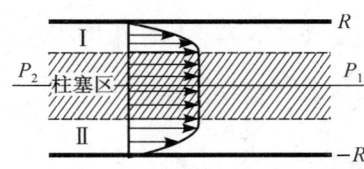

图3-95 磁流变液柱塞流示意图

区域Ⅰ和Ⅱ是对称的区域,柱塞区是指在这一区间,流体的流速恒定,到中心为 r 处的边界是屈服边界,$\dot{\gamma}$ 在此处开始为零,在这一区域,速度为一定值,所以好像一个柱塞,成为柱塞区。

经推导,每单位宽度上的流量为

$$\frac{Q}{b} = \frac{(P'h - 2\tau_y)^2(P'h + \tau_y)}{2P'\eta} \tag{3-89}$$

式中,b 为平板的宽度;h 为平板的间隙。这里定义:

量纲为一的压差 $P' = \frac{bh^3\Delta P}{12Q\eta}$,量纲为一的屈服应力 $T' = \frac{bh^2\tau_y}{12Q\eta}$

联立得 $P'^3 - (1+3T')P'^2 + 4T'^3 = 0$,解三次多项式方程,得出一个有物理意义的根,即压差与屈服应力之间的关系:

$$\Delta P = \frac{12\eta Ql}{h^3 b} + \frac{2l\tau_y}{h} \tag{3-90}$$

又因为,$Q = A_0 v$,$F = \Delta P A_0$,所以得到

$$F = \frac{12\eta l A_0^2 v}{h^3 b} + \frac{2l\tau_y A_0}{h} \tag{3-91}$$

(2) 剪切模式计算。如图 3-96，当磁流变液装里的两个磁极间的 MRF 压力均匀，而加在一个磁极上的外力使其相对于另一个磁极产生运动，导致磁流变液与磁极表面产生均匀剪切应力，从而抵抗磁极的运动。

在剪切工作模式下，磁流变液的剪切本构关系同样可用 Bingham 塑性体来近似描述，即

$$\tau = \tau_y(B)\text{sgn}(\dot{\gamma}) + \eta\dot{\gamma} \tag{3-92}$$

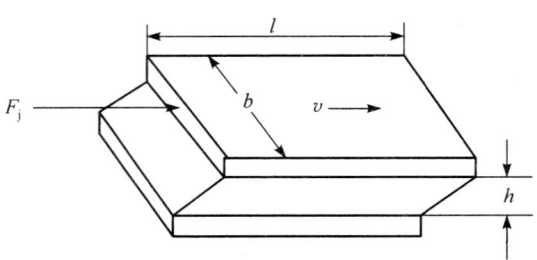

图 3-96 磁流变减振器剪切工作模式

假设式中的剪切速率是定值，并可简单表示为

$$\dot{\gamma} = \frac{u(t)}{h}$$

式中，$u(t)$ 为磁极板相对速度。

综合上面可得

$$\tau = \tau_y(B) + \eta\frac{u(t)}{h} \tag{3-93}$$

因此，剪切模式下的阻尼力计算公式为

$$F(t) = L\pi D\tau = L\pi D\tau_y + \frac{L\pi D\eta}{h}u(t) \tag{3-94}$$

(3) 剪切阀式（混合模式）计算。由式(3-91)和式(3-94)叠加得剪切阀式磁流变减振器的阻尼力计算公式：

$$F(t) = \left(\frac{12\eta L A_P^2}{\pi D h^3} + \frac{L\pi D\eta}{h}\right)u(t) + \left(\frac{3LA_p}{h} + L\pi D\right)\tau_y\text{sgn}[u(t)] \tag{3-95}$$

式中，A_p 为活塞受到压力的有效面积；$u(t)$ 为活塞与缸体的相对速度；D 为活塞的直径；d 为缸体壁厚；L 为活塞的长度；h 为工作间隙厚度；τ_y 为磁流变液屈服应力；η 是磁流变液的动力黏度。

剪切阀式磁流变减振器阻尼力可以看作两项，其中第一项与流体的动力黏度和流速有关，基本反映的是普通流体的黏滞特性，可称之为黏性阻尼力；第二项与流体的屈服剪应力有关，可称之为库仑阻尼力，是磁流变减振器阻尼力的可调部分，反映了磁流变减振器特殊的电控特性。

根据式(3-95)，要计算阻尼力的大小，必须先求得磁流变液屈服应力 τ_y，它是磁感应强度 B 的函数。

$$\tau_y = \tau_y(B) \tag{3-96}$$

两者的关系,通过磁流变液性能测试获得。根据安培环路定律,并且忽略漏磁和铁损可以得到:

$$\begin{cases} \oint H dl = NI \approx 2Hh \\ B = \mu H \end{cases}$$

$$\Rightarrow B = \frac{\mu NI}{2h} \tag{3-97}$$

其中,N 是线圈匝数;I 是线圈电流;H 阻尼通道中的磁场强度;μ 是磁流变液的磁导率;h 阻尼通道的间隙宽度。

联立式(3-95),式(3-96)和式(3-97),就可以计算出不同电流下磁流变减振器的阻尼力值。

5. 磁流变抗蛇形减振器设计实例

抗蛇形减振器是抑制转向架蛇形的重要部件,一般成对安装在车体和转向架左右之间。它的特点是输出阻尼力与相对速度之间的强非线性,饱和速度小,在饱和速度前阻尼系数大。

(1) 抗蛇形减振器及设计参数确定。表 3-16 列举了几种国内外以生产各种减振器闻名的公司生产的液压式抗蛇形减振器基本参数。

表 3-16　　国内外部分抗蛇形减振器的基本尺寸和性能参数

型号	活塞杆直径 d/mm	活塞直径 D_0/mm	有效行程 S/mm	最大阻尼力 F/kN	最大阻尼系数 C/(kN·s/m)
KONI 04	43	60	369	25	1 000
DISPEN 2085	—	—	276	12	4 600
SACHS BOGE T60	42.5	60	—	12~25	2 500
QY-J11-04	—	—	240	10.75	250
QY-KCW-200	—	—	124	—	250

在表 3-19 中,KONI, DISPEN 及 SACHS 公司生产的抗蛇形减振器都具有很高的阻尼系数,特别适合抗蛇形减振器行程小速度低的特性。QY 系列是目前国内主流的铁路车辆用减振器系列。

根据目前各蛇形减振器的输出力范围,本实例设计磁流变减振器最大阻尼力 10~15 kN,阻尼系数在 1 000~2 000 kN·s/m 之间。

(2) 磁流变减振器的参数研究。要设计出具有抗蛇形减振器特性的磁流变液减振器,首先需要对磁流阻尼器结构参数进行详细研究,参数包括活塞有效面积、阻尼通道宽度、磁流变液动力黏度系数、活塞的有效长度、最大屈服剪切应力等。

根据式(3-95),对阻尼器进行正弦位移加载,活塞相对缸体简谐运动的频率为 2 Hz,振幅为 20 mm 时,随着不同参数的变化磁流变减振器的阻尼力变化情况,其中最大和最小阻尼力分别相应于流体最大屈服应力和不施加磁场的情况。具体计算结果见表 3-17。

表 3-17　　不同参数下磁流变减振器的阻尼力变化

计算工况	缸体内径 D/mm	活塞杆直径 d/mm	阻尼通道宽度 h/mm	MRF 动力黏度 η/(Pa·s)	活塞有效长度 L/mm	最大屈服剪切应力 τ_{ymax}/kPa	最小饱和阻尼力 F_{min}/kN	最大饱和阻尼力 F_{max}/kN
1	40	20	2	0.2	30	50	0.05	3.3
2	60	30	0.5	0.2	30	50	3	22
3	60	30	1	0.5	40	50	1	13
4	80	40	1	0.2	40	50	1.5	23
5	80	40	2	0.5	50	50	0.5	13.5
6	90	40	2	0.5	40	50	0.5	18.5
7	100	50	2	0.5	50	50	1	21
8	100	50	2	1	50	50	2	22

(3) 磁流变抗蛇形减振器的参数及性能计算。综合上述研究，根据实例设计磁流变减振器参数要求选择(表 3-18)。

表 3-18　　磁流变抗蛇形减振器结构参数

缸体内径 D/mm	活塞杆直径 d/mm	阻尼通道宽度 h/mm	MRF 动力粘度 η/(Pa·s)	活塞有效长度 L/mm	最大屈服剪切应力 τ_{ymax}/kPa	最小饱和阻尼力 F_{min}/kN	最大饱和阻尼力 F_{max}/kN
86	40	2	0.5	40	50	0.5	13

由上述参数和阻尼力计算模型可以得出对阻尼器进行正弦位移加载，活塞相对缸体简谐运动的频率为 2Hz 振幅为 20 mm 时，磁流变减振器的示功图、阻尼力和速度的关系图(τ_y 取 0～50 kPa)如图 3-97 和图 3-98 所示。

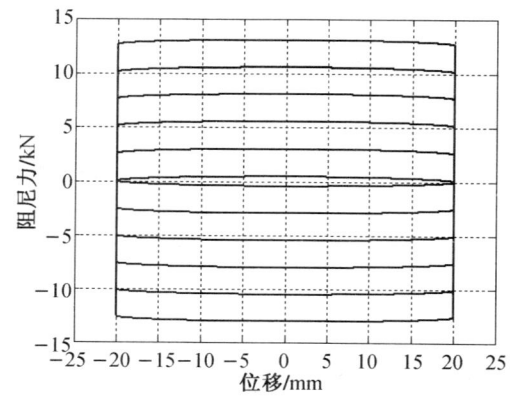

图 3-97　磁流变减振器计算示功图

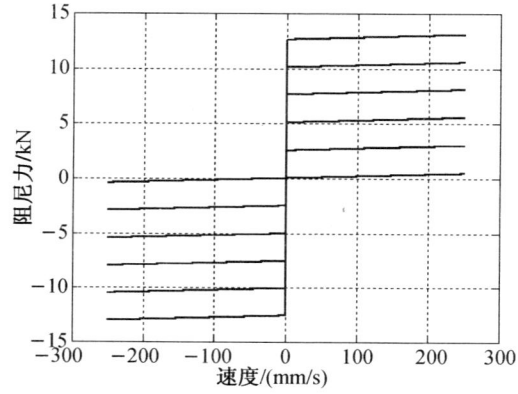

图 3-98　磁流变减振器计算力-速度曲线

(4) 磁流变抗蛇形减振器设计。基于上述的分析，设计了一款最大饱和阻尼力为 12 kN 的磁流变减振器。基本参数如表 3-19 所示，实物样品见图 3-99。

磁流变减振器性能测试主要有线圈电流-阻尼力、磁流变减振器的示功特性和力-位移曲线,分别见图6-100—图6-102。

表 3-19　　　　　　　研制的磁流变减振器参数

缸体内径/mm	活塞杆直径/mm	阻尼通道宽度/mm	MRF动力黏度/(Pa·s)	活塞有效长度/mm	最大饱和阻尼力/kN	最小饱和阻尼力/kN	温度范围/℃	输入电流/A	输入阻抗/Ω	质量/kg
80	40	2	0.24	±40	12	2	-40~+60	0~2.5	<1.0	20

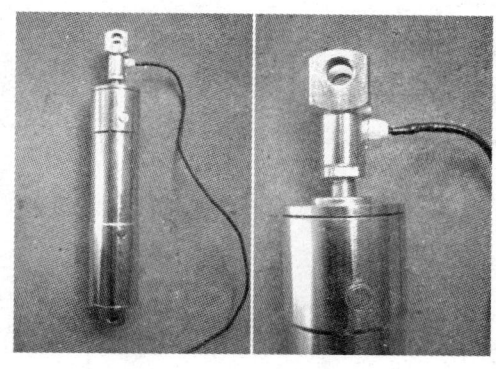

图 3-99　磁流变减振器实物样品

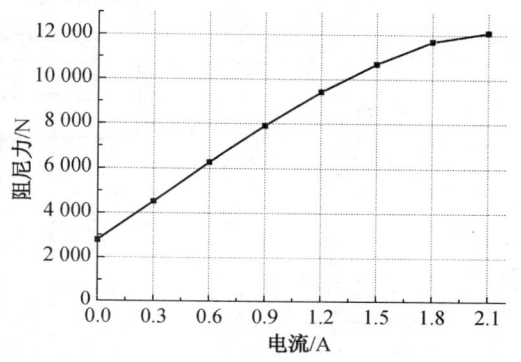

图 3-100　电流-阻尼力的变化曲线

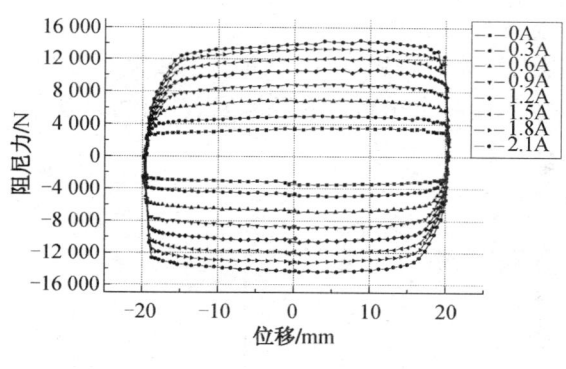

图 3-101　阻尼力-位移曲线

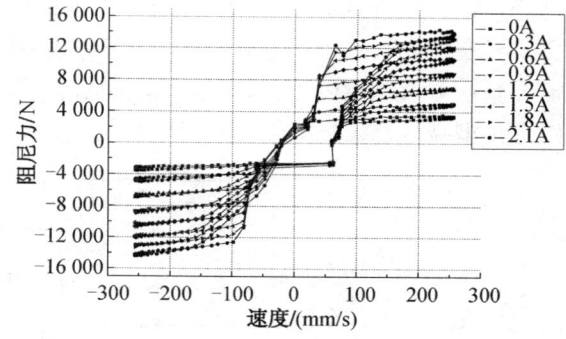

图 3-102　阻尼力-速度曲线

3.5.3　位移选择型减振器 PDD

在一般转向架设计中,如果不采用主动或半主动悬挂系统,轴箱和中央悬挂系统的参数(比如悬挂弹簧刚度或减振器阻尼系数)在车辆运行过程中是不变的,比如传统的一系和二系中的垂直液压减振器的阻尼系数是不随转向架承载变化而变化的,因此当车辆承载变化时(比如客车或地铁的空载和满载工况,货车的空车状态和重车状态),悬挂系统的减振悬挂是不一致的,对一般的动车组或客车而言,载荷变化较小,这样的差异是可以接受的,但是对以承载为主的货车以及地铁车辆而言,如果采用阻尼系数固定的减振器,其空重车性能差异将是明显的。位移选择型减振器 PDD(Position Dependent Damper)即是根据这样的需求来进行优化设计的产品之一。

1. **基本工作原理**

如图 3-103 所示,轻载时(减振器上下(或左右)连接点之间的距离较大),减振器液压油通过一个旁路回油通道降低高压区与低压区的压差从而使减振器输出较小的阻尼力;重载时因为减振器活塞位置变化,轻载时所使用的旁路失效,此时减振器的功能与普通减振器一样。在图 3-103 中,轻载时,减振器活塞处于轻载区,液压油可以通过旁路及油路连通高压区及低压区;重载时,液压油只能通过油路连通高压区及低压区。

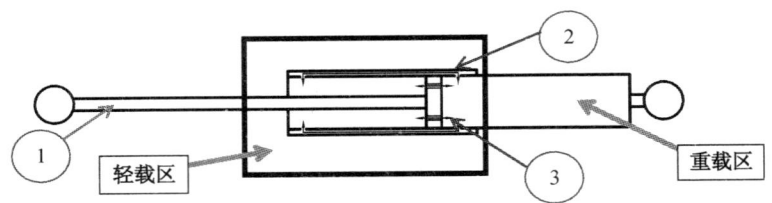

①活塞杆及活塞;②旁路;③活塞上的油路
图 3-103 位置选择型减振器 PDD 原理简图

2. **产品应用**

(1) 应用场合 1:应用于客车或地铁车辆转向架。

目前,铁道车辆的乘坐舒适性要求越来越受到关注,而且已经不仅仅局限于正常运行的车辆,其中有许多的车辆采购商要求车辆的二系空气弹簧故障时(失气状态)也要保证良好的乘坐舒适性,位置选择型减振器 PDD 可以很好地满足这种需求。

当空气弹簧处于正常状态时,不需要减振器提供过大的阻尼力;而当其发生故障失气时,需要减振器发挥大阻尼的作用。而这种充气与失气的过程会出现高度的差异,恰好可以使位置选择型减振器发挥作用(图 3-104)。

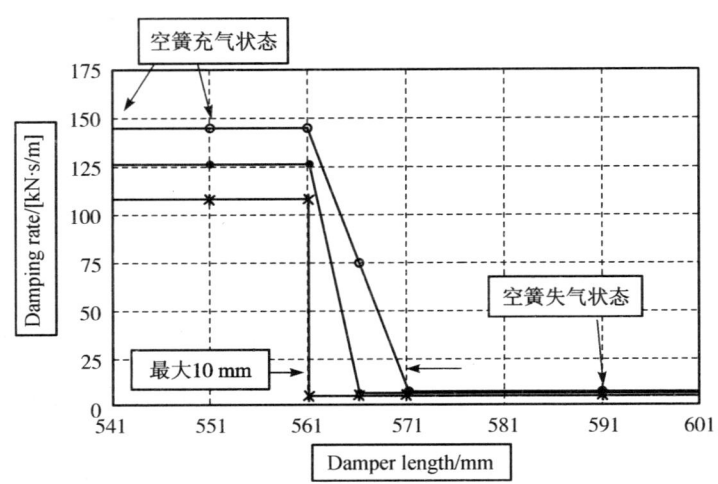

图 3-104 客车及地铁车辆上的二系垂向 PDD 减振器要求

(2) 应用场合 2：应用于高速货车转向架。

传统货车转向架一般采用摩擦式减振方式，但是货车提速后，摩擦式减振器已经不能满足高速货车动力学性能要求，油压减振器正逐渐被应用到货车转向架上，而货车与客车的一个显著不同就是空载与重载差异性非常大，货车轻载与重载时转向架悬挂系统具有不同的挠度，同时空载与重载工况阻尼力要求也不同。因此空载时，一系垂向减振器的工作高度较高，要求较低的阻尼力；重载时，一系垂向减振器的工作高度较低，要求较高的阻尼力，位置选择型减振器能满足这种的要求，如图 3-105 所示。

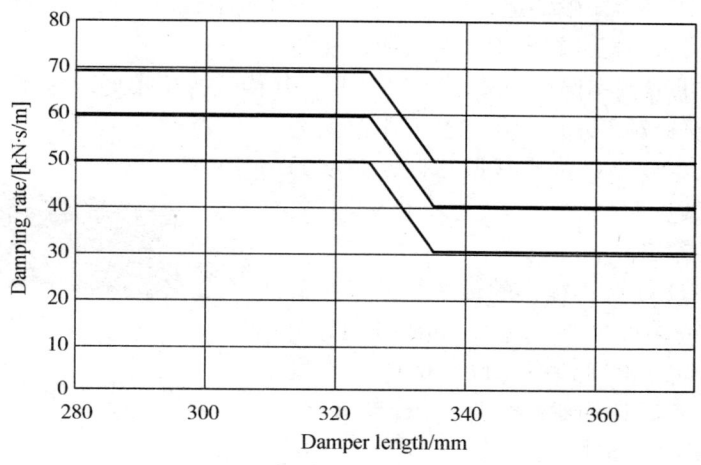

图 3-105　高速货车转向架的 PDD 减振器

(3) 应用场合 3：应用于低地板轻轨车辆的车间减振器。

车间减振器一般安装于低地板轻轨车辆相邻两节车厢连接处车顶的位置，当该减振器处在最长和最短工作位置时，提供较大的阻尼力来驱使车辆保持到平直的位置。因此，该工况下使用的减振器，在减振器工作的中间行程提供较低的阻尼力，在减振器工作的两头即最大和最小长度提供较大的阻尼力（图 3-106）。

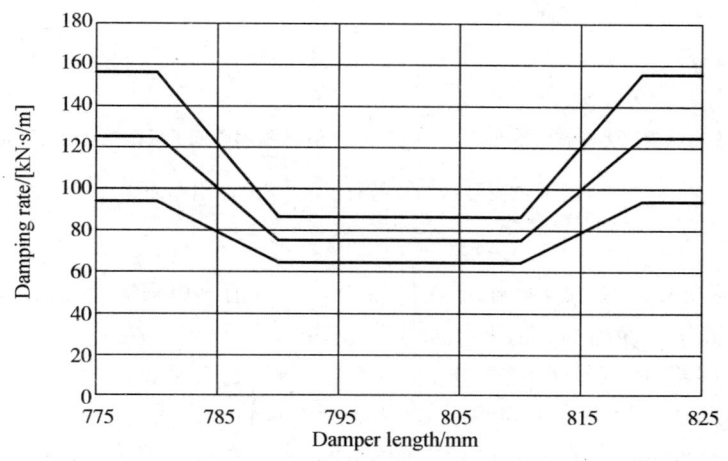

图 3-106　低地板轻轨车辆的车间 PDD 减振器输出特性

3.5.4 频率选择型减振器 FSD

1. 基本工作原理

该技术源自于 KONI FSD 减振器在 F1 赛车上的应用。在 F1 赛车中,直线工况车辆希望减振器提供的阻尼力越低越好,从而使得赛车可以保持较高的速度,而在过弯道时需要减振器提供较大的阻尼力,从而维持车辆的平稳性。在轨道交通的应用则刚好相反,以抗蛇行减振器为例,轨道交通车辆在直线的高速行驶到 160 km/h 甚至更高速度时,此时需要抗蛇行减振器提供较大的阻尼力来维持车辆的运行稳定性;车辆在通过曲线时,则希望抗蛇行减振器提供的阻尼力趋近于最小,从而提高转向架的曲线通过性能。

KONI 公司提供的频率选择型减振器 FSD 是在其传统的抗蛇形减振器中,加入若干组频率选择阀系,来实现针对不同振动频率情况下阻尼力输出的高低转换。主要是通过对减振器振动频率的机械感应,来对减振器阻尼阀的开关进行机械控制,实现不同阻尼力的输出。

图 3-107 为 KONI 公司提供的传统抗蛇形减振器 06R 与对应的频率选择型减振器 06R-FSD,图 3-108 是两种减振器对不同频率激励时的阻尼力输出对比,可以看出,在同样的激励条件下,低频区域,06R-FSD 输出 06R 更小的阻尼力。

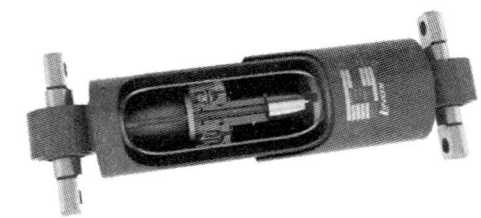

图 3-107 KONI FSD 减振器

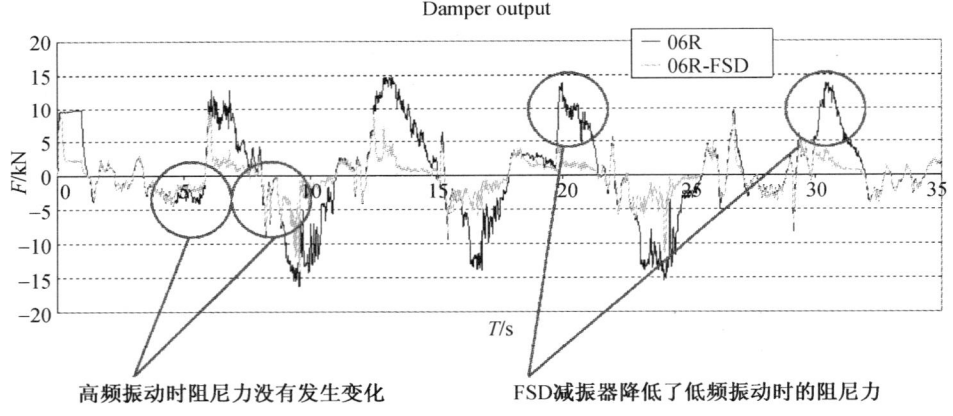

图 3-108 基于轨道激励的抗蛇行 FSD 减振器阻尼力输出曲线

2. 产品应用

频率选择型减振器的应用以抗蛇行减振器为主。目前 KONI 频率选择型抗蛇行减振器 FSD,在欧美开始应用于庞巴迪、西门子、福斯罗、SBB、EMD 等公司生产的高速动车组和机车上,尤其适合既有线路(曲线较多)的工况,其具有如下特点:正常直线路线,提供与常规减振器相似的阻尼力;过曲线时提供较小的阻尼力,从而减少轮轨横向力,减少轮缘磨耗,增加轮对寿命,也可使得车辆过曲线时保持一定的速度而不是限制于较低的速度,并降低噪声。

参考文献

[1] 严隽耄. 车辆工程[M]. 北京:中国铁道出版社,2011.
[2] 王福天. 车辆动力学[M]. 北京:中国铁道出版社,1982.
[3] Wickens A M. Fundamentals of rail vehicle dynamics [M]. Netherlands:[s. n.]:2003.
[4] Polach O. On non-linear methods of bogie stability assessment using computer simulations[J]. Journal of Rail and Rapid Transit, proc. of IMechE, part F, 2006, 220 (F1):13-27.
[5] Hecht M. LEILA-a new cost-effective and environmentally friendly rail freight bogie. "How smart is smart" 14 th, June 2005.
[6] Scheffel H. 南非铁路径向转向架的设计[J]. 电力牵引快报,1995.
[7] 国际铁路联盟(UIC)试验研究所(ORE). 由火车运行对建筑物产生的振动——各国铁路试验报告的评价(研究报告 D151/RP5)[R]. [地址不详]:国际铁路联盟试验研究所.
[8] 王佐明. 噪声与振动测量[M]. 北京:科学出版社,2009.
[9] Thompson D J. Wheel-rail noise generation, Part I: introduction and interaction model[J]. Journal of Sound and Vibration, 1993, 161(3):387-400.
[10] Thompson D J. Wheel-rail noise generation, Part II: wheel vibration [J]. Journal of Sound and Vibration, 1993, 161(3):401-420.
[11] Thompson D J. Wheel-rail noise generation, Part III: rail vibration [J]. Journal of Sound and Vibration, 1993, 161(3):421-447.
[12] Thompson D J. Wheel-rail noise generation, Part IV: contact zone and results [J]. Journal of Sound and Vibration, 1993, 161(3):447-466.
[13] Thompson D J. Wheel-rail noise generation, Part V: inclusion of wheel rotation [J]. Journal of Sound and Vibration, 1993, 161(3):467-482.
[14] Thompson D J, Jones C J C. Sound radiation from a vibrating railway wheel[J]. Journal of Sound and Vibration, 2002, 253(2):401-419.
[15] Sato K, Sasakura M. Acoustic characteristics of wheels with different web shapes[J]. QR of RTRI, 2006, 47:28~33.
[16] 雷晓燕,圣小珍. 铁路交通噪声与振动[M]. 北京:科学出版社,2004.
[17] Efthimeros G A. Vibration/noise Optimization of FEM railway wheel model [J]. Engineering Computations, 2002, 19(8):922-931.
[18] Remington P J, Stahr J D. The effects on noise of changes in wheel rail system parameters[J]. Journal of Sound and Vibration, 1983, 87(2):221-229.
[19] Remington P J, Webb J. Wheel/rail noise reduction through profile modification [J]. Journal of Sound and Vibration, 1996, 193(1):335-348.
[20] 焦大化. 高速铁路环境振动控制限值[J]. 铁道劳动安全卫生与环保,2006(3):113-119.
[21] 徐志胜,翟婉明. 高速铁路轮轨滚动噪声预测分析[J]. 中国铁道科学,2004,25(1):20-27.
[22] 孟光,陈进,蒋伟康,等. 高速轨道交通减振降噪的研究及其关键技术的展望[J]. 机车电传动,2003(增刊):15-18.
[23] 方锐. 轮轨系统振动—声辐射特性研究[D]. 成都:西南交通大学,2008.
[24] 刘林芽,雷晓燕,练松良. 车轮参数对轮轨噪声的影响[J]. 噪声与振动控制,2007(5):74-77.
[25] 魏伟,赵兴钢. 轮对振动和噪声的分析[J]. 噪声与振动控制,2007(4):99-102.
[26] 刘林芽,雷晓燕,练松良. 铁路轮轨噪声预测分析[J]. 噪声与振动控制,2008(2):74-77.
[27] 陈士杰. 高速转向架轮轨噪声分析及预防对策研究[D]. 上海:同济大学,2010.
[28] 沈圣. 城轨车辆低噪声车轮技术研究[D]. 上海:同济大学,2014.

[29] 何琳. 声学理论与工程应用[M]. 北京:科学出版社,2006.

[30] 邝国能,熊振南,宋振熊. 工程实用边界单元法[M]. 北京:中国铁道出版社,1989.

[31] Jones C J C, Thompson D J. Rolling noise generated by visco-elastic layers[J]. Journal of Sound and Vibration, 2000, 231: 779-790.

[32] Bouvet P, Vincent N, Coblentz A, et al. Optimization of resilient wheels for rolling noise control[J]. Journal of Sound and Vibration, 2000, 267(3): 765-777.

[33] 赵洪伦,许小强. 弹性车轮减噪声学特性研究[J]. 铁道学报,2001,23(6):26-30.

[34] 许小强,赵洪伦. 轻轨车辆弹性车轮减噪特性研究[J]. 噪声与振动控制,2001,21(6):27-32.

[35] 户原春彦. 防振橡胶及其应用[M]. 北京:中国铁道出版社,1982.

[36] 潘孝勇. 橡胶隔振器动态特性计算与建模方法的研究[D]. 杭州:浙江工业大学,2009.

[37] Mooney M. A theory of elastic deformation[J]. Journal of Appl Phys, 1940,11:582-592.

[38] Rivlin R S, Sawyers K N. The strain energy density function for elastomers[J]. Trans Soc Rheol, 1976, 20(4): 545-557.

[39] Yeoh O H. Some forms of strain energy function for rubber[J]. Rubber Chemistry and Technology, 1993, 66(5): 754-771.

[40] Ogden R W. Large deformation isotropic elasticity-on the correlation of theory and experiment for incompressible rubberlike solids[J]. Proceeding of the Royal Society of London Series A, Mathematical and Physical Sciences, 1972, 326(1567): 565-584.

[41] Arruda E M, Boyce M C. A three-dimensional constitutive model for the large stretch behavior of rubber elastic materials[J]. Journal of the Mechanics and Physics of Solids, 1993, 41(2): 389-412.

[42] Mars W V, Fatemi A. Nucleation and growth of small fatigue cracks in filled natural rubber under multi-axial loading[J]. Journal of Material Science, 2006, 41(22): 7324-7332.

[43] 张喻. 铁道车辆磁流变液可控阻尼装置的研究[D]. 上海:同济大学,2009.

第4章 疲劳可靠性设计

国内外的统计资料表明,现代机械工业中,大约有80%以上的结构破坏是由于疲劳破坏造成的。近十多年间,国内外发生了多起由于结构强度问题引发的重大事故,典型的有:1998年6月3日,德国汉诺威地区发生了一起高速列车出轨事故,多节车厢断成数截,100多人遇难,该事故的起因是车辆弹性车轮疲劳断裂所致。2000年9月3日,三峡工地上美国罗泰克公司生产的3号塔带机发生倒塌事故,伤亡33人,专家组调查表明,塔带机尾部吊耳的焊接质量问题,引发吊耳的断裂是造成倒塌的直接原因之一。2002年5月25日,台湾一架波音747客机在澎湖列岛上空解体坠毁,209名旅客和19名机组人员全部遇难。事故原因是机体陈旧结构疲劳损坏。

近几年来,随着铁路的多次提速,铁道机车车辆结构故障(含事故)数量呈现较大的上升趋势,尤其是我国几种主型提速转向架承载构件连续发生多起因疲劳引发的裂纹扩展问题,而进口的城市轨道车辆动车转向架构架同样发生了早期裂纹的严重事故隐患。这些情况说明,为保证产品的安全性和可靠性,对机车车辆必须进行疲劳可靠性设计,并把疲劳性能作为产品设计的一项重要技术指标。

本章将从疲劳可靠性基本概念、疲劳破坏过程、疲劳强度分析方法、疲劳损伤理论及发展到基于不同规范标准的疲劳寿命评估方法等方面介绍疲劳可靠性设计和寿命评估的基本理论和方法。

4.1 疲劳破坏与疲劳设计

4.1.1 疲劳破坏的特点

目前使用中的多数机械零部件承受的应力都是随时间变化而变化的,对于轨道车辆一类运输机械更是如此。这种随时间改变其大小和方向的应力、应变,称为循环应力和循环应变。材料、零件和构件在循环应力或循环应变作用下,在某点或某些点逐渐产生局部的永久性的结构变化,在一定循环次数后形成裂纹,并在动载荷作用下继续扩展直到完全断裂的现象,称为疲劳断裂或疲劳破坏。

构件疲劳破坏可根据构建疲劳破坏前所经历的循环次数(即寿命)将其分为高周疲劳和低周疲劳,并使用相应的评估方法分析构件的疲劳寿命。严格来说,高周疲劳和低周疲劳没有非常明确的界限,二者之间没有一个明确给定的疲劳循环次数加以区别。一般认为,高周疲劳是构件所受的交变应力远低于材料的屈服极限,甚至只有屈服极限的1/3左右,断裂前的循环次数大于10^5次,此时材料具有宏观弹性行为,通常用$S-N$曲线来描述该材料的疲劳特性;低周疲劳是构件所受的交变应力较高,通常接近或超过屈服极限,断裂前的循环次数较少,一般少于 10^4 次,此时材料经验宏观塑性变形,可使用 E-N 曲线进行疲劳寿命评估。

疲劳破坏与静强度破坏有着本质的区别,静强度破坏是由于零件的危险截面中产生过大的残余变形导致最终失效;疲劳破坏是由于零件局部应力最大处,在循环应力作用下形成微裂纹,然后逐渐扩大成宏观裂纹,裂纹再扩展而最终导致断裂。疲劳破坏有如下的特点:

(1) 低应力性。在循环应力(最大应力)远低于材料的强度极限 σ_b,甚至远小于材料屈服极限 σ_s 的情况下,疲劳破坏就可能发生。

(2) 突然性。不论是脆性材料还是塑性材料,其疲劳断裂在宏观上均表现为无明显塑性变形的脆性突然断裂,即疲劳断裂一般表现为低应力脆断。

(3) 时间性。静强度破坏是在一次最大载荷作用下的破坏,疲劳破坏则是在循环应力的多次反复作用下产生的,因而它要经历一定的时间,甚至很长时间才发生。

(4) 敏感性。静强度破坏的抗力主要取决于材料本身,而疲劳破坏的抗力不仅决定于材料本身,还敏感地取决于零件形状、表面状态、使用条件以及环境条件等。

(5) 疲劳断口。疲劳破坏的宏观断口上有不同于其他破坏断口的显著特点,即存在着疲劳源(或称疲劳核心)、疲劳裂纹扩展区(平滑、波纹状)和瞬断区(粗粒状或纤维状)。参见图 4-1。

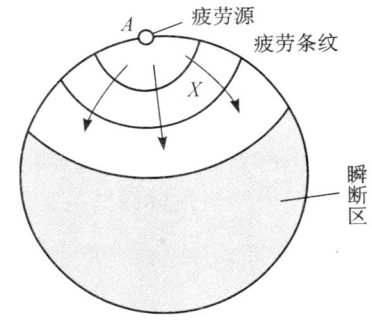

图 4-1 疲劳断口图

疲劳裂纹扩展区是疲劳断口最重要的特征区域。在该区域中,常见到明显的相互平行的弧形线,或称贝纹线、海滩状线。这种贝纹状弧线标志着机械运动或停止时,疲劳裂纹扩展过程中留下的痕迹。这种特征,在低应力高循环次数下的疲劳断口尤其明显。

瞬断区,也称最终破断区。这是静力破断部分。当零构件上的裂纹扩大到一定程度后,零件的有效截面减小,当小到无法继续承受最大应力的作用时,迅速断裂。这个区域的特点,对塑性材料来说是呈纤维状,对脆性材料来说呈粗结晶状,且往往具有尖锐的唇边、刃口等。

4.1.2 疲劳破坏过程

疲劳破坏过程较复杂,受很多因素影响,但是按其发展过程大致可以分为以下四个阶段:

1. 裂纹成核阶段

对于一个无裂纹或类裂纹缺陷的光滑试样,在交变应力作用下,虽然名义应力不超过材料的屈服极限,但由于材料组织性能不均匀,试件表面呈平面应力状态,容易塑性滑移。多次反复的循环滑移应变,产生金属的挤出和挤入的滑移带,从而形成微裂纹的核。

2. 微观裂纹扩展阶段

一旦微观裂纹生核,微裂纹就沿着滑移面扩展,这个面是与主应力轴成 45° 的剪应力作用面。这一阶段扩展深入表面很浅,大约十几微米,且是许多沿滑移带的裂纹。该阶段称为裂纹扩展的第一阶段,如图 4-2 所示。

3. 宏观裂纹扩展阶段

该阶段裂纹的扩展方向与拉应力垂直,且为单一裂纹扩展。一般认为裂纹长度 a 在 $0.10\ \text{mm} < a < a_0$ 范围内的扩展为宏观裂纹扩展阶段,又称为裂纹扩展的第二阶段。

4. 断裂阶段

当裂纹扩展至临界尺寸 a_0 时,产生失稳扩展而很快断裂。

以上是无初始裂纹的光滑试样的典型疲劳破坏过程,对于有初始裂纹的裂纹体,主要是宏观裂纹扩展阶段。

目前,工程上从应用方便出发,一般规定出现 $0.1\sim0.2\ \text{mm}$ 长的裂纹(也有规定长为 $0.2\sim0.5\ \text{mm}$,深为 $0.15\ \text{mm}$ 的表面裂纹)为宏观裂纹。出现宏观裂纹之前的阶段为疲劳裂纹形成阶段,其对应的应力循环周数称为裂纹形成寿命,以 N 表示;宏观裂纹扩展阶段所对应的循环周数为裂纹扩展寿命,以 N_p 表示。

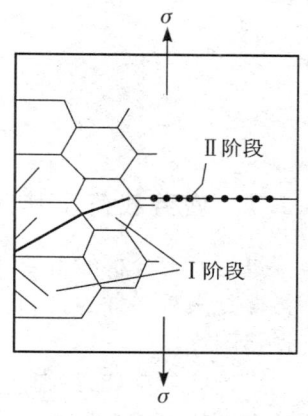

图 4-2 裂纹扩展的两个阶段

4.1.3 疲劳设计方法

1. 无限寿命设计

无限寿命设计是最早的疲劳设计方法,它要求零构件的设计应力低于其疲劳极限,从而具有无限寿命。对于需要经历无限次循环($>10^7$ 次)的零构件(如发动机气缸阀门、顶杆、弹簧、长期频繁运行的轮轴等)可认为具有无限寿命,无限寿命设计至今仍是一种简单而合理的普遍采用的设计方法。

无限寿命设计方法常常使设计的构件过于笨重。随着现代工业特别是航空工业的发展,飞机朝着高速、高性能、低重量的方向发展,为了充分利用材料的承载潜力,设计应力水平不断提高,疲劳设计方法已从无限寿命设计进入到有限寿命设计阶段。

2. 安全寿命设计(有限寿命设计)

安全寿命设计主要依据试验中得到的材料 $S\text{-}N$ 曲线来进行设计的。安全寿命设计方法只保证构件在规定的使用期限内能安全使用,因此,它允许构件的工作应力超过其疲劳极限,从而减轻自重。它是当前许多机械产品的主导设计方法。如航空发动机、汽车等对自重有较高要求而只需满足一定使用寿命的产品都已广泛使用这种设计方法。

安全寿命设计必须考虑安全系数,以考虑疲劳数据的分散性和其他未知因素的影响。在设计中可以对应力取安全系数,也可以对寿命取安全系数,或者规定两种安全系数都要满足。安全寿命设计可以根据材料的 $S\text{-}N$ 曲线设计,也可以根据材料的 $\varepsilon\text{-}N$ 曲线进行设计,前者称为名义应力有限寿命设计,后者称为局部应力应变法。

3. 破损—安全设计

是另一新的疲劳设计方法,其实质是:结构在规定的使用年限中,允许产生疲劳裂纹,并允许疲劳裂纹扩展,但其剩余强度应大于限制载荷。而且在设计中要采取断裂控制措施,以确保裂纹在被检测出来而未修复之前不致造成结构破坏。该方法在压力容器设计中。损伤容限设计则是破损—安全设计方法的体现和改进。其目标也是使有裂纹的构件在其使用期内能够安全运用。

4.2 疲劳载荷谱

4.2.1 疲劳载荷及其分类

进行疲劳分析的首要问题是确定施加于机械或零部件上的载荷。实际使用中的机械和运用条件是多种多样的,因此导致机械上的载荷也是极其复杂的。这为确定机械上的载荷带来了许多困难。

所谓疲劳载荷,是指造成疲劳破坏的交变载荷。一般情况下,疲劳载荷可以分成两大类,即确定性的载荷和随机载荷。

所谓确定性载荷,指这些载荷变化都有一个确定的规律,能够用明确的数学表达式来描述。根据这个表达式,可以确定未来任何一个瞬时的载荷准确值。如弹性系统的振动载荷、弯曲疲劳试验机载荷等,皆属此类。图 4-3 是两类确定性的疲劳载荷简图。图 4-3a 为等幅周期性变化载荷;图 4-3b 为变幅的周期性变化载荷,它是由几个不同幅值载荷组成一个程序块构成的规律变化。

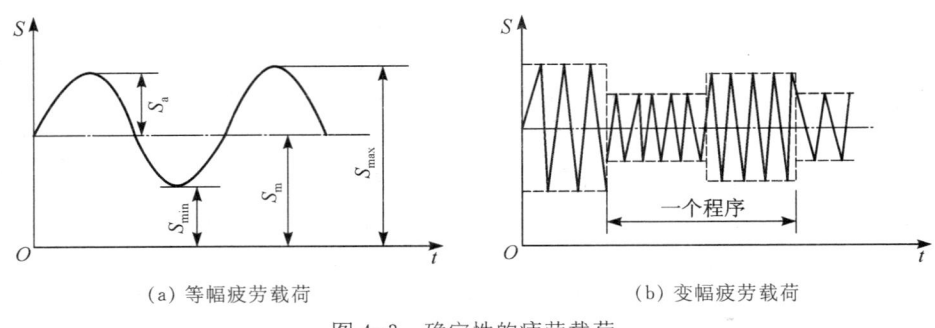

(a) 等幅疲劳载荷　　　　　　　　(b) 变幅疲劳载荷

图 4-3　确定性的疲劳载荷

随机载荷就是不能用数学关系式来描述的载荷,即载荷的幅值、频率都随时间无规律变化的载荷。对于随机载荷,无法预测未来某一瞬时的载荷准确值。如汽车在公路上行驶,轨道车辆在钢轨上运行,飞机在空中飞行时的载荷均为随机载荷。然而这种变化却符合某种统计规律,一般可以从幅域、时域和频域三个方面来描述和分析。

确定疲劳载荷,有计算和测定两种方法。对随机载荷,目前多采用测定方法。

测量载荷的方法有:①脆性涂漆法;②电阻应变计法;③光弹法;④激光全息技术;⑤云纹法;等等。对于新设计的机械,没有可供测量的设备时,设计者通常依靠对某些类似的已有机械的定量经验来得到一些合理的估计,或采用缩尺模型进行应力分析,得到一些有用资料。近年来,随着计算机辅助工程(CAE)技术的发展,结构动力学仿真技术已逐渐在新机械产品动载荷的估算中发挥越来越大的作用。在设计阶段,同样可以采用虚拟仿真技术获得所设计零部件上的动态载荷来评价其疲劳寿命。

4.2.2 随机疲劳载荷的处理及编谱

对于随机疲劳载荷的处理,目前有两种方法,即循环计数法和功率谱法。对疲劳分析来说,最需要了解的是载荷幅值的变化,因此在工程实际应用上,多用循环计数法。

循环计数法就是把连续载荷-时间历程离散成一系列的峰值和谷值,把载荷分成一定级数,然后计算峰值或振程等发生的频数、概率密度函数、概率分布函数等。这种方法比较简便,一般能够满足随机疲劳载荷的统计要求(特别是在频率较低的情况下)。

循环计数法处理随机载荷的步骤是:测定真实的载荷时间历程→压缩载荷时间历程→计数方法→典型载荷谱编制。整个处理过程称为编谱,如图 4-4 所示。

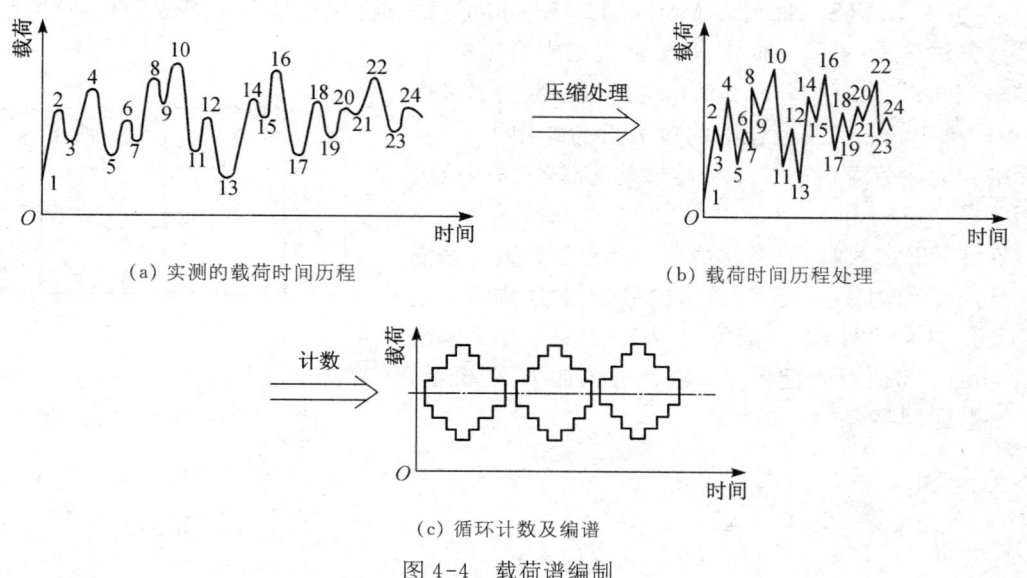

图 4-4 载荷谱编制

计数法就是将载荷时间历程简化为一系列的全循环和半循环过程。其实质就是从构成疲劳损伤的角度,研究复杂应力波形中,某些量值出现的次数,并对同类量值出现的次数加以累计。目前可用于循环计数的方法有多种,其中应用最广泛的是 Matsnishi 和 Endo.T 提出的雨流计数法(图4-5)。该方法有较好的力学依据和较高的准确性,且易于计算机自动计数。

在雨流计数法处理载荷的过程中,没有考虑载荷的作用次序和载荷频率的影响。而实际中加载次序、载荷级数的多少、载荷块的大小,以及出现次数较少的大载荷,对疲劳寿命都有影响。尤其在腐蚀环境下,频率影响更不容忽视。为减少这些影响,常把简化后的程序载荷谱的周期取得短一些,也就是把程序块的容量减小,块数增加,总周期不变。这样处理得到的实际寿命与估算的寿命差别不大。

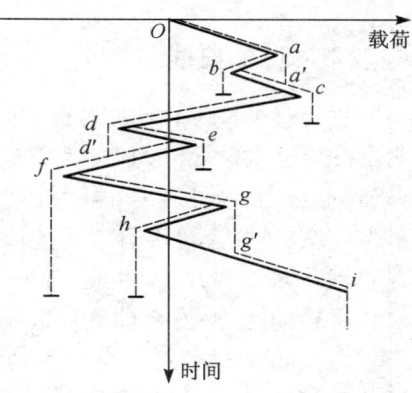

图 4-5 雨流计数法原理示意

为了更真实地模拟实际使用载荷情况,在加载试验中应采用随机程序载荷谱(RPCA),这样就不存在加载次序的影响了。这在计算机技术和测试技术飞速发展的今天是容易实现的。

4.3 材料强度-寿命曲线

4.3.1 疲劳应力循环

应力-寿命法(Stress-Life Method)是 Woehler 首先提出的,是最早形成的抗疲劳设计方法。该方法认为:对任一构件,只要应力集中系数相同,载荷谱相同,寿命就相同。此法中的控制参数为名义应力,当材料在低于其疲劳极限的疲劳载荷作用下,将具有无限长的疲劳寿命。这个经验性的方法在高周疲劳中得到了广泛应用。

在疲劳分析过程中,通常情况下使用应力循环来描述构件所受到的疲劳载荷,典型的疲劳应力循环如图 4-6 所示,其可由最大应力 σ_{max}、最小应力 σ_{min}、应力幅值 σ_a、平均应力 σ_m、应力范围 $\Delta\sigma$ 以及应力比 R 来表示。这些参数之间具有如下关系:

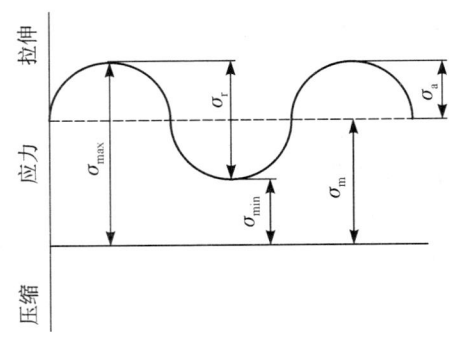

图 4-6 典型的疲劳应力循环

$$\sigma_a = \frac{\sigma_{max} - \sigma_{min}}{2} = \frac{\Delta\sigma}{2} \tag{4-1}$$

$$\sigma_m = \frac{\sigma_{max} + \sigma_{min}}{2} \tag{4-2}$$

$$R = \frac{\sigma_{min}}{\sigma_{max}} \tag{4-3}$$

4.3.2 S-N 曲线

进行材料或零构件疲劳分析时必不可少的是反映材料抗疲劳性能的疲劳强度-寿命曲线,该曲线以达到破坏时的循环数 N 为横坐标,以对试样施加的最大应力为纵坐标。在强度设计中,弯曲应力、拉伸应力和压缩应力用 σ 表示,扭转应力用 τ 表示,应变用 ε 表示,由于"应力"和"应变",英文字母中首字都是"S",所以这三种疲劳强度-寿命曲线 σ-N 曲线、τ-N 曲线和 ε-N 曲线常统称为 S-N 曲线。但在一般情况下,S 多指应力(Stress)。

材料的应力-寿命曲线一般是在旋转弯曲疲劳试验机上用标准试样试验得到的。试验前准备一组材料和尺寸完全相同的磨光试样,在旋转弯曲试验机上加循环弯曲应力,直到试样破坏为止。对每个试样试加不同的应力就可得到相应应力下的循环次数 N。以最大应力 σ_{max} 为纵坐标,以破坏时的循环数 N 为横坐标,即可把试验结果绘制成材料的 S-N 曲线。

材料经无限次应力循环而不破坏时相应的最大应力为光滑试样对称循环时的疲劳极限,用 σ_{-1} 表示。一般规定:钢试样经过 10^7 循环仍不破坏时,就认为它可以承受无限次循环。如结构钢的 S-N 曲线有一水平的渐近线,其纵坐标即为疲劳极限 σ_{-1}。但实际上,有

些材料的 $S-N$ 曲线没有水平部分,常以一定的循环数(如 2×10^7 或 10^8)下的应力作为疲劳极限。

如将 $S-N$ 曲线的纵坐标和横坐标都取成对数,则 $S-N$ 曲线就成为由一条斜直线和一条水平线组成,两条直线的交点以 N_0 表示,称为循环基数。钢的 N_0 约为 10^7,两直线交点的纵坐标即为疲劳极限 σ_{-1}。斜直线的倾斜角度表示材料的抗疲劳性能,斜直线的方程式为

$$\sigma_i^m N_i = C \tag{4-4}$$

式中,m 和 C 是材料常数,与材料性质、试样形式和加载方式有关。

但试验研究表明,低于疲劳极限的小载荷对累积损伤也有贡献,因而需对长寿命区的 $S-N$ 曲线予以修正,修正的方法有两种。

图 4-7 所示的线 a 为常幅疲劳试验给出的 $S-N$ 曲线,它表示当应力小于疲劳极限时,为一水平线。曲线 b 是 NASA 建议使用的方法,同时也为北美公路桥梁标准所采用,它是将疲劳极限以上的 $S-N$ 曲线延长以表示疲劳极限以下的损伤影响。曲线 c 是欧洲钢结构规范(ECCS)建议的方法,它是用原 $S-N$ 曲线下的直线延长线与水平线之间夹角的角平分线来表示小载荷的影响规律。为了计算方便,ECCS 规定:如果疲劳极限以上的区段 $S-N$ 曲线的斜率为 m,则曲线 c 的斜率为 $2m-1$。

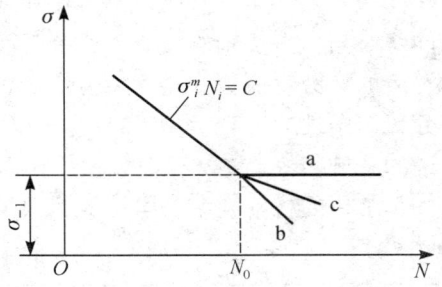

图 4-7 双对数坐标表示的 $S-N$ 曲线

4.3.3 $\varepsilon-N$ 曲线

低周疲劳中,常用到应变-寿命曲线($\varepsilon-N$ 曲线)。材料的应变-寿命曲线是这样得到的:准备一组材料和尺寸完全相同的试样,对每个试样试加不同的载荷,即使试样产生不同的应变,加载至试样破坏为止,记录下疲劳破坏时的循环次数 N,就得到了一组应变和相应的破坏循环次数的数据。由于试验机控制总应变幅比较方便,所以一般得到的数据是总应变幅与破坏循环数的关系曲线,见图 4-8 中曲线 3。

实际上,每一个应变值是由弹性应变分量和塑性应变分量组成的。在双对数坐标上,塑性应变-寿命曲线和弹性应变-寿命曲线都是一条近似直线,如图 4-8 的直线 1,2 所示。

总应变-寿命曲线可以用式(4-5)的曼森-科芬(Manson-Coffin)方程表示:

$$\varepsilon_a = \varepsilon_e + \varepsilon_p = \frac{\sigma_f'}{E}(2N)^b + \varepsilon_f'(2N)^c \tag{4-5}$$

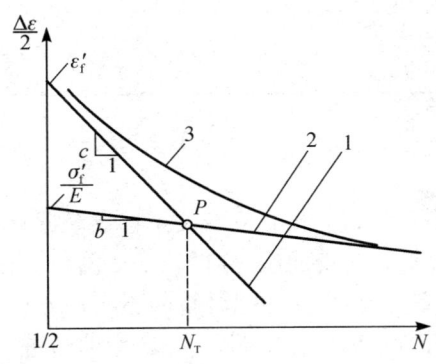

1—塑性应变-寿命曲线;2—弹性应变-寿命曲线;3—总应变-寿命曲线

图 4-8 通用斜率法的应变-寿命曲线

式中,第一、二项分别为弹性应变幅 ε_e 和塑性应变幅度 ε_p。

σ'_f 为疲劳强度系数;

$\dfrac{\sigma'_f}{E}$ 为循环数 $N=\dfrac{1}{2}$ 处直线 2 的纵坐标截距;

b 为疲劳强度指数;

E 为材料的弹性模量;

ε'_f 为疲劳塑性系数,循环数 $N=\dfrac{1}{2}$ 处直线 1 的纵坐标截距;

c 为疲劳塑性指数。

在图 4-8 中,塑性应变-寿命曲线 1 与纵坐标轴的交点为疲劳塑性系数 ε'_f,弹性应变-寿命曲线 2 与纵坐标轴的交点为疲劳强度系数 σ'_f,除以弹性模量 E。曲线 1 与曲线 2 的交点 P 所对应的疲劳寿命称为过度疲劳寿命,以 N_T 表示。当设计寿命等于 N_T 时,$\varepsilon_e=\varepsilon_p$,即弹性应变分量与塑性应变分量相等;在 $N-r$ 左边的区域,$\varepsilon_p>\varepsilon_e$,材料的塑性分量起主导作用;在 N_T 右边的区域,$\varepsilon_e>\varepsilon_p$,材料的弹性应变起主导作用。

常用的材料疲劳力学性能参数见表 4-1。

表 4-1　　　　　　　　　常用材料的主要的疲劳力学性能参数

材　料	Q235B	Q345B
屈服极限 σ_s/MPa	235	345
弹性模量 E/MPa	198 753	200 741
疲劳强度系数 σ'_f/MPa	658.8	947.1
疲劳延性系数 ε'_f	0.274 7	0.464 4
疲劳强度指数 b	−0.070 9	−0.094 3
疲劳延性指数 c	−0.490 7	−0.539 5
循环强度系数 K'/MPa	969.6	1 164.8
循环应变硬化系数 n'	0.187 1	0.187 1

4.3.4　循环应力-应变曲线

材料在循环应力作用下,由于材料的循环硬化和循环软化,其应力-应变关系在逐渐变化,直到进入循环稳定状态为止。材料在循环稳定状态下的应力-应变曲线,称循环 σ-ε 曲线。循环应力-应变曲线与单调应力-应变曲线有所不同。循环应力-应变曲线随材料的不同而不同,它反映材料在低周疲劳时的稳定应力和应变的响应特性,同时也是与单调应力-应变曲线进行比较的一个有效参量。

图 4-9a 是正火 45# 钢的应力-应变曲线,它是循环硬化材料,其循环 σ-ε 曲线在单调 σ-ε 曲线的上方,说明其在循环载荷下强度高,所以按静态单调 σ-ε 曲线设计就显得保守,不能充分发挥材料潜力。

图 4-9b 是调质 40CrNiMo 合金钢的应力-应变曲线,它是循环软化材料,其循环 σ-ε 曲线在单调 σ-ε 曲线的下方。由于其在循环载荷下的强度低,所以按单调 σ-ε 曲线进行设计,必将导致提前破坏。

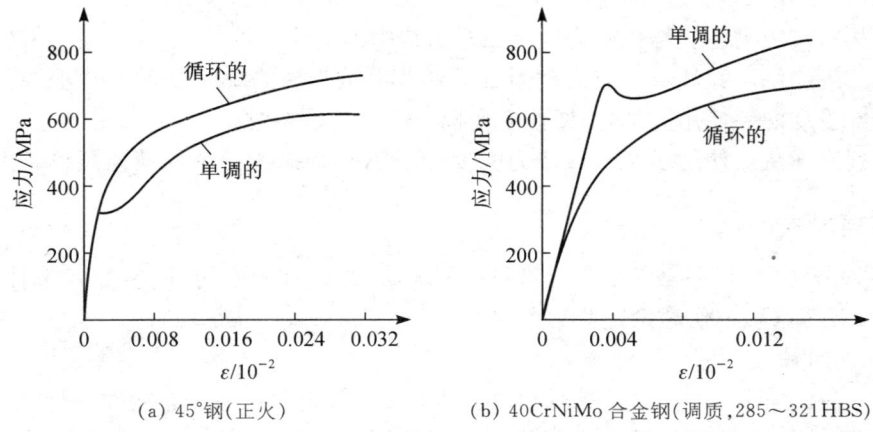

(a) 45°钢(正火)　　　　　　(b) 40CrNiMo 合金钢(调质,285~321HBS)

图 4-9　钢的循环应力-应变曲线

4.4　疲劳寿命分析

4.4.1　疲劳寿命评估方法

疲劳寿命估算法属于有限寿命设计方法,由前述,该方法一般可分为裂纹形成阶段寿命估算和裂纹扩展阶段寿命估算两个部分,这里讨论裂纹形成寿命估算方法。

疲劳寿命估算方法由三部分内容组成,即确定外载荷,由试验获得材料或零构件的 S-N 曲线或 ε-N 曲线,运用损伤累积理论对寿命进行估算。与此同时,用程序加载或随机加载试验来验证寿命估算的正确性。

目前,关于金属结构及焊接接头的疲劳强度与寿命评估主要方法可分为三类:基于力学的寿命评估方法、基于概率统计的寿命评估方法和基于虚拟仿真的寿命评估方法。

在基于力学的寿命评估方法中,根据不同评估参数与疲劳寿命 N 的关系来划分,如图 4-10 所示,划分为如下五类:

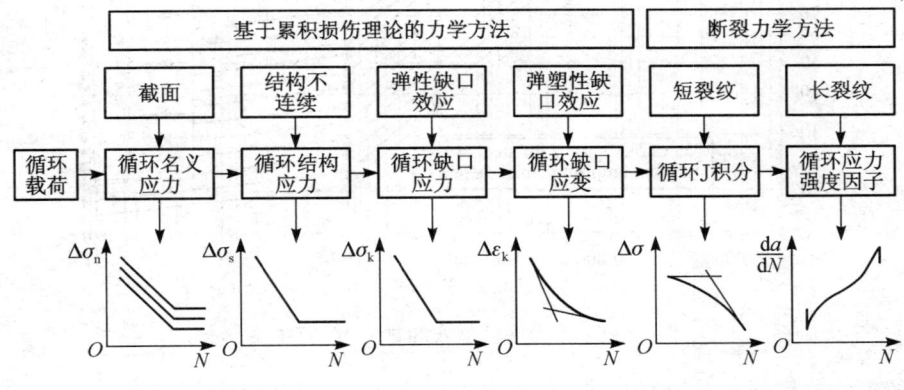

图 4-10　疲劳寿命评估方法

(1) 名义应力法。名义应力范围 $\Delta\sigma_n$ 由外部或内部的负载和截面特性确定。

(2) 结构热点应力法。结构应力范围 $\Delta\sigma_s$ 由结构不连续产生。

(3) 局部应力法。弹性缺口应力范围 $\Delta\sigma_k$,将焊趾或焊根的缺口效应考虑进去。

(4) 局部应变法。使用局部弹-塑性应变幅 $\Delta\varepsilon_k$ 或其他参数。

(5) 断裂力学法。使用 J 积分或应力强度因子 ΔK 来描述每个周期的裂纹长度的增加,即裂纹扩展速率 $\dfrac{\mathrm{d}a}{\mathrm{d}N}$。

在前四种方法中,都需要应用疲劳累积损伤理论,并结合相应的 $S\text{-}N$ 曲线来计算结构的损伤。因此,疲劳累积损伤理论是非常重要的。

1. 名义应力法

名义应力法是应用最为广泛的设计方法,其假设条件是对任意一个构件,只要应力集中系数 K_t 相同,载荷谱相同,它们的寿命就相同。根据疲劳寿命与应力计算公式,可以获得各类基本焊接接头疲劳实验 $S\text{-}N$ 曲线,一般用双对数坐标显示。目前可以在 IIW, DNV, Eurocode, CIDECT 等相关的标准上查询到各类标准焊接细节 $S\text{-}N$ 曲线。每一条 $S\text{-}N$ 曲线均对应于一组具有相近疲劳性能的典型焊接细节,且不区分母材的静强度等级。

由于焊接接头需要考虑平均应力、焊接残余应力、复合多轴应力等对 $S\text{-}N$ 曲线的影响,目前已有相当多的 $S\text{-}N$ 曲线供参考,因此计算方便,应用最为广泛。

对焊接结构,采用名义应力法时,是按照"焊接分类"(如英国 BS7608 标准)的方法来进行焊接结构疲劳分析的,该方法在大量工程实例的基础上根据预期的疲劳裂纹位置而将焊接结构分为数个类型(B, C, D, E, F, F2, G, W 等),每个类型对应一条相互平行的 $S\text{-}N$ 曲线用于疲劳评估(图 4-11)。

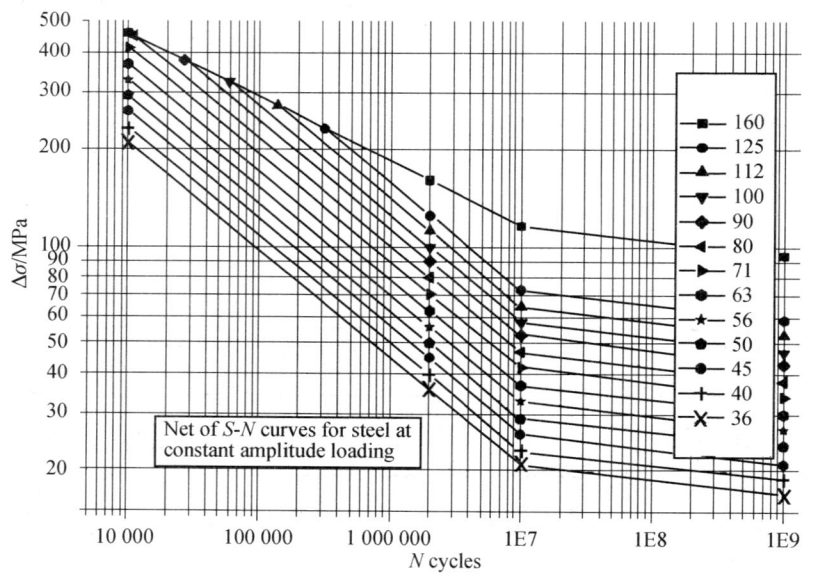

图 4-11 不同焊接型式的材料 $S\text{-}N$ 曲线

但是随着结构和受力复杂程度的提高,名义应力法也有其局限性:

(1) 当焊接构件的名义应力比较难以清晰确定,高应力状态焊接接头,可能存在过大塑性变形,名义应力无法测量。

(2) 设计标准或规范中给出的结构细节类型及其承载模式总是有限的,且国内焊接标准对于焊接质量仅给出了定性要求,而实际工程结构中的焊缝连接形式、承载模式及制造工艺等较为复杂,因此对于与设计标准中给定典型结构细节差异较大或标准未包含的接头连接形式,确定其疲劳级别时,选取 S-N 曲线往往存在主观性或根本无法按标准选取。

(3) 这种方法虽然考虑了缺口处的材料对应力集中的敏感性,但不能将材料从无裂纹到形成裂纹的寿命和形成裂纹扩展到断裂的寿命区分开来,而且没有考虑载荷次序对零构件疲劳寿命产生的影响。计算时,还需要各种 S-N 曲线和修正系数,这些也都限制了它的应用。

2. 热点应力法

热点应力法的研究对象是焊接接头,此方法与名义应力法的区别就在于评估参量是结构应力或热点应力。热点应力确定后,即可以通过热点应力 S-N 曲线进行疲劳寿命计算,流程同名义应力法。结构热点应力实际上是一个位于焊趾处的抽象值,目前普遍接受的方法是将热点应力定义为焊趾表面膜应力与壳弯曲应力之和,不考虑热点处的应力峰值。国际焊接学会(IIW)根据热点类型和网格划分的精细程度,给出了不同的热点应力确定方法,如图 4-12 所示。

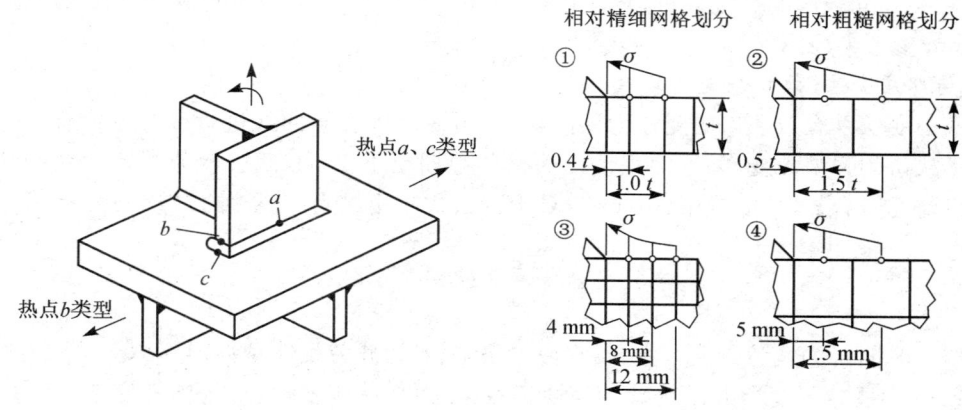

图 4-12 不同类别网格划分的热点应力计算参考点

在应用热点应力法时,要遵循热点应力确定法与热点应力 S-N 曲线的一致性,即待评估焊缝热点应力的计算应与建立曲线确定热点应力值时使用相同的方法,否则将大幅降低分析精度甚至得出错误的结果。

近些年,确定热点应力出现了一些新的计算方法:

(1) 在基于 IIW 推荐的"线性表面外推法"(LSE)基础上,发展了"焊趾厚度法"(TTWT)。此法同 LSE 相一致,是从板厚方向线性外推。

(2) Dong 方法,又称 Battelle 法。Dong 方法的突出作用在于,其确定热点应力的网格不敏感性,并在断裂力学分析基础上考虑缺口、板厚尺寸及应力梯度效应导出等效应力分析参数,将原先 IIW 中推荐的大量焊缝 S-N 曲线,显著减少到单一主疲劳设计 σ_s-N 曲线,方便实际应用。此方法已经被最新 ASME, API 等标准采纳为焊缝疲劳分析的可选方法。但是其缺点在于忽略了在其他单元面上的剪切应力,如果这些面上存在高局部应力集中区域则可能会导致较大的误差。

(3) Yamada 法,又称 1 mm 法。Yamada 法的应力参考计算点在沿着焊趾裂纹扩展方向上的表面下方 1 mm 处,优势在于能够合理解释在焊接接头的疲劳实验中观测到的尺寸和厚度效应,适用于焊接构件为厚板件($t > 20$ mm)或者拉伸应力占主导地位的受力工况,不适用于焊根处的疲劳失效评定。

热点应力法可以通过建立精细的有限元模型,准确确定结构应力,但是仅局限于对焊趾疲劳进行分析,不适用于在焊接区域焊根处裂纹扩展情况。对承受拉伸、弯曲、扭转组合的工况,目前研究得较少,是热点应力法下一步的研究重点。

3. 局部应力法(有效缺口应力法)

局部应力法的研究对象是局部焊接细节,以有效缺口应力代替缺口根部的总应力,用缺口应力 ε_k-N 曲线进行疲劳寿命计算。在计算缺口应力时,引入了"有效缺口尺寸",这个尺寸定义为缺口根半径。有效缺口根半径是一个理想值,可以通过示意图或者有限元计算得到,目前在 IIW 推荐值为 1 mm 来计算缺口应力。

缺口应力的计算涉及多个影响因素,包括焊接板厚、载荷和残余应力等。T. Bruder 等通过对大量焊缝的对比实验,分别将参考半径定为 1 mm,0.3 mm,0.05 mm 三个值,结论指出,对于 0.5~5 mm 板厚的焊趾分析,宜取 0.05 mm 参考半径;对于 5 mm 板厚以上的焊趾分析,宜取 1 mm 参考半径。

4. 局部应变法(缺口应变法)

局部应变法以有效缺口应变作为评估参数,用缺口应变-曲线进行疲劳寿命计算。本方法考虑了缺口的弹塑性变形,主要用于评估循环周期小于 10^5 的低周疲劳焊接元件裂纹形成寿命。目前在所有 ε_k-N 曲线中,Manson-Coffin 公式应用最为广泛,如式(4-5)所示。

$$\varepsilon_a = \varepsilon_e + \varepsilon_p = \frac{\sigma'_f}{E}(2N)^b + \varepsilon'_f(2N)^c \tag{4-5}$$

式(4-5)中,σ'_f 为疲劳强度系数,具有应力量纲;ε'_f 为疲劳延性系数,与应变一样,为量纲为一的参数;b 为疲劳强度指数;c 为疲劳延性指数;ε_e 为弹性应变幅;ε_p 为塑性应变幅。当 $R \neq -1$ 时,需要修正 ε-N 曲线,主要是依据材料在加载历程中弹性和塑性占比关系进行公式中弹性部分和塑性部分的修正,如式(4-6),式(4-7)所示。有研究者,在 $\dfrac{\Delta \varepsilon_e}{\Delta \varepsilon_p}$ 不同比值下,建议应用不同的损伤计算公式。

Morrow 弹性应力线性修正

$$\varepsilon_a = \frac{\sigma'_f - \sigma_m}{E}(2N)^b + \varepsilon'_f(2N)^c \tag{4-6}$$

Sachs 塑性修正

$$\varepsilon_a = \frac{\sigma'_f}{E}\left(1 - \frac{\sigma_m}{\sigma_b}\right)(2N)^b \tag{4-7}$$

影响缺口应变的主要因素包括残余应力、多轴载荷等,通过 Neuber,Han 等人的研究表明,焊接残余应力对焊接管接头的疲劳寿命有非常大的影响,残余压应力延长了疲劳寿命,残余拉应力缩短了疲劳寿命。因此,针对残余应力的影响,通过表面工艺处理,如喷砂、喷丸处理,使得应力集中区域重新分布,有利于提高疲劳寿命。

针对焊接构件多轴疲劳的研究,Sonsino 等人通过修正 Neuber 宏观结构支持理论,发展了焊接构件多轴疲劳的评定理论与方法,提出了当量缺口应变来描述多轴低周疲劳的行为,将高应力区域假说转换成有关缺口应变的设计准则,为基于应变的设计提供了方法参考。

由于缺口应变法考虑了缺口根部的局部塑性变形,对裂纹的形成机理进行了合理阐述,因此,针对低周期高应力状态的局部焊接细节裂纹形成寿命具有较高的评估精度。但是本法只考虑局部细节的"点应力",无法考虑缺口根部附近应力梯度影响,对于裂纹扩展阶段评估寿命需要结合断裂力学理论进行评估。

5. 断裂力学法

上述力学方法都需要参考相应的 S-N 曲线和累积损伤理论进行设计,断裂力学法以材料或构件存在着初始缺陷(称为裂纹)为前提,针对材料或构件的长、短裂纹为评估对象,分成了应力强度方法和裂纹扩展方法。

在应力强度方法中,其设计参量是用于描述裂纹尖端附近产生的应力强度因子 K。当应力强度因子达到临界值时,构件就会发生断裂。

对于裂纹扩展方法,主要采用疲劳裂纹扩展速率 $\dfrac{\mathrm{d}a}{\mathrm{d}N}$ 来描述疲劳载荷作用下裂纹长度随着循环周次 N 的变化率,即表示裂纹扩展的快慢。断裂力学法由于物理意义直观、参数测量方便,因此得到了广泛应用。

6. 基于概率统计的寿命评估方法

上述所有方法都是基于力学的确定性算法,如裂纹尺寸、载荷、材料特性等都是比较确定的数值。然而在工程实际中,这是不现实的,这些参数都是可变的具有分布规律的变量。通过各参数的分布规律计算疲劳寿命,则结果也是具有一定可靠度的分布规律。

实际上,疲劳是一个随机现象,疲劳裂纹的萌生和扩展是一个随机过程。构件或结构的疲劳寿命一般取决于材料性能、裂纹萌生部位的几何形状、应力-应变历史、环境和其他在结构寿命期间可能发生的一些随机因素。因此用常规的方法进行疲劳设计无法克服疲劳过程的随机性,这样用概率统计的方法进行疲劳设计就势在必行。在疲劳设计中保证结构绝对安全而不发生疲劳破坏是非常困难的,但必须把疲劳破坏的概率局限在一个合理的、经济的范围内。

对于给定循环应力水平下的一组试样,可以得到一组分散的疲劳寿命。疲劳寿命数据分散的原因很多。材质本身的不均匀性、试样加工质量及尺寸的差异、试验载荷误差、试验环境(温度、湿度等)及其他因素的变化等,都会引起寿命的分散。疲劳寿命表示成对数形式,即 $\log N_\mathrm{f}$,失效次数 N_f 的分布服从高斯或对数正态分布,见图 4-13a。

对多数工程结构来说,当失效概率在 0.1 到 0.9 之间且应力恒定时,假定疲劳寿命服从对数正态分布已经足够精确。但是当失效概率小于 0.1 时,疲劳寿命的预测也是非常重要的。在这种情况下,再假定疲劳寿命服从对数正态分布就不再合理,应选择另一种更通用的威布尔分布函数。

表示疲劳数据概率分布最基本的方法是 Wohler 曲线。现在 Wohler 曲线已经发展成为表示应力(或应变)、失效周次和失效概率之间关系的曲面。常幅应力下疲劳寿命的分布如图

4-13b所示,基于此,就可以得到一定概率下的曲线,即 $P\text{-}S\text{-}N$ 曲线。

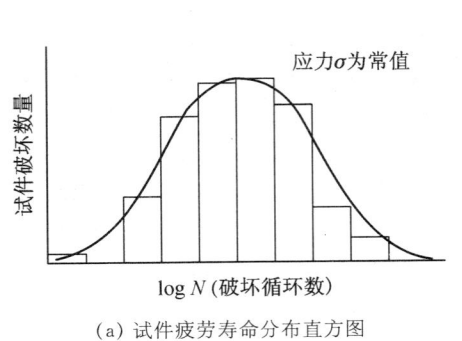
(a)试件疲劳寿命分布直方图

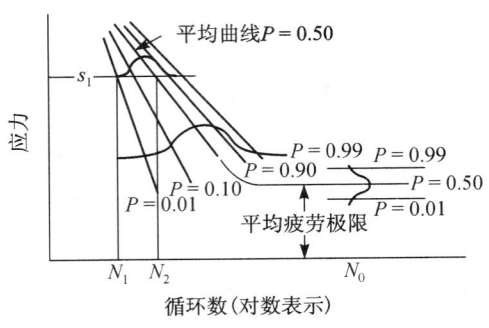
(b)基于概率统计的材料疲劳曲线

图 4-13

基于概率统计的寿命评估方法其原理是引入 $P\text{-}S\text{-}N$ 曲线代替 $S\text{-}N$ 曲线进行安全寿命估算,其寿命估算的线性概率 Miner 公式如式(4-8)所示。根据同样理论,还可以扩展到概率断裂速率公式,其主要依据是 $p - \dfrac{\mathrm{d}a}{\mathrm{d}N} - \Delta K$。

$$T\sum_{i=1}^{k}\frac{n_i}{N_{pi}}=1 \qquad (4\text{-}8)$$

式(4-8)中,N_{pi} 为第 i 级应力水平单独作用下可靠度为 p 的破坏循环次数;n_i 是在应力 S_i 作用下的循环次数;T 为周期总数。

$$T^*\sum_{i=1}^{k}\frac{n_i}{N_{pi}^*}=1 \qquad (4\text{-}9)$$

式(4-9)中,N_{pi}^* 为第 i 级应力水平单独作用下可靠度为 p 的由初始裂纹扩展到临界裂纹的循环次数;T^* 为周期总数。从概率统计的意义上来说,基于概率统计的寿命预测结果更能反映机械产品寿命的一般规律和整体特性,但是需要大量实验和数据的积累。由于疲劳寿命的可靠度具有一定的模糊性,因此结合模糊数学的应用,基于模糊算法的疲劳寿命计算越来越广泛应用于工程实际中。

4.4.2 疲劳累积损伤理论

当材料承受高于疲劳极限的应力时,每一个循环都使材料产生一定的损伤,每一个循环所造成的平均损伤为 $\dfrac{1}{N}$。这种损伤是可以积累的,n 次恒幅载荷所造成的损伤等于其循环比 $C=\dfrac{n}{N}$。变幅载荷的损伤 D 等于其循环比之和,即 $D=\sum\limits_{i=1}^{l}\dfrac{n_i}{N_i}$,$l$ 为变幅载荷的应力水平级数,n_i 为第 i 级载荷的循环次数,N_i 为第 i 级载荷下的疲劳寿命。当损伤累积到了临界值 D_f 时,即 $D=\sum\limits_{i=1}^{l}\dfrac{n_i}{N_i}=D_f$ 时,就发生疲劳破坏。D_f 为临界损伤和,简称损伤和。

不同研究者根据他们对损伤累积方式的不同假设,提出了不同的疲劳累积损伤理论。到

现在为止,已提出的疲劳累积损伤理论不下几十种。这些疲劳累积损伤理论归纳起来可以分为以下四大类:

1. 线性疲劳累积损伤理论

这种理论假定,材料在各个应力水平下的疲劳损伤是独立进行的,总损伤可以线性叠加。其中最有代表性的是 Miner 法则,以及将其稍加改变的修正 Miner 法则和相对 Miner 法则。

Miner 法则有两个基本假定:

(1) 相同应变幅值和平均应力的 n_i 个应变和应力循环将按线性累加,造成 $\frac{n_i}{N_i}$ 的损伤,即消耗掉 $\frac{n_i}{N_i}$ 部分疲劳寿命。

(2) 当损伤按线性累加达到 1 时,疲劳破坏就发生了。其数学表达式为

$$\sum \frac{n_i}{N_i} = 1 \tag{4-10}$$

因而,对于变幅载荷,n 个循环造成的损伤 D 为

$$D = \sum_{i=1}^{n} \frac{1}{N_i} \tag{4-11}$$

通常在随机载荷作用下,通过雨流计数后获得的是二维应力谱,在一个谱块中的应力循环为 $(S_{ai}, S_{mj}, n_{ij}, i = 1, 2, \cdots, k)$,而材料的疲劳性能数据也是关于应力幅值和应力均值的二维分布 $N \sim N_c(S_{ai}, S_{mj})$,因此,在一个谱块中造成的损伤为

$$D = \sum_{i=1}^{k} \sum_{j=1}^{k} \frac{n_{ij}}{N_c(S_{ai}, S_{mj})} \tag{4-12}$$

当损伤 D_p 为 1 时,结构发生疲劳破坏,因而,可得到用谱块表示的疲劳寿命为

$$N_p = \frac{1}{D} \tag{4-13}$$

由于这个法则数学形式简单,且只需要做常幅试验,故得到了工程界的广泛应用。但这个法则不考虑载荷次序和残余应力的复杂非线性相互影响,因而分散性大。为此,近年来又提出了一种新的损伤累积法则——相对 Miner 法则。这个法则一方面保留了 Miner 法则中的第一个假设,另一方面又避开了累积损伤等于 1 的第二个假设。

相对 Miner 法则认为,只要两个谱的载荷的历程是相似的,则两个谱的寿命之比等于它们的累积损伤之比的倒数,其数学表达式为

$$N_A = N_B \frac{\left(\sum \frac{n_i}{N_I}\right)_B}{\left(\sum \frac{n_i}{N_i}\right)_A} \tag{4-14}$$

式中 N_A——载荷谱 A 作用下估算的疲劳裂纹形成寿命;

   N_B——载荷谱 B 作用下估算的疲劳裂纹形成寿命;

$\left(\sum \dfrac{n_i}{N_i}\right)_A$ —— 载荷谱 A 的计算累积损伤;

$\left(\sum \dfrac{n_i}{N_i}\right)_B$ —— 载荷谱 B 的计算累积损伤。

使用相对 Miner 法则的关键是确定相似谱 B。这里也有两点假设:

① 相似谱 B 的主要峰谷顺序应和计算谱 A 相同或相近(保证相似谱能模拟计算谱的载荷次序特征);

② 相似谱 B 的主要峰谷大小和计算谱 A 成比例或近似成比例。比例因子最好接近 1,以便保证相似谱能够模拟计算谱在缺口根部造成的塑性变形。

计算和试验结果表明,用相对 Miner 法则计算损伤,能大幅度地消除用传统的 Miner 法则计算所引起的偏差。同时,可以根据工程实际情况和裂纹检测水平确定一个合适的初始裂纹长度来表征裂纹形成寿命。

2. 双线性累积损伤理论

这种理论认为,材料在疲劳过程初期和后期分别按两种不同的线性规律积累。其中最有代表性的是 Manson 的双线性累积损伤理论。Grover-Manson 公式:

$$\begin{aligned} &\text{裂纹扩展寿命}: N_1 = 14N \\ &\text{裂纹形成寿命}: N_2 = 0 \ (N < 730) \\ &N_2 = N - N_1 \ (N \geqslant 730) \end{aligned} \tag{4-15}$$

式中,N 为总循环次数寿命。

该方法的优点是考虑了加载顺序影响,保持形式简单。缺点是不能较为精确地模拟实际的损伤过程,且两阶段的拐点不易确定,模型不便直接应用。

3. 非线性累积损伤理论

这种理论假定,载荷历程与损伤之间存在相互干涉作用,即各个载荷所造成的疲劳损伤与其以前的载荷历史有关。其中最有代表性的是损伤曲线法和 Corten-Dolan 理论。

Corten-Dolan 公式:

$$N_f = \dfrac{N_1}{\sum \lambda_i \left(\dfrac{\sigma_i}{\sigma}\right)^d} \tag{4-16}$$

式中　N_f —— 多级交变应力下直到破坏的总循环数;

　　　N_1 —— 最大交变应力 σ_1 下直到破坏的循环数;

　　　σ_i —— i 级交变应力;

　　　λ_i —— 交变应力 σ_i 所占的百分比,即 $\lambda_i = \dfrac{n_i}{N_f}$;

　　　d —— 材料常数。

该理论的优点是考虑了多级交变应力作用。

4. 其他累积损伤理论

这些理论大多是从实验、观测和分析归纳出来的经验或半经验公式,如 Henry 公式、Marco-Starkey 公式等。

Marco-Starkey 公式：

$$D = \left(\frac{n_i}{N_i}\right)^{C_i} \tag{4-17}$$

式中，$C_i(C_i > 1)$ 是由实验确定的与应力水平相关的常数。

Henry 公式：

$$D = \frac{x}{1 + \left(1 + \frac{1-x}{q}\right)} \tag{4-18}$$

式中，$x = \dfrac{n_i}{N_i}$；

$q = \dfrac{S - S_L}{S_L}$；

S 为使用应力；

S_L 为未操作材料的疲劳极限。

4.4.3 疲劳寿命分析流程

1. 基于名义应力法的构件疲劳寿命分析

名义应力法估算构件或结构的寿命是建立在下述假设的基础上：

(1) 料和构件、结构是理想的连续体；

(2) 结构承受的载荷不大，应力小于材料的屈服极限，应力应变呈线性关系；

(3) 结构在应力循环作用下的损伤较小、属高周疲劳。

构件寿命估算的依据是应力谱、材料的 S-N 曲线以及累积损伤理论，图 4-14 表示了名义应力法估算构件疲劳寿命的思路与主要步骤。需要说明的是，采用名义应力法估算构件的疲劳寿命包括了结构裂纹萌生到裂纹扩展的总寿命。

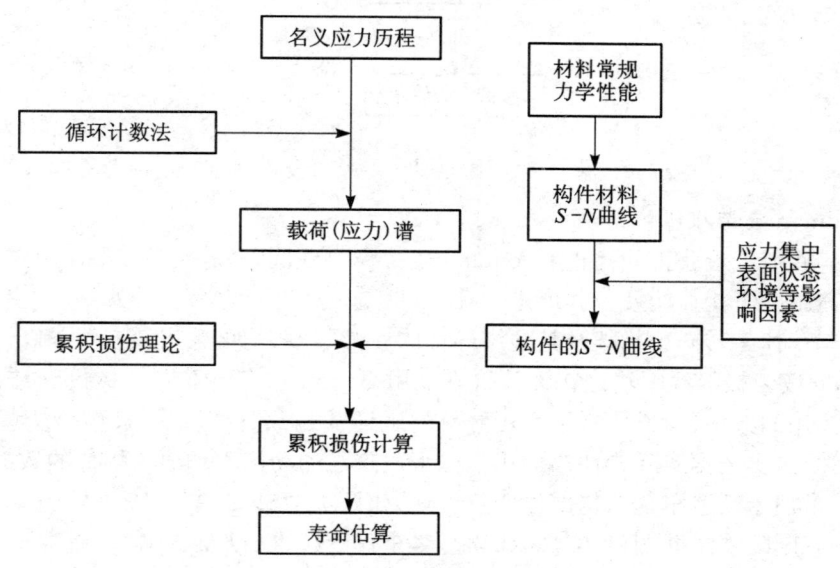

图 4-14 名义应力法估算构件的疲劳寿命

采用名义应力法估算构件疲劳寿命的重要步骤是:首先将试验得到的结构名义应力历程,采用循环计数(通常为雨流计数)法予以统计处理,获得构件的一维或二维应力谱,同时需要获取构件所用材料力学性能和通过试样疲劳试验得到材料的 S-N 曲线,并根据构件的应力集中、表面加工状态(包括焊接状态)、尺寸系数及环境参数等影响因数求得实际构件的 S-N 曲线,最后运用合适的累积损伤理论进行结构的累积损伤计算,从而可以得到估算的构件疲劳寿命。

2. 基于局部应力-应变法的裂纹形成寿命分析

用局部应力-应变法估算裂纹形成寿命的步骤一般为:首先将载荷-时间历程换算成名义应力-时间历程,然后利用材料的循环 σ-ε 曲线或迟滞回线及诺伯方程把名义应力、应变转换成局部应力和应变。在转换过程中利用雨流计数法判别全循环,再用应变-寿命(ε-N)曲线计算损伤,最后用损伤累积理论估算零构件寿命。其流程如图 4-15 所示。

估算裂纹形成寿命的计算所需要的原始数据包括:材料的弹性模量 E,循环 σ-ε 曲线、迟滞回线、ε-N 曲线、与零构件有关的数据及载荷谱等。必须指出的是,在用局部应力-应变法估算零构件疲劳寿命时,由于每个步骤都有多种处理方法,会导致寿命估算结果出现很大的差异。

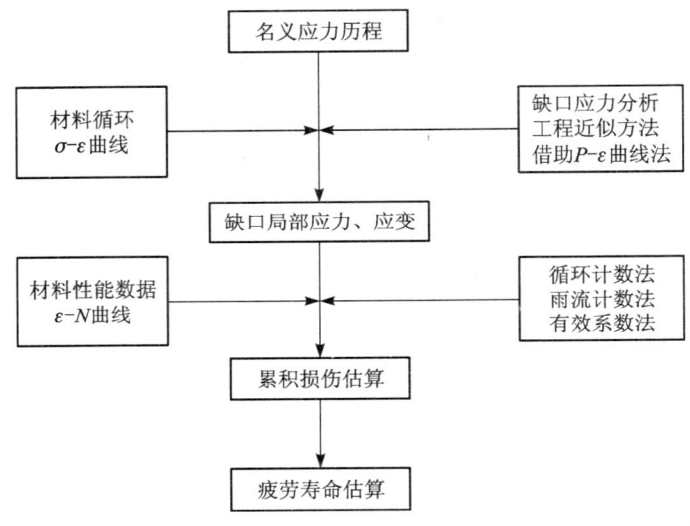

图 4-15 局部应力-应变法估算寿命流程

3. Goodman 疲劳极限线图法

根据材料疲劳试验获得的修正 Goodman 疲劳极限线图,按构件的实际情况加以修正后,进行疲劳载荷工况下构件的疲劳强度进行评估,这是一种无限寿命设计方法。

高速客车车体与转向架构架及其他零部件的疲劳强度,均可采用该方法予以评定。

Goodman 疲劳极限线图法是在设计阶段采用 Goodman-Smith 图考核设计结构疲劳强度的一种简便实用的方法,该方法基于所用材料的试样试验,综合考虑了疲劳应力幅、平均应力和材料机械性能,再依据实际构件的运用工况下危险点的动应力均值与幅值的数据,进行结构的疲劳评估,常用于铁道车辆结构部件疲劳设计,如日本 JISE 4207—1992 铁道车辆用转向架设计通用规则、国际铁路联盟(UIC)OREBl2/客车设计标准,以及我国"高速客车设计规范",都以该图为设计标准。

Goodman 图(又称 Goodman-Smith 图)如图 4-16 所示。绘制的基本出发点是：

(1) 材料屈服是疲劳强度的极限,因此在考虑平均应力实施 Goodman 修正时,用水平截线 BC 和 GF 以及垂直线截点 B、D、H 和 F 来控制极限状态。

(2) 压缩屈服前,平均应力不影响疲劳应力幅,因此有平行线 AH 与 EF。这样,Goodman-Smith 图就由 ABCDEFGHA 八个点连线形成的封闭 8 边形组成,转折点的坐标如表 4-2 所示。其中,σ_{-1N} 为给定疲劳寿命 N 下的对称循环疲劳强度;σ_b 为拉伸极限强度;σ_{yt} 为拉伸屈服极限;σ_{yc}

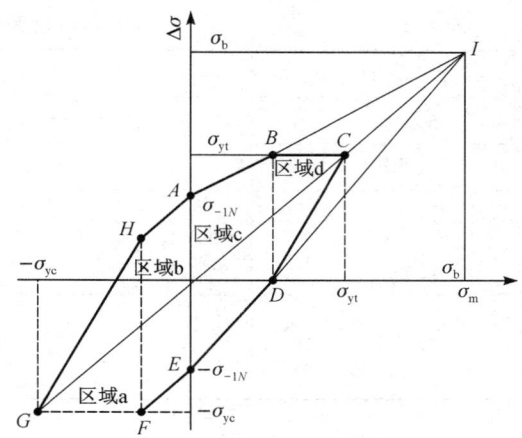

图 4-16 Goodman 疲劳极限线图的一般形式

为压缩屈服极限。对于一般金属材料,通常视 σ_{yt} 与 σ_{yc} 相等;而对于硬铝、铸铁等脆性较强材质,σ_{yt} 与 σ_{yc} 在一般情况下则是不相同的。此外,对屈服并不明显的材料,通常采用拉伸极限强度 σ_b 和压缩极限强度 σ_{yc} 分别代替 σ_{yt} 与 σ_{yc}。

疲劳设计中,结构危险点疲劳应力范围或当量疲劳应力范围在该封闭 8 边形内,即满足强度要求。而且,图形可划分为由 FGH 构成的 a 区域、AEFH 构成的 b 区域、ABDE 构成的 c 区域和 BCD 构成的 d 区域。在不同的区域,疲劳设计的要求也不尽相同。Goodman 图中封闭 8 边形的转折点坐标表达式见表 4-2。采用该线图进行疲劳判断的方法如表 4-3 所示。

通过较大数量的试件疲劳试验,可以获得不同可靠度的 Goodman 疲劳极限线图,从而可以根据这些线图进行概率疲劳设计。

我国铁道部曾立项由铁道科学研究院曾会同原铁路高校和企业,开展了铁路常用材料 Goodman 疲劳极限图的试验研究,并通过实验研究获得了以钢材为主的铁路常用材料的 Goodman 疲劳极限线图和 P-S-N 曲线图。但由于近年来材料工业发展迅速,新材料如铝合金及各种复合材料在轨道车辆业的应用日益广泛,而相关的疲劳性能研究未能相应跟上,因而设计时大多参考国外的疲劳极限线图。

表 4-2 Goodman 图中的转折点坐标

转折点	平均应力 σ_m	应力幅 σ_a
A	0	σ_{-1N}
B	$\dfrac{\sigma_{yt} - \sigma_{-1N}}{\sigma_b - \sigma_{-1N}} \sigma_b$	σ_{yt}
C	σ_{yt}	σ_{yt}
D	$\dfrac{\sigma_{yt} - \sigma_{-1N}}{\sigma_b - \sigma_{-1N}} \sigma_b$	$\dfrac{(\sigma_b + \sigma_{-1N})\sigma_{yt} - 2\sigma_b \sigma_{-1N}}{\sigma_b - \sigma_{-1N}}$
E	0	$-\sigma_{-1N}$
F	$\sigma_{-1N} - \sigma_{yc}$	$-\sigma_{yc}$
G	$-\sigma_{yc}$	$-\sigma_{yc}$
H	$\sigma_{-1N} - \sigma_{yc}$	$2\sigma_{-1N} - \sigma_{yc}$

表 4-3　　Goodman 疲劳极限线图的设计判据域

区域	有效范围	平均应力条件
a	$\sigma_{max} - 2\sigma_m < \sigma_{yc}$	$-\sigma_{yc} \leqslant \sigma_m \leqslant \sigma_{-1N} - \sigma_{yc}$
b	$\sigma_{max} - \sigma_m < \sigma_{-1N}$	$\sigma_{-1N} - \sigma_{yc} \leqslant \sigma_m \leqslant 0$
c	$\sigma_{max} - \left(1 - \dfrac{\sigma_{-1N}}{\sigma_b}\right)\sigma_m < \sigma_{-1N}$	$0 \leqslant \sigma_m \leqslant \dfrac{\sigma_{yt} - \sigma_{-1N}}{1 - \dfrac{\sigma_{-1N}}{\sigma_b}}$
d	$\sigma_{max} < \sigma_{yt}$	$\dfrac{\sigma_{yt} - \sigma_{-1N}}{1 - \dfrac{\sigma_{-1N}}{\sigma_b}} \leqslant \sigma_m \leqslant \sigma_{yt}$

4.5　疲劳强度与寿命评定

4.5.1　应力应变疲劳寿命估算法

基于轨道车辆大部分零部件属于高周疲劳状态的情况,国内轨道车辆及其零部件的疲劳强度评估主要采用应力疲劳寿命估算法。

根据前述,应力疲劳寿命估算法根据材料疲劳试验获得的 S-N 曲线(或 P-S-N 曲线)并运用 Miner 线性累积损伤理论公式对危险部位或截面进行构件疲劳寿命估算,使其满足设计期限的要求。这一方法计算得到的寿命包括了从疲劳裂纹萌生与裂纹扩展两部分的寿命期,对一般工作应力较小的轨道车辆结构件是适用的。

对于少数所受载荷较大应变也较大的低周疲劳如车钩一类零部件,宜采用应变疲劳(局部应力、应变)法,但由于应变疲劳法获得的是疲劳裂纹萌生期的寿命,如需要获得全寿命时间,还需要采用断裂力学方法计算其裂纹扩展到断裂失效的时间,再予以叠加。

4.5.2　等效应力幅评估法

通过实测数据统计,获得各个测点的应力谱后,疲劳累积损伤法则(Miner 法则)和相应部位材料或焊接接头的 P-S-N 曲线,计算与各个大应力测点应力谱造成的损伤等效的应力幅,并用等效应力幅进行疲劳评估。

等效应力幅的计算公式如下:

$$\sigma_{aeq} = \left[\frac{L}{L_1 N}\sum n_i (\sigma_{ai}^{m})\right]^{\frac{1}{m}} \tag{4-19}$$

式中　L——转向架构架在规定使用年限内的总运用公里数;
　　　L_1——实测动应力时的运行公里数;
　　　σ_{ni}——与各级应力水平对应的应力循环次数,即各测点应力谱中各级应力出现次数;
　　　σ_{ai}——各级应力水平的幅值(8 级谱有 8 个值);
　　　m——材料或焊接接头的 P-S-N 曲线方程的指数。

在得到等效应力幅后,即可与材料或焊接接头的疲劳许用应力比较,进行疲劳强度评估。

4.5.3 疲劳极限线图法

该方法是以 10^7(或 2×10^6)次循环疲劳寿命的疲劳极限线图为基础进行评定的。其基本思想是对于每一个分析或实验得到的观测点(在有限元计算时是离散单元)的动应力,找出其对应的特征动应力幅 $\Delta\sigma$ 和平均应力 σ_m。

由各种载荷工况计算得到应力 $\sigma_1,\sigma_2,\cdots,\sigma_{13}$,从中确定最大应力值 σ_{max} 和最小应力值 σ_{min},按照下式计算平均应力 σ_m 和应力幅值 $\Delta\sigma$:

$$\sigma_m = \frac{\sigma_{max}+\sigma_{min}}{2} \quad (4-20)$$

$$\Delta\sigma = \frac{\sigma_{max}-\sigma_{min}}{2} \quad (4-21)$$

对于各种特殊载荷,首先沿一个方向施加载荷,然后再沿反方向施加,这样就可以得出构架上某部位的最大和最小应力,由此确定对应的应力幅值和平均应力。

然后与在役结构相应的焊接接头的疲劳极限线图(我国与欧盟采用的 Goodman 图或 JIS 标准中的疲劳极限图)进行比较。若在线图内为安全,否则为不安全。

由于通过试验可以得到不同可靠度的 Goodman 疲劳极限线图,从而可以进行不同可靠度要求的构件疲劳强度设计和评定。

这里需要指出的是运用日本 JIS 标准进行疲劳评估时,采用的是与图 4-16 不同的疲劳极限线图 4-17。

具体结构进行疲劳评估的动应力可按下述方法进行应力合成:

(1) 平均应力。平均应力为静载荷产生的应力,对具有脉动载荷时的平均应力,应把脉动载荷应力的 $\frac{1}{2}$ 加到静载荷产生的应力上去,作为静载荷工况下的平均应力。

(2) 动应力。动应力为动载荷产生的应力,按下式进行计算:

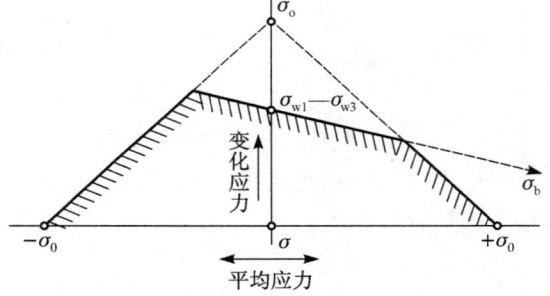

σ_b:材料的抗拉强度(MPa)
σ_0:相应材料屈服的许用应力
$\sigma_{w1}-\sigma_{w3}$:疲劳许多力(MPa)

图 4-17 JIS 标准疲劳极限图示意

$$\sigma_a = \sqrt{\sigma_1^2+\sigma_2^2+\cdots+\sigma_n^2} \quad (4-22)$$

式中,$\sigma_1,\sigma_2,\cdots,\sigma_n$——由各动载荷计算的应力。

对于脉动载荷所产生的应力 σ_i,则用该应力的 $\frac{1}{2}$ 进行合成:

$$\sigma_a = \sqrt{\sigma_1^2+\sigma_2^2+\cdots+\left(\frac{\sigma_i}{2}\right)^2+\cdots+\sigma_n^2} \quad (4-23)$$

在获得所设计结构的应力分布后进行相应疲劳强度的评价。

4.6 基于标准的疲劳寿命评估方法

各个国家及相关国际组织都制定了相应的标准对焊接构件进行疲劳寿命评估：北美铁路协会 AAR 标准在美国、加拿大等北美国家广泛应用；日本工业标准 JIS E 4207—1992《铁道车辆—转向架—构架设计通则》对铁道车辆转向架焊接构架的设计方法进行了规定；国际铁路联盟 UIC 标准为欧洲广泛采用，在我国的应用领域也逐渐增多；国际焊接学会 IIW 标准和英国的 BS 标准提供了大量的焊接工艺建议和更为丰富的钢结构和铝合金的焊接接头抗疲劳设计数据。

4.6.1 基于 AAR 标准

美国 AAR 标准疲劳寿命评估方法的原理是基于 Miner 线性累计损伤定律：

$$N = \frac{1}{\sum_{i=1}^{n} \frac{\alpha_i}{N_i}} \tag{4-24}$$

式中，N 为损伤循环次数；N_i 为某一应力级时将导致损坏的循环数；α_i 为某一应力级占总循环的百分数。N_i 可通过式(4-25)求出：

$$N_i = \frac{N_e}{\left(\frac{\sigma_{\max}}{\sigma_e}\right)^{\frac{1}{k}}} \tag{4-25}$$

式中，k 为双对数坐标下 S-N 曲线斜率的绝对值；$\sigma_{\max}$ 为承受的最大应力；σ_e 为材料疲劳极限；N_e 为材料疲劳极限时对应的循环次数。由于材料在进行疲劳试验与实际使用过程中所受到的载荷存在较大差异，一般情况下，疲劳极限可以由改进的 Goodman 曲线方程得到：

$$\sigma_e = \frac{\sigma_b}{1 - mR} \tag{4-26}$$

式中，σ_b 为脉动循环下的疲劳极限；m 为 Goodman 曲线斜率；R 为应力比。

将式(4-25)、式(4-26)代入式(4-24)并考虑每英里谱循环数 β，则可得到构件的寿命里程 L_f：

$$L_f = \frac{N_e \sigma_b^{\frac{1}{k}}}{\beta \sum \alpha_i \left[\sigma_{\max}(1 - mR)\right]^{\frac{1}{k}}} \tag{4-27}$$

若以 L_{fi} 表示构件在第 i 种载荷谱作用下的寿命里程，则该构件总计寿命里程 L 为

$$L = \sum_{i=1}^{n} L_{fi} \tag{4-28}$$

基于 AAR 标准对车辆焊接结构进行寿命评估时，首先从 AAR 标准中选定的载荷谱中的某一指定值加载到有限元模型上，获得标定的应力分布，再根据载荷谱的变化规律获得与其对

应的动应力谱；然后按照 AAR 要求，将评估点的双向应力等效处理，并求出循环特性；再依照评估点的焊接接头形状和载荷情况从 AAR 表中选取相应的 S-N 曲线和 Goodman 曲线；最后将获得的参数代入式(4-26)、式(4-27)计算评估点的疲劳寿命。

4.6.2 基于 FKM 标准

FKM 标准是由德国机械工程研究委员会(FKM)编制的 *Analytical Strength Assessment of Components in Mechanical Engineering*，用于评估钢和铝材料的焊接和非焊接构件的疲劳寿命，其中考虑了大多数对构件强度(静态和动态)产生影响的因素。FKM 标准中分为焊接结构和非焊接结构两种疲劳评估类型，每一种类型可以分别使用名义应力法和局部应力法进行评估。这两种方法的使用场合受到材料以及应力分布的影响。对于低延展率的材料(铸铁)或者具有较高应力集中的区域，宜使用局部应力法进行评估；对于高延展率的材料(钢、铝合金)或者应力集中较低的区域，可以使用名义应力法进行评估。

对于非焊接结构，FKM 标准考虑了构件材料、表面粗糙度、表面处理情况、残余应力情况、载荷情况等影响因素。图 4-18 为粗糙度因子与材料抗拉强度的关系，从图中可以看出，粗糙度因子受材料强度和构件表面粗糙度的影响，对于表面质量较高的构件，粗糙度因子受材料强度影响不大；对于粗糙的表面，材料强度对粗糙度因子影响较大。所以对于高强度材料，需要尽量提高表面质量，以获得较高的疲劳寿命；普通中等强度材料对于表面粗糙度并不敏感。

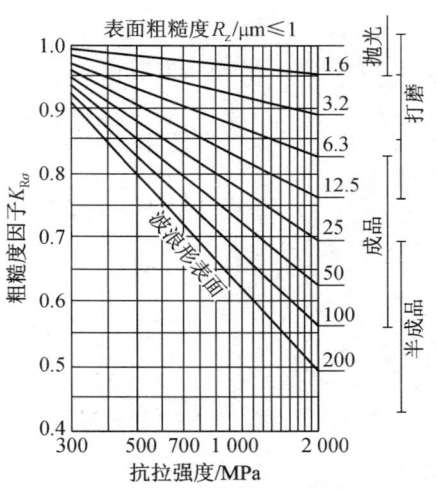

图 4-18 粗糙度因子与材料抗拉强度的关系

对于焊接结构，FKM 提供了焊接接头疲劳强度等级表，用以根据接头的结构形式选择相应的疲劳强度等级(FAT 值)。对于厚度超过 25 mm 的板件，可依照式(4-28)确定板厚修正因子 f_t。此外，FKM 还考虑了不同表面处理情况，如渗氮、表淬、冷轧、喷丸等，对焊接结构疲劳寿命的影响，并引入了表面处理修正因子。

$$f_t = \left(\frac{25}{t}\right)^n \tag{4-29}$$

式中，t 为板厚；n 为板厚修正指数，其取值由焊接接头形式以及焊缝状态决定。

由于评估过程中所使用的 S-N 曲线是在对称载荷作用下通过试验得到的，而大构件在实际使用过程中的载荷千变万化，其中包括了许多非零的平均应力。为了消除载荷差异而导致的误差，FKM 标准使用 Haigh 图进行修正。从图 4-19 中可以看出，Haigh 曲线由四段折线构成，表示修正后的疲劳强度极限 σ_{AK} 与平均应力的关系。对于不同的载荷情况，根据不同的应力比 R 和平均应力敏感系数 M，由式

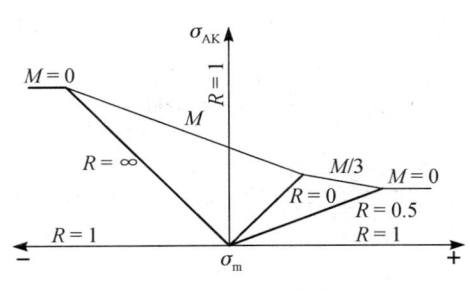

图 4-19 Haigh 图

(4-30)求出平均应力修正系数 K_{AK},再由式(4-31)对构件疲劳强度极限 σ_{WK} 进行修正。

(1) 对于恒应力比载荷,

$$K_{AK} = \begin{cases} \dfrac{1}{1-M}, & R > 1 \\[2mm] \dfrac{1}{1+M \cdot \dfrac{\sigma_m}{\sigma_a}}, & -\infty \leqslant R \leqslant 0 \\[4mm] \dfrac{1+\dfrac{M}{3}}{(1+M)}, & 0 < R < 0.5 \\[2mm] \dfrac{1+\dfrac{M}{3} \cdot \dfrac{\sigma_m}{\sigma_a}}{3 \cdot (1+M)^2}, & 0.5 \leqslant R \leqslant 1 \end{cases} \tag{4-30a}$$

(2) 对于恒平均应力载荷,

$$K_{AK} = \begin{cases} \dfrac{1}{1-M}, & R > 1, & s_m < -\dfrac{1}{1-M} \\[2mm] 1 - M \cdot s_m, & -\infty < R \leqslant 0, & -\dfrac{1}{1-M} \leqslant s_m \leqslant \dfrac{1}{1+M} \\[2mm] \dfrac{1+\dfrac{M}{3}}{1+M} - \dfrac{M}{3} s_m, & 0 < R < 0.5, & \dfrac{1}{1+M} < s_m < \dfrac{3+M}{(1+M)^2} \\[2mm] \dfrac{3+M}{3 \cdot (1+M)^2}, & 0.5 \leqslant R \leqslant 1, & \dfrac{3+M}{(1+M)^2} \leqslant s_m \end{cases} \tag{4-30b}$$

其中,$s_m = \dfrac{\sigma_m}{K_{E,\sigma} \cdot \sigma_{WK}}$。

(3) 对于恒最小应力载荷,

$$K_{AK} = \begin{cases} \dfrac{1}{1-M}, & R > 1, & s_{\min} < -\dfrac{2}{1-M} \\[2mm] \dfrac{1 - M \cdot s_{\min}}{1+M}, & -\infty < R \leqslant 0, & -\dfrac{2}{1-M} \leqslant s_{\min} \leqslant 0 \\[2mm] \dfrac{\dfrac{1+\dfrac{M}{3}}{1+M} - \dfrac{M}{3} \cdot s_{\min}}{1+\dfrac{M}{3}}, & 0 < R < 0.5, & 0 < s_{\min} < \dfrac{2}{3} \cdot \dfrac{3+M}{(1+M)^2} \\[2mm] \dfrac{3+M}{3 \cdot (1+M)^2}, & 0.5 \leqslant R \leqslant 1, & \dfrac{2}{3} \cdot \dfrac{3+M}{(1+M)^2} \leqslant s_{\min} \end{cases} \tag{4-30c}$$

其中,$s_{\min} = \dfrac{\sigma_{\min}}{K_{E,\sigma} \cdot \sigma_{WK}}$。

(4) 对于恒最大应力载荷,

$$K_{AK} = \begin{cases} \dfrac{1}{1-M}, & R>1, & s_{\max}<0 \\ \dfrac{1-M\cdot s_{\max}}{1-M}, & -\infty<R\leqslant 0, & 0\leqslant s_{\max}\leqslant \dfrac{2}{1+M} \\ \dfrac{1+\dfrac{M}{3}}{1-\dfrac{M}{3}}-\dfrac{\dfrac{M}{3}}{1-\dfrac{M}{3}}\cdot s_{\max}, & 0<R<0.5, & \dfrac{2}{1+M}<s_{\max}<\dfrac{4}{3}\cdot\dfrac{3+M}{(1+M)^2} \\ \dfrac{3+M}{3\cdot(1+M)^2}, & 0.5\leqslant R\leqslant 1, & \dfrac{4}{3}\cdot\dfrac{3+M}{(1+M)^2}\leqslant s_{\max} \end{cases} \quad (4\text{-}30\text{d})$$

其中,
$$s_{\max} = \dfrac{\sigma_{\max}}{K_{E,\sigma}\cdot\sigma_{WK}}$$

$$\sigma_{AK} = K_{AK}\cdot K_{E,\sigma}\cdot\sigma_{WK} \quad (4\text{-}31)$$

式中,$K_{E,\sigma}$ 为残余应力因子。

依照 FKM 标准进行疲劳寿命分析,首先要基于焊接接头的初始信息,定义并确定在疲劳评估中适用的应力类别,并计算或测量出有关应力范围,确定应力类型,即名义应力和局部应力;然后根据评估对象(焊接件或非焊接件)构件材料、焊接接头细分类别(FAT 值)、表面处理情况、残余应力情况、载荷情况、表面粗糙度、缺口情况修正 S-N 曲线;再给定期望寿命,并针对每个应力分量(对于平面应力为 σ_x,σ_y,τ_{xy})通过利用度 a_{BK} 进行单独评估:

$$a_{BK} = \dfrac{\sigma_a}{\sigma_{BK}}j_{ges}\leqslant 1 \quad (4\text{-}32)$$

其中,a_{BK} 为利用度,σ_a 为应力幅,σ_{BK} 为构件使用强度,j_{ges} 为总体安全系数;最后将每个分量的利用度合成,即可得到构件的总利用度 a_{BKv},由此判断构件的疲劳寿命是否满足期望寿命。如图 4-20 为焊接件的 S-N 曲线修正过程,图 4-21 为非焊接件的 S-N 曲线修正过程。

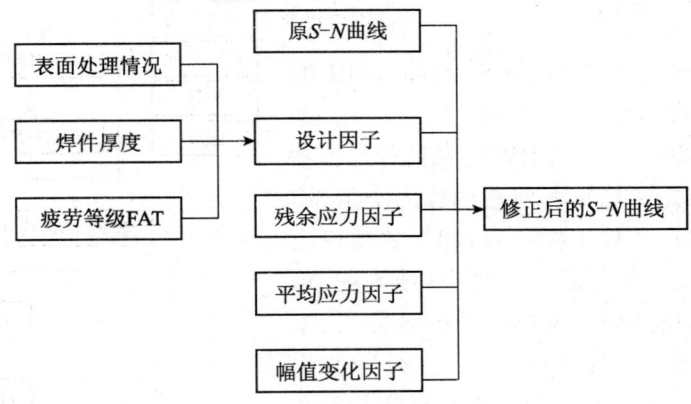

图 4-20 FKM 标准焊接件 S-N 曲线修正过程

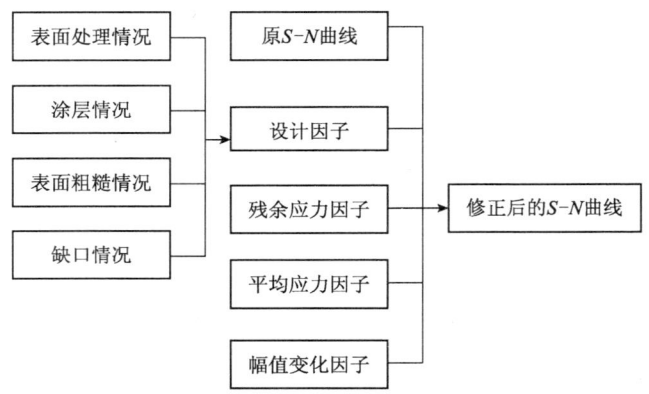

图 4-21　FKM 标准非焊接件修正 S-N 曲线过程

4.6.3　基于 IIW 标准

国际焊接协会标准(IIW)文件《焊接接头及其构件疲劳设计》(*Fatigue Design of Welded Joints and Components*),提供了各种级别的焊接接头疲劳强度 S-N 曲线(图 4-11),这些曲线考虑了焊缝形状所引起的局部应力集中,一定范围内的焊缝尺寸和形状偏差,应力方向,残余应力,冶金状态,焊接过程和随后的焊缝改善处理等因素。按照焊接接头的几何形状并结合设计要求、受力特点可以找到与之对应的焊接结构疲劳强度等级(FAT),从而可以获得所需要的 S-N 曲线。此外,IIW 标准还考虑了残余应力、板厚、温度、焊后处理等因素对焊件疲劳寿命的影响,并提供了相应的修正系数对选定的 S-N 曲线进行修正。

与 AAR 标准类似,IIW 标准使用 Miner 法则进行累计损伤计算,构件的累积损伤 D 可表示为

$$D = \sum_{i=1}^{n} D_i = \sum_{i=1}^{n} \frac{n_i}{N_i} \leqslant 1 \tag{4-33}$$

式中,D_i 是第 i 次循环造成的损伤;n_i 是第 i 个应力范围的循环次数,N_i 是第 i 个应力范围作用下循环导致破坏的循环次数。

$$\Delta \sigma_i^m N_i = C \tag{4-34}$$

式中,$\Delta \sigma_i$ 是第 i 个应力范围;m 是 S-N 曲线斜率的倒数;C 是与 S-N 曲线相关的常数。

由图 4-11 可以看出,使用 IIW 标准进行焊接构件疲劳寿命评估首先要确定所使用的应力类型,即名义应力、热点应力(又称结构应力)和等效缺口应力;其次依照 IIW 提供的焊接接头类型(结构细节)选择适当的 FAT 值;然后根据结构的残余应力、焊缝处理等情况对 S-N 曲线进行修正;最后使用 Miner 法则结合构件所受载荷对构件进行疲劳寿命预测,计算流程见图 4-22。

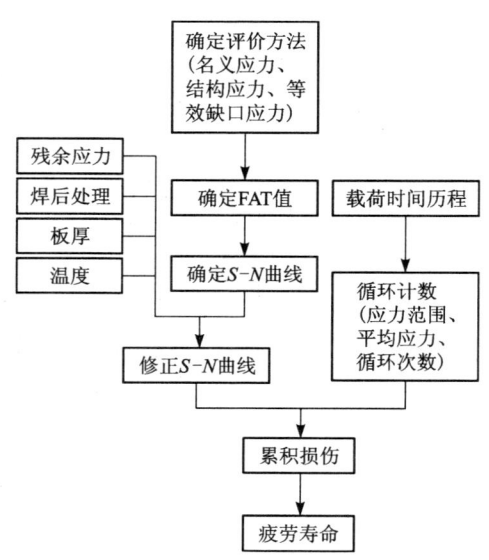

图 4-22　疲劳寿命评估过程

4.7 车体结构疲劳寿命分析实例

本例研究对象为铁道车辆货车车体承载结构。

由试验可知,该车体动应力水平不大,属于高周疲劳范畴问题。因而,在进行疲劳分析时可采用名义应力法(S-N/P-S-N 曲线)进行疲劳寿命预估。

1. S-N 曲线的修正

车体为 09CuPTiRE 耐候钢焊接结构,因此选用该材料的焊接接头 P-S-N 曲线。

由于 S-N/P-S-N 曲线仅反映了材料标准试样的疲劳特性而未能反映实际构件的疲劳性能,为了从材料的疲劳强度求零件的疲劳强度,还必须考虑影响疲劳强度的应力集中、零件的尺寸、几何形状、表面状况等多种因素。为此,需要计算出构件的应力集中系数、尺寸修正系数 ε 等予以修正,同时还考虑了腐蚀影响。最后得到修正后的 P-S-N 曲线参数见表 4-4。

表 4-4　　焊接车体危险部位修正的 P-S-N 曲线参数

参数	可靠度	无腐蚀工况参数值	腐蚀工况参数值
M'	$P = 50\%$	7.738 0	7.737 5
	$P = 95\%$, $\gamma = 95\%$	6.668 5	6.667 9
$\lg C$	$P = 50\%$	20.758 8	18.525 2
	$P = 95\%$, $\gamma = 95\%$	18.275 4	16.350 3

表中,M' 为 P-S-N 曲线方程 $N\sigma^{m'} = C$ 的斜率,C 为常数。

2. 动应力谱

估算考虑车辆运行工况、翻车机作业及调车三种基本工况。由车辆的线路试验获得运行工况下多个重要部位的动应力历程,该数据包括了运行速度由 40 km/h 逐渐提高至 115 km/h,平均运行速度为 76.27 km/h 的整个区段应力历程,并以 1 000 km 为运用工况的一个谱块。

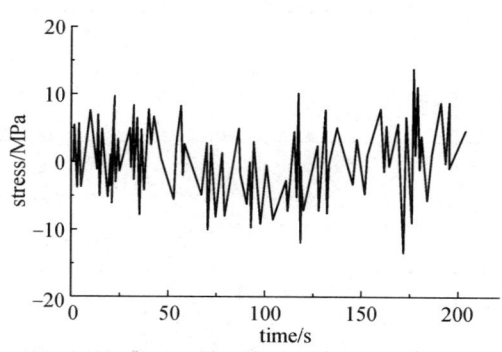

图 4-23　车体实测应力时间历程处理后的波形

图 4-23 为该车体在运行工况中实测的应力时间历程经处理后的波形。

处理后的测点时间历程经雨流计数统计后获得车体在各工况下的应力谱,这里仅给出在运行区段实测得到的重车二维应力谱,见表 4-5。

表 4-5　　　　　车体危险部位(高速,重车)实测二维应力谱　　　　应力单位:MPa

		各级应力幅值中值								组频数
		1	2	3	4	5	6	7	8	
		5.72	13.40	21.10	28.785	36.46	44.15	51.83	59.52	
各级应力均值中值	1	−40.2	62	6	0	0	0	0	0	0	68
	2	−37.6	225	25	13	22	7	10	2	1	305
	3	−35.2	1 557	119	61	63	36	18	10	4	1 808
	4	−32.7	4 316	1 000	203	84	87	77	31	27	6 025
	5	−30.2	5 608	2 961	541	276	92	90	56	31	9 655
	6	−27.7	2 227	1 485	172	78	47	30	15	13	4 778
	7	−25.2	470	492	46	28	14	6	2	2	1 060
	8	−22.7	79	82	9	6	2	1	0	0	169
	组频数		14 544	6 170	1 045	557	285	232	116	78	

3. 疲劳损伤

按 Miner 线性累积损伤理论计算出各工况的疲劳损伤并予以累计,从而可得到各关注点(包括危险部位)单位谱块的总损伤;本例在计算小应力循环引起的损伤,采用了前述 NASA 建议的将 S-N 曲线延伸的形式,其结构会偏保守,但也是偏安全的。

4. 寿命估算

由总损伤可以获得运用谱块数表示的寿命谱块数,而根据每一谱块代表的运用里程即可获得采用里程数表示的估算寿命。如果知道了车辆的年运行里程,也就容易地得到估算的车辆运用年寿命。本例计算了两类腐蚀条件与两种可靠度下的车辆损伤及疲劳寿命估算值,其中车辆的年运行总里程按 25 万千米计,如表 4-6 所示。

表 4-6　　　　　　　　一定可靠度下的疲劳寿命估算结果

腐蚀级别	可靠度	谱块的个数	折合运行总里程 S/万 km	车辆运用寿命估算 Y/a
第四级腐蚀	$P=50\%$	12 213.3	1 221.33	48.85
	$P=95\%$ $\gamma=95\%$	4 410.7	441.07	17.64
第三级腐蚀	$P=50\%$	18 540	1 854	74.168
	$P=95\%$ $\gamma=95\%$	6 432	643.2	25.728

从本例也可以看到,环境腐蚀将会引发疲劳损伤从而较大地降低车体的疲劳寿命,因而在铁道车辆尤其是受环境因素影响较大的车辆如货车设计时应该充分考虑腐蚀疲劳对结构安全的潜在威胁。

参考文献

[1] 赵洪伦. 轨道车辆结构设计[M]. 北京:中国铁道出版社,2009.

[2] Fricke W. Fatigue analysis of welded joints: state of development[J]. Marine Structures, 2003,16(3): 185-200.

[3] Hobbacher A. Fatigue design of welded joints and components: Recommendations of IIW Joint Working Group XIII-XV[M]. Berlin: Woodhead Publishing, 1996.

[4] DNV. Fatigue Design of Offshore Steel Structures[Z]. 2010.

[5] ECS. Eurocode 3: Design of Steel Structures-Part 1-9: Fatigue: Eurocode 3: Part 1-9: Fatigue[Z]. EDICT. Brussels: CEN, 2005.

[6] Zhao X. Design guide for circular and rectangular hollow section welded joints under fatigue loading[M]. Berlin: Verlag TUV Rheinland, 2001.

[7] Pyttel B, Grawenhof P, Berger C. Application of different concepts for fatigue design of welded joints in rotating components in mechanical engineering[J]. International Journal of Fatigue, 2012,34(1):35-46.

[8] Bruder T, Störzel K, Baumgartner J, et al. Evaluation of nominal and local stress based approaches for the fatigue assessment of seam welds[J]. International Journal of Fatigue, 2012,34(1):86-102.

[9] Poutiainen I, Tanskanen P, Marquis G. Finite element methods for structural hot spot stress determination—a comparison of procedures[J]. International Journal of Fatigue, 2004, 26(11): 1147-1157.

[10] Dong P. A structural stress definition and numerical implementation for fatigue analysis of welded joints[J]. International Journal of Fatigue, 2001,23(10):865-876.

[11] Xiao Z, Yamada K. A method of determining geometric stress for fatigue strength evaluation of steel welded joints[J]. International Journal of Fatigue, 2004,26(12):1277-1293.

[12] Radaj D, Sonsino C M, Fricke W. Recent developments in local concepts of fatigue assessment of welded joints[J]. International Journal of Fatigue, 2009,31(1):2-11.

[13] Radaj D, Sonsino C M. Fatigue assessment of welded joints by local approaches[M]. Cambridge: Woodhead Publishing,1998.

[14] 赵少汴,王忠保. 抗疲劳设计:方法与数据[M]. 北京:机械工业出版社,1997.

[15] Sonsino C M. Multiaxial fatigue of welded joints under in-phase and out-of-phase local strains and stresses[J]. International Journal of Fatigue, 1995,17(1):55-70.

[16] Sonsino C M. Multiaxial fatigue assessment of welded joints-recommendations for design codes[J]. International Journal of Fatigue, 2009,31(1):173-187.

[17] Rao S, Sawyer J P. Fuzzy finite element approach for analysis of imprecisely defined systems[J]. AIAA Journal, 1995,33(12):2364-2370.

[18] 李锋,孟广伟,沙丽荣. 考虑模糊失效准则的结构疲劳寿命可靠性[J]. 航空学报,2009,30(12): 2316-2321.

[19] 刘克格,阎楚良,张书明. 模糊数学在疲劳寿命估算中的应用[J]. 航空学报,2006,27(2):227-231.

[20] 严隽耄. 车辆工程[M]. 北京:中国铁道出版社,2011.

[21] 安琪,李芾. 基于JIS标准的转向架焊接构架疲劳强度评估[J]. 机车电传动,2009(4).

第 5 章 被动安全设计

5.1 车辆被动安全技术概述及耐撞击安全性能评价

5.1.1 车辆被动安全技术概述

1. 历史和现状

干线客运高速化是当今世界铁路发展的共同趋势。自 1964 年日本建成了世界上第一条高速铁路——东海道新干线以来,法国、德国、西班牙、意大利、瑞典等国的高速铁路相继建成。运营速度已从初期的 210～240 km/h 到如今的 330～350 km/h。上海浦东机场到龙阳路地铁站的世界上第一条磁浮商业运营示范线的运营速度更是达到了 430 km/h。随着我国技术引进并国产化的"和谐号"高速动车组上线运营,我国列车运营时速已达到 350～380 km/h,并正在研发更高速度的动车组。

随着列车运营速度的提高,列车的运行安全问题也成为公众和运营商高度关注的问题。由于列车是在专有的轨道上运行,发生碰撞事故的可能性要远小于其他交通运输工具。然而,轨道列车质量大,速度高,一旦发生意外事故,就会带来严重的人员伤亡和经济损失。近年来国际国内发生的一系列列车事故已经说明了列车碰撞安全防护的重要性和必要性。

2005 年 1 月 7 日,意大利一列从北部维罗纳开往中部博洛尼亚的旅客列车与一列货运火车相撞,至少造成 14 人死亡,另有 40 多人受伤。旅客列车车头和前几节车厢的车身被撞出轨后向上隆起,车厢扭曲变形。事故现场见图 5-1。

2005 年 1 月 26 日,美国洛杉矶市也发生一起列车、汽车连环相撞事故,3 列火车和一辆汽车先后相撞,造成至少 11 人死亡、大约 200 人受伤,其中 40 人伤势严重。列车出轨后与迎面驶来的另一列通勤火车相撞,列车的碰撞波及一列停靠在铁轨上的货运列车。2004 年 11 月 6 日,一辆载有 300 名乘客的高速列车由伦敦驶往普利茅斯途中在伯克郡的一个无人看管的道口与一辆汽车相撞,造成 6 人死亡、150 人受伤,其中 11 人重伤,酿成了英国近年来最严重的火车交通事故。当时列车时速为 110 英里(1 英里=1 609.344 m)。巨大

图 5-1 意大利火车碰撞事故现场

的惯性迫使火车在冲撞后滑行了几百米后才停下。8节车厢中有6节出轨,另有两节翻倒在铁轨的两侧。

类似的事故近几年在我国同样发生多起,造成严重的人员伤亡和铁路交通的经济损失。

由于碰撞事故的原因复杂多变,仅有主动安全的防护技术难以避免事故的发生。因此,近十年来,欧美许多国家为了使事故造成的损失最小化,在设计车辆时都开始考虑车辆的耐撞性能,并根据耐撞击设计思想采取了一系列的措施,研制了对碰撞能起较好防护作用的吸能装置和耐碰撞车体结构,这一新发展的技术,对减轻事故造成的乘员生命威胁具有重要的意义。

英国铁路从20世纪七八十年代起就开始从事铁路机车车辆碰撞研究,并进行了实车碰撞试验,其中包括在实验台上进行的对车体端部的静态冲击实验和两列由5辆35 t重客车组成的全尺寸列车的正面碰撞试验。法国国营铁路(SNCF)对10多年来的30多起事故进行了详细研究,并采用了大变形非线性有限元软件包(如 PAMCRASH 和 DYNA)进行车体结构分析,总结出了列车正面碰撞能量吸收以及列车防爬技术基本原理。这些被动安全碰撞仿真技术已经直接应用于 TGV 双层高速列车上,用以分析在平交道口上列车与重载卡车碰撞时产生的典型事故。在仿真分析和试验以后为动车和尾部拖车设计了依次可承受 8 MJ 和 6 MJ 以上碰撞能量的耐碰撞结构,车辆之间设计安装了防止列车爬上另一列车的防爬装置。这些能量吸收装置和防爬装置的能力已被全尺寸车的试验所验证。另外,国际铁路联盟实验研究所(ERRI)也组建了一个专门委员会,负责分析碰撞事故原因,研究设计能量吸收部件结构以及耐碰撞车体结构。德国西门子公司与汉诺威大学合作首先对城市轻轨车辆的结构耐撞性开展研究,其下属的 Duewag 工厂生产的轻轨车辆在美国占有相当份额。为了满足北美对乘客和司机进行碰撞被动安全保护的要求,由位于密苏里州的西门子研究中心对波特兰车体以 35 km/h 的速度撞击刚性障碍物进行了非线性撞击数值模拟。

20世纪90年代中后期,美国联邦铁路局对列车碰撞进行了大量研究,并从1999年11月开始,在科罗拉多的美国交通运输技术中心进行了一系列的1∶1整车碰撞试验。以此为基础,David Tyrell, Steven W. Kirkpatrick 和 M. Schroeder 等人,对车辆结构的耐碰撞性能进行了仿真分析研究,并和试验进行比较。J. H. Lewis 和 A. W. Evans 对铁路客车抗碰撞设计研究的历史进行了回顾,并指出了抗碰撞设计标准的不断提高对车辆设计的影响。阿尔斯通交通运输部的 G. Lu 对列车能量吸收装置在不同碰撞工况下的吸能情况进行了研究,并进行线性和非线性仿真分析,计算出中间车和端部车的能量吸收性能。庞巴迪交通运输部的 A. Sutton 对列车碰撞的发展进行了回顾,对不同车辆的设计和制造,碰撞标准的情况进行了介绍。近两三年来,各国的研究焦点集中在车内乘员的二次碰撞安全性研究上,并参照汽车碰撞对人体的损伤标准来考察铁道车辆的抗撞击性能,并拟制定一些标准和规范。近年欧洲启动了安全列车"SAFETRAIN"等项目,通过项目的研究提高欧洲轨道列车的安全性,并为法规的制定提供参考。

在国内,对铁道与城市轨道车辆的被动安全及其应用技术的研究也已得到重视并已获得一定进展。

2. 轨道列车碰撞分类和响应

轨道车辆在正常运行中会遭遇各种各样的碰撞危险。这些事故的严重性和对旅客生命安全的威胁性由以下的因素决定:列车类型、编组和列车质量、碰撞速度、碰撞时车辆之间的接触方式以及障碍物的性质等。

轨道车辆的碰撞工况可分为四类：

(1) 在同一轨道上与相同的一列运行中的列车碰撞；

(2) 与轨道上的障碍物碰撞，或与被列车推进的物体碰撞，这一类包括碎石、飞鸟等物体的碰撞；

(3) 在同一轨道上与非同类的列车或车辆碰撞；

(4) 单一的列车事故，包括与靠近轨道的建筑物碰撞。

由于这几类事故形式中都有大的车组质量参与，所以即使是中等速度的撞击，也可能会产生极高的动能而造成结构的破坏，并导致列车乘员受伤或死亡。

发生碰撞后列车的响应和伴随的乘员状态将有如下几种情况：

➢ 直线加速或减速，在碰撞发生后，只要全部车辆仍然在轨道上，或者车辆没有翻倒并与轨道基本平行，此时车辆和乘客在冲击方向上将有加速或减速倾向，从而可能造成乘员的二次碰撞导致伤害。

➢ 拱起与爬车。碰撞后一辆车的底架爬上另外一辆车，使被爬车辆严重受损，乘员的生存空间被严重挤压，往往会造成严重的人员伤亡。

➢ 摺曲。当车辆碰撞脱轨后，绕车辆垂直轴线的转动一直到与轨道成某一角度为止。根据车辆滑过的轨道部件、凹凸不平的地势或是列车组的其他车辆的侵入，都有可能造成乘员的伤亡。

➢ 翻转。当车辆脱轨后，车辆在倾覆力矩的作用下出现翻转，出现这种情况时，内部乘员由于处于自由状态，所以可能在车辆内部有很大的运动空间，或者经由破碎的车窗玻璃形成的空洞而被抛出车辆之外。

碰撞后果强度等级可以大致与碰撞冲击时耗散的能量联系起来，如表 5-1 所示。

表 5-1   列车碰撞分级

强度等级	能量等级	碰撞后果
轻度严重	<10 MJ	轻微损坏，乘员仅有轻度受伤
中度严重	10～60 MJ	端部车辆受挤压，可能造成司机室内乘坐人员伤亡，车辆仍保持直立位置且无脱轨，乘员发生轻度/中度受伤
高度严重	60～120 MJ	对列车两端撞击的车辆破坏较严重，端部车辆内乘客有较大的伤亡危险性，大量的轻度/中度受伤
极度严重	>120 MJ	可能对每列车中的两节或多节车辆造成严重损坏，有大量死亡的危险性，大量的轻度/中度受伤

3. 轨道列车耐碰撞被动安全的总体思想

车辆耐碰撞被动安全性能是指在给定碰撞事故发生时可以提供安全环境以最大程度保护乘员免受人身伤害的特性。车辆或列车的突然加速或减速，或者因为对车辆结构或设备的机械破损造成了下列两种乘员可能受到伤害或死亡的情况：(a) 车辆与另一车辆、物体或地面结构的第一次碰撞；(b) 乘客与车辆内部发生的一次或多次的二次碰撞。

对于一次碰撞，车辆的设计要素包括车辆结构的总体破损与动能控制特性、乘员客室的完整性及客室的加速度环境。对于二次碰撞，除了要考虑人对冲击感应的力和加速度的生物响应之外，还需要考虑车辆客室的内部布置和它们的表面力-挠度特性。二次碰撞的性质和严重程度也与车辆总体的加速度响应有关,它决定了乘员相对于客室内部的碰撞速度。

为了提高乘员在碰撞事故中的安全度,轨道车辆的设计应提供与碰撞有关的两种基本功能:(a)为安置乘员的客室构建耐碰撞的保护屏障;(b)通过在结构设定部位发生可以允许的一定量的破坏,并以某种可控的方式耗散碰撞中整个结构的冲击动能,从而降低客室部分的加速度,同时能尽量减少二次碰撞的次数和缓和二次碰撞的严重程度。

对于轨道车辆,动能的耗散主要有以下几种方式:
- 可控的车辆结构变形(即无摺曲或断裂条件下的挤压);
- 结构摺曲;
- 车辆滑行、滚动(如车辆车轮切入轨枕、道渣、道床四周的表面,等等);
- 与地面建筑物碰撞。

在以上四种耗散方式中,只有车辆的结构变形是可控的,因此使车辆按人为设计的顺序在特定部位发生塑性大变形是减少乘员碰撞伤害的一个最有效的方法。即为了吸收最大限度的动能,设计车辆应具有在设定部位特定的载荷下发生结构局部破坏的特性。

因而,车辆耐碰撞被动安全设计的总体思想就是"为乘员提供有效的安全空间并有效地缓和撞击载荷"。

5.1.2 轨道车辆耐撞击安全性能评价标准

由于各国对车辆耐碰撞研究的时间不长,而且列车的运行速度不断提升,各种新的事故工况不断出现,所以规范也一直在修正和完善之中。

英国的 GM/RT2100:*Structural Requirements for Railway Vehicle* 对碰撞工况下车辆端部变形,车体一端吸收能量,最大冲击力,车间防爬器承受的垂直载荷作了规定。国际铁路联盟 UIC 566 OR 中对车钩缓冲器,车钩中心线上部 350 mm 高处的车体端墙,车窗上下缘高度的车体端墙,侧墙上边梁高度能承受的载荷做了规定。UIC651 对司机室和车窗也做了具体的耐碰撞要求。

目前较为广泛的被采用的是欧盟的 EN 15227:*Railway Application-Crashworthiness Requirement for Railway Vehicle* 标准。在标准中对车辆的耐碰撞性能提出了较为系统和具体的要求,如事故工况定义,车辆防爬,乘员生存空间,碰撞减速度,障碍物的尺寸等都做了规定,碰撞工况见表 5-2 和表 5-3。

表 5-2　　　　　　　　　撞击情形和撞击障碍物

撞击工况	撞击障碍物	要求的运行特性	撞击时速/(km/h) C-Ⅰ	C-Ⅱ	C-Ⅲ	C-Ⅳ
1	相同列车单元	所有系统	36	25	25	15
2	80 t 货车	混合交通,车辆带有侧缓冲器	36	n.a.	25	n.a.
2	129 t 区域列车	混合交通,车辆带有中心车钩	n.a.	n.a.	10	n.a.
3	15 t 可变性障碍物	TEN 和平交路口的相似运行	$V_{lc}-50 \leqslant 110$	n.a.	25	n.a.
3	3 t 刚性障碍物	与道路交通没有隔离开的城市线路	n.a.	n.a.	n.a.	25
4	低处小型障碍	需满足的排障器要求	见表 5-3	见表 5-3	见表 5-3	n.a

表 5-3　　　　　　　　　　　　　　排障器性能要求

运行时速 a /(km/h)	≥160	140	120	100	≤80
中心线上的静态负载 b /kN	300	240	180	120	60
中心线横向距离 750 mm 处的静态负载 /kN	250	200	150	100	50
与给定值不同的运行时速，可内插强制值					

美国的联邦法规针对铁路车辆的耐碰撞性能也提出了一些要求，总体上来说，性能指标要比欧洲的高。

我国目前还没有相关的设计标准，城市轨道车辆的耐碰撞设计要求一般参考欧洲的规范来实行，对车钩缓冲器和防爬装置及端部能量吸收作了一些规定。

5.2　车辆被动安全系统组成及设计

5.2.1　车辆碰撞的能量

两列轨道列车的碰撞示意图如图 5-2 所示，设碰撞前两列车总质量和运行速度分别为 M_1，M_2，v_1 和 v_2，撞击后的速度为 u，则撞击前总动能为

图 5-2　轨道列车的碰撞示意图

$$W_\mathrm{d} = \frac{1}{2}M_1 v_1^2 + \frac{1}{2}M_2 v_2^2 \tag{5-1}$$

撞击后总动能为

$$W_\mathrm{h} = \frac{1}{2}(M_1 + M_2)u^2 \tag{5-2}$$

由动量守恒定理得，撞击前的动量和等于撞击后的动量和，这样，当一列车与另一列车时发生追尾时，有

$$M_1 v_1 + M_2 v_2 = (M_1 + M_2)u \tag{5-3}$$

当两列车迎面相撞时，有

$$M_1 v_1 - M_2 v_2 = (M_1 + M_2)u \tag{5-4}$$

由以上两个公式可得碰撞过程中所需耗散的能量为

$$W_\mathrm{f} = \frac{M_1 \cdot M_2}{2(M_1 + M_2)}(v_1 \mp v_2)^2 \tag{5-5}$$

式中,"负号"为追尾时,"正号"为迎面相撞时。

从式(5-5)可以看出,由于铁道旅客列车拥有很大的质量,当两列列车以一定速度相撞或发生追尾时,碰撞过程中需要耗散的总动能将是巨大的。

5.2.2 车辆被动安全系统的设计及其组成

1. 系统设计思想

根据动能守恒定理,能量不能消失只能转移,因此需要采取措施转移这些冲击动能。在碰撞过程中,尽管列车的制动力和运行阻力可以耗散部分能量,但这远不足以抵挡这一巨大的冲击动能。这就需要在设计中考虑安装能量吸收装置及对车辆结构的非客室部分设置可以产生大塑性变形的局部结构,使需要耗散的大部分冲击动能转化为车体塑性变形能,从而最大限度地减少乘员的伤亡。

具有被动安全系统的列车在碰撞时,可通过一系列的吸能装置及结构实现以最大极限吸收不同的能量。一般耐撞击车的吸能过程分四个阶段,第一阶段为车钩缓冲器的吸能,但一般其容量为几十千焦;第二、三阶段的吸能防爬器和中心铝质蜂窝状吸能装置分别可吸收 100 kJ 以上和 60 kJ 左右的能量;最后阶段的车体结构大变形则需要视车辆碰撞速度与质量的不同,设计不同的吸能结构以达到相应的吸能要求。但即使对于速度不高的城市轨道车辆,通常设计考虑的碰撞速度为 25 km/h,其撞击动能仍然可能达 1 MJ 左右,对于速度较高的列车,其碰撞动能则更大,因而,由车体结构变形吸收的能量总会占较大部分。耐撞击车辆理想的纵向载荷-冲击行程关系如图 5-3 所示。

在列车碰撞中,司机室通过自身的变形吸收很大一部分能量,后续车体端部与车体端部连接的部分根据碰撞时所处的位置通过变形吸

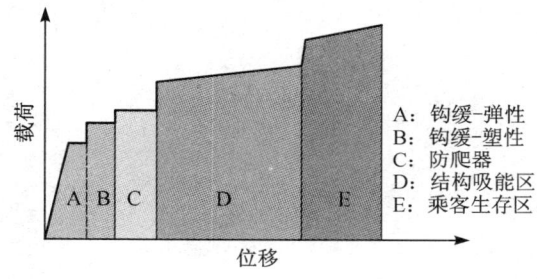

图 5-3 耐撞击车辆理想的载荷-位移关系示意

收部分能量,在越接近碰撞端的车辆端部,变形区域越长,吸收的能量也越多。车辆乘员区域通常布置在车体中间,在设计时可考虑将前后两部分非客室区设为弱刚度结构,中间客室部分为强刚度结构。这样,一旦发生碰撞事故时,车体两端的弱刚度部分将产生塑性大变形吸收冲击动能,而车体中间的强刚度部分则保持结构弹性变形,从而达到保护乘员生命安全的目的。图 5-4 为两车追尾的示意图,变形区域由被追尾客车端部的 0.9 m 减小到远离碰撞端的 0.2 m,客室中间部分没有变形,而是由客室的两端变形吸收能量。

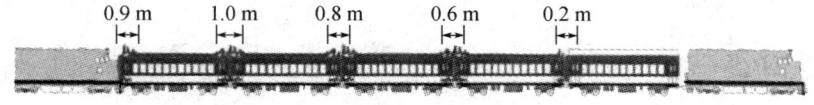

图 5-4 两车追尾时各车厢变形示意图

2. 头车司机室设计

列车碰撞时,头车处于列车最前端,因而撞击影响最大,遭受破坏也是最为严重的。当列车碰撞速度较高时,头车前端结构将发生严重的塑性大变形,同时还有可能产生极高的加速度

脉冲，同时还会发生列车的拱起、爬车、翻转、摺曲等严重碰撞破坏现象。因此头车的防碰撞结构设计直接关系到列车碰撞以后的状态和行为以及对旅客的影响。

图 5-5 为国外某一列车司机室端部底架防碰撞结构设计的三维图。如图中所示，该结构最大允许变形量为 1 m，铝制蜂窝状能量吸收装置安装在端部横梁之后，最大吸收能量为 1 MJ，并在 1 500 kN 的作用力下产生稳定的变形。底架端部横梁上安装了防爬器，防爬器由可塑性变形的压缩套筒制成，最大阻抗力为 750 kN。车体主体在载荷达 2 000 kN 时开始发生局部破坏。为了实现列车碰撞时结构的有序变形，纵梁上设置了剪切铰，剪切铰在冲击力超过 800 kN 时即被破坏，因而纵向梁失去作用，由能量吸收装置产生阻抗。中间的纵梁上设置了斜支撑，受到压缩时将向外侧弯曲变形。该结构理论上的载荷-变形图见图 5-6。

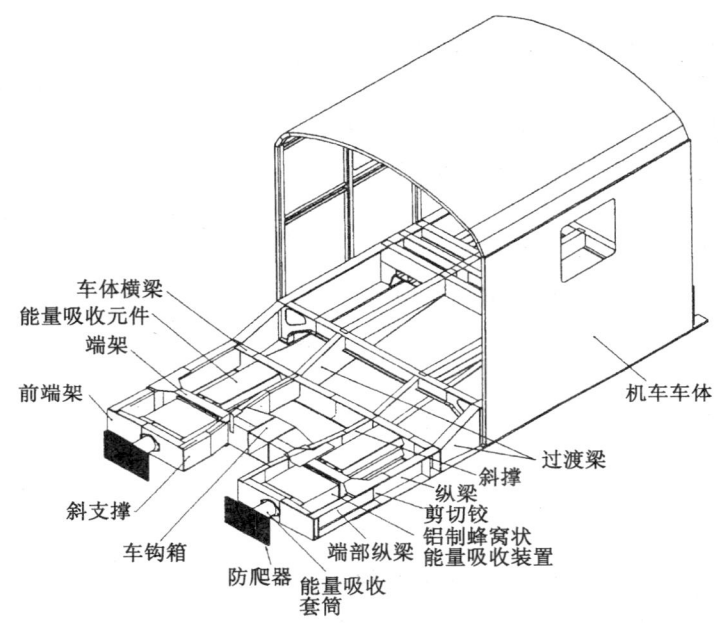

图 5-5　车体底架端部结构

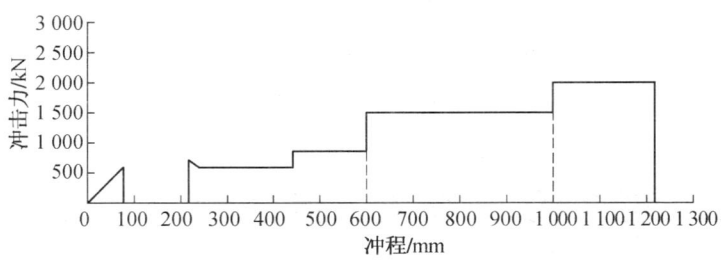

图 5-6　试验底架结构理论设计的载荷-变形图

在列车端部的司机室部分，还常常设置了一些能量吸收装置，如防爬器、防撞箱、吸能梁等。在欧洲的城市轨道车辆尤其轻轨车辆和现代有轨电车，普遍采用具有吸能功能的防爬器。其单件吸能能力约在 60~100 kJ，一般每端采用两件，从而使车辆在发生 15 km/h 以下的碰撞时，其撞击动能可以通过防爬器予以吸收而不会影响到车体结构，防爬器的吸能元件可以方便地进行更换，这样，既提高了车辆撞击安全可靠性，也降低了碰撞事故引起的经济损失并减少了维修时间。在 TGV，ICE 等高速列车的司机室前端还加装了结构庞大的防撞箱，以吸收高速撞击的能量（图 5-7）。

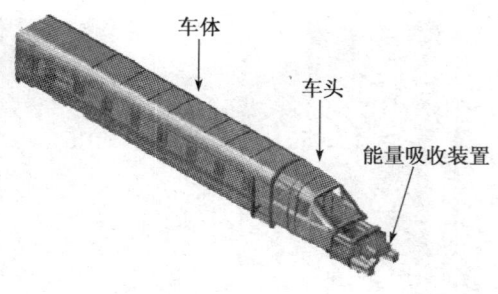

图 5-7　高速列车头车吸能装置

3. 中间车端部设计

在列车碰撞时，尤其是碰撞速度较高时，除了头车会发生严重破坏之外，中间的客车也会发生严重破坏，特别是靠近头车的客车前端部。因此，合理的设计耐碰撞客车车体结构对提高列车被动安全性也具有十分重要的意义。

耐碰撞车体吸能结构的设计应满足在正常运行载荷（纵向冲击力和静载荷）条件下，结构具有足够的强度和刚度，并具有良好的传递纵向力性能；在较高速下发生碰撞事故时，结构在较大冲击力下能产生大塑性变形，并能吸收足够的冲击动能，从而将冲击动能尽可能多地转化为结构的塑性变形能。

结构撞击过程的纵向撞击力-变形曲线见图 5-8。从图中可以看出，为了在有效的变形行程内提高结构吸收的能量（曲线与横坐标轴所围成的面积，简称吸能面积），减小车体撞击加速度，同时为了保持中间客室不发生塑性变形，在结构设计时必须降低结构产生塑性变形前的撞击力峰值(F_A)；尽可能提高 $F_B \sim F_C$，以增加吸能面积；使 F_D 及以后的作用力在 1 500 kN 以下。根据力传播的特性，当力传递到车体中央时，中间部分将可以保持不被破坏。

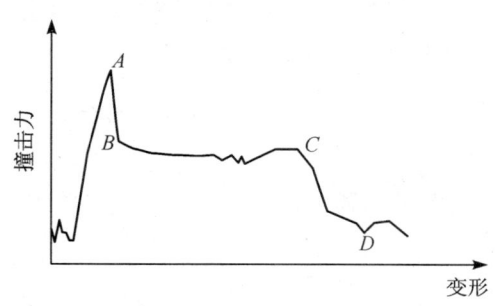

图 5-8　车体纵向撞击力-变形曲线

为了抵御撞击，按上述总体思想，设计重点在于重新分配车体各部分纵向刚度，设计出具有合适吸能结构的耐碰撞车体，即列车车体结构按前、中、后三种纵向刚度设置，两端弱刚度部分结构设计的关键是，在碰撞时结构能够实现以可控的方式产生变形。为此需对这一部分结构的不同部件设定在一定的载荷作用下即产生失效，并能够实现结构的有序破坏。失效载荷的确定还必须同时满足列车正常运行时对车体及其他部件的载荷要求，例如列车在正常连挂、牵引和制动时，车体及其附属部件不得有任何损坏。对高能量水平的碰撞而言，利用可变形结构材料的塑性变形来吸收碰撞能量，可变形结构必须规定一个最大的使其破坏的力，而且在结构的破坏过程中保持该力值稳定。同时该力的数值还要尽可能的小，以减小碰撞过程对乘客的加速度脉冲和对车体中部客室的破坏。

客车车体端部的耐碰撞结构方案设计和头车司机室端相似，由车钩、能量吸收装置组成。图 5-9 为欧洲一种典型的耐碰撞客车车体端部结构，能量吸收装置由蜂窝状铝材制成。图 5-10 为美国的新型耐碰撞车辆的端部结构。

图 5-9 欧洲耐碰撞客车车体端部结构　　　图 5-10 美国耐碰撞客车车体端部结构

在列车碰撞速度较低时，能量主要由车钩缓冲装置吸收，而在列车碰撞速度较高时，除了车钩缓冲装置吸能外，车体端部的能量吸收装置也要吸收能量。同时由于车体结构发生破坏变形，车体端部部分承载梁件结构也会吸收能量。

由于车体端部的梁件为承载件，因而首先要满足其强度要求，以保证正常运行安全，通常这些梁件不易发生塑性变形。所以为了在碰撞时诱导这些梁件发生塑性变形，在列车设计时，常在某些位置人为地设置孔槽。这些孔槽称为碰撞模式引发器，它们的作用是对结构局部的刚度产生增强或减弱的效应，使结构产生特定的理想失效模式，从而有利于碰撞能量的吸收。因此，为了满足车体耐碰撞设计结构的可靠性要求，车体部分结构必须提高纵向承载标准，参照国外的经验，为了保护乘客的安全，有必要将耐碰撞车体客室部分主体结构的纵向承载能力至少提高到较高的适当值，从而确保车体客室在意外碰撞事故中不会发生塑性变形而使旅客受到伤害。

5.3　轨道车辆撞击吸能元件及装置

5.3.1　吸能元件及结构的原理和要求

吸能部件是耐碰撞列车在碰撞时主要的吸收能量的功能结构。吸能部件实际上都是由各种基本元件组成，例如薄壁圆管、薄壁型材、蜂窝铝材等。另外，列车车体结构端部的一些薄壁梁件本身也是很好的吸能结构。由于薄壁构件具有结构简单、吸能性能较稳定、易于约束、失效模式重复性好及加工方便等优点，现已被广泛地应用于耐碰撞列车车体结构设计中。因此，基本元件的吸能性能是列车碰撞安全性的基础研究。

吸能结构可分为承载吸能结构和专用吸能结构。

承载吸能结构在正常运行及制动情况下，具有良好的传递纵向力性能，在发生事故时产生塑性大变形吸收碰撞动能。

专用吸能结构不起传递纵向力作用，仅在发生碰撞事故时产生塑性大变形吸收碰撞动能。

吸能元件或结构设计应该满足以下要求：

(1) 碰撞动能应能不可逆地转化为变形能,即结构以塑性变形(塑性弯曲、塑性扭曲、塑性屈曲、裂纹扩展和断裂等)来吸收动能,而不能以弹性变形来储存这种能量;

(2) 具有稳定的和可重复的变形模式;

(3) 吸能过程应具有较稳定的冲击作用力;

(4) 为了吸收更多冲击动能并降低减速度,应具有足够长的变形行程;

(5) 自重轻,具有良好的"比吸能";

(6) 吸能部件尽可能既是吸能部件又兼有一定的传力能力;

(7) 由于专用吸能元件系一次性使用件,成本应较低,并便于制造与安装。

吸能装置有几个评价指标:

(1) 比吸能(E_s):定义为元件所吸收的能量与其质量之比。比吸能越大,表明元件吸收能量的能力越大,设计能量吸收装置时就是希望以最少的质量来获得尽可能多的吸收能量。

(2) 有效冲击力比(A_E):元件变形过程中的平均冲击力与最大冲击力的比值。冲击力的峰值通常发生在冲程的初始阶段,低的有效冲击力比值表明元件在变形时有较大的冲击力峰值。

(3) 有效冲程比(S_E):元件的实际变形量与元件的初始长度之比。该比值反映了材料的利用效率,以及塑性变形的能力。

5.3.2 薄壁圆管轴向碰撞吸能特性

薄壁管件是能量吸收的基本元件之一,其吸能特性研究对于吸能结构设计具有较大的意义。

实物试验是结构碰撞性能研究的基础,也是最直接最重要的了解碰撞这一瞬态物理现象的手段。同时碰撞试验可以提供仿真参数和计算控制数据,并能验证仿真计算的可靠性,进而指导其仿真研究。但由于碰撞过程的瞬态性和复杂性以及实物尤其大型结构撞击试验对财力、人力的依赖性,随着非线性动态有限元技术的发展,大量的撞击研究可以通过仿真技术予以研究。图5-11、图5-12和图5-13为试验与仿真获得的圆管两种压溃模式比较。

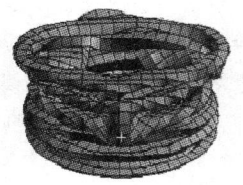

仿真结果　　　　　试验结果　　　　　　仿真结果　　　　　试验结果

图5-11　仿真与试验获得的圆管　　　　图5-12　仿真与试验获得的圆管
　　　　轴对称压溃模式比较　　　　　　　　　　轴非对称压溃模式比较

薄壁圆管采用铝管材加工而成。在低速情况下,薄壁圆管轴向碰撞可以视为准静态过程。试验证实了薄壁圆管压溃变形的三种主要模式,即轴对称型、非轴对称型和纵向失稳型。图5-11为轴对称变形图,这是最理想的一种形式。由图5-12可以清楚地看到圆管在轴向撞击下的有规律塑性折曲现象。在形成每一个折曲过程中,管壁形成折曲塑性铰并绕铰点转动而变形。而未发生屈曲部分的管壁强度基本不变,使得每一次折曲开始形成时都出现一种次弹性屈曲。正是由于这种逐次的次弹性屈曲,导致了载荷-位移曲线呈现如图 5-13 所示的周期性变化,而撞击能量也在这一过程中得以最大限度地吸收和耗散。

当管件长度与厚度比值超过一定值,在纵向载荷作用下就会产生结构无序失稳,此时管件完全失去吸能功能,因而是吸能结构设计的大忌。非对称变形型式介于上述两种型式之间,由于不能充分发挥吸能作用,因而同样是设计中需要避免的。

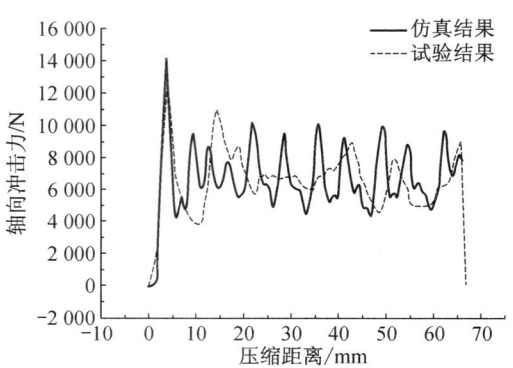

图 5-13 圆管试件轴向冲击力-冲程特性曲线比较

5.3.3 防爬器

1. 防爬器的功能及型式

防爬器是安装在车体端部的一种安全装置,目前广泛应用于城市轨道车辆及市郊铁路列车。其功效有两个方面:①防止碰撞时一列车爬到另一列车上;②吸收车辆在一定速度下发生正面撞击时的能量。

国内外撞击事故资料表明:列车端部碰撞后,被撞击车辆结构发生严重压缩性塑性变形,导致乘客的伤亡。有时还会发生一列车爬到另一列车上的"套叠"(overriding)现象,从而更加剧了事故的严重性,使伤亡率增高。而防爬器则通过其外侧壁的齿形槽与撞击车头部的防爬器的相啮合达到防止撞击车与被撞车发生交叠的目的。与此同时,防爬器的吸能结构又能通过结构变形吸收部分车辆撞击动能而起到一定的撞击安全防护作用。

目前国外使用的防爬器吸能结构一般可分为压溃式、撕裂型和鼓胀式三种。

压溃式防爬器(图 5-14)则利用内部薄壁金属的压溃发生塑性变形来吸收能量。撕裂型防爬器(图 5-15)主要通过两个直方管或圆形套筒间的摩擦和变形直至破裂来吸收撞击能量。鼓胀式吸能结构(图 5-16)主要由内顶杆、套筒以及两者的连接装置等结构组成,其工作原理是:当结构受到纵向冲击时,内顶杆便开始挤压外套筒,当有足够的冲击力使压溃管发生动作时,外套筒便发生鼓胀变形,依靠内顶杆与套筒之间的摩擦以及套筒向外鼓胀的变形来耗散能量,而在车辆正常运行时,依靠连接装置实现纵向载荷的传递。

图 5-14 压溃式吸能装置

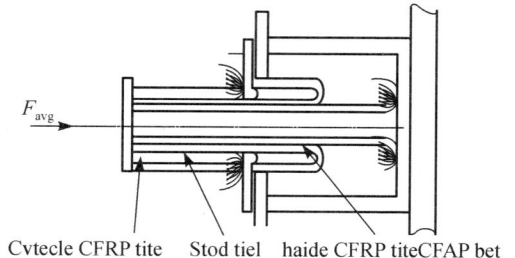

图 5-15 撕裂型吸能装置

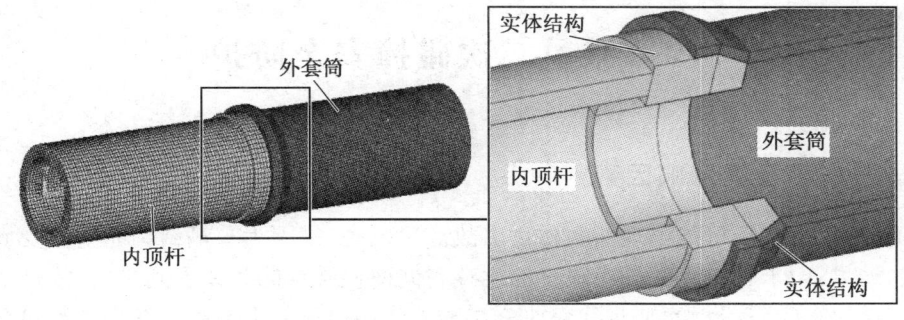

图 5-16　鼓胀式吸能结构模型

2. 防爬器能量吸收特性

与其他能量吸收装置一样,压溃式防爬器(图 5-17a)的可变形内芯在受压产生塑性变形时,其能量吸收特性可根据其冲击力-冲程特性曲线予以描述和评价。

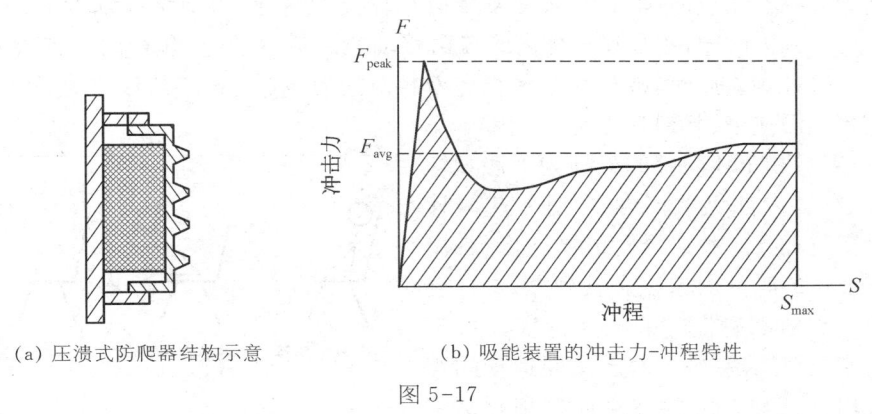

(a) 压溃式防爬器结构示意　　　(b) 吸能装置的冲击力-冲程特性

图 5-17

图 5-17b 为一典型吸能元件的力-冲程特性曲线,曲线下的面积代表了元件所吸收的能量。变形过程由两个阶段组成:①弹性变形阶段;②塑性变形阶段。由图可见,起始阶段为弹性变形,在达到最大峰值后开始产生塑性流动,到冲击的动能完全被消耗掉时,变形达到最大值。

3. 防爬器设计及性能评价

压溃式防爬器吸能的关键部分是薄壁金属内芯,内芯通常有六边形蜂窝铝材和薄壁圆管等几种,这些薄壁金属可以有多种排列方式。根据不同能量吸收要求,可以方便地更换不同厚度薄壁金属。从防爬器的吸能功能出发,当然是刚度和强度大一点为好,这样可以吸收尽可能多的冲击动能,但另一方面,为确保一对防爬器之间在碰撞时的良好啮合,其动刚度却不应取得太大,另外,结构刚度越大,冲击力峰值越大,撞击加速度也更大,因而在设计时,应考虑满足吸收能量的前提下尽可能降低冲击力峰值。另外,从防爬器的防爬功能上考虑,防爬齿在车体垂直方向上需要能承受一定的载荷。实际运营中车辆之间的防爬器的水平高度不一定完全一致,还需考虑在高度方向上一定偏差时防爬器的纵向稳定性。

5.4 乘员二次碰撞安全防护

5.4.1 撞击伤害及其影响因素

在车辆碰撞中,一般可能出现两类伤亡事故。第一类,是因为车辆结构完整性受到总体或局部破坏的结果,由于客室丧失最小限度的生存空间而使乘员的人体受到挤压;或是因为被抛射出车外或者侵入的障碍物的某些细窄部分穿透人体。另外一类是由于发生了乘员与客室内部任一区段(包括其他乘员)之间的二次碰撞或是乘员与约束系统之间的相互作用而产生的集中载荷引起的伤亡。

图 5-18 为无约束乘员在列车发生碰撞时的运动过程。图 5-19 为正面碰撞时车体与非约束乘员的理想速度曲线,说明了二次碰撞初速度和车体减速度特性以及乘员在车厢内自由移动距离之间的关系。第一阶段,列车碰撞发生后车体开始减速,乘员继续以近似初速度 v_1 的速度向前运动。到 t_0 时刻,乘员在车体内的自由移动空间耗尽,乘员和车内布置的表面接触,这表明第二阶段开始。此时,乘员和车体存在着相对速度 $v_{0/v}$。第二阶段一直持续到乘员和车体重新达到共同速度,相对速度减小到零。第三阶段,假设乘员和车体内部的碰撞为理想塑性碰撞,乘员和车体内部仍然接触,并且一起减速直到速度为零。如果车体碰撞时的减速度很高,会使车辆在很短的时间内速度衰减到零,这样会加大乘员与车厢内部碰撞时的相对速度。图 5-19 中的阴影部分表示乘员相对于车厢运动的距离,当距离越长时,与车厢内部碰撞的相对速度也越大,造成的伤害也越大。站着的乘客由于自由运动的空间较大,受到伤害的风险也就越高。

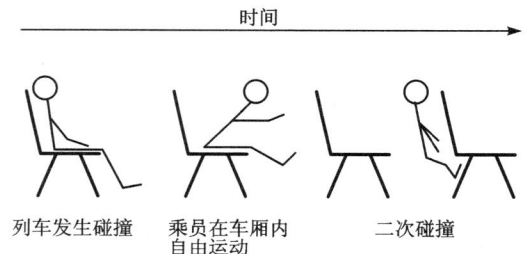

图 5-18 碰撞时非约束乘员在车厢内的运动过程

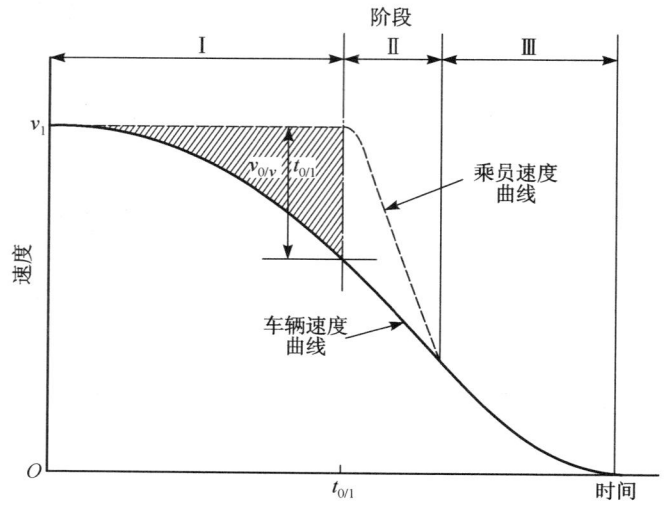

图 5-19 正面碰撞时车体与非约束乘员的理想速度曲线

由此可见,要减小乘员的伤害,除了要求车体耐碰撞结构能提供较合理的减速度曲线外,还应减小碰撞发生时乘员在车厢内的自由运动空间,并且客室内部布置的接触刚度要合理,尽量延长图 5-19 中 Ⅱ 阶段的时间,降低乘员撞击部位(如头部等)的减速度。

大多数的碰撞事故伤害,是由于作用在各个人体部位的集中负荷引起的,如撞伤、裂口、骨折并造成对器官、软组织和神经系统的内部伤害。因此人类对伤害的容许限度是根据局部冲击和局部加速度响应,而不是根据整体加速度响应来进行研究的。英国的铁路部门通过统计事故的伤亡数据发现由于客室内部的座椅与乘员相撞导致不同身体部位受伤的比例如表 5-4。

表 5-4　　　　　　　　　　不同身体部位的受伤比例

头	脸	颈	腿	手臂	胸	腹部	其他
12%	18%	28%	20%	14%	6%	1%	1%

多年以来,头部损伤都被认为是交通事故中对人体伤害最为严重的外伤类型,头部和脑部受到的损伤很难医治,且经常导致长期身体机能障碍,所以脑部的损伤一直以来是乘员伤害研究的重点。生物力学研究揭示了人类头部(颅骨和脑)系统忍受度可以用一条曲线来评估,这条曲线最初是 Lissner 等人提出的,Patrick 等人做了修正。这条曲线称为韦恩州立大学忍受度曲线(Wayne State Tolerance Curve)。它显示引起脑震荡和颅骨破碎的头部加速度或者减速度的水平,是以前额与一个平整的不可压曲面碰撞时枕骨受到的平均加速度为依据的。

韦恩州立大学忍受度曲线是损伤严重性多种指数的基础。最通用的指数是 Gadd 提出的,人体不同部位的忍受度可以用一个数字指标来表示。对于头部,Gadd 严重性指数(GaddServerity Index, GSI)定义为

$$\text{GSI} \equiv \int_0^T a^{2.5} \mathrm{d}t < 1\,000 \tag{5-6}$$

其中,a 是加速度(或者减速度),以 g(重力加速度)表示;t 是以毫秒为单位的时间;T 是加速度(或者减速度)脉冲的总作用时间,以 ms 为单位。

后来,GSI 被头部损伤判据(Head Injury Criterion, HIC)所替代,目前它被认为是最好的头部损伤指标。

$$\text{HIC} \equiv \max(t_2 - t_1) \left(\frac{1}{t_2 - t_1} \int_{t_1}^{t_2} a(t) \mathrm{d}t \right)^{2.5} < 1\,000 \tag{5-7}$$

其中 t_1 和 t_2 分别是使得 HIC 达到最大值的脉冲初始和终止时刻,单位为 ms,$a(t)$ 是合成加速度,以 g 表示。

目前美国道路交通安全局(NHTSA)在汽车碰撞 FMVSS208 法规中采用的就是这一指标,我国的国家标准 GB/T 11551—89《汽车乘员碰撞保护》也是采用了这一伤害标准,要求 Hybrid Ⅲ 假人头部伤害指标(HIC)值不得大于 1 000。

在英国的 ATOC AV/ST9001《铁道车辆内部耐撞击性能标准》的附录 A7 中,对乘员损伤值做了一些规定。对于座椅试验,Hybrid Ⅲ 假人的

(1) 头部损伤判据(HIC)小于 500;

(2) 头部连续 3 ms 的加速度值不能超过 $80g$。

在实际的事故评判中,伤害水平的严重性用简化的伤害尺度来表示,如表 5-5 和表 5-6 所示。

表 5-5　　　　　　　　　　　　　简化的伤害标准

伤害尺度编码	0	1	2	3	4	5	6
伤害严重性	无	较轻	中等	严重	恶劣	临界	最大伤害(不可幸存)

表 5-6　　　　　　　　　典型的人体部位伤害与伤害尺度等级的相互关系

伤害尺度编码	人体部位				
	头	胸部	腹和盆腔内含有物	脊椎骨	手足和骨架
1	头痛或眩晕	1 根肋骨断裂	腹壁:表面划破	严重变形(无折断或错位)	脚趾折断
2	不省人事小于 1 h,线状裂口	2~3 根肋骨折断,胸骨折断	脾、肾、肝撕裂或撞伤	较轻的断裂不伤及任何韧带	胫骨或骨盆或膝盖骨;单一成分折断
3	不省人事小于 1~6 h,呈陷性裂口	多于 4 根肋骨折断,同时胸部出血或气胸	脾或肾:大撕裂	有神经根部破坏的隔膜破裂	膝盖错位,股骨折断
4	不省人事小于 6~24 h,开口性裂口	多于 4 根肋骨折断,有血胸或气胸	肝:大撕裂	不闭合的韧带综合症	膝盖以上截断或粉碎;骨架粉碎
5	不省人事多于 24 h,大的出血(100 ml)	大动脉撕裂(部分横切)	肾,肝或结肠破裂	四肢麻痹	骨盆粉碎(开口的)

5.4.2　乘员碰撞安全防护设计

对于司机室的安全防护,除了在结构上要保证生存区不被压缩,司机室内部设施如控制台等尽可能地避免棱角和硬表面以外,现在欧洲的一些列车设计时已经开始考虑用安全气囊和安全带来保护司机的安全。司机室的正面窗户最易受到像碎石、飞鸟等那样的飞行物的碰击。这些飞行物有从立交桥上坠落的物体,也有从相邻轨道上运行列车抛掷或散落的物体。侧门窗户也容易受到同样的危险,但冲击往往比正面的窗户要轻。为保护车内乘员免受这些危险的有害后果,对有轨运输系统制定了玻璃窗冲击强度要求。

1. 对司机室车窗的规定

UIC651 中建议司机室正面的车窗的设计能承受住 1kg 的标准弹头(尺寸见标准附录)以高于列车运行速度 160 km/h 的速度撞击而不被穿透。侧面窗户的玻璃必须是强化或夹层的安全玻璃,即使破碎时也不会有棱角锐边,司机室内任何其他玻璃如车内各门、机架和仪表盘上的玻璃也必须满足类似标准。

2. 对客室侧面车窗的规定

UIC564-1 要求所有车窗的玻璃必须是强化或夹层的安全玻璃,同时要求至少每车有两扇车窗(每侧各一)作为紧急出口窗。这可以通过把可移动的窗从窗框内拆下或是在紧急情况下用榔头敲碎玻璃来实现。

车辆客室内部装备部件和设备的设计一直对列车事故的伤亡人数和伤亡程度有很大的影响，许多伤亡与其说是因为车辆受严重挤压造成的，倒不如说是因为乘客与车内表面和设备、抛掷出的行李及松脱的部件之间的二次冲击造成的。如座椅的面对面设计，在列车碰撞时会使乘员之间碰撞的可能性增高，乘员会受到对面不受约束的乘员的水平撞击，与同向布置的座椅相比较，会导致更为严重的伤害。目前的高速列车已有别于传统的铁道客车，在客室布局上大多已经采用了同向布置，只有在客室中部采用了面对面布置。在面对面布置时，一般配有小桌，在碰撞中，小桌边缘的接触刚度对乘员的伤害有很大的影响。目前国外已经运用复合材料制造客室桌子以取代传统的铝镶边的结构。

另外，参考航空座椅，欧洲国家已经开始对是否需要在高速列车座椅上配置2点式安全带进行研究。

在比较开阔的客车车厢内站着的乘员在碰撞时特别容易受到伤害，可能与若干内部部件如桌、座椅、门、墙以及行李架相撞击，也有可能与其他站着的或坐着的乘员相撞击。另外，缺少足够的紧急出口或救护人员的紧急通道也一直是事故伤亡严重性上升的一个原因，大量的多发性轻微伤损主要是在车内走动时或进出车辆时因滑倒所导致的结果。

5.5 车辆碰撞仿真和试验技术

5.5.1 车辆碰撞仿真分析技术

众所周知，在列车被动安全性研究中，试验研究是基础，也是最直接最重要的手段。然而，正像所有的研究方法一样，它也不可避免地具有一定的局限性，其中之一就是需要等待造出样品以后，才能实施试验，要想利用这只能在设计周期的后期才能进行的试验及其结果去改进设计，通常必须付出高昂的代价。同时，由于时间和资金的限制而导致的难以考虑的多种解决问题方案的做法，制约了产品设计的优化。特别是在设计初期，这一问题更为突出。

因而，人们一直试图寻求从理论上或用数值计算的方法模拟碰撞过程，以辅助和指导设计。国外20世纪60年代中期就开始了计算机碰撞模拟的研究工作，在最近几年中列车碰撞的数值模拟仿真技术得到了迅速发展。相对于实车碰撞试验，计算机仿真技术在车辆耐碰撞设计中的运用越来越受到重视。特别是近10年来，随着计算机硬件的飞速发展和计算机仿真软件功能的日趋完善，使计算机仿真在某种程度上替代试验成为可能。

目前国内外用于列车碰撞数值仿真的模型，主要有以下三种：

1. 列车事故重建的模型

列车是车辆的多节重连系统，每辆具有自身刚度和破坏特性的车辆，在任何给定的事故场景中都可能受到各种各样的冲击载荷。依赖于列车的冲击速度、碰撞方式及车辆在列车中相对于冲击面的位置因素，列车中每一辆车显示的轨迹和失效/破坏机制都将对相邻列车起不同程度的作用。对于模拟列车碰撞响应的分析来说，当在事故期间可能出现整体的和连贯的可能碰撞现象时，应能对列车中的每一辆车描述其轨迹。分析同时也应能真实地模拟列车在车辆间所使用的连接类型。图 5-20 为两列货车发生正面碰撞时的列车多刚体动力学碰撞模型。

图 5-20　列车多刚体动力学碰撞模型

2．一次碰撞

由碰撞载荷引起的车辆结构响应分析是一项极为复杂和困难的任务。列车一次冲击响应的计算机模拟应能提供下列信息：在一处或多处位置上的车辆客室加速度时间历程曲线；车辆结构分布、包括乘客客室受到的最大动态挤压；不同结构部位作为时间函数的力和位移曲线；车辆客室结构完整性的损失指标等，并指导结构设计和改进工作。图 5-21 为列车头部司机室根据规范分别与不同障碍物发生碰撞时的有限元模型，用以改进和优化头部耐碰撞结构。

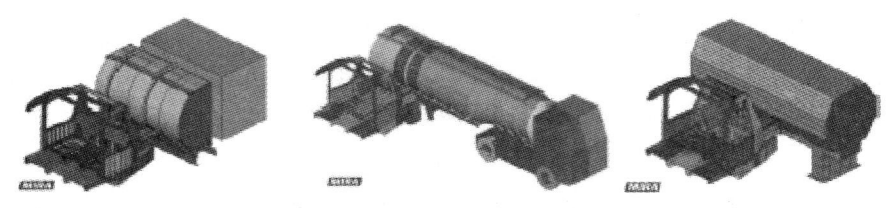

图 5-21　列车头部司机室与不同障碍物发生碰撞的有限元模型

3．二次碰撞

二次碰撞模拟必须提供乘员运动学仿真和在一个正在破裂的客室范围内的内部冲击响应，其碰撞脉冲反映车辆总的刚体运动和车辆结构的能量控制特性。它的输入包括车辆客室结构破坏和加速度时变历程、客室内部几何参数和力-挠度特性，以及约束系统参数。这些输入的精度对列车乘员碰撞响应模拟具有决定性的意义。因为乘客在车厢里的位置，坐着、站着或行走所采取的姿势以及车辆客室内部表面都存在很大的变化，且在事故期间都可能受到碰击。其输出因为乘员的运动响应，并分析人体的损伤程度，最终评价列车安全性能和安全保护设施的效能。

图 5-22 为客室内部面对面布置有小桌时乘员的二次碰撞仿真。

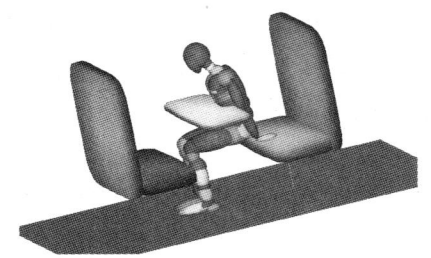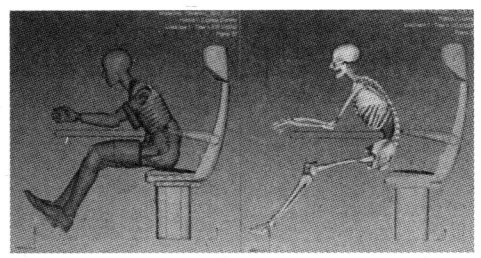

图 5-22　乘员与小桌二次碰撞的多刚体和有限元模型

碰撞仿真研究又可以分为多体系统动力学和动态非线性有限元方法两类,它们在碰撞研究中具有各自的功效与地位。

(1) 多刚体动力学法。该仿真方法主要用来求解多刚体系统碰撞过程中的位移、速度、加速度和作用力等参数,是研究车辆系统碰撞动力学性能的重要手段,其研究结果既可用于指导碰撞设计也可为碰撞设计标准的制定提供参考。因而是耐碰撞设计研究的第一阶段工作。

多体动力学是近 20 年来在经典刚体力学、分析力学和计算机技术基础上发展出来的力学分支,它以多刚体为研究对象,建立所研究系统的数值模型,对它们进行运动分析和动力分析。为了表达多刚体系统中各刚体连接情况,系统结构关系采用有向图来代替。整个有向图的结构可用关联矩阵和通路矩阵来表达,并应用牛顿第二定律、刚体的 Newton-Euler 方程、D'Alemben 原理和 Gauss 虚位移原理,来描述系统的特性。

现在被广为采用的列车多刚体动力学计算软件有 ADAMS, Simpcak, LMS-DADS 和 TNO-MADYMO 等。这些软件自动形成机械系统模型的动力学方程,提供静力学、运动学和动力学的解算结果,包括位移、速度、加速度和力等。但是由于这些软件不能很好地模拟材料的非线性和弹塑性变形,工程运用中有其局限性。

(2) 动态非线性有限元法。该方法主要按照给定标准,对具体车辆对象采用非线性有限元技术来求解碰撞瞬态过程中结构变形及各点应力、应变和变形能等瞬态响应参数,从而了解结构的耐撞击性能。属于耐碰撞设计的第二阶段工作。

列车碰撞是动态的大位移和大变形的过程,接触和高速冲击载荷影响着碰撞全过程,系统具有几何非线性和材料非线性等多重非线性。对上述系统的模拟计算则需采用动态非线性有限元方法。

列车各零部件在撞击载荷作用下会发生大位移、大转动、大变形。这种变形可以是线性弹性变形、非线性弹性变形、塑性变形、黏塑性变形及其组合等。只有通过动态非线性有限元法才能得到各个部件中的变形情况、速度和加速度值,以及应力应变的分布。

目前国内外模拟车辆碰撞过程常用的有限元软件有 LS-DYNA, PAM-CRASH, MSC.DYTRAN, Hyperworks-Radioss 和 ABAQUS-EXPLICIT。前四个软件的核心部分是 Lawrence Livermore 国家实验室在 20 世纪 70 年代开发的 DYNA 公开版本,在分析和研究结构三维动态大变形上具有较强的功能,特别是在汽车被动安全领域的研究十分成功。ABAQUS-EXPLICIT 的核心部分是 HKS 公司开发的。

LS-DYNA 软件于 1976 年起源于美国的 Lawrence Livermore 国家实验室,早期主要应用于模拟较重物体的低速冲击过程,在 1989 年该软件转向 LSTC(Livermore Software Technology Corporation)公司专门开发,并主要应用于汽车耐撞性的研究。该软件经历了许多版本,现已趋于成熟,并通过了试验的验证。目前的版本中包括 100 多种材料的模型,其中包括汽车上常使用的不同的泡沫等材料的模型;在 1990 年以后的版本中又增加了安全带和气囊的模型。该软件具有与 CAL3D 和 MADYMO 等多刚体软件的接口,并允许用户输入自定义的材料特性。1986 年 LS-DYNA 首次成功地模拟了整车的大变形碰撞过程,1991 年 MVMA(美国机动车制造者协会)的 T. B. Khalil 和 LSTC 公司的 J. O. Hallquist 等人计算了有限元模型的气囊与人体的接触过程,其中人体是采用多刚体的模型。后来为了研究人体在碰撞过程中的损伤,采用 LS-DYNA 软件建立了人体各个不同部位的有限元模型,如以制造假人模型而闻名的美国 FTSS(First Technology Safety Systems)和 Arup(OVE Arup &

Partners International Limited)在 1995 年联合使用 LS-DYNA3D 软件建立了 Hybrid Ⅲ 假人的模型并通过了试验的验证。

ESI-PAMCRASH 软件起源于法国,自 1982 年起被用来进行汽车耐撞性的研究,在 1985 年首次成功地模拟了整车碰撞过程,1989 年德国的 R. Hoffman 等人建立了 PAM-CRASH 的气囊有限元模型,1990 年该软件有了与 MADYMO 软件之间的接口程序 PAM-CVS,1991 年福特公司的 V. LakshMinaragan 和法国的 D. Lasry 又模拟了折叠气囊的充气展开过程。2003 年 2 月 17 日,推出 PAMCRASH 的第二代产品 PAM-CRASH 2G。新的应用环境使得 CAE 的建立和分析更加简便,而且对许多功能进行了革命性的改进。在 PAM-CRADSH 2G 中,国际上第一个可预测碰撞断裂的材料模型已经投入了工业应用,这样可以更精确地模拟材料变形、断裂等复杂现象,该模型可应用于复合材料、高强度钢和铝。PAM-CRASH 不仅融入了 DYNA 的基本特征,而且还有其独特之处,在汽车被动安全领域(特别是在欧洲)拥有很多的用户。

MSC. DYTRAN 软件也是以 LS-DYNA3D 的基本理论发展起来的,虽然其拥有的用户不如 LS-DYNA3D 和 PAM-CRASH 多,但在安全气囊的模拟方面有着其独特之处,当气体进入到气囊中时,可以建立其可分离的有限元模型与气囊膜单元之间相互作用,这样可较好地模拟气体快速充入到气囊内的惯性特性。

在车辆被动安全研究中,对于受害者的模拟计算一般采用多刚体的假人模型,主要是由于有限元假人模型的单元数目过大,需要占用大量的 CPU 时间;此外在模拟法规试验中最终需要得到的只是假人头部、胸部和大腿等部位总体的响应和受力,因而在假人建模时采用多刚体模型已经能够满足要求。只有在研究人体损伤并需要得到加速度和载荷的分布时,才建立假人局部或整体的有限元模型。

早在 20 世纪 60 年代中期,国际上就开始了对碰撞受害者模拟计算的研究。从 20 世纪 60 年代末到 70 年代中,陆续出现了一些以刚体动力性理论为基础的乘客碰撞模拟计算机软件。这些软件中最为著名并且在后来得到不断发展和较为广泛使用的有 MVMA2D,CAL3D 和 MADYMO 三种。它们在许多大汽车公司的碰撞安全性研究中被作为分析工具。1984 年之后这三套软件各自又有了不同程度的改进和完善。20 世纪 90 年代初有限元法开始在乘客碰撞模拟计算中应用,运用动态显式非线性有限元方法研究乘客被动约束装置,主要是气囊有限元模型的建立和应用,乘客人体依然视为多刚体铰接模型。在所有这些模型中连接相邻刚体的铰链间可以有非线性扭矩弹簧和阻尼以及干摩擦。MVMA2D 和 MADYMO 中以布里恩角为转动的广义坐标,CAL3D 中以欧拉参数为转动的广义坐标。在所有这些模型中都包括由安全带和气囊组成的约束系统。

当然,计算机仿真并不能完全替代实车试验,主要用于设计阶段的方案优选,在经过试验验证后也可用于样机设计,因而是实车试验前的重要手段:

(1) 计算机仿真可以在设计过程的初期就开始进行安全性的初步评价,尽早地发现结构存在的问题并及时加以解决。

(2) 建立一个仿真模型并验证其有效后,可以进行多方案、多参数的优化设计和仿真计算,而这是破坏性试验所不能做到的。

(3) 仿真的结果可以给设计者提出参考,并指导实车试验中应重点关注的部件或部位。

5.5.2 车辆碰撞试验技术

1. 吸能元件的碰撞试验

(1) 落锤试验。

① 落锤试验体系:图 5-23 为一个落锤试验体系示意图。从该图上可以看出,试验体系一般可以分为撞击试验机、瞬态撞击力测量系统、信号采集系统、激光-光栅瞬态辅助测量系统四部分。

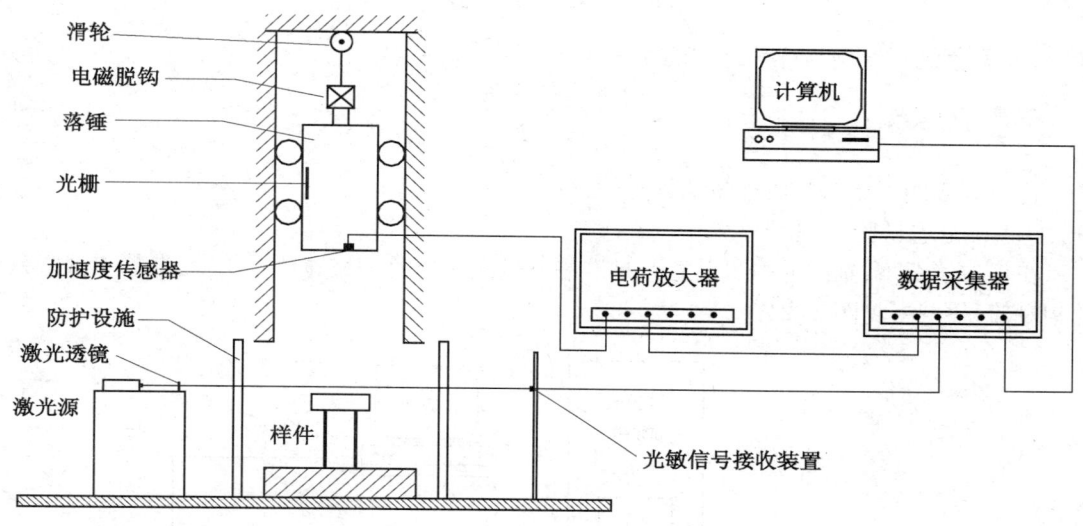

图 5-23 落锤撞击试验体系示意图

当落锤从某一高度落下时,由能量守恒定律,势能转化为动能,从而实现以一定速度对试件动态加载。用导轨导向落锤,使加载过程中压缩底面保持水平。电控脱钩使落锤有控地释放。底座可视为质量无限大的刚性板。使用压电式加速度传感器测量撞击压溃过程中的瞬态加速度,经过电荷放大器将信号放大,输入数据采集系统将信号数字化。激光-光栅瞬态系统可作为瞬态位移的辅助测量。

② 试验数据获得:由加速度传感器测出试件所受的瞬态加速度 $a(t)$,从而得出铝管所受的瞬间冲击载荷

$$P(t) = M \cdot a(t) \tag{5-8}$$

式中,M 是落锤质量。

由瞬时加速度 $a(t)$ 还可以得到瞬时速度和位移:

$$v(t) = \int_0^t a(\tau)\mathrm{d}\tau + v(0)$$

$$s(t) = \int_0^t \mathrm{d}\tau \int_0^\tau a(t)\mathrm{d}t - s(0) \tag{5-9}$$

式中,$v(0)$,$s(0)$ 是初始撞击速度和初始压缩位移。

结合式(5-8)和式(5-9)可以得到载荷-位移历程 $P(s)$，对载荷位移曲线积分可以得到样件吸收的塑性变形能

$$E_d = \int_0^{\Delta L} P(s) ds \tag{5-10}$$

式中，ΔL 为样件的压缩长度。

加载到样件上的撞击能为

$$E_s = Mg(H + \Delta L) \tag{5-11}$$

式中，H 为落锤下底面与样件之间的距离。

于是可以得到：

$$\mu = \frac{E_s - E_d}{E_s} \tag{5-12}$$

这里 μ 表明了铝管吸收能量的性能。

(2) 准静态试验系统。

在低速情况下，轴向冲击可以看作是准静态过程。与落锤试验体系相比，准静态试验系统要相对简易一些，见图 5-24。

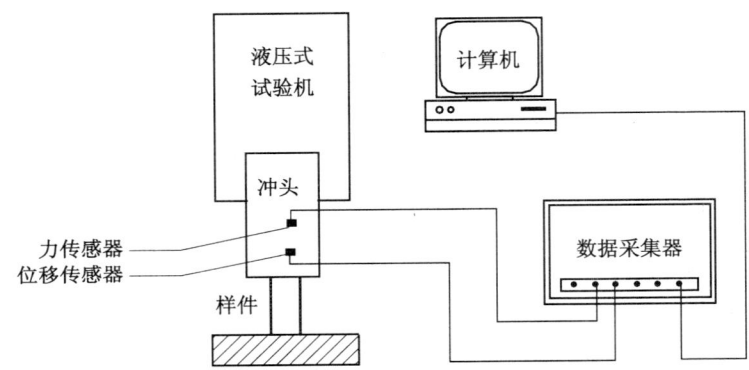

图 5-24 准静态试验体系示意图

通过液压式试验机加载，将力传感器、位移传感器和试件安装在试验机夹具上，传感器与数据采集系统连接，在对试件均匀加载过程中测得试件每一时刻的力和位移。

通过由力传感器获得载荷时间历程 $F(t)$ 和由位移传感器获得位移时间历程 $S(t)$ 可以得到载荷-位移 $P(s)$，对载荷位移曲线积分可以得到样件吸收的塑性变形能

$$E_d = \int_0^{\Delta L} P(s) ds \tag{5-13}$$

式中，ΔL 为样件的压缩长度。

由此可见，准静态试验要比落锤碰撞试验简单，因而成为一种常用的碰撞试验研究方法。

2. 轨道车辆车体的碰撞试验

由于整车的试验花费巨大，目前真正进行此类试验的研究不是很多，目前大多进行的是验证、比较型试验。

一般来说试验方式有 2 种，一是将被试车辆或列车撞向混凝土墙，如图 5-25 所示，另外一

种是在线的两列车对撞,如图 5-26 所示。

图 5-25 车辆与混泥土墙碰撞试验

3. 乘员二次碰撞的试验研究

由于大规模的车体碰撞试验代价昂贵,为了研究桌椅系统对乘员的伤害,欧美的一些研究机构在模拟汽车台车碰撞试验的基础上,相继开发了一些试验台,研究座椅、小桌等客室内的布置对乘员伤害的影响。这样可以在费用较低的基础上进行多次的重复试验,研究影响伤害的一些关键因素以指导耐碰撞客车的设计。在碰撞过程中,若发生座椅滑移或者破坏,那么乘员的生存空间会发生很大的变化,将加剧伤害的程度。所以还应对座椅进行强度试验验证。图 5-27 是客车座椅的静强度试验示意图。图 5-28 是安装在台车上的座椅碰撞试验装置。这样的试验装置对我国开展乘员保护的试验研究将具有积极的意义。

图 5-26 两车碰撞试验

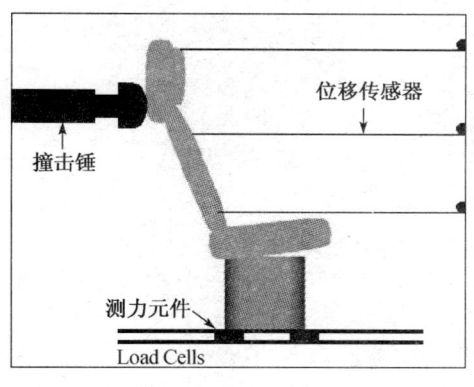 

图 5-27 客车座椅静强度试验装置示意 　　图 5-28 座椅相向设置碰撞试验

5.6 设计分析案例

5.6.1 地铁车辆耐碰撞仿真分析

依据 EN15227 对地铁车辆的要求,碰撞计算按照一列地铁车辆与一列静止的相同的地铁车辆相碰撞进行模拟。碰撞质量为 AW0 加上 50%坐席乘客的质量。

运动列车和静止列车分"M"、"Mp"和"T"三种基本类型,图 5-29 为列车各车辆,车钩及各接触面编号示意图,车钩类型分别为 EFG3+压溃管(200 mm),EFG3+压溃管(100 mm),EFG3+压溃管(300 mm)。列车端部有防爬装置。

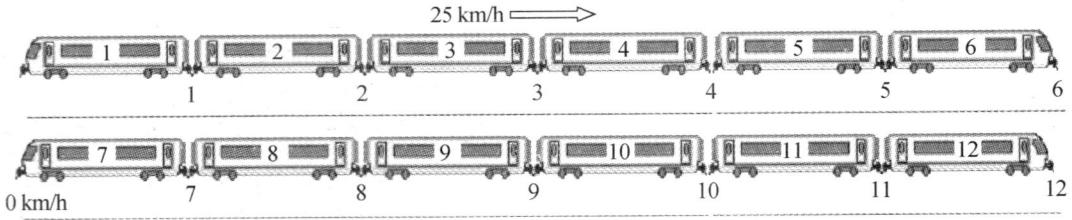

图 5-29 列车编组图

整个碰撞列车有限元模型一共有节点 2 838 890 个,单元 3 084 364,其中 shell 单元 2 186 330 个,体单元 898 000 个,有限元模型如图 5-30 所示。

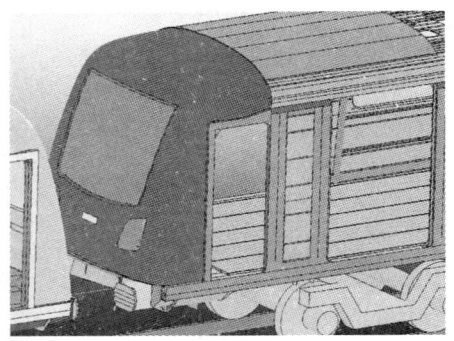

图 5-30 两列车对撞仿真模型

分析采用 Hyper-Mesh 和 LS-ProPost 软件进行几何建模、网格划分和加载边界条件和后处理,用 LS-DYNA 软件求解器进行显式动力学计算。

碰撞发生后 0.7 s 列车各车辆达到相同速度,如图 5-31 所示;车钩缓冲装置和司机室吸收了约 2.49 MJ 的能量,其中车钩缓冲器吸收了 1.82 MJ,碰撞 0.9 s 后轮轨摩擦力消耗 275 kJ,能量结果见图 5-32。

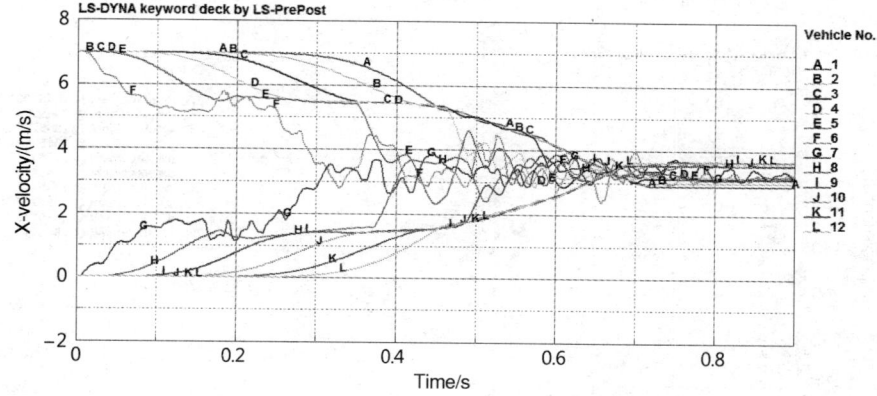

图 5-31 列车各车辆速度变化曲线

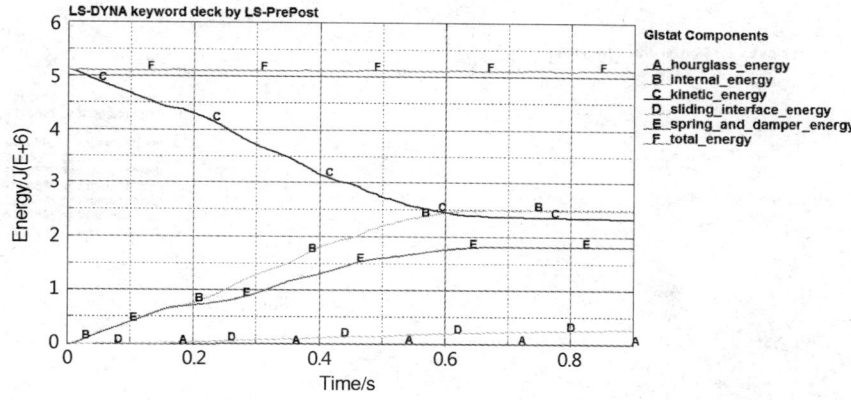

图 5-32 能量变化曲线

车钩界面 6 处的接触力在 0.17 s 后变为 0,在 0.19 s 时防爬器接触,0.21 s 时司机室底架地板发生接触,接触力见图 5-33。各车钩压缩行程见图 5-34a 和图 5-34b,各车钩吸能情况见图 5-35。各个碰撞时刻的车头司机室变形见图 5-36。

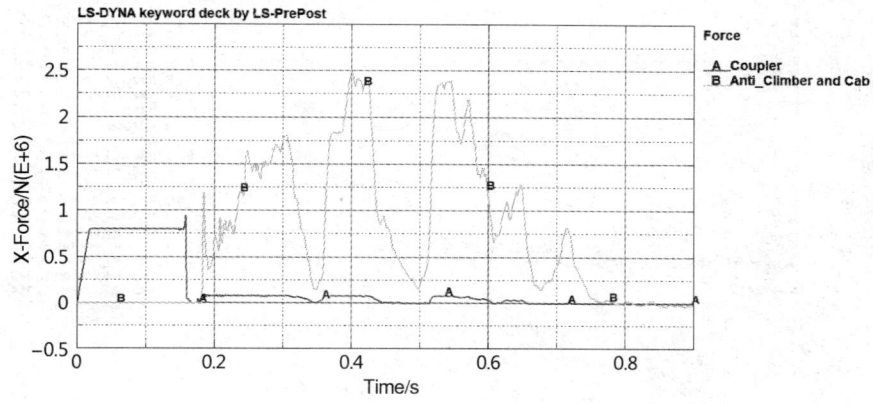

图 5-33 碰撞界面 6 载荷变化曲线

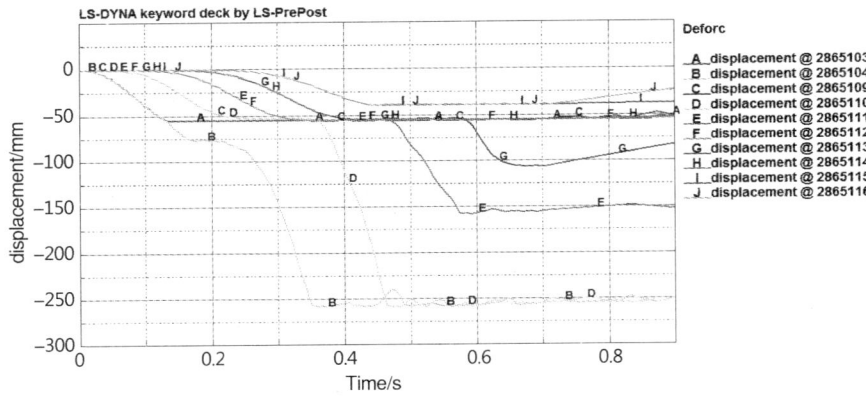

(a) 车钩压缩行程变化曲线图(运动列车)

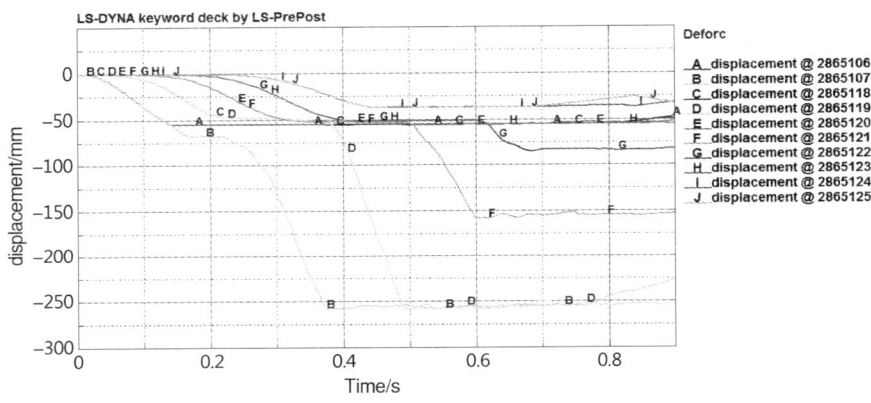

(b) 车钩压缩行程变化曲线图(静止列车)

图 5-34

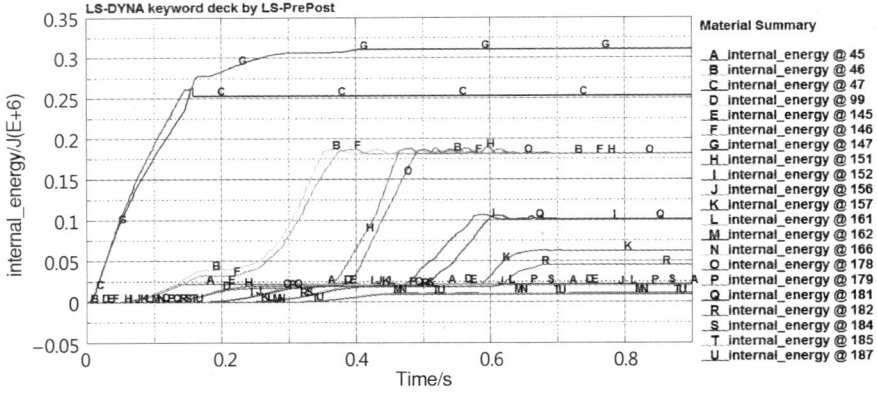

图 5-35 车钩吸收能量曲线图

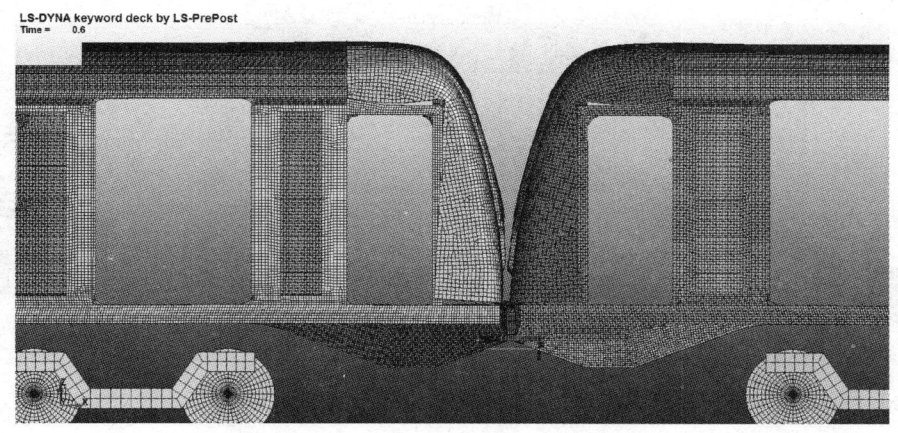

图 5-36 列车司机室碰撞后变形图(0.6 s)

5.6.2 高速动车组

运动列车和静止列车分"M"、"T"两种基本类型,列车编组方式为 Mc1-T-Mc2,图 5-37 为列车编组示意图,Mc1 和 Mc2 为带司机室的头车,列车端部有带压溃管的自动车钩和防爬装置,具体吸能参数见图 5-38 和图 5-39。

编组方式:

$$=Mc1-T-Mc2=$$

图 5-37 列车编组图

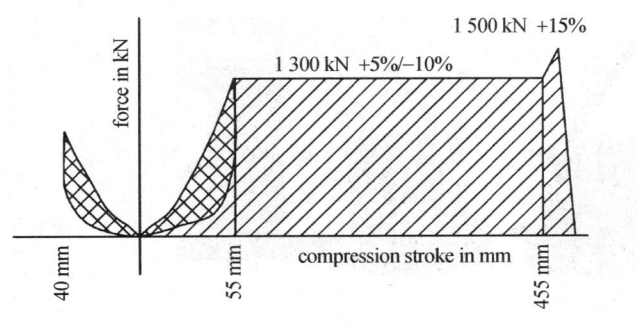

图 5-38 自动车钩吸能曲线

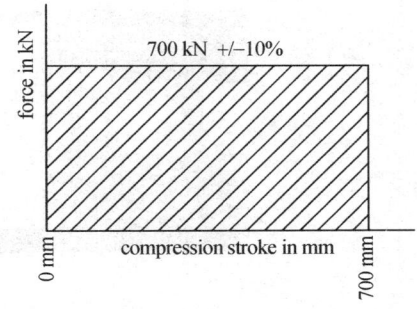

图 5-39 防爬器吸能曲线

根据 EN 15227《铁路车辆车体的防撞性要求》的要求,碰撞工况为:

工况 1:一列(3 节编组)(AW0+50%坐席乘客质量)下的列车以 36 km/h 的速度与一列静止的相同编组的列车碰撞,见图 5-40。

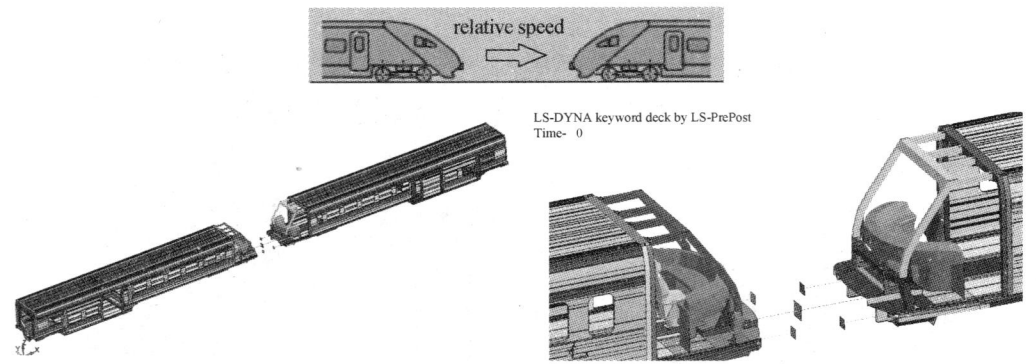

图 5-40 工况 1 计算模型

车钩和防爬器的作用力如图 5-41 所示,在车钩压溃管行程结束后,防爬器接触,当两车速度趋同时,作用力趋于零。碰撞 0.4 s 时刻的车头司机室变形见图 5-42。

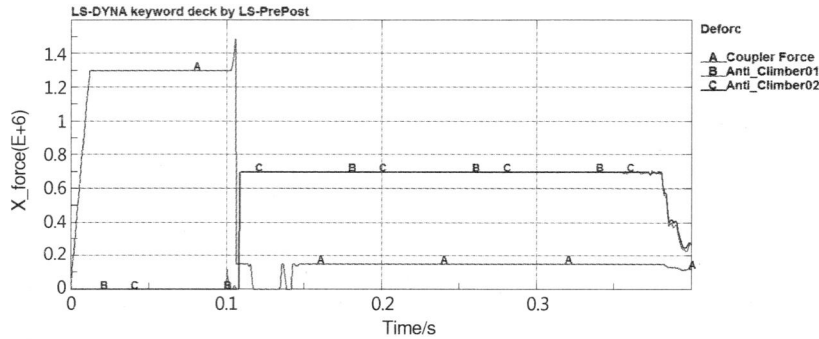

图 5-41 司机室车钩和防爬器载荷变化曲线

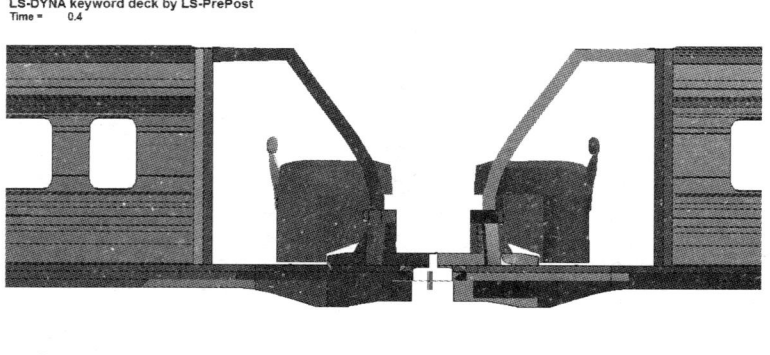

图 5-42 列车司机室碰撞后变形图(0.4 s)

工况 2:一列(3 节编组)(AW0+50%坐席乘客质量)下的列车以 36 km/h 的速度与一节 80 t 重的静止的标准货车碰撞;计算仿真模型见图 5-43 所示。

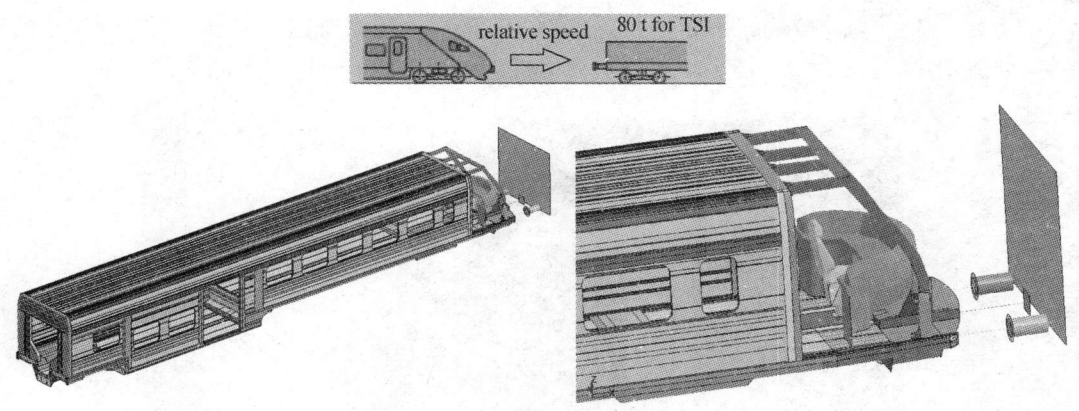

图 5-43　工况 2 计算模型

碰撞发生 0.17 s 时 EMU_Mc 车和 80 t 货车速度曲线相交,之后速度差保持一定,见图 5-44 所示;车钩力如图 5-45 所示,在达到最大行程后,车钩剪断。

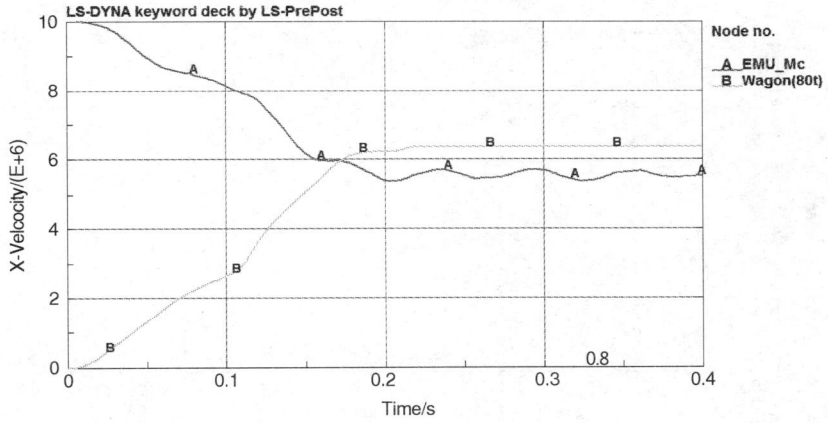

图 5-44　速度变化曲线

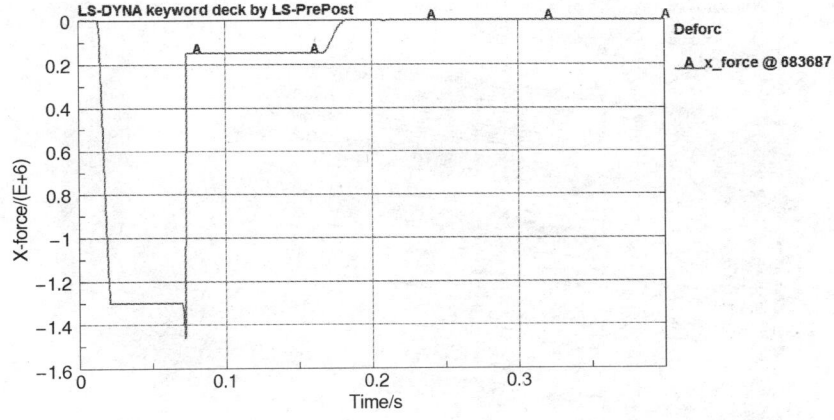

图 5-45　司机室车钩载荷变化曲线

司机室驾驶台与座椅的距离变化图见图 5-46 所示,逃生空间满足 EN15227 中规定的大于 300 mm 的要求。碰撞 0.15 s 时刻的车头司机室变形见图 5-47。

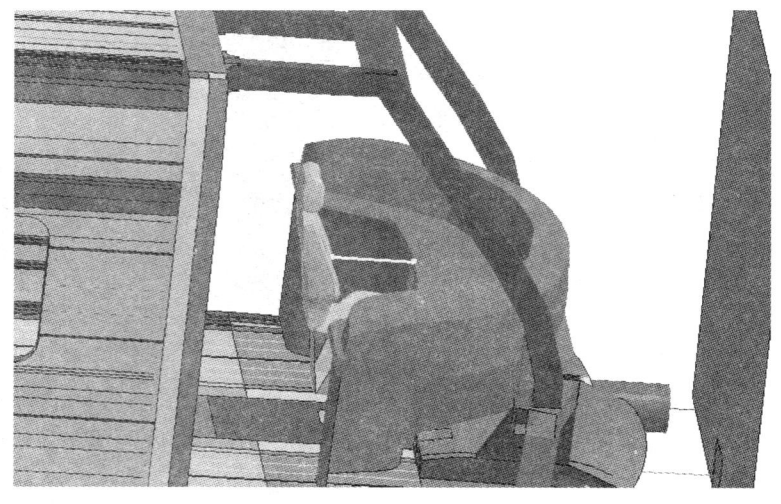

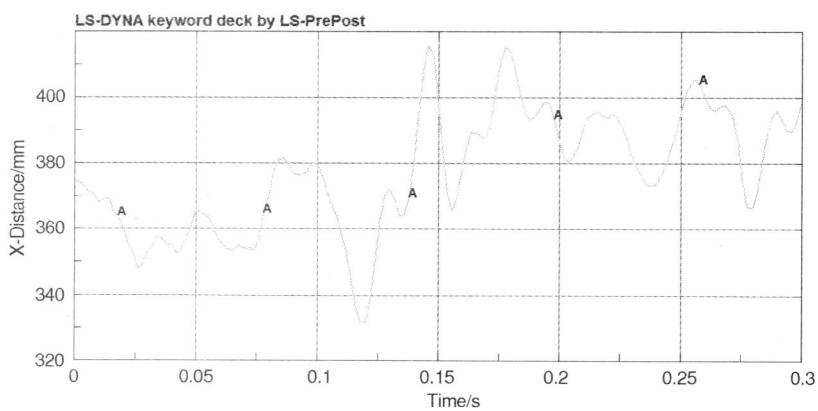

图 5-46 司机室驾驶台与座椅的纵向(X 方向)距离变化图

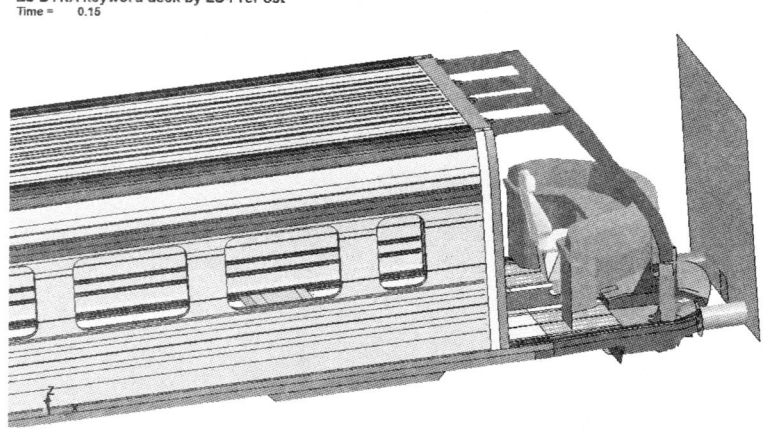

图 5-47 列车司机室碰撞后变形图(0.15 s)

工况3:一列(3节编组)(AW0+50%坐席乘客质量)下的列车以50 km/h的速度与一15 t重的障碍物碰撞;计算仿真模型见图5-48所示。中间车和尾车的质量以集中质量点的形式附于头车的尾部,保证列车结构碰撞的总质量为114.786 t。

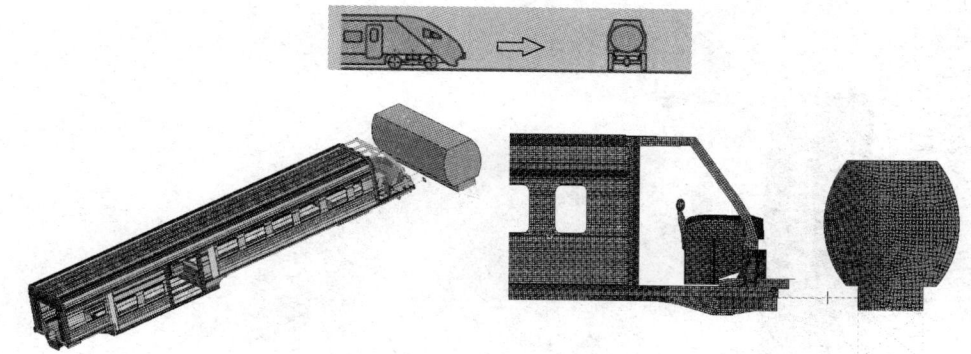

图5-48 工况3计算模型

碰撞发生0.15 s时EMU_Mc车和15 t障碍物体速度曲线相交,见图5-49所示。司机室与障碍物的接触作用力如图5-50所示,在0.27 s之后接触力减为零,表明此时障碍物与司机

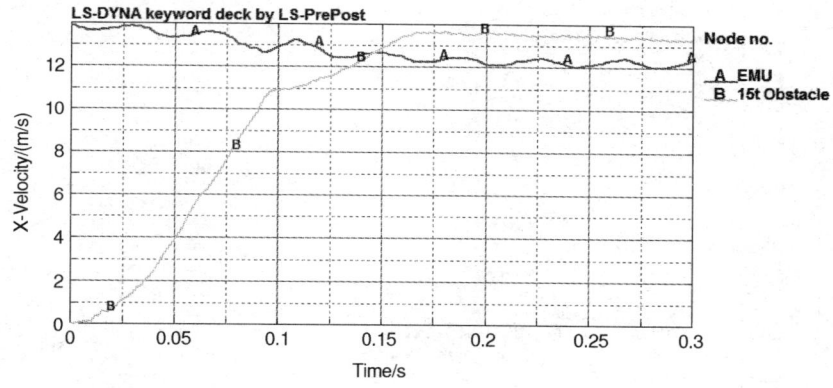

图5-49 速度变化曲线

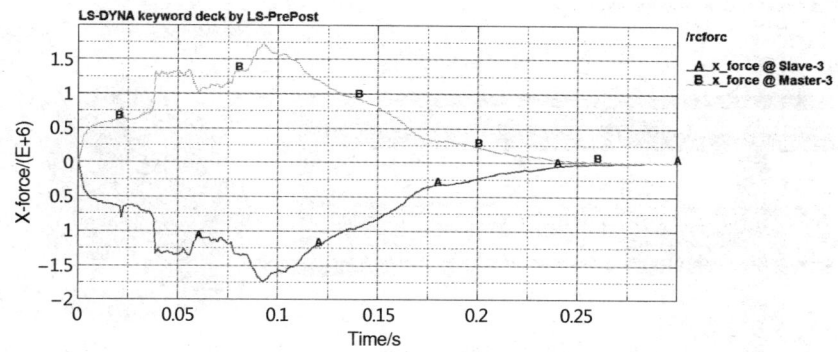

图5-50 碰撞接触面载荷时间历程曲线

室已经脱离接触。在此过程中,列车速度由 13.9 m/s 减为 12.2 m/s,车体客室生存空间处的平均减速度为 0.642g,小于 EN 15227 中规定的 7.5g 的要求。司机室驾驶台与座椅的距离变化图见 4-51 所示,空间满足 EN15227 中规定的大于 300 mm 的要求。碰撞 0.2 s 时车头司机室变形见图 5-52。

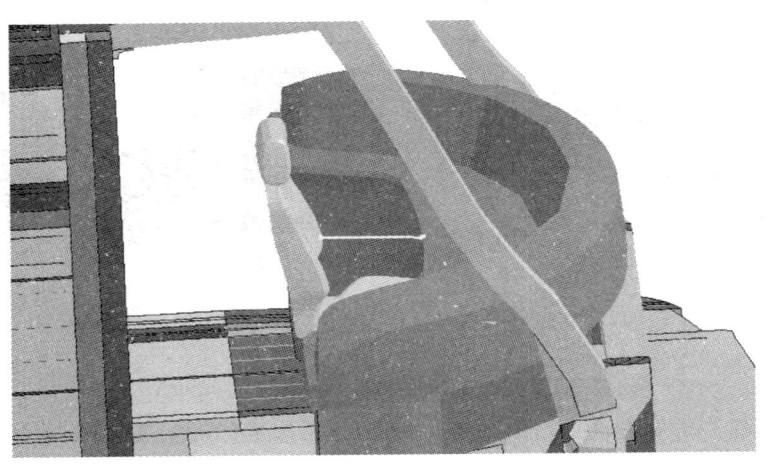

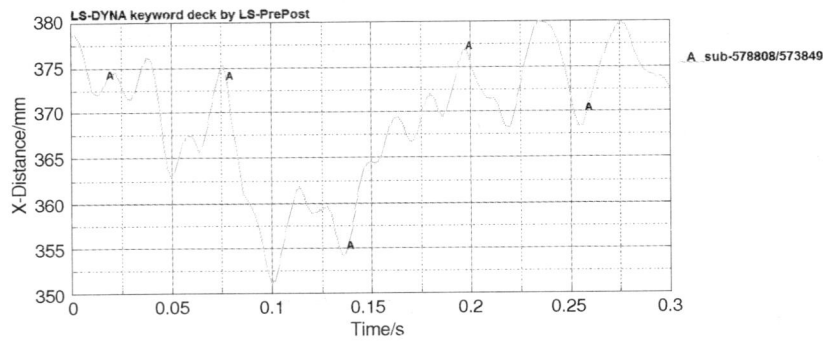

图 5-51 司机室驾驶台与座椅的纵向(X 方向)距离变化图

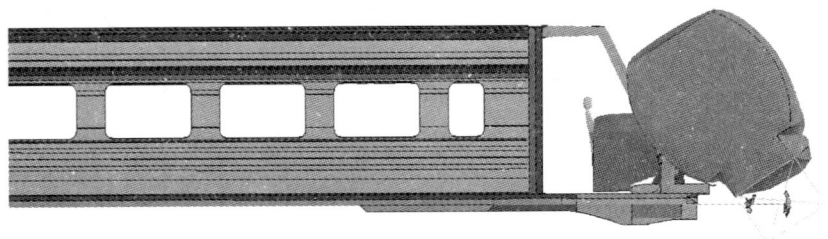

图 5-52 列车司机室碰撞后变形图(0.2 s)

参考文献

[1] 赵洪伦.轨道车辆结构设计[M].北京:中国铁道出版社,2009.
[2] 严隽耄.车辆工程[M].北京:中国铁道出版社,2011.
[3] 康熊.铁路计算机仿真技术[M].北京:中国铁道出版社,2010.

第6章 多学科设计优化

传统的机械产品设计方法是设计人员根据其掌握的数学、力学、材料科学和机械设计的知识及经验,包括对一类产品的统计性能数据,进行改进或再创造;其中亦包括经验设计、模仿设计等。这种设计方法,多用试算法,反复试凑,找出满足设计要求的参数。随着计算机技术的不断发展,运用工程设计的新理论和新方法,使计算结果达到最优,使设计过程实现高效化和自动化成为广泛被采用的现代设计方法之一。以便适应市场剧烈竞争的需要,提高设计质量和缩短设计周期。

优化设计(Optimum Design)是20世纪60年代开始发展起来的一门新的设计方法,是最优化技术和计算技术在设计领域中应用的结果。

多学科设计优化(Multidiscipline Design Optimization,MDO)是一种用全局的观点,通过研究复杂工程系统与子系统之间的交互影响和协同作用,对复杂工程系统进行分析和优化的现代设计方法。

本章将对优化设计相关的理论和方法,特别是最近发展起来的多学科设计优化方法做全面的介绍,同时结合轨道交通系统设计给出相关的优化设计案例。

6.1 优化设计方法

6.1.1 优化问题基本概念

给出优化问题的一般定义:在满足一定的约束条件下寻找目标函数极大值或极小值的过程。

优化设计的主要内容包括以下三方面:
(1) 建立优化设计的数学模型;
(2) 选择合适的优化计算方法;
(3) 编制程序或应用分析软件,求得最佳设计参数。

用数学模型可以描述为

$$\min f(\boldsymbol{x}) \\ \text{s.t.} \quad h_i(\boldsymbol{x}) = 0, \ i = 1, \cdots, l \\ g_i(\boldsymbol{x}) \leqslant 0, \ i = 1, \cdots, m \\ \boldsymbol{x} \in K \tag{6-1}$$

其中,$\boldsymbol{x}$ 为设计变量;$f(\boldsymbol{x})$ 为目标函数;$h_i(\boldsymbol{x})$ 为等式约束;$g_i(\boldsymbol{x})$ 为非等式约束;K 为设计变量

x 的可行域。

1. 设计变量

在一般优化过程中,不断进行修改、调整,一直处于变化的参数称为设计变量(Design Variable)。分为连续变量或离散变量。设计变量的全体是一组变量,可用式(6-2)的一个列向量表示:

$$x = \{X\} = (x_1, x_2, \cdots, x_n)^{\mathrm{T}} \tag{6-2}$$

式中,$\{X\}$ 一般是 n 个设计变量,又称 N 维设计空间,对应 n 维优化设计问题。

在多学科设计优化中,设计变量可以分为系统设计变量(System Design Variable)和局部设计变量(或称之为学科设计变量)。系统设计变量在整个系统范围内起作用,而局部设计变量则只在某一学科范围内起作用。局部设计变量也称为学科设计变量(Discipline Design Variable)或子空间设计变量(Subspace Design Variable)。

2. 目标函数

目标函数是设计变量的函数,是设计中所追求的目标。如轴的质量、弹簧的体积、齿轮的承载能力等。

在优化设计中,用目标函数的大小来衡量设计方案的优劣,故目标函数也可称评价函数。目标函数的一般表示式为

$$f(x) = f(x_1, x_2, \cdots, x_n) \tag{6-3}$$

3. 约束条件

一个可行设计必须满足某些设计限制条件,这些限制条件称作约束条件,简称约束。

约束(按性质分) { 性能约束——针对性能要求
                  侧面约束——只对设计变量的取值范围限制(又称边界约束)

约束(按数学表达式) { 等式约束——$h(x) = 0$
                      不等式约束——$g(x) \leqslant 0$

对多学科设计优化,约束条件一般指系统在设计过程中必须满足的条件。分为系统约束(System Constraint)和学科约束(Discipline Constraint),两者的区别在于约束条件作用范围为全系统或者学科局部。

4. 可行域

凡满足所有约束条件的设计点在设计空间的活动范围称为可行域。对两设计变量,在相关约束条件下的可行域见图 6-1。

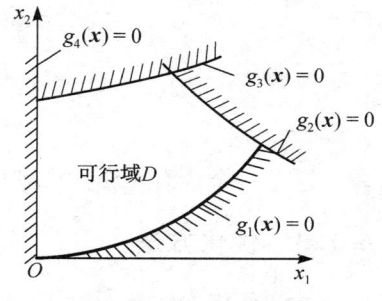

图 6-1 变量可行域定义

6.1.2 优化问题分类

1. 按照目标函数区分

按照目标函数的个数优化问题可以区分为单目标优化设计问题和多目标优化设计问题。

对多目标优化设计问题,目前处理多目标设计问题常用的方法是组合成一个复合的目标函数,如采用线性加权的形式,即

$$f(\boldsymbol{x}) = W_1 f_1(\boldsymbol{x}) + W_2 f_2(\boldsymbol{x}) + \cdots + W_q f_q(\boldsymbol{x}) \tag{6-4}$$

2. 按约束条件区分

按照有无约束条件,可以区分为约束优化问题和无约束优化问题。

无约束优化:在没有限制的条件下,对设计变量求目标函数的极小点。一般情况下其极小点在目标函数等值面的中心。

约束优化:在可行域内对设计变量求目标函数的极小点。其极小点在可行域内或在可行域边界上。

对约束优化问题可以通过转化为一系列的无约束优化问题来实现。

3. 按学科划分

学科一般指系统中本身相互独立、相互之间又有数据交换关系的基本模块,是一个抽象概念。以轨道车辆为例,学科既可以指空气动力学、结构振动、控制、疲劳等通常意义上的学科,又可以指系统的实际物理部件后子系统,如轨道车辆的走行部、牵引供电、制动等分系统。

按照系统和学科的划分,优化问题可以分为单学科设计优化和对学科设计优化问题。

【**实例**】 一种承受纯扭矩的空心传动轴,已知传递的力矩为 T,确定在满足强度和刚度条件下,此传动轴的内外径,以使其用料最省(图6-2)。

优化问题的数学模型:

分别用 x_1, x_2 代表外径 D 和内径 d,则上述设计问题可归结为如下数学模型:

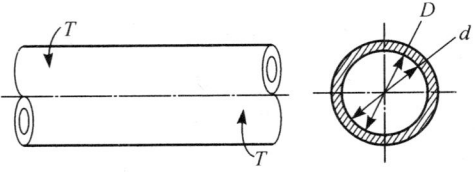

图 6-2 优化实例

求设计变量 x_1, x_2,

使函数
$$f(x_1, x_2) = \frac{\pi}{4}(x_1^2 - x_2^2) \ \text{极小化}$$

满足条件
$$g_1(\boldsymbol{x}, x_2) = \frac{16T}{\pi} \times \frac{x_1}{x_1^4 - x_2^4} - [\tau] \leqslant 0$$

$$g_2(\boldsymbol{x}, x_2) = \frac{32T}{\pi G} \times \frac{1}{x_1^4 - x_2^4} - [\theta] \leqslant 0$$

$$g_3(\boldsymbol{x}, x_2) = x_1 \geqslant 0$$

$$g_4(\boldsymbol{x}, x_2) = x_2 \geqslant 0$$

这是一个含有4个约束条件的二元非线性约束优化问题。

6.1.3 优化方法

所谓优化方法是针对式(6-1)的优化问题,通过数值分析和算法寻求满足目标函数最小(或最大)的过程。

在数值优化中,一般采用迭代法求解式(6-5)的无约束优化问题

$$\min f(\boldsymbol{x}) \tag{6-5}$$

的极小点。

迭代法的基本思想是:给定一个初始点 x_0,按照某一迭代规则产生一个迭代序列 $\{x_k\}$。

使得若该序列是有限的,则最后一个点就是问题(6-5)的极小点;否则,若序列$\{x_k\}$是无穷点列时,它有极限点且这个极限点即为问题(6-5)的极小点。

设x_k为第k次迭代点,d_k为第k次搜索方向,α_k为第k次步长因子,则第k次迭代完成后可得到新一轮(第$k+1$次)的迭代点。

$$x_{k+1} = x_k + \alpha_k d_k \tag{6-6}$$

因此,可以写出求解无约束优化问题(6-5)的一般算法框架如下:

步骤0:给定初始化参数及初始迭代点x_0。置$k=0$。
步骤1:若x_k满足某种终止准则,停止迭代,以x_k作为近似极小点。
步骤2:通过求解x_k处的某个子问题确定下降方向d_k。
步骤3:通过某种搜索方式确定步长因子α_k,使得$f(x_k + \alpha_k d_k) < f(x_k)$。
步骤4:令$x_{k+1} = x_k + \alpha_k d_k$,$k = k+1$,转步骤1。

为了方便,通常称上述算法中的$s_k = \alpha_k d_k$为第k次迭代的位移。从算法(6-6)可以看出,不同的位移(不同的搜索方向及步长因子)即产生了不同的迭代算法。为了保证算法的收敛性,一般要求搜索方向为所谓的下降方向:

若存在$\bar{\alpha} > 0$,使得对任意的$\alpha \in (0, \bar{\alpha}]$和$d_k \neq 0$,有

$$f(x_k + \alpha d_k) < f(x_k) \tag{6-7}$$

则称d_k为$f(x)$在x_k处的一个下降方向。

若目标函数f是一阶连续可微的,则判别d_k是否为下降方向将有更为方便的判别条件。

一般地,设函数$f: D \subset \mathbf{R}^n \to \mathbf{R}$在开集$D$上一阶连续可微,则$d_k$为$f(x)$在$x_k$处一个下降方向的充要条件是

$$\nabla f(x_k)^\mathrm{T} d_k < 0 \tag{6-8}$$

算法的收敛性是设计一个迭代算法的最起码要求,关于收敛性,有所谓的"局部收敛性"和"全局收敛性"概念:

若某算法只有当初始点x_0充分接近极小点x^*时,由算法产生的点列$\{x_k\}$才收敛于x^*,则称该算法具有局部收敛性。若对于任意的初始点x_0,由算法产生的点列$\{x_k\}$都收敛于x^*,则称该算法具有全局收敛性。

算法的局部收敛速度是衡量一个算法好坏的重要指标,我们在此给出有关收敛速度的概念。

设算法产生的点列$\{x_k\}$收敛于极小点x^*,且

$$\lim_{k \to \infty} \frac{\|x_{k+1} - x^*\|}{\|x_k - x^*\|^p} = \theta \tag{6-9}$$

(1) 若$p=1$且$0 < \theta < 1$,则称该算法具有线性收敛速度(或线性收敛的)。
(2) 若$p=1$且$\theta = 0$,则称该算法具有超线性收敛速度(或超线性收敛的)。
(3) 若$p=2$且$0 < \theta < \infty$,则称该算法具有平方收敛速度(或平方收敛的)。
(4) 一般地,若$p > 2$且$0 < \theta < \infty$,则称该算法具有p阶收敛速度(或p阶收敛的)。

在计算机上实现一个迭代法,通常需要一个迭代终止条件,常用的基本终止条件有下列

三种：

(1) 位移的绝对误差或相对误差充分小，即

$$\| \boldsymbol{x}_{k+1} - \boldsymbol{x}_k \| < \varepsilon, \text{或} \frac{\| \boldsymbol{x}_{k+1} - \boldsymbol{x}_k \|}{\| \boldsymbol{x}_k \|} < \varepsilon \tag{6-10}$$

其中，ε 是充分小的正数。

(2) 目标函数的绝对误差或相对误差充分小，即

$$| f(\boldsymbol{x}_{k+1}) - f(\boldsymbol{x}_k) | < \varepsilon \text{ 或 } \frac{| f(\boldsymbol{x}_{k+1}) - f(\boldsymbol{x}_k) |}{| f(\boldsymbol{x}_k) |} < \varepsilon \tag{6-11}$$

其中，ε 是充分小的正数。

(3) 目标函数的梯度的范数充分小，即

$$\| \nabla f(\boldsymbol{x}_k) \| < \varepsilon \tag{6-12}$$

其中，ε 是充分小的正数。

在具体优化求解是，根据有无约束问题，优化方法可以分为无约束问题的优化方法和有约束问题的优化方法。

6.2 无约束问题的优化方法

6.2.1 基于导数的优化算法

1. 最速下降法（梯度法）

在 6.1 节中关于无约束优化问题下降类算法的一般框架时提及，用不同的方式确定搜索方向或搜索步长，就会得到不同的算法。最速下降法是用负梯度方向

$$\boldsymbol{d}_k = -\nabla f(\boldsymbol{x}_k) \tag{6-13}$$

作为搜索方向的（因此也称为梯度法）。设 $f(\boldsymbol{x})$ 在 $\boldsymbol{x}_k$ 附近连续可微，$\boldsymbol{d}_k$ 为搜索方向向量，$\boldsymbol{g}_k = \nabla f(\boldsymbol{x}_k)$。由泰勒展开式得，

$$f(\boldsymbol{x}_k + \alpha \boldsymbol{d}_k) = f(\boldsymbol{x}_k) + \alpha \boldsymbol{g}_k^{\mathrm{T}} \boldsymbol{d}_k + o(\alpha), \alpha > 0 \tag{6-14}$$

那么目标函数 $f(\boldsymbol{x})$ 在 $\boldsymbol{x}_k$ 处沿方向 $\boldsymbol{d}_k$ 下降的变化率为

$$\lim_{\alpha \to 0} \frac{f(\boldsymbol{x}_k + \alpha \boldsymbol{d}_k) - f(\boldsymbol{x}_k)}{\alpha} = \lim_{\alpha \to 0} \frac{\alpha \boldsymbol{g}_k^{\mathrm{T}} \boldsymbol{d}_k + o(\alpha)}{\alpha} \tag{6-15}$$

$$= \boldsymbol{g}_k^{\mathrm{T}} \boldsymbol{d}_k = \| \boldsymbol{g}_k \| \| \boldsymbol{d}_k \| \cos \bar{\theta}_k$$

其中，$\bar{\theta}_k$ 是 $\boldsymbol{g}_k$ 与 $\boldsymbol{d}_k$ 的夹角。显然，对于不同方向的 $\boldsymbol{d}_k$，函数变化率取决于它与 $\boldsymbol{g}_k$ 夹角的余弦值。要使变化率最小，只有 $\cos \bar{\theta}_k = -1$，即 $\bar{\theta}_k = \pi$ 时才能达到，亦即 $\boldsymbol{d}_k$ 应该取式(6-10)中的负梯度方向，这也是将负梯度方向叫作最速下降方向的由来。下面给出最速下降法的具体计算步骤。

步骤 0：选取初始点 $x_0 \in \mathbf{R}^n$，容许误差 $0 \leqslant \varepsilon \ll 1$，令 $k=1$。
步骤 1：计算 $\boldsymbol{g}_k = \nabla f(\boldsymbol{x}_k)$，若 $\|\boldsymbol{g}_k\| \leqslant \varepsilon$，停算，输出 $\boldsymbol{x}_k$ 作为近似最优解。
步骤 2：取方向 $\boldsymbol{d}_k = -\boldsymbol{g}_k$。
步骤 3：由线搜索技术确定步长因子 α_k。
步骤 4：令 $\boldsymbol{x}_{k+1} = \boldsymbol{x}_k + \alpha_k \boldsymbol{d}_k$，$k=k+1$，转步骤1。

跟最速下降法一样，牛顿法也是求解无约束优化问题最早使用的经典算法之一。其基本思想是用迭代点 $\boldsymbol{x}_k$ 处的一阶导数（梯度）和二阶导数（Hesse 矩阵）对目标函数进行二次函数近似，然后把二次模型的极小点作为新的迭代点，并不断重复这一过程，直至求得满足精度的近似极小点。

下面来推导牛顿法的迭代公式。设 $f(\boldsymbol{x})$ 的 Hesse 矩阵 $\boldsymbol{G}(\boldsymbol{x}) = \nabla^2 f(\boldsymbol{x})$ 连续，截取其在 $\boldsymbol{x}_k$ 处的泰勒展开式的前三项得：

$$q_k(\boldsymbol{x}) = f_k + \boldsymbol{g}_k^{\mathrm{T}}(\boldsymbol{x} - \boldsymbol{x}_k) + \frac{1}{2}(\boldsymbol{x} - \boldsymbol{x}_k)^{\mathrm{T}} \boldsymbol{G}_k (\boldsymbol{x} - \boldsymbol{x}_k) \tag{6-16}$$

其中 $f_k = f(\boldsymbol{x}_k)$，$\boldsymbol{g}_k = \nabla f(\boldsymbol{x}_k)$，$\boldsymbol{G}_k = \nabla^2 f(\boldsymbol{x}_k)$。求二次函数 $q_k(\boldsymbol{x})$ 的稳定点，得

$$\nabla q_k(\boldsymbol{x}) = \boldsymbol{g}_k + \boldsymbol{G}_k(\boldsymbol{x} - \boldsymbol{x}_k) = 0 \tag{6-17}$$

若 $\boldsymbol{G}_k$ 非奇异，那么解上面的线性方程组（记其解为 $\boldsymbol{x}_{k+1}$）即得牛顿法的迭代公式

$$\boldsymbol{x}_{k+1} = \boldsymbol{x}_k - \boldsymbol{G}_k^{-1} \boldsymbol{g}_k \tag{6-18}$$

在迭代公式(6-13)中每步迭代需要求 Hesse 矩阵的逆 $\boldsymbol{G}_k^{-1}$，在实际计算中可通过先解 $\boldsymbol{G}_k \boldsymbol{d} = -\boldsymbol{g}_k$ 得 $\boldsymbol{d}_k$，然后令 $\boldsymbol{x}_{k+1} = \boldsymbol{x}_k + \boldsymbol{d}_k$ 来避免求逆。这样可以写出基本牛顿法的步骤如下：

步骤 0：给定终止误差值 $0 \leqslant \varepsilon \leqslant 1$，初始点 $x_0 \in \mathbf{R}^n$。令 $k=0$；
步骤 1：计算 $\boldsymbol{g}_k = \nabla f(\boldsymbol{x}_k)$。若 $\|\boldsymbol{g}_k\| \leqslant \varepsilon$，迭代结束，输出 $\boldsymbol{x}^* \approx \boldsymbol{x}_k$；
步骤 2：计算 $\boldsymbol{G}_k = \nabla^2 f(\boldsymbol{x}_k)$，并求解线性方程组得解 $\boldsymbol{d}_k$：

$$\boldsymbol{G}_k \boldsymbol{d} = -\boldsymbol{g}_k \tag{6-19}$$

步骤 3：令 $\boldsymbol{x}_{k+1} = \boldsymbol{x}_k + \boldsymbol{d}_k$，$k = k+1$，转步骤1。

牛顿法最突出的优点是收敛速度快，具有局部二阶收敛性。

2. 共轭梯度法

共轭方向法的基本思想是在求解 n 维正定二次型目标函数极小点时产生一组共轭方向作为搜索方向，在精确线搜索条件下算法至多迭代 n 步，即能求得极小点。经过适当的修正后共轭方向法可以推广到求解一般非二次型目标函数情形。下面先介绍共轭方向的概念。

设 $\boldsymbol{G}$ 是 n 阶对称正定矩阵，若 n 维向量组 $\boldsymbol{d}_1, \boldsymbol{d}_2, \cdots, \boldsymbol{d}_m (m \leqslant n)$ 满足

$$\boldsymbol{d}_i^{\mathrm{T}} \boldsymbol{G} \boldsymbol{d}_j = 0, \quad i \neq j \tag{6-20}$$

则称 $\boldsymbol{d}_1, \boldsymbol{d}_2, \cdots, \boldsymbol{d}_m$ 是关于 $\boldsymbol{G}$ 共轭的。

显然，向量组的共轭是正交的推广，即当 $\boldsymbol{G} = \boldsymbol{I}$（单位阵）时，上述定义变成向量组正交的定义。此外，不难证明，对称正定矩阵 $\boldsymbol{G}$ 的共轭向量组必然是线性无关的。

下面我们考虑求解正定二次型目标函数极小点的共轭方向法。设

$$\min f(\boldsymbol{x}) = \frac{1}{2}\boldsymbol{x}^{\mathrm{T}}\boldsymbol{G}\boldsymbol{x} + \boldsymbol{b}^{\mathrm{T}}\boldsymbol{x} + c \tag{6-21}$$

其中,$\boldsymbol{G}$ 是 n 阶对称正定阵,$\boldsymbol{b}$ 为 n 维常向量,c 为常数。有下面的算法:

步骤 0:给定迭代精度 $0 \leqslant \varepsilon \ll 1$ 和初始点 $\boldsymbol{x}_0$。计算 $\boldsymbol{g}_0 = \nabla f(\boldsymbol{x}_0)$。选取初始方向 $\boldsymbol{d}_0$ 使得 $\boldsymbol{d}_0^{\mathrm{T}} \boldsymbol{g}_0 < 0$。令 $k = 0$。

步骤 1:若 $\|\boldsymbol{g}_k\| \leqslant \varepsilon$,停算,输出 $\boldsymbol{x}^* \approx \boldsymbol{x}_k$。

步骤 2:利用精确线搜索方法确定搜索步长 $\boldsymbol{\alpha}_k$。

步骤 3:令 $\boldsymbol{x}_{k+1} = \boldsymbol{x}_k + \alpha_k \boldsymbol{d}_k$,并计算 $\boldsymbol{g}_{k+1} = \nabla f(\boldsymbol{x}_k + 1)$。

步骤 4:选取 $\boldsymbol{d}_{k+1}$ 满足下降性和共轭性条件:

$$\boldsymbol{d}_{k+1}^{\mathrm{T}} \boldsymbol{g}_{k+1} < 0, \ \boldsymbol{d}_{k+1}^{\mathrm{T}} \boldsymbol{G} \boldsymbol{d}_i = 0, \ i = 0, 1, \cdots, k \tag{6-22}$$

步骤 5:令 $k = k+1$,转步骤 1。

MATLAB 环境下给出了许多基于导数的优化算法。具体可以查阅相关软件使用说明。

6.2.2 非导数的优化算法

1. 随机方向法

在可行域内选择一个初始点,利用随机数的概率特性,产生若干个随机方向,并从中选择一个能使目标函数值下降最快的随机方向作为搜索方向 $\boldsymbol{d}$。

从初始点 $\boldsymbol{x}_0$ 出发,沿 $\boldsymbol{d}$ 方向以一定步长进行搜索,得到新点 $\boldsymbol{x}$,新点 $\boldsymbol{x}$ 应满足约束条件且 $f(\boldsymbol{x}) < f(\boldsymbol{x}_0)$,至此完成一次迭代。

随机方向法程序设计简单,搜索速度快,是解决小型机械优化问题的十分有效的算法。

基本思路如图 6-3 所示。

(1) 随机点的选择。随机方向法的初始点 $\boldsymbol{x}_0$ 必须是一个可行点,即满足全部不等式约束条件。初始点可以通过随机选择的方法产生。具体如下:

① 输入设计变量的下限值和上限值,即

$$\boldsymbol{a}_i \leqslant \boldsymbol{x}_i \leqslant \boldsymbol{b}_i \tag{6-23}$$

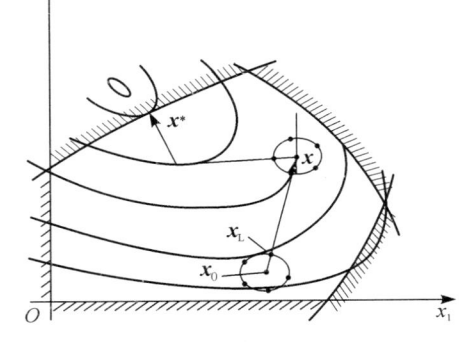

图 6-3 随机方向法示意图

② 在区间 $(0, 1)$ 内产生 n 个随机数 q_i。

③ 计算随机点 $\boldsymbol{x}$ 的各分量 $\boldsymbol{x}_i = \boldsymbol{a}_i + q_i(\boldsymbol{b}_i - \boldsymbol{a}_i)$。

④ 判别随机点 $\boldsymbol{x}$ 是否可行,若随机点可行,用 $\boldsymbol{x}$ 代替 $\boldsymbol{x}_0$ 为初始点;若非可行点,转到步骤②重新产生随机点,直到可行为止。

(2) 可行搜索方向的产生。产生可行随机方向的方法:从 k 个随机方向中,选取一个较好的方向。其计算步骤为:

① 在$(-1, 1)$区间内产生随机数r_i^j,得随机单位向量$\boldsymbol{e}^j$

$$\boldsymbol{e}^j = \frac{1}{\left[\sum_{i=1}^n (r_i^j)^2\right]^{\frac{1}{2}}} \begin{pmatrix} r_1^j \\ r_2^j \\ \vdots \\ r_n^j \end{pmatrix} \tag{6-24}$$

② 取一试验步长a_0,按下式计算k个随机点

$$\boldsymbol{x}^j = \boldsymbol{x}^0 + a_0 \boldsymbol{e}^j \tag{6-25}$$

③ 检验k个随机点是否为可行点,除去非可行点,计算余下的可行点的目标函数值,比较其大小,选出目标函数最小的点$\boldsymbol{x}^L$。

④ 比较$\boldsymbol{x}^L$和$\boldsymbol{x}^0$两点的目标函数值,若$f(\boldsymbol{x}^L) < f(\boldsymbol{x}^0)$,则取$\boldsymbol{x}^L$和$\boldsymbol{x}^0$连线方向为可行搜索方向;若$f(\boldsymbol{x}^L) > f(\boldsymbol{x}^0)$,则步长$a_0$缩小,转步骤②重新计算,直至$f(\boldsymbol{x}^L) < f(\boldsymbol{x}^0)$为止。如果$a_0$缩小到很小,仍然找不到一个$\boldsymbol{x}^L$,使$f(\boldsymbol{x}^L) < f(\boldsymbol{x}^0)$则说明$\boldsymbol{x}^0$是一个局部极小点,此时可更换初始点,转步骤①。

产生可行搜索方向的条件为

$$\begin{aligned} & g_j(\boldsymbol{x}^L) \leqslant 0 \\ & f(\boldsymbol{x}^L) = \min\{f(\boldsymbol{x}^j) \,|\, j = 1, 2, \cdots, k\} \\ & f(\boldsymbol{x}^L) < f(\boldsymbol{x}^0) \end{aligned} \tag{6-26}$$

则可行搜索方向为

$$\boldsymbol{d} = \boldsymbol{x}^L - \boldsymbol{x}^0 \tag{6-27}$$

搜索步长的确定可由加速步长法确定。

随机方向法的算法框架图如图6-4所示。

2. 遗传算法

(1) 基本原理。遗传算法的基本思想是基于模仿生物界遗传学的遗传过程。它把问题的参数用基因代表,把问题的解用染色体代表(在计算机里用二进制码表示),从而得到一个由具有不同染色体的个体组成的群体。这个群体在问题特定的环境里生存竞争,适者有最好的机会生存和产生子代。子代随机地继承了父代的最好特征,并也在生存环境的控制支配下继续这一过程。群体的染色体都将逐渐适应环境,不断进化,最后收敛到一族最适应环境的类似个体,即得到问题最优的解。

由于遗传算法是由进化论和遗传学机理而产生的直接搜索优化方法,因此在这个算法中要用到各种进化和遗传学的概念。

首先给出遗传学概念、遗传算法概念和相应的数学概念三者之间的对应关系,如表6-1所示。

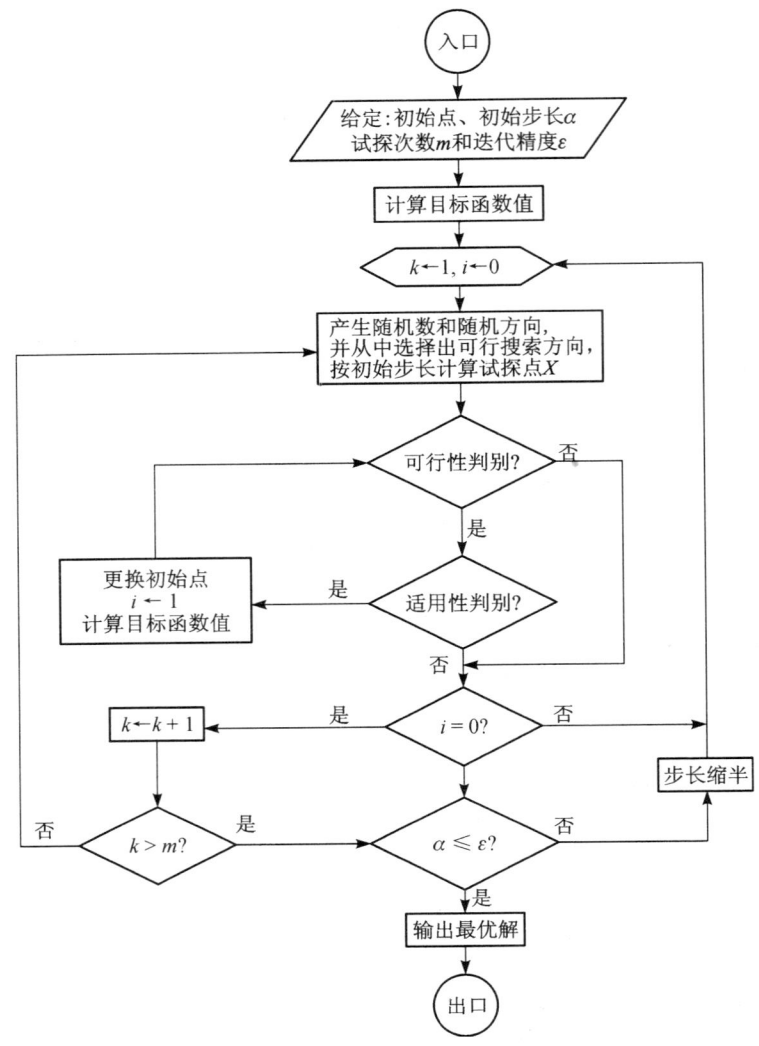

图 6-4 随机方向法算法框架图

表 6-1　遗传学概念、遗传算法概念和相应的数学概念三者之间的对应关系

序号	遗传学概念	遗传算法概念	数学概念
1	个体	要处理的基本对象、结构	可行解
2	群体	个体的集合	被选定的一组可行解
3	染色体	个体的表现形式	可行解的编码
4	基因	染色体中的元素	编码中的元素
5	基因位	某一基因在染色体中的位置	元素在编码中的位置
6	适应值	个体对于环境的适应程度,或在环境压力下的生存能力	可行解所对应的适应度函数值
7	种群	被选定的一组染色体或个体	根据入选概率确定出的一组可行解

续表

序号	遗传学概念	遗传算法概念	数学概念
8	选择	从群体中选择优胜的个体,淘汰劣质个体的操作	保留或复制适应值大的可行解,去掉小的可行解
9	交叉	一组染色体上对应基因段的交换	根据交叉原则产生的一组新解
10	交叉概率	染色体对应基因段交换的概率(可能性大小)	闭区间[0,1]上的一个值,一般为 0.65~0.90
11	变异	染色体水平上基因变化	编码的某些元素被改变
12	变异概率	染色体上基因变化的概率(可能性大小)	开区间(0,1)内的一个值,一般为 0.001~0.01
13	进化、适者生存	个体进行优胜劣汰的进化,一代又一代地优化	目标函数取到最大值,最优的可行解

遗传算法计算优化的操作过程类似于生物学上生物遗传进化的过程,主要包括三个基本操作(或称为算子):选择(Selection)、交叉(Crossover)、变异(Mutation)。

遗传算法先把问题的解表示成"染色体",在算法中可以是以二进制编码的串,在执行遗传算法之前,给出一群"染色体",也就是假设的可行解。然后,把这些假设的可行解置于问题的"环境"中,并按适者生存的原则从中选择出较适应环境的"染色体"进行复制,再通过交叉、变异过程产生更适应环境的新一代"染色体"群。经过这样一代的进化,最后就会收敛到最适应环境的一个"染色体"上,它就是问题的最优解。

(2) 基本步骤及框图。遗传算法是一类随机优化算法,但它不是简单的随机比较搜索,而是通过对染色体的评价和对染色体中基因的操作,有效地利用已有信息来指导搜索有可能改善优化质量的状态。标准遗传算法的主要步骤可描述如下:

步骤1:编码。遗传算法在进行搜索之前先将解空间的解数据表示成遗传空间的基因型串结构数据,这些串结构数据的不同组合便构成了不同的点。

步骤2:初始群体的生成。随机产生N个初始串结构数据,每个串结构数据称为一个个体,N个个体构成了一个群体。GA以这N个串结构数据作为初始点开始迭代。

步骤3:适应度值评估检测。适应度函数表明个体的优劣性。不同的问题,适应度函数的定义方式也不同。

步骤4:判断算法收敛准则是否满足。若满足则输出搜索结果;否则执行以下步骤。

步骤5:根据适应度大小执行复制操作。

步骤6:按交叉概率P_c执行交叉操作。

步骤7:按变异概率P_m执行变异操作;返回步骤2。

(3) 遗传算法的设计。遗传算法的设计主要涉及六大要素:参数编码、初始群体的设定、适应度函数的设计、遗传操作的设计、控制参数的设定和迭代终止条件。每一要素都有很多种不同实现过程,具体地:

(ⅰ) 确定编码方案:编码是将问题的解用一种代码来表示,常用二进制编码方案;

(ⅱ) 确定适应度函数;

(ⅲ) 算法参数的选择;

(ⅳ) 遗传算子的设计；

(ⅴ) 确定算法的迭代终止条件。

以上给出的仅是标准遗传算法的主要步骤,其算法框图如图 6-5 所示。

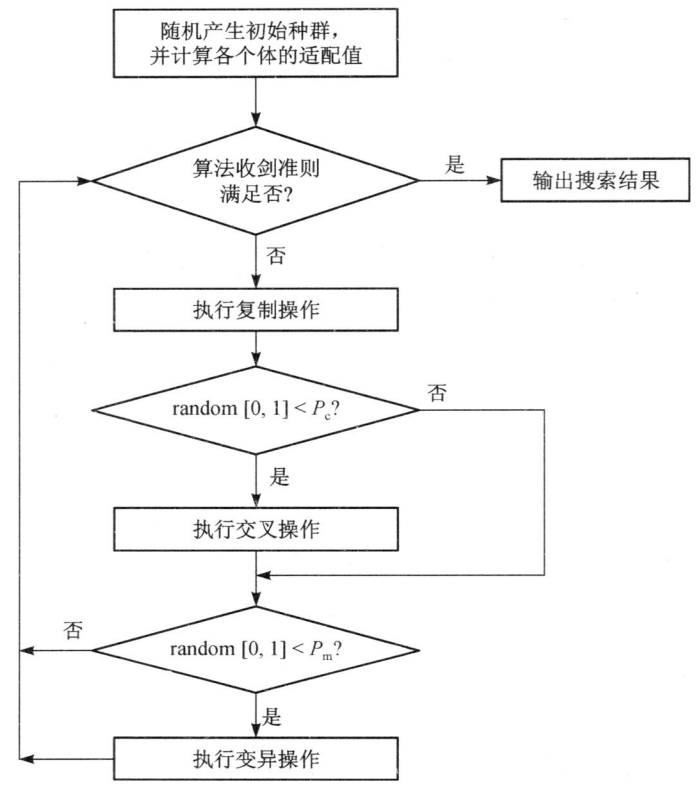

图 6-5 标准遗传算法框图

关于遗传算法的收敛性问题,一般地讲,遗传算法虽然可以实现均衡的搜索,并且在许多复杂问题的求解中往往能得到满意的结果,但是该算法的全局优化收敛性的理论分析尚待解决。目前普遍认为,标准遗传算法并不保证全局最优收敛。但是,在一定的约束条件下,遗传算法可以实现这一点。

6.3 约束问题的优化方法

机械优化设计的问题,大多属于约束优化设计问题,其数学模型如式(6-1)。

根据求解方式的不同,可分为直接解法和间接解法两类。

直接解法是在满足不等式约束的可行设计区域内直接求出问题的约束最优解。属于这类方法的有随机实验法、随机方向搜索法、复合形法、可行方向法等。

如图 6-6 所示,在由 m 个不等式约束条件 $g_u(x) \leqslant 0$ 所确定的可行域 φ 内,选择一个初始点 $x^{(0)}$,然后确定一个可行搜索方向 S,且以适当的步长沿 S 方向进行搜索,取得一个目标函数有所改善的可行的新点 $x^{(1)}$，即完成了一次迭代。以新点为起始点重复上述搜索过程，每次均按如下的基本迭代格式进行计算：

$$x^{(k+1)} = x^{(k)} + \alpha^{(k)} S^{(k)} \quad (k=0,1,2,\cdots) \tag{6-28}$$

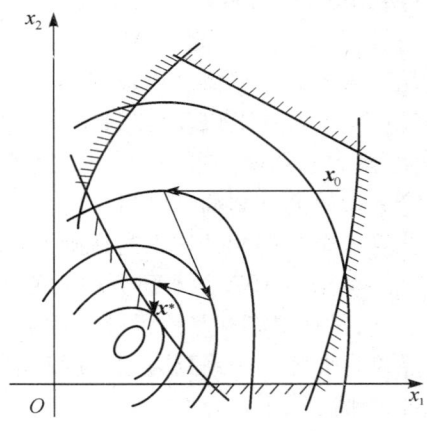

图 6-6 约束优化直接法示意图

逐步趋向最优解，直到满足终止准则才停止迭代。

直接法特点是原理简单，方法实用。

(1) 由于整个过程在可行域内进行，因此，迭代计算不论何时终止，都可以获得比初始点好的设计点。

(2) 若目标函数为凸函数，可行域为凸集，则可获得全域最优解，否则，可能存在多个局部最优解，当选择的初始点不同，而搜索到不同的局部最优解。

(3) 要求可行域是有界的非空集。

6.4 多学科设计优化

6.4.1 多学科设计优化起源与发展

多学科设计优化(Multidisciplinary Design Optimization，MDO)来自于对复杂工程系统的设计和分析需求。

复杂系统的分析和设计过程往往需要多种类型学科的分析计算，涉及不同学科的众多决策变量和要素，需要多个行业的专业技术人员的共同参与。由于组成复杂系统的各元件的逻辑和层次关系比较复杂，各学科之间通常存在通过设计和决策变量而相互交叉与耦合的现象，为了充分考虑复杂系统设计过程中各个学科间的相互耦合制约特性，以满足日益增长的设计需求，多学科设计优化应运而生。

MDO 的主要思想是在复杂系统的整个设计过程中，充分利用分布式的计算机网络技术来集成各学科的知识，按照面向设计的思想来集成各个学科的模型和分析工具，通过有效的设计和优化策略组织与管理设计过程，充分利用各学科间相互作用所产生的协调效应来获得系统的整体最优解。从这点上讲，MDO 是一种框架式仿真优化方法，属于方法论的范畴。

MDO 源于 20 世纪 80 年代，经过 30 多年的发展，MDO 已逐渐形成一整套完整的理论和方法，并在复杂工程问题的设计优化中得到了应用验证。

虽然多学科分析与优化的思想很早就被人们认识到，但直到最近十多年才正式将多学科设计优化作为一个新的领域而获得重视。由于航空航天系统的日益复杂和应用中的重要性，航空航天工业界和学术界最先认识到开展 MDO 研究的必要性和迫切性。1994 年美国国家航空航天局(NASA)研究人员针对 MDO 对工业界的影响问题，对波音公司、洛克希德公司等 9 个美国航空航天工业公司所进行的调查结果表明，航空航天工业界对 MDO 的研究和应用有着广泛的兴趣与支持。同年，NASA 在兰利研究中心成立了多学科优化分部

(Multidisciplinary Optimization Branch，MDOB)，致力于 MDO 理论研究和技术推广应用。自成立后，开展了多项 MDO 应用研究，包括火星探路者、高速民机、气动塞式喷管、可重复使用运载器和卫星概念设计等。美国从 1988 年至 2003 年，分三个阶段实施"综合高性能涡轮发动机技术"(IHPTET)计划，总经费投入为 50 亿美元，每年平均 3 亿多美元；在欧洲，以英国为主，意大利和德国参与，共同实施了"先进核心军用发动机第二阶段"(ACME-Ⅱ)计划。这两个大型研究计划的共同目标是，在综合考虑计算流体力学、结构力学、传热学、燃烧、材料和工艺等多个学科相关知识的基础上，使航空推进系统的能力在 1988 年的基础上提高 1 倍。

根据 NASA 兰利研究中心的多学科设计优化研究小组对 MDO 的定义，MDO 是一种方法学，是在复杂产品的设计过程中，充分考虑各学科间的相互耦合效果，有益于设计者提高产品设计性能的一系列方法、过程和概念的总称。MDO 技术在复杂产品设计过程中的应用主要体现在以下几方面。

(1) 将复杂产品的优化设计问题，按照与工业界设计组织体系相一致的形式，分解为多个子系统，通过计算机网络，将分散在不同地区和设计部门的计算模块与专家组织起来，可以消除由地区和部门的差异带来的屏障。

(2) 通过系统的整体设计规划，能够充分利用各学科之间的协同效应，获得设计问题的整体最优设计方案，避免以往依靠经验的迭代计算而带来的弊端，提高产品的设计质量。

(3) 对系统中的各子系统并行地进行分析、设计和优化，采用并行设计方式代替传统的串行设计方式，提高分析设计效率，缩短设计周期，降低开发成本，从而提高产品的竞争力。

(4) 设计系统具有模块化的结构，可以集成各学科已有的分析模型和设计工具，增强现有知识的重用性，有益于日后新增知识的扩展，可提高子学科的设计效率和计算精度。

(5) 由于各子系统具有独立性，各领域的技术人员可以专注于本领域的设计方法，发挥自身的技术特长，各领域的规划协调问题由系统级负责，从而提高各子学科的计算精度。

目前，国际上 MDO 研究的基本状况是：国外一些发达国家，在 MDO 原理、方法、应用及优化算法等方面的研究已逐渐形成一个有机整体，对不同学科的分析及计算软件已规范化并进行集成，开发出了一些面向应用的商业软件，如 Engenious 公司的 iSIGHT，Phoenix Integration 的 ModelCenter 和 Analysis Sevet、VRAND 的 VisualDOC、iLOG 的 Cplex 等。

在 NASA 和 AIAA 等政府部门的倡导与支持下，国外许多大学的 MDO 研究机构和研究小组也纷纷参与到 MDO 各种技术的研究之中，如佐治亚理工学院航天系统设计实验室和航空系统设计实验室、斯坦福大学航空航天计算实验室和飞机气动与设计小组、弗吉尼亚工学院与州立大学先进飞行器多学科分析与设计中心、佛罗里达大学结构与多学科优化小组、布法罗大学的多学科优化与设计工程实验室等，培养了大量的 MDO 专业技术人才，涌现出了一批理论成果和应用研究成果。与此同时，工业界也热衷于 MDO 的技术研究和应用，如波音公司、洛克希德公司和 GE 公司，他们希望：MDO 的研究能促使企业界从传统的设计模式向并行化、一体化的先进模式转换，提高设计质量，缩短设计周期。

国内这方面的研究开展较慢，研究内容也较单一和零散，其研究主要集中在系统分解及其关系分析、系统建模与协调控制策略、多目标优化方法和某些特殊系统的优化算法等方面。虽然相关大学等对多学科优化设计进行了一些研究，但与国外相比，国内在多学科优化设计理论和应用方面的投入力度、研究深度及应用广度都相差较远，许多技术还需要发展和研究。

6.4.2 多学科设计优化理论

到目前为止,MDO 理论研究主要集中在建模、模型近似、灵敏度分析和优化过程等四个方面。

MDO 建模是复杂系统多学科设计优化的前提,复杂系统建模方法可以有基于多物理领域、基于接口、基于统一语言和基于学科的不同方法。

MDO 模型近似方法主要是指改变系统的复杂程度,以适应不同分析阶段需求提供不同精度模型的方法,通常与近似方法联合使用。常用的近似方法有二次响应面法、神经网络(BP)方法、Kriging 方法、径向基函数方法等。其中,BP 方法需要样本多;而二次响应面方法简单但精度较低;后两者适应性较强但只能对单个函数进行近似,且不易局部调控。

MDO 灵敏度分析用于确定系统设计变量对设计函数(目标函数和约束函数)的影响大小以及子系统之间的耦合关系。多学科系统灵敏度分析主要研究有全局灵敏度方程和最优灵敏度分析。子系统灵敏度分析方法在有限差分法基础上,发展了复变量步长方法和自动微分法,其中,自动微分技术具有适应性广、无截断误差等优点,开始受到重视。

MDO 优化过程(策略)是 MDO 的核心,也是 MDO 研究最活跃的领域。优化过程主要解决四个问题:系统与子学科之间的层次关系如何规划;系统层与学科层的优化模型分别是什么;近似方法(如响应面法)用于何处;迭代过程如何进行。

MDO 算法的功能在于不断地改进多学科复杂系统的设计方案,直至找到最优设计方案。一般来讲,MDO 算法涉及设计空间搜索方法、系统分解和分析模型的近似等各个方面。它通过有限的设计/优化策略,将 MDO 的各个方面有机地纳入一个框架内,实现多学科复杂系统的设计和优化。

1. MDO 基本概念

除了与一般最优化系统相关的设计变量、约束条件、目标函数等具有基本相近的含义外,与多学科设计优化 MDO 相关的基本概念还有:

(1) 学科(Discipline):系统中本身相互独立、相互之间又有数据交换关系的基本模块。MDO 中的学科又可称为子系统(Subsystem)或子空间(Subspace),是一个抽象概念。以轨道车辆为例,学科即可以指动力学、结构振动、控制、疲劳等通常意义上的学科,有可以指系统的实际物理部件的子系统,如轨道车辆的走行部、牵引、制动等子系统。

(2) 状态变量(State Variable):一般指描述工程系统的性能或特征的一组参数。与系统设计变量是指在设计过程中被设计者控制的一组相互独立的变量不同,状态变量一般需要基于系统模型进行分析或计算得到,是设计过程中进行决策的重要信息。状态变量可以分为系统状态变量(System State Variable)、学科状态变量(Discipline State Variable)和耦合状态变量(Coupled State Variable)。其中,系统状态变量表征整个系统的性能或特征;学科状态变量表征某一学科的性能或特征,也称为子空间状态变量(Subspace State Variable);耦合状态变量描述学科间的耦合关系,指某一学科输出作为另一学科输入的状态变量。针对某一具体学科而言,由其他学科输出、耦合输入该学科的状态变量称为非局部状态变量(Nonlocal State Variable)。

(3) 约束条件(Constraint):系统在设计过程中必须满足的条件。约束条件分为系统约束(System Constraint)和学科约束(Discipline Constraint),两者的区别在于约束条件作用范围为全系统或者学科局部。

(4) 系统参数(System Parameter)：用于描述工程系统的特征、在设计过程中保持不变的一组参数，如结构材料性能参数、空间环境参数等。

(5) 学科分析(Discipline Analysis, DA)：也称为子系统分析(Subsystem Analysis)或子空间分析(Subspace Analysis)，以该学科设计变量、其他学科对该学科的耦合状态变量及系统参数为输入，根据该学科的内在物理规律确定系统输出或系统状态的过程。以学科 i 为例表述如下：

$$Y_i = \text{DA}_i(X_i, Y_{\cdot i}) \tag{6-29}$$

式中，X_i 为学科 i 的设计变量；Y_i 为以其他学科输出作为学科 i 输入的耦合状态变量，$Y_{\cdot i} = \{Y_{ji}, j = 1, 2, \cdots, N_D, j \neq i\}$，$N_D$ 为系统包含的学科数量；DA_i 为学科分析模型。

(6) 系统分析(System Analysis, SA)：也称为多学科分析(Multidisciplinary Analysis, MDA)，给定一组设计变量，通过求解系统的状态方程得到系统状态变量的过程。对由 N_D 个学科组成的系统，其系统分析过程可以通过下式来：

$$Y = \text{SA}(X_1, X_2, \cdots, X_{N_D}) \tag{6-30}$$

由于各个学科分析的输入、输出互相耦合，因此求解上述方程组往往需要多次迭代学科分析才能获得一致满足上述方程组的状态变量，该状态变量称为多学科相容解。一个设计变量取值方案与该方案通过系统分析获得的系统状态输出向量构成一个相容系统设计(Consistent Design)，也称为一致性设计。

(7) 最优设计(Optimal Design)：使目标函数响应值最小(或最大)的可行设计。

综上，N_D 个耦合学科构成复杂系统的确定性 MDO 优化问题表述为：

$$\begin{cases} \text{find} & X \\ \text{min} & f \\ \text{s.t.} & g \geqslant c \\ & Y_i = \text{CA}_i(X_i, Y_{\cdot i}, i = 1, \cdots, N_D) \\ & X = \bigcup_{i=1,\cdots,N_D} X_i, \quad Y = \bigcup_{i=1,\cdots,N_D} Y_i, \quad Y_{\cdot i} \subseteq (\bigcup_{i=1,\cdots,N_D, j \neq i} Y_j) \\ & X^L \leqslant X \leqslant X^U, f \in Y, g \subseteq Y \end{cases} \tag{6-31}$$

其中，X 为优化变量向量，定义域为 $[X^L, X^U]$；X_i 为学科 i 的局部优化变量向量，是 X 的子向量；Y 为系统状态变量向量，Y_i 是 Y 的子向量，代表学科 i 的局部状态变量向量；$Y_{\cdot i}$ 为学科 i 的输入状态变量向量，即由其他学科 $j(j \neq i)$ 输出并作为学科 i 输入的耦合变量。各个学科的设计变量可以重合，即学科间可以共享设计变量，但是各个学科的输出状态变量 Y_i 互不相交。以高速动车组结构与空气动力学两个学科的设计为例，两者均涉及头车形状和尺寸的设计，但空气动力学学科输出的是车辆空气动力学性能，而结构学科输出的则是车辆结构性能，两者互不重合。优化目标函数 f 和约束条件向量 g 为状态向量 Y 的子向量。

2. MDO 建模方法

MDO 问题一般针对的是复杂系统，顾名思义，复杂系统一般是指具有机械、电子、液压、控制等不同学科的多领域物理系统，复杂系统建模就是将这些不同学科领域的模型组装成为

一个可以协同仿真和优化的系统模型。复杂系统建模不同于一般系统的单一学科或物理系统的建模,目前主要有以下三种方法:

(1) 多物理场系统建模。多物理场系统是指在多种物理场(包括流体流动、热量传输、结构力学、电场磁场、化学反应等)耦合作用下的物理系统。多场系统建模与仿真是通过定义不同物理场的载荷条件、边界条件以及求解参数,通过仿真求解获得系统在多场作用下的相关时间、空间特性。在数学上,多物理场系统仿真问题是偏微分方程组耦合求解问题。目前市场上出现的多物理场建模与仿真工具有 ANSYS、COMSOL 和 ALGOR 等。

(2) 多领域物理系统建模与仿真。多领域物理系统(简称多领域系统)是指在一个集成环境中,直接通过对各个不同领域的组件建模而形成的耦合系统。多领域物理系统仿真则是将多领域模型平坦化为大规模的微分代数方程(Differential Algebraic Equation, DAE)组,进而对该 DAE 进行求解。因此,在数学上多领域物理系统仿真问题是 DAE 方程求解问题。目前有代表性的多领域物理系统建模与仿真工具有 SimulationX, Dymola, MATLAB/Simscape, MapleSim, AMESim 以及国产软件 MWorks 等。其中,Dymola 和 MWorks 是基于统一建模语言 Modelica 的多领域物理系统仿真软件,SimulationX 和 MapleSim 则全面支持 Modelica。

最直接的多领域物理系统建模方法是基于接口的方法,即利用不同领域商用仿真软件建立该领域的子模型,再开发不同领域商用仿真软件之间的接口,以实现多领域物理系统建模。在仿真的时候,由总控程序来协调各领域商用仿真软件之间的仿真步长与数据交换,实现不同领域模型之间的协同仿真,即各模型在仿真离散时间点,通过进程间通讯等方法进行相互的信息交换,然后利用各自的求解器进行求解,以实现整个系统的仿真,如图 6-7 所示。

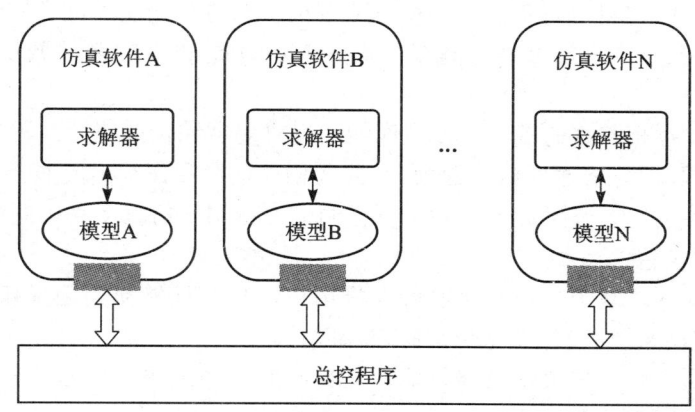

图 6-7 基于接口的建模与仿真

多领域物理系统建模方法之二是基于高层体系结构(HLA)的多领域物理系统建模方法,如图 6-8 所示。其该技术框架的核心就是高层体系结构(High Level of Architecture,HLA),旨在解决异构仿真系统的集成问题,为构造大规模仿真应用提供一种应用集成框架与方法。HLA 在 1996 年 8 月完成基础定义,随后为北约各国采纳,并于 2000 年 9 月被 IEEE 接受为标准。

多领域物理系统建模方法之三是基于统一建模语言的多领域物理系统建模方法,1996 年 9 月,欧洲仿真界的一群专家学者开始致力于物理系统建模语言的标准化工作,在归纳和统一多种建模语言的基础上,于 1997 年提出了一种全新的基于方程的多领域统一建模语言

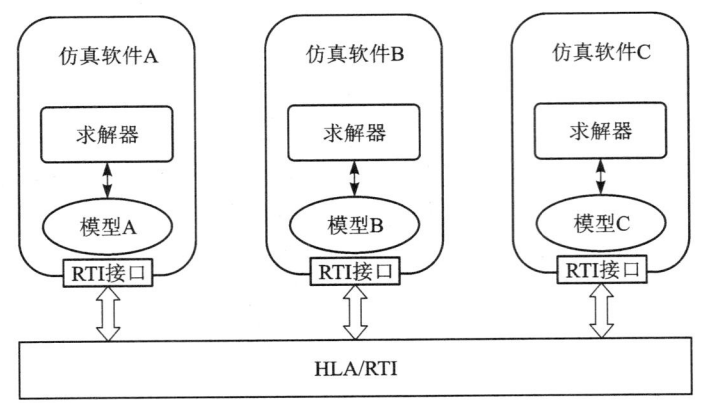

图 6-8 基于高层体系结构(HLA)的建模与仿真

Modelica。Modelica 继承了先前多种建模语言的优秀特性,具有面向对象建模、非因果建模、多领域统一建模、陈述式物理建模和连续离散混合建模能力。Modelica 语言还提供了强大的开放的领域模型库,如机械、电子、控制等,用户可以直接从模型库中获取所需的标准模型组件构建自己的模型,也可以向模型库中加入定制的模型以备重用。

基于 Modelica 语言的多领域物理系统建模方法,就是采用 Modelica 语言基于数学方程描述不同领域子系统的物理规律和现象,根据物理系统的拓扑结构基于组件连接机制实现模型构成和多领域集成,通过求解微分代数方程系统实现仿真运行。该方法彻底地实现了不同领域模型的无缝集成,可以为任何能够用微分方程或代数方程描述的问题实现建模和仿真,因而能够实现完全意义上的多领域统一建模。基于 Modelica 语言的多领域物理系统建模方法主要有如下优点:

① 建模方便。互相兼容的多领域模型库能实现对复杂综合系统的高置信度建模,支持面向对象建模、非因果建模、多领域统一建模、陈述式物理建模和连续离散混合建模。

② 模型重用性高。非因果关系的基于方程的模型可用于仿真多种不同的问题,或者稍加修改即可用于描述类似的系统。

③ 无需符号处理。基于方程的建模可以将用户从将方程转换为因果赋值形式或方块图的繁琐工作中解脱出来,使模型变得更加有效和健壮。

④ 开放的模型库。用户可以很容易地开发自己的模型或采用已有的模型来满足自己的独特需求,也可以将定制模型加入库中以备重用。

⑤ 建模与仿真相对独立。用户只需关注于模型的陈述,即怎样通过数学方程表述仿真对象的行为,而不必考虑模型求解的详细实现。

鉴于基于 Modelica 语言的多领域物理系统建模方法的优势,该方法已在汽车与电动汽车、机械多体系统、热动力系统、电力系统、机电系统、化学系统、硬件在环仿真和离散事件系统等系统或过程的仿真中得到了广泛应用。我国也随之开始了基于 Modelica 语言的仿真应用。例如对燃气涡轮、开关磁阻电机、同步电机、热机、发动机、机械传动箱和涡扇发动机的多领域物理系统建模与仿真分析。另外,基于 Modelica 语言的多领域物理系统建模仿真工具也相继出现,如 SimulationX 和 MapleSim。

SimulationX 由德国 ITI 公司开发,全面兼容基于 Modelica 语言的多领域系统模型。

SimulationX 作为多学科领域复杂系统高级建模和仿真主流平台,具有车辆工程所涉及的各个学科领域的基础模型库:控制、机械、液压、气动、电、磁以及热。此外,还具有与车辆各大系统直接对应的专用模块库,包括发动机系统、动力传动系统、悬架系统、转向系统、制动系统及空气调节系统等。这些基础库加上专用模型使得 SimulationX 成为了国际上新车开发时建模和仿真的标准平台。

MapleSim 是一个建立在符号-数值混合计算技术基础之上,适用于对复杂多领域物理系统建模和仿真的软件。能够有效地处理工程系统模型(例如复杂多领域系统和控制工程中控制对象的模型)开发中涉及的各种复杂数学问题,包括复杂多领域系统、虚拟仪器建模和控制系统设计。MapleSim 提供广泛的预定义模型库和工具箱,比如道路车辆轮胎库、传动系统库、多体机械库、液压库、电气库、控制设计工具箱等,同时用户利用数学软件 Maple 快速将自定义的数学模型转化为仿真模型,帮助用户快速创建复杂车辆系统的高保真模型。MapleSim 具有广泛的接口功能,包括输出高保真的 MapleSim 到 NI Labview/Veristand 实时平台、dSpace、免费 C 代码(含求解器)等,能够与工具链中的其他工具无缝协同工作。

(3) 多学科建模与优化。多学科建模是在一个平台环境下实现不同学科专业(不同分析工具)的框架集成。多学科设计优化是在多学科模型基础上,通过搜索算法驱动集成模型联合仿真以获得最优的设计参数。多学科设计优化技术关键在于不同学科专业工具之间的联合仿真,以及高效的全局寻优算法。

复杂系统的 MDO 过程往往包含若干个相互耦合的子学科。系统建模可以基于物理部件、基于学科领域和基于任务过程等三种方法。比如电机的优化设计问题,按照物理部件划分可以分解为总体、定子、转子、线圈、永磁体、转轴和轴承等;基于学科领域的方法可以按照电磁场、流体、传热、结构等学科进行分别建模和集成;基于任务过程的方法可采用串行、并行和耦合等三种情况。

基于学科领域的建模根据系统内数据信息交换的方式,可分为多层次系统和非层次系统两类。在多层次系统中,处于上层的子学科向下层的子学科提供控制数据,下层的子学科向其上层的子学科传递结果数据,同层的子学科间没有联系,同层的子学科并行地进行分析设计,每个子学科只有一个上层学科,呈树状结构,如图6-9所示。在非层次系统中,各子学科间信息的流动不具有方向性,它们处于同等的地位,信息交换具有相互性,即呈现明显的耦合关系,具有网状结构,如图6-10所示。非层次系统适合解决具有耦合关系的复杂系统设计问题,是目前 MDO 优化技术研究的重点。

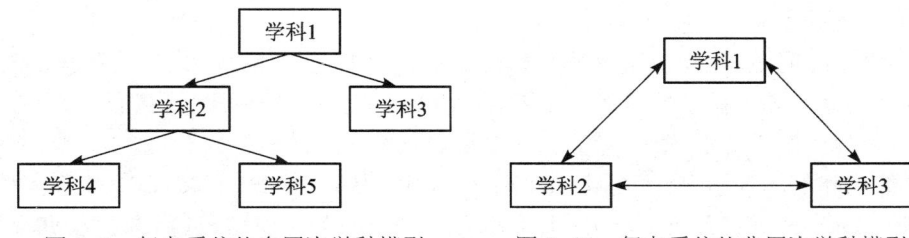

图6-9 复杂系统的多层次学科模型　　图6-10 复杂系统的非层次学科模型

对复杂系统的多学科的非层次系统建模,可以用永磁同步电机(PMSM)的热系统分析为例。PMSM 在运转过程产生的热主要来源于铜损、铁损以及永磁材料中的涡流损耗,并通过固体内部的热传导以及流体散热而达到一个稳定状态,其散热是一个复杂的电磁生热、固体热传导、流体散热的三场耦合过程。针对 PMSM 电机热分析按照对学科研究的方法,可以分别建立 PMSM 的电磁生热、结构热传导、流体散热等三个模型,分别采用电磁场分析软件 JMAG、结构温度场分析软件 ABAQUS 及流体场分析软件 FLUENT 进行建模,这三方面的耦合关系属于分层次系统,在仿真分析和 MDO 分析中可以通过程序之间的数据传递和流程控制,实现了对 PMSM 的电磁生热、结构热传导、流体散热的三场耦合分析和优化。

无论对于层次系统还是非层次系统,都希望分解后在各学科优化的基础上能够得到原系统的优化结果。

假设系统由 N_D 个既相对独立又相互联系的学科组成。记第 i 个学科的优化问题为 DP_i,$\boldsymbol{X}_i^*$ 为其最优解,称为学科 i 的"局部最优解"。记整个系统的优化问题为 SP,$\boldsymbol{X}^*$ 为其最优解,称为系统的"全局最优解"。如需通过直接合并各学科单独优化的结果得到系统的全局最优解,学科优化问题 $DP_j(j=1,2,\cdots,N_D)$ 与总优化问题 SP 必须有如下联系:

(1) 各学科设计变量互不重合,SP 的设计变量 $\boldsymbol{X}$ 由所有 DP_i 的设计变量 $\boldsymbol{X}_i(i=1,2,\cdots,N_D)$ 组合而成。

(2) 任一 DP_i 优化目标 f_i 的改善都有利于系统总优化目标 f 的改善,即总目标 f 是各学科目标 f_i 的增函数。

(3) SP 的约束由所有学科优化约束的全体组成。

由上看出,"局部最优"能够直接组合为"全局最优"的核心要求是各学科优化是完全独立的,系统整体优化只是在数学形式上将其联系在一起。但在实际情况中,各学科优化往往存在各种不同形式的耦合,具体表现在以下几方面:

① 变量的耦合。学科间可能共享设计变量,因此对共享变量的优化需要综合权衡各学科的利益。此外,不同学科的设计变量可能由于物理或其他原因而产生关联,对其进行设计与优化需要综合各学科利益的平衡。

② 目标的耦合。系统优化总目标不一定是各子目标的简单增函数,且各个学科优化目标之间往往存在此消彼长、互相制约的关系,需要综合权衡。

③ 约束的耦合。系统优化 SP 的约束除了包括所有学科约束以外,往往还包括系统级整体层次的一些约束,一般表达为所有设计变量的函数。

当出现上述情况时,由于不能通过求解各子优化问题而直接获取系统的"全局最优解",就必须通过求解整个系统的优化问题才能得到"全局最优解"。而一般系统整体优化问题都存在规模大、复杂度高的特点。

3. MDO 模型近似

针对实际工程问题,建立与实际情况相符合的模型是进行 MDO 优化的前提。对于复杂的设计系统,建立合理的模型显得尤为重要,模型的复杂度和精确度会直接影响设计过程的优化效率与最终优化结果的准确性。然而,建立复杂系统的优化模型具有一定的挑战性,比如在涉及传热、结构和气动等学科,采用 ANSYS, FLUID, PATRAN, NASTRAN 等大型通用有限元建模和分析软件进行分析计算时,准确建立学科间的关系模型,进而进行数据交换,将是一件非常耗时和复杂的事情。尤其是当各学科分析模型的网格划分类型和节点选取不一致时,明显增加了数据交换的复杂性。为了解决这种复杂的耦合学科分析过程,可采用变复杂度分析模型技术,在子学科内部分析优化时,采用准确的分析模型,当涉及与其他学科交互时,采

用近似模型。复杂系统的多学科建模过程具有一定的难度,可以参考以下三条原则:

(1) 对于复杂的学科分析过程,为了在模型计算精度和计算费用之间找到权衡,可采用不同复杂度模型工具,对同一设计对象进行分析计算。

(2) 在多学科优化方法中所采用的分析模型,通常应比单学科优化中所采用的模型简单,相应的计算准确度会有所降低。

(3) 尽量减小学科间的数据传输量,减少数据传输量的方法主要有两种:一种是利用缩聚技术进行数据压缩,另一种是模块合并法。

4. MDO 灵敏度分析

在 MDO 分析中,灵敏度分析主要用于研究设计变量或固定参数的微小变化对目标函数、约束和系统状态的影响,以便确定各设计变量和参数对系统性能的影响程度,从而指导优化的设计过程或搜索算法的搜索方向。

系统灵敏度分析包括全局灵敏度分析和最优灵敏度分析两方面,全局灵敏度分析研究设计变量的变化对目标函数和约束的影响,如式(6-32)表示的优化问题:

$$\min f(\boldsymbol{x}, \boldsymbol{y})$$
$$\text{s. t. } g(\boldsymbol{x}, \boldsymbol{y}) \leqslant 0 \tag{6-32}$$

其中,f 为目标函数,g 为约束函数,$\boldsymbol{x}$ 为设计向量,$\boldsymbol{y}$ 为系统分析中的状态向量。

在全局灵敏度分析时,参数 $\boldsymbol{y}$ 为固定值,求取设计向量 $\boldsymbol{x}$ 的变化对目标函数 f 和约束 g 的影响,即计算 $\dfrac{\mathrm{d}f}{\mathrm{d}\boldsymbol{x}}$ 和 $\dfrac{\mathrm{d}g}{\mathrm{d}\boldsymbol{x}}$ 的值。在最优灵敏度分析时,求取参数 $\boldsymbol{y}$ 的变化对设计变量 $\boldsymbol{x}$ 和目标函数 f 的影响,如式(6-32)所描述的问题,参数 $\boldsymbol{y}$ 的值不同,优化结果也不同,最优灵敏度分析过程为求取最优设计向量值 $\boldsymbol{x}^*$ 和最优目标函数值 f^* 对参数 $\boldsymbol{y}$ 的导数,即计算出 $\dfrac{\mathrm{d}\boldsymbol{x}^*}{\mathrm{d}\boldsymbol{y}}$ 和 $\dfrac{\mathrm{d}f^*}{\mathrm{d}\boldsymbol{y}}$ 的值。

在单学科优化问题中,常采用的求导方法包括有限差分法、微分法和手工求导方法等,实际工程应用中大多采用易于实现的有限差分方法。在多学科优化问题中,由于各学科间存在耦合关系,一个学科的输入变量可能为其他学科的输出变量,因此,在计算一个学科的参数灵敏度时,会涉及与之相关的其他学科的分析计算,显然单学科优化中的求导方法不能解决 MDO 问题中的灵敏度分析问题。在计算多学科耦合系统的灵敏度分析问题时,可以采用 Sobieski 所给出的全局灵敏度方程(Global Sensitivity Equation, GSE)方法。

GSE 有两种计算方法:一种是基于每个学科控制方程的余项,另一种是基于各个学科分析输出对输入的偏导,前者难以实现,而后者得到了广泛的应用。

用一个具体问题给出 GSE 方程的表示形式。设某系统的优化设计问题由三个相互耦合的子学科组成,其表示形式如式(6-33)—式(6-35)所示:

$$\boldsymbol{y}_1 = f_1(\boldsymbol{x}, \boldsymbol{y}_2, \boldsymbol{y}_3) \tag{6-33}$$

$$\boldsymbol{y}_2 = f_2(\boldsymbol{x}, \boldsymbol{y}_1, \boldsymbol{y}_3) \tag{6-34}$$

$$\boldsymbol{y}_3 = f_3(\boldsymbol{x}, \boldsymbol{y}_1, \boldsymbol{y}_2) \tag{6-35}$$

利用隐函数求导法则,根据式(6-33)—式(6-35),第 i 个设计变量 $\boldsymbol{x}_i$ 求导,可以得到全导数表示形式为

$$\frac{\mathrm{d}\boldsymbol{y}_1}{\mathrm{d}\boldsymbol{x}_i} = \frac{\partial \boldsymbol{y}_1}{\partial \boldsymbol{x}_i} + \frac{\partial \boldsymbol{y}_1}{\partial \boldsymbol{y}_2}\frac{\mathrm{d}\boldsymbol{y}_2}{\mathrm{d}\boldsymbol{x}_i} + \frac{\partial \boldsymbol{y}_1}{\partial \boldsymbol{y}_3}\frac{\mathrm{d}\boldsymbol{y}_3}{\mathrm{d}\boldsymbol{x}_i} \tag{6-36}$$

$$\frac{\mathrm{d}\boldsymbol{y}_2}{\mathrm{d}\boldsymbol{x}_i} = \frac{\partial \boldsymbol{y}_2}{\partial \boldsymbol{x}_i} + \frac{\partial \boldsymbol{y}_2}{\partial \boldsymbol{y}_1}\frac{\mathrm{d}\boldsymbol{y}_1}{\mathrm{d}\boldsymbol{x}_i} + \frac{\partial \boldsymbol{y}_2}{\partial \boldsymbol{y}_3}\frac{\mathrm{d}\boldsymbol{y}_3}{\mathrm{d}\boldsymbol{x}_i} \tag{6-37}$$

$$\frac{\mathrm{d}\boldsymbol{y}_3}{\mathrm{d}\boldsymbol{x}_i} = \frac{\partial \boldsymbol{y}_3}{\partial \boldsymbol{x}_i} + \frac{\partial \boldsymbol{y}_3}{\partial \boldsymbol{y}_1}\frac{\mathrm{d}\boldsymbol{y}_1}{\mathrm{d}\boldsymbol{x}_i} + \frac{\partial \boldsymbol{y}_3}{\partial \boldsymbol{y}_2}\frac{\mathrm{d}\boldsymbol{y}_2}{\mathrm{d}\boldsymbol{x}_i} \tag{6-38}$$

将式(6-36)—式(6-38)写成矩阵形式,即可得到 GSE 耦合矩阵方程为

$$\begin{bmatrix} \boldsymbol{I}_1 & -\dfrac{\partial \boldsymbol{y}_1}{\partial \boldsymbol{y}_2} & -\dfrac{\partial \boldsymbol{y}_1}{\partial \boldsymbol{y}_3} \\ -\dfrac{\partial \boldsymbol{y}_2}{\partial \boldsymbol{y}_1} & \boldsymbol{I}_2 & -\dfrac{\partial \boldsymbol{y}_2}{\partial \boldsymbol{y}_3} \\ -\dfrac{\partial \boldsymbol{y}_3}{\partial \boldsymbol{y}_1} & -\dfrac{\partial \boldsymbol{y}_3}{\partial \boldsymbol{y}_2} & \boldsymbol{I}_3 \end{bmatrix} \begin{Bmatrix} \dfrac{\mathrm{d}\boldsymbol{y}_1}{\mathrm{d}\boldsymbol{x}_i} \\ \dfrac{\mathrm{d}\boldsymbol{y}_2}{\mathrm{d}\boldsymbol{x}_i} \\ \dfrac{\mathrm{d}\boldsymbol{y}_3}{\mathrm{d}\boldsymbol{x}_i} \end{Bmatrix} = \begin{Bmatrix} \dfrac{\partial \boldsymbol{y}_1}{\partial \boldsymbol{x}_i} \\ \dfrac{\partial \boldsymbol{y}_2}{\partial \boldsymbol{x}_i} \\ \dfrac{\partial \boldsymbol{y}_3}{\partial \boldsymbol{x}_i} \end{Bmatrix} \tag{6-39}$$

式(6-39)等号右边的向量称为局部灵敏度导数,由各子学科的状态输出对输入设计变量的偏导数组成,可由子学科的灵敏度分析计算得到。式(6-39)左边的矩阵称为 GSE,由各子学科的状态输出对其他子学科产生的输入状态变量的偏导数组成,也可由子学科的灵敏度分析计算得到。式(6-39)左边的向量称为系统灵敏度向量,由各子学科的状态输出对设计变量的全导数组成,通过求解式(6-39)的线性方程组即可得到。

GSE 方法利用各子学科的局部灵敏度信息,求解出整个系统输出响应的全导数,判断系统中各子学科之间的相互影响情况。GSE 是针对复杂的耦合系统提出的,利用一阶灵敏度的性质来分析相互耦合子系统间的关系,只能处理连续变量问题,而不能解决离散变量或者混合变量问题,其应用受到很大的限制。

5. MDO 优化策略与算法

MDO 优化策略与算法是 MDO 研究中最关键的技术之一,需要解决系统各学科间耦合关系的计算问题。由于各学科间存在耦合关系,复杂的系统分析过程需要在各子学科分析模型之间反复迭代的基础上才能实现,这种计算的复杂性可能会导致无法进行有效的优化设计。MDO 优化策略将复杂的系统设计问题分解为若干个易于并行处理的子系统,同时根据某种策略,协调各子系统间的学科一致性。

MDO 优化策略可分为单级优化方法和多级优化方法两大类。在单级优化过程中,所有的优化都在系统级进行,子学科只进行学科分析或学科计算。单级优化方法主要有 All-At-Once(AAO)方法、多学科可行方法(Multidisciplinary Feasible,MDF)和单学科可行方法(Individual Discipline Feasible,IDF)等。单级优化 AAO 方法是将所有设计变量、耦合变量、状态变量同时进行系统优化,迭代过程中直接进行学科计算,不进行学科分析,直到程序结束时,才能满足可行性要求。在 IDF 方法的迭代过程中,每一步都进行学科分析,状态变量通过学科状态方程得到,保证了单学科的可行性。在 MDF 方法的迭代过程中,每一步都进行多学科系统分析(Multidisciplinary Analysis,MDA),MDA 调用各学科分析进行迭代求解,直至各学科间的耦合变量达到一致性,优化过程中各学科都具有可行性。

多级优化方法是指将系统分为系统级和学科级两个,并且分别进行分析优化的策略。多级优化方法主要包括协同优化(Collaboraltive Optimization, CO)、并行子空间优化(Concurrent Subspace Optimization, CSSO)和两级集成系统合成(Bi.1evel Integrated System Synthesis, BIJSS)等。

以下分别给出几个典型的 MDO 优化策略和算法实现。

(1) 同时优化方法 AOO。同时优化(AAO)方法也将全体设计变量 X 和状态变量 Y 均作为独立优化变量进行优化。但不同的是,在每个优化迭代搜索点既不进行系统分析,也不进行学科分析,而只是将当前迭代点的 X 和 Y 值直接代入学科状态方程进行一次学科计算,获取残差 $\varepsilon_i = E_i(X_i, Y_{\cdot i}, Y_i)$,通过施加等式约束条件 $\varepsilon_i = 0$,来保证优化过程逐步收敛到设计变量和状态变量满足所有学科状态方程的多学科相容优化方案。AAO 方法的优化模型为

$$\begin{cases} \text{find} & X, Y \\ \text{min} & f \\ \text{s.t.} & g \geqslant 0, \varepsilon_i = 0, i = 1, \cdots, N_D \\ & X^L \leqslant X \leqslant X^U \\ \text{where} \\ & \varepsilon_i = E_i(X_i, Y_{\cdot i}, Y_i), i = 1, \cdots, N_D \\ & X = \bigcup_{i=1,\cdots,N_D} X_i, Y = \bigcup_{i=1,\cdots,N_D} Y_i, Y_{\cdot i} \subseteq (\bigcup_{j=1,\cdots,N_D, j \neq i} Y_j) \\ & f \in Y, g \subseteq Y \end{cases} \quad (6-40)$$

AAO 方法的特点为:由于同时对 X 和 Y 进行优化,迭代过程中的搜索方案可能不满足学科状态方程,直到收敛才能获得多学科相容且可行的优化解。由于在每一个搜索点无需进行系统分析和学科分析,只需将所有变量代入学科状态方程进行一次简单的学科计算,由此可以大大降低在每个搜索点的计算成本。此外,由于在每个搜索点各学科只执行一次学科计算,无需进行学科耦合和信息交互,因此无需改动学科分析代码即可直接进行集成,大大简化了编程和组织难度。但是同时优化方法将大量状态变量都集中到系统层进行优化,大大增加了优化规模与优化问题求解难度。

(2) 多学科可行方法 MDF。多学科可行方法(MDF)是求解 MDO 问题最直接的方法。此处"可行"是指设计变量与状态变量满足学科状态方程。该方法在优化搜索过程中,每一步迭代都进行一次系统多学科分析,联立求解学科状态方程组,获取该搜索点设计变量对应的多学科相容解,设计变量和状态变量满足所有学科状态方程,因此该优化过程称为 MDF。MDF 的优化模型为

$$\begin{cases} \text{find} & X \\ \text{min} & f \\ \text{s.t.} & g \geqslant 0 \\ & Y_i = \text{CA}_i(X_j, Y_{\cdot i}), i = 1, \cdots, N_D \\ & X = \bigcup_{i=1,\cdots,N_D} X_i, Y = \bigcup_{i=1,\cdots,N_D} Y_i, Y_{\cdot i} \subseteq (\bigcup_{j=1,\cdots,N_D, j \neq i} Y_j) \\ & XL \leqslant X \leqslant X^U, f \in Y, g \subseteq Y \end{cases} \quad (6-41)$$

从式(6-40)可以看出,与传统优化问题相同,MDF 的优化模型直接将多学科系统分析作为整体嵌入优化过程中,有利于优化过程实现。但是,该方法需要在每一个迭代点进行整体系统分析,由此可能导致巨大的学科之间的信息交互和计算工作量。因此,该方法并不适合于特别大型复杂工程应用问题。

(3) 协同优化 CO。协同优化(CO)属于多级优化过程,首次出现于 1994 年 Kroo 等的飞机初步优化设计研究中。该优化过程以其双层结构著称。在系统级,将各学科间共享的设计变量提取出来构成系统级设计变量,对系统级设计变量和学科耦合状态变量进行优化,以系统级设计变量和学科耦合状态变量取值与各学科优化输出方案保持一致为约束条件,使原 MDO 问题的目标函数值最小。在学科级,对本学科局部设计变量、系统级设计变量在该学科的分量以及耦合输入该学科的状态变量进行优化,在满足本学科约束条件下,优化目标为使系统级设计变量、耦合输入该学科的状态变量和本学科输出状态变量的取值与系统级分配的目标值的差异最小。由于该方法简单易行,符合现代工程设计模式,已经得到了广泛应用。标准 CO 过程的基本框图和流程如图 6-11 和图 6-12 所示。

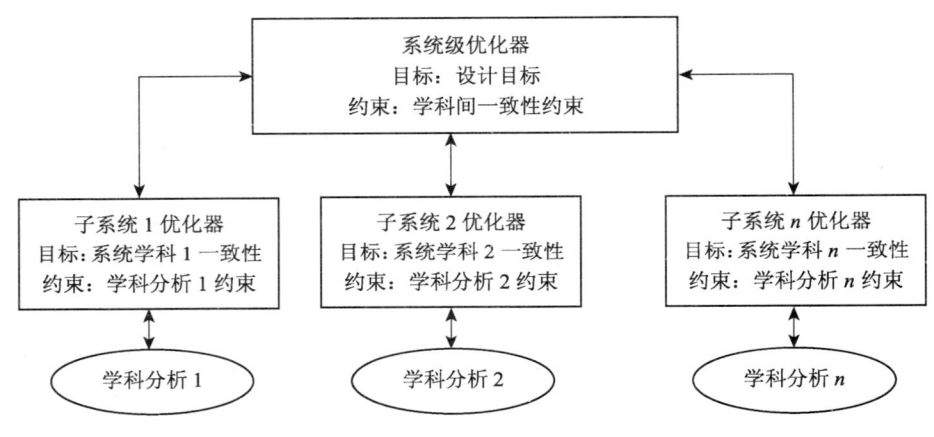

图 6-11 协同优化 CO 框图

标准 CO 由系统级优化和学科优化两部分组成,包括以下主要步骤:

(ⅰ) 初始化。确定系统级设计变量与耦合状态变量初值,记为 $\boldsymbol{X}_{\text{sys}}^{0}$ 和 $\boldsymbol{Y}^{0}$;

(ⅱ) 系统层将 $\boldsymbol{X}_{\text{sys}}^{0}$ 和 $\boldsymbol{Y}^{0}$ 传递给各学科;

(ⅲ) 学科并行优化。学科 i 优化问题如下:

$$\begin{cases} \text{find} & (\boldsymbol{X}_{\text{sys}})_i, \boldsymbol{X}_i, \boldsymbol{Y}_{\cdot i} \\ \min & C_i = \|(\boldsymbol{X}_{\text{sys}})_i - (\boldsymbol{X}_{\text{sys}}^0)_i\|_2^2 + \|\boldsymbol{Y}_{\cdot i} - \boldsymbol{Y}_{\cdot i}^0\|_2^2 + \|\boldsymbol{Y}_i - \boldsymbol{Y}_i^0\|_2^2 \\ \text{s.t.} & \boldsymbol{g}_i \geqslant 0, \boldsymbol{g}_i \subseteq \boldsymbol{Y}_i, \boldsymbol{Y}_i^0, \boldsymbol{Y}_{\cdot i}^0 \subseteq \boldsymbol{Y}^0, (\boldsymbol{X}_{\text{sys}}^0)_i \subseteq \boldsymbol{X}_{\text{sys}}^0 \\ & \boldsymbol{Y}_i = \text{CA}_i(\boldsymbol{X}_{\text{sys}}, \boldsymbol{X}_i, \boldsymbol{Y}_{\cdot i}) \end{cases} \quad (6\text{-}42)$$

其中,优化变量包括系统设计变量在学科 i 的分量 $(\boldsymbol{X}_{\text{sys}})_i$、学科设计变量 $\boldsymbol{X}_i$ 和耦合输入学科 i 的状态变量 $\boldsymbol{Y}_{\cdot i}$。目标为相容性约束函数 C_i 最小,亦即使学科 i 优化变量取值与系统级分配下来的目标值差异最小。约束条件仅考虑本学科局部约束条件 $\boldsymbol{g}_i$。本学科输出状态变量通

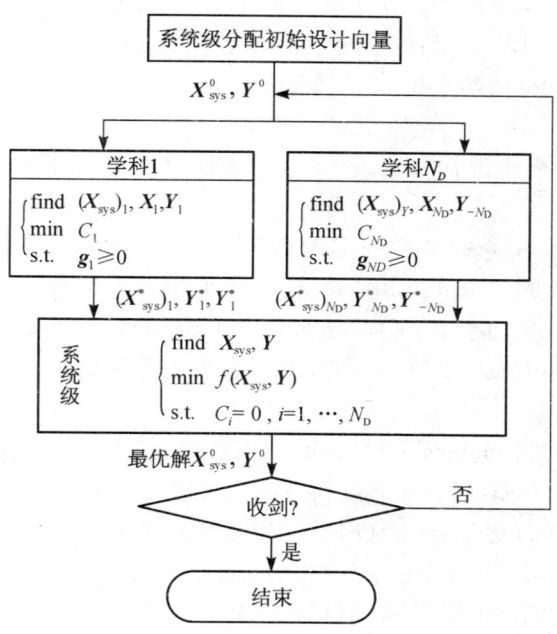

图 6-12 标准 CO 计算流程

过学科分析 DA_i 计算获得。记学科 i 优化方案为 $(X_{sys}^0)_i$, Y_i^*, 和 Y_{-i}^*。将各学科优化方案上传给系统级。

(ⅳ) 系统级优化。系统级优化问题如下：

$$\begin{cases} \text{find} & X_{sys}, Y \\ \text{min} & f(X_{sys}, Y) \\ \text{s.t.} & C_i = 0, i = 1, \cdots, N_D \\ & C_i = \|(X_{sys})_i - (X_{sys}^*)_i\|_2^2 + \|Y_{\cdot i} - Y_{\cdot i}^*\|_2^2 + \|Y_i - Y_i^*\|_2^2 \\ & Y = \bigcup_{i=1,\cdots,N_D} Y_i, Y_{\cdot i} \subseteq (\bigcup_{j=1,\cdots,N_D, j \neq i} Y_j), (X_{sys})_i \subseteq X_{sys} \end{cases} \quad (6-43)$$

其中，优化变量包括系统级设计变量和所有学科耦合状态变量，优化目标为使原优化目标函数值最小，约束条件为各学科相容性约束 $C_i = 0$ ($i = 1, \cdots, N_D$)，以此使系统级优化满足学科相容性条件。记系统级优化方案为 X_{sys}^0 和 Y^0。

(ⅴ) 判断收敛条件。若最优解满足收敛条件，则算法终止，并输出优化方案 X_{sys}^0 和 Y^0。否则，返回步骤(ⅱ)。

协同优化方法提供了一种对复杂系统优化问题进行分解与学科并行优化的有效方法，结构简单，易于实施，学科自治性强，学科间的数据传输量较少，具有较强的工程实用价值。

(4) 并行子空间优化 CSSO。并行子空间优化 CSSO 属于多级优化过程。主要针对非层次性的复杂系统。实际上，在复杂工程系统的设计优化问题中，由于学科间存在复杂的交叉耦合关系，因此系统的分解往往是非层次型，各学科的设计、分析和优化不能独立进行。为了使各学科能够充分利用本学科已有的先进方法进行独立优化，Sobieski 于 1988 年提出了并行子空间优化过程(CSSO)，用于解决非层次系统的 MDO 问题。

对于 CSSO 算法，每个子空间独立优化一组互不相交的设计变量，在每个子空间的优化过程中，凡涉及该子空间的状态变量计算，用该学科分析方法进行分析，而其他状态变量和约束则采用全局敏感方程（Global Sensitivity Equation，GSE）的近似计算。每个子空间仅优化整个系统设计变量的一部分，各个子空间的设计变量互不重叠。各个子空间的优化设计结果联合组成 CSSO 算法的一个新设计方案，这个设计方案又被作为 CSSO 迭代过程的下一个初始值。

CSSO 算法能减少系统分析次数，而且每个子空间能同时进行优化设计，体现了并行设计的思想。同时通过 GSE 的近似分析和协调优化，考虑了各个学科（子空间）的相互影响，保持了原系统的耦合性。但是，由于 CSSO 算法是基于 GSE 的线性近似，因而子空间设计变量的移动范围小，更严重的是 CSSO 算法不一定收敛，会出现振荡现象。另外，子空间设计变量互不重叠的要求不太合理。

针对上述问题，1996 年 Sobieski 和 Batill 进一步提出基于响应面（Response Surface，RS）的并行子空间优化过程（CSSO-RS），通过构造响应面近似系统的耦合关系，从而实现子空间的临时解耦，进行独立并行优化。CSSO-RS 可以处理连续和离散设计变量问题以及连续/离散混合设计变量问题，具有很强的灵活性。同时，通过响应面近似对状态变量进行估计，可以减小计算量，提高优化效率。CSSO-RS 流程框图如图 6-13 所示，主要由初始准备和优化循环两大部分组成。

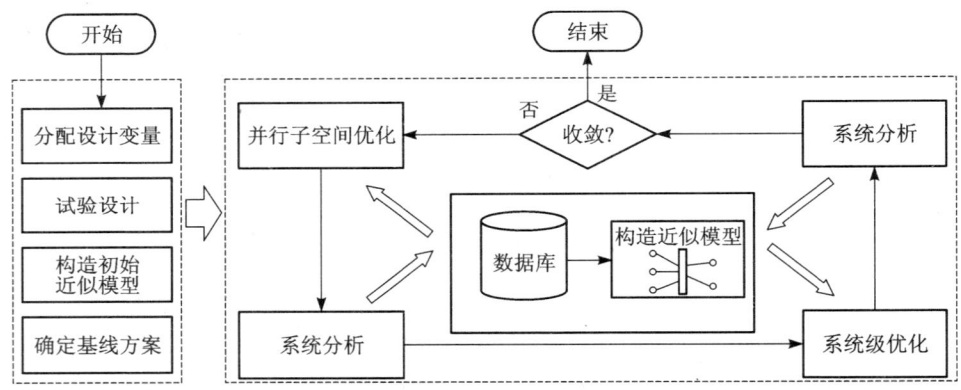

图 6-13　CSSO-RS 计算流程图

6.4.3　多学科设计优化平台 OPTIMUS

OPTIMUS 作为多学科的仿真集成平台，能够集成并自动化用户的多学科仿真分析流程，实现设计—修改—再分析自动化，能应用现代设计方法（至少包括试验设计、敏感度分析、响应面建模、参数优化、参数识别、可靠性设计、鲁棒性设计）实现综合优化和自动化分析。软件涉及的学科包括几何造型、结构分析、计算流体力学、控制、动力学、冲击碰撞、震动噪声和疲劳等领域。

1. 仿真分析工具集成

OPTIMUS 能够集成多学科所涉及的 CAD/CAE 商用软件、以及用户自开发的（基于 C/C++，Visual Basic，Fortran，Java，以及其他编程语言）的程序代码，如图 6-14 所示。

图 6-14　OPTIMUS 集成工具示意图

2. 具备完整的集成优化设计综合环境

能够很方便地集成已有的成熟仿真工作流程并且自动运行。图 6-15 给出了其仿真工作流程集成。

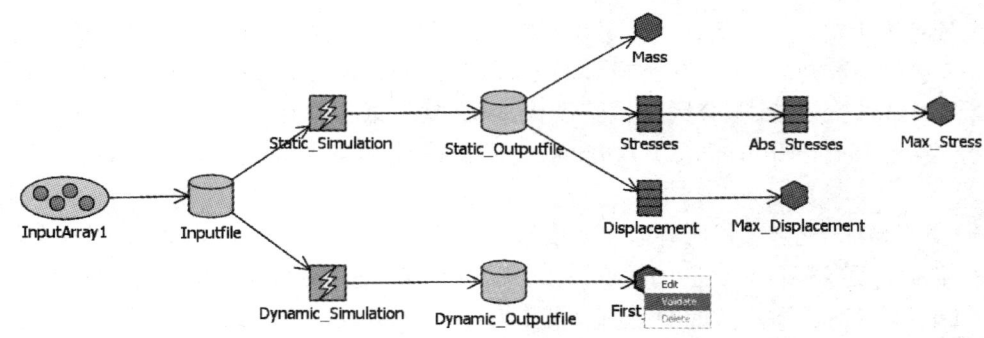

图 6-15　OPTIMUS 仿真工作流程集成

OPTIMUS 工作流执行功能包括：

(1) 支持任意复杂度的工作流的自动运行,包括多层嵌套的工作流。

(2) 具备在多台具有不同的操作系统的计算机上运行工作流程的能力,可实现在网络环境中不同操作系统的计算机之间的远程数据传输和远程应用程序的调用。

(3) 支持运行过程中的实时在线监控。用户可以在图形化的监控窗口中,实时地观察分析已经产生的计算结果,并可以随时终止、暂停或恢复计算。

(4) 支持以并行的方式执行工作流,支持单机多 CPU 和计算机集群的并行方式,能提供支持从 4 个到 1 024 个节点的并行配置。支持工作流层和算法层双层并行,最大化地提高计算效率。提供与多种并行管理系统的直接接口,可以同时与不同集群进行连接并分配计算。

(5) 提供对并行过程的强大管理功能。能控制并行计算的规模(最大 CPU 占用个数),并对并行计算过程中出现的问题进行自动再处理,保证并行计算过程的稳定性。

(6) 能提供多级别任务管理配置,将试验设计、敏感度分析、响应面建立、多学科优化、可靠性和鲁棒性分析优化等方法进行定制管理,将各种方法策略化的组合使用,解决实际问题,并将已有的设计与分析经验保存下来。

OTIMUS 建立的工作流应能作为模板保存使用。工作流的管理可以定制,并支持远程调用和基于计算机集群的并行运行方式,充分利用硬件资源,提升运行速度。

3. 集成多种建模和优化算法

在试验设计与响应面建模方面拥有完整的试验设计和响应面建模方法(图6-16)。

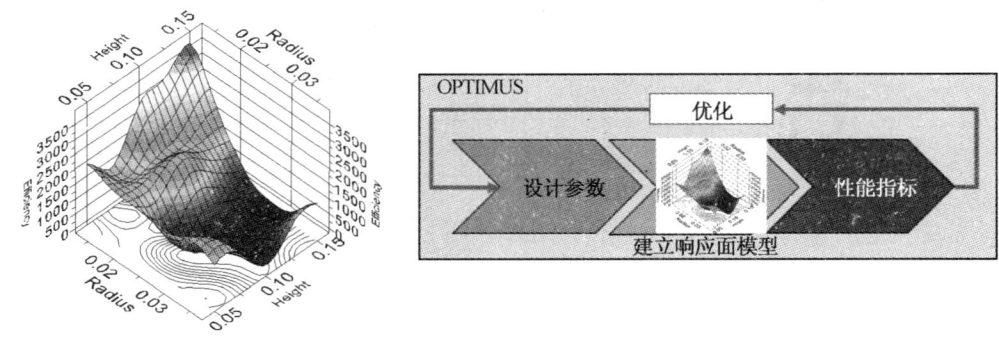

图 6-16　OPTIMUS 响应面建模及优化方法(RSM)

(1) 具备强大的试验设计能力,提供大量的试验设计方法(基于正交准则、基于随机均布准则、基于优化准则)应用于各类设计问题,以最佳的方法探索设计空间。试验设计的方法包括:全因子试验设计、部分因子试验设计、中心复合试验设计、拉丁超立方试验设计、田口法试验设计、Placket-Burman、Box-Behken 试验设计和基于不同优化准则的试验设计方法。

(2) OPTIMUS 能够分析所有输入输出参数之间的敏感度关系,能以数值和图形化的方式,直观、准确地反映不同参数间的敏度大小,帮助用户对设计问题进行深入的了解分析。

(3) OPTIMUS 具备完整的响应面建模能力,能以不同的建模方法(多种最小二乘法和随机插值法)建立输入输出参数之间的近似数学关系,帮助用户了解设计问题本身。建模方法包括:任意阶数的泰勒多项式最小二乘建模法、任意阶数的用户定义多项式最小二乘建模法、Akaike Information Criterion(AIC)建模方法、基于 Krigin 模型的随机插值建模方法、基于 Radial Basis Function(RBF)的随机插值建模方法。

(4) OPTIMUS 能以二维、三维、等高图、ISO 图等多种方式观察分析响应面模型。

(5) 用户可以在 OPTIMUS 中自由选择将响应面模型用于优化、可靠性鲁棒性计算的求解,以提高效率。在计算过程中,可以实现不同求解方式(响应面上求解和仿真工作流上求解)间的切换,在缩短时间的同时保证计算精度。

4. 多学科设计优化

OPTIMUS 具备强大的设计优化能力,包括单目标优化、多目标优化、局部优化、全局优化、连续量优化、离散量优化、参数标定等(图6-17)。

(1) 用户可交互式地选用优化算法针对特定问题进行求解;也可以把不同算法(试验设计方法、近似建模方法、优化方法、可靠性鲁棒性方法)策略化地组合起来解决复杂的设计问题。

(2) OPTIMUS 中优化目标函数和约束的求解,既可以通过调用仿真工作流来实现,也可以在响应面上进行求解。并支持在两种求解方式之间根据要求自动切换。

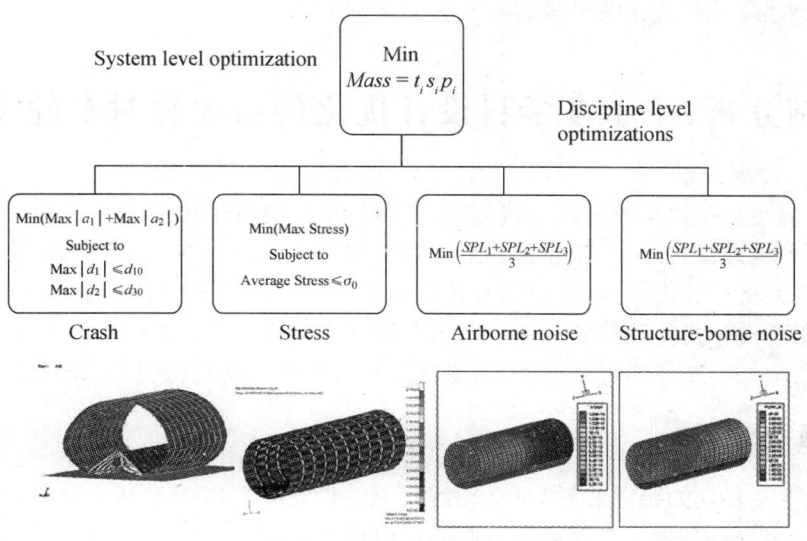

图 6-17　OPTIMUS 多学科设计优化

5. 可靠性和鲁棒性分析优化

提供专业的算法库对产品输入参数(控制参数、噪声参数、信号参数)对设计指标的可靠性和鲁棒性(方差、失效率、信噪比等)的影响。

(1) 支持可靠性和鲁棒性的评估方法包括蒙特卡罗法、基于响应面的蒙特卡罗法、First Order Second Moment 法、一阶可靠性法、二阶可靠性法和田口法等。

(2) OPTIMUS 除了能对设计指标的可靠性和鲁棒性进行评估以外,还支持将可靠性或鲁棒性指标作为优化过程中的目标函数或者约束条件来使用,实现基于可靠性和鲁棒性的最优化设计(图 6-18)。

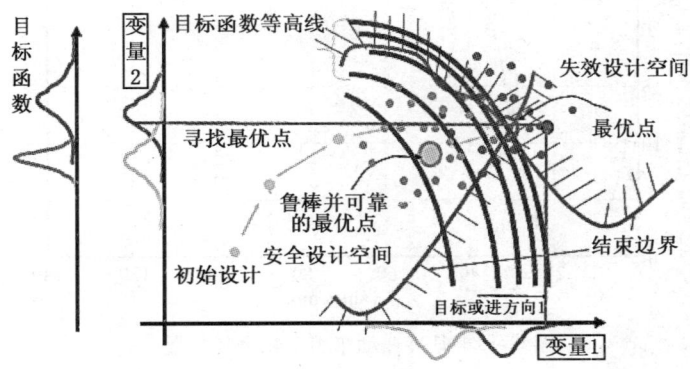

图 6-18　OPTIMUS 基于可靠性和鲁棒性分析的优化设计

(3) OPTIMUS 支持多种输入参数分布类型,如正态分布、平均分布、三角分布、指数分布、对数分布、Beta 分布、Gamma 分布、Weibull 分布、Erlang 分布、Rayleigh 分布、Gumbel 分布和用户自定义分布等。

(4) OPTIMUS 的可靠性和鲁棒性的评估既可以通过调用仿真工作流来实现,也可以在响应面上进行求解,并支持在两种求解方式之间根据要求自动切换。

6.5 案例分析:基于多学科设计优化的高速轮对车轮型面镟修

本节针对高速动车组车轮踏面镟修问题,在保证镟修前后轮轨接触应力、车辆运行稳定性不低于标准或等级镟修,保证车轮轮缘外形综合参数的限度条件下,应用多学科优化理论和方法,提出了以最大化车轮名义滚动圆直径(轮踏面名义滚动圆直径方向的镟修量最小)为优化目标,基于多学科设计优化策略的高速动车组车轮型面镟修方法。研究结果表明,在满足运用要求的前提下,增加了车轮的可镟轮次数,降低了轮对的维修费用,延长了轮对的使用寿命。

6.5.1 问题提出

轮对磨耗主要表现为踏面磨耗和轮缘磨耗(主要指轮缘厚度的磨耗),随着高速动车组车辆运行里程的不断增加,轮对的轮缘和踏面处会出现不同程度的磨耗,图6-19为某高速动车车轮在不同里程车轮磨耗后外形。从图6-19中可以看出,随着运营里程的增加,车轮的轮缘和踏面处出现严重的磨耗,为了保证列车运行稳定性和安全性,或保证车轮型面的几何尺寸参数在规定的范围内,必须对磨耗的轮对进行及时地镟修。在某些情况下,当轮缘厚度的磨耗速度比踏面直径的磨耗速度快,所以为了恢复车轮轮缘厚度,就要牺牲踏面处的名义滚动圆直径。

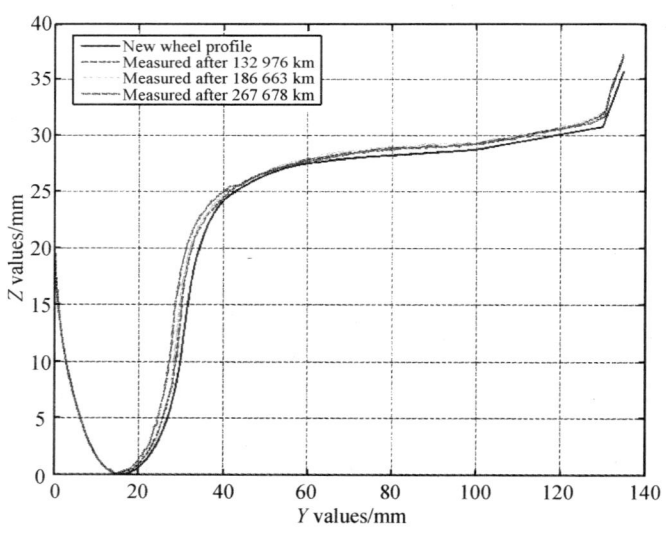

图6-19 某高速动车组车轮磨耗外形

为了保证轮对镟修后车轮踏面符合标准的外形轮廓,目前采用两种镟修方法,一种方法是把磨耗后的车轮外形镟修到新轮踏面外形,也就是轮对车轮型面的几何尺寸参数(如轮缘厚S_d、轮缘高S_h、轮缘角参数qR)和新轮一致;另一种方法是采用等级镟修方法,根据轮缘厚度的实际情况,选择不同轮缘厚度等级进行镟修,尽可能地减少车轮名义滚动圆处直径方向上的切削量。表6-2中给出了采用不同镟修方法后的名义滚动圆直径切削量,实测车轮外形的轮缘厚为30.198 mm。图6-20为采用不同镟修标准方法镟修后的车轮外形。

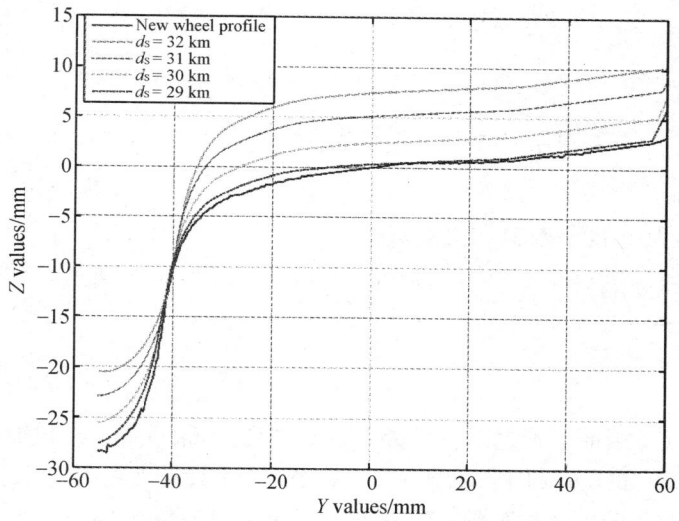

图 6-20 采用不同镟修方法后车轮外形

表 6-2 采用不同镟修方法后的名义滚动圆直径切削量

轮缘厚 /mm	32(标准)	31	30	29
名义滚动圆直径上的切削量 /mm	14.898	10.274	4.858	0.636

由表 6-2 可知,如果磨耗后的车轮外形采用第一种镟修方法恢复到 $S_d = 32$ mm 的车轮外形需要减少的名义滚动圆直径量最大。若采用等级镟修方法,其所需要切削的名义滚动圆直径量也不相同,如果仅仅从轮缘厚度最接近于磨耗后车轮轮缘厚的等级镟修方法来考虑,表中显示当等级镟修的轮缘厚度分别为 $S_d = 31, 30$ mm 时,在名义滚动圆直径方向上的切削量仍然相差大,因此如果想从根本上解决因镟修造成的车轮名义滚动圆处直径减小快的问题,仅仅等级镟修仍然存在不足,需要从车轮踏面对车辆动力学、运行稳定性和安全性、磨耗等方面综合考虑,来优化镟修方案和踏面外形,从而达到延长轮对的使用寿命。实现只有在轮缘磨耗和踏面磨耗都达到极限时,更换轮对的最经济目标。

实际上,车轮踏面(轮缘)磨耗与车辆动力学、轮轨接触匹配、材料等密切相关,目前的镟修方法均需要将车辆踏面外形回复到标准形状,当选择的镟修方法不合理时,镟修后车轮名义滚动圆直径的损失是大的,为此,讨论能否通过放松对踏面外形要求,镟修后车轮的轮轨接触应力(与磨耗有关)、车辆运行稳定性和安全性(与踏面等效效率、轮缘厚和 qR 值等有关)等不低于面前的两种镟修方法,但是在镟修量,特别是车辆名义滚动圆直径上保证减小量最小。

为此将该问题归于多学科设计优化问题。

6.5.2 车轮型面镟修多学科设计优化数学模型

在放松对踏面外形的约束要求后,镟修问题转化为设计一种既能保证轮缘厚度最大化又要保证在车轮名义滚动圆直径方向上切削量最小的车轮镟修外形优化问题。在踏面上选择若干点 i $(i = 1, \cdots, n)$,踏面形状由这些点的垂直指标 z_i 确定,相关的优化目标函数和约束条件均与这些变量相关。

应用多学科设计优化方法,建立式(6-43)高速动车组车轮外形多学科设计优化镟修的数学模型：

$$\min_{z_{il} \leqslant z_i \leqslant z_{iu}} \{f_1(z_1, z_2, \cdots, z_n), f_2(z_1, z_2, \cdots, z_n), \cdots f_I(z_1, z_2, \cdots, z_n)\} \quad (i = 1, 2, \cdots, n)$$
$$\text{s.t.} \{c_1(z_1, z_2, \cdots, z_n) \leqslant 0, c_2(z_1, z_2, \cdots, z_n) \leqslant 0, \cdots c_J(z_1, z_2, \cdots, z_n) \leqslant 0\}$$
(6-44)

式中：z_{il} 和 z_{iu} 分别为 z_i 的下限值和上限值；

$f_1(z_1, z_2, \cdots, z_n), f_2(z_1, z_2, \cdots, z_n), \cdots, f_I(z_1, z_2, \cdots, z_n)$ 为与镟修等有关的目标函数；

$c_1(z_1, z_2, \cdots, z_n), c_2(z_1, z_2, \cdots, z_n), \cdots, c_J(z_1, z_2, \cdots, z_n)$ 为约束函数；$z_1, z_2, \cdots, z_n$ 为设计变量。

1. 设计变量

根据踏面几何尺寸限制。通过对车轮外形曲线拟合分析，选择14个横坐标控制点对应的纵坐标为设计变量 z_i，如图 6-21 所示，即 $n = 14$，而14个设计变量的上下限分别为等级镟修标准外形对应控制点的纵坐标和实测车轮外形对应控制点的纵坐标。这14个控制点可使设计出来的车轮型面能够满足车轮型面的单调性和凸凹性的要求。

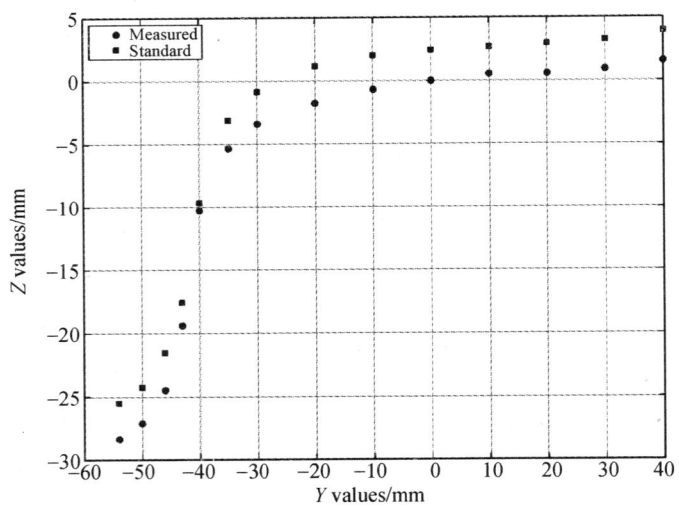

图 6-21 在标准车轮外形和实测车轮外形上选择的控制点

2. 目标函数

在车轮名义滚动圆直径方向上的切削量决定了车轮镟修次数和轮对使用寿命，所以选择以与车轮名义滚动圆直径大小相关的函数为目标函数。

与车轮名义滚动圆直径大小相关的目标函数为

$$f(z_1, z_2, \cdots, z_n) = \Delta z \tag{6-45}$$

式中，Δz 为在车轮名义滚动圆直径方向上的切削量。要保证车轮名义滚动圆直径最大值，应该使得 $y = 0$ 控制点处的纵坐标变化量最小，即 Δz 最小。

3. 约束条件

踏面外形对车辆动力学、运行安全性、轮轨磨耗等密切相关，因此镟修问题的约束条件主要以下四方面因素考虑:一是镟修后的车辆(转向架)临界速度应该优于采用标准或等级镟修的车辆(转向架)临界速度;二是轮轨最大接触应力不应超过车轮材料剪切强度的3倍;三是车轮外型特别是在踏面上应满足曲线单调性和凸凹性要求;四是镟修后车轮外型的几何控制参数在镟修规范规定范围内的要求,具体可选择轮缘高、轮缘厚、接触角参数及样条曲线的导数作为车轮外形的几何参数约束。从学科来看,涉及到动力学、强度、结构几何学等不同学科具体描述如下:

(1) 车辆(转向架)临界速度。高速动车组的临界速度是反映车辆运行稳定性的重要指标,应该使镟修后的车辆临界速度不低于按标准或等级镟修后的车辆临界速度,否则就失去了优化镟修意义。考虑到高速动车组及转向架的悬挂特征,将车辆系统简化为一个线性系统,可以用以下的线性二阶微分方程组来表示:

$$M\ddot{q} + \left\{C + \frac{C_{WR}}{v}\right\}\dot{q} + (K + K_{WR})q = 0 \quad (6-46)$$

式(6-46)中,M 为惯性矩阵;C 为黏性阻尼矩阵;C_{WR} 为蠕滑阻尼矩阵;K 为刚度矩阵;K_{WR} 为蠕滑刚度和接触刚度矩阵;q 为广义坐标列矩阵;v 为车辆运行速度。令 $y = \dot{q}q^T$,经过新变量变换后得到车辆系统的状态方程

$$\dot{y} = Ay \quad (6-47)$$

式中,A 为多自由度系统的动力矩阵,采用分块矩阵的形式表示如下

$$A = \begin{bmatrix} A_1 & A_2 \\ A_3 & 0 \end{bmatrix} \quad (6-48)$$

式中,$A_1 = -M^{-1}\left(C + \frac{C_{WR}}{V}\right)$,$A_2 = -M^{-1}(K + K_{WR})$,$A_3 = I$ 为单位矩阵。

根据 Hamilton 定理可知,状态方程(6-47)特征根时就是求动力矩阵 A 的特征值。当全部特征值中存在一个正的实部时,说明车辆系统已处在蛇形不稳定状态,从而确定车辆的临界速度。

定义 $c_1(z_1, z_2, \cdots, z_{14}) \leqslant 0$ 为与车辆临界速度相关的约束条件,则有

$$c_1(z_1, z_2, \cdots, z_{14}) = v_{c\_original} - v_{c\_opt} \leqslant 0 \quad (6-49)$$

式中,$v_{c\_original}$ 为磨耗后的车辆临界速度,v_{c_opt} 为优化后的车辆临界速度。

(2) 轮轨接触应力。轮轨接触应力的大小直接影响车轮和钢轨磨耗和接触疲劳问题,根据 Herz 理论,轮轨接触应力可以按照式(6-50)计算。

$$P_{max} = \frac{3P}{2\pi ab} \quad (6-50)$$

式中,p_{max} 为轮轨接触的最大 Hertz 接触应力,p 为法向力,a 为椭圆斑长半轴,b 为椭圆斑短半轴。

接触应力最大值计算方法如下:根据轮对在不同横移量下轮轨接触点位置,分别计算出接触点处车轮和钢轨曲面的纵向和横向主曲率,计算出椭圆斑的长短半轴 a 和 b,然后计算最大轮轨接触应力。

如果定义 $c_2(z_1, z_2, \cdots, z_{14}) \leqslant 0$ 为与轮轨最大接触应力相关的约束条件,则有

$$c_2(z_1, z_2, \cdots, z_{14}) = P_{\max} - 3\sigma_{sh} \leqslant 0 \tag{6-51}$$

式中,σ_{sh} 为车轮材料的剪切强度。

(3) 踏面曲线的单调性。为了使优化后的车轮外型保持光滑平整不至于出现奇异点及波浪型曲线,要增加车轮外形曲线单调性和凹凸性的约束条件。设车轮外形曲线拟合函数为 $z = g(y)$,定义 $c_3(z_1, z_2, \cdots, z_{14}) \leqslant 0$ 为与车轮外形曲线单调性相关的约束条件,则有

$$c_3(z_1, z_2, \cdots, z_{14}) = -g'(y) \leqslant 0 \quad (-50 \leqslant y \leqslant 40) \tag{6-52}$$

(4) 踏面曲线的凹凸性。定义 $c_4(z_1, z_2, \cdots, z_{14}) \leqslant 0$ 为与车轮外型曲线凹凸性相关的约束条件,则有

$$c_4(z_1, z_2, \cdots, z_{14}) = \begin{cases} -g''(y) & (-50 \leqslant y \leqslant -39, 6 < y \leqslant 11, 22 < y \leqslant 39) \\ g''(y) & (-39 < y \leqslant 6, 11 < y \leqslant 22) \end{cases}$$

$$\tag{6-53}$$

(5) 踏面参数约束。根据镟修标准可知,镟修后的车轮外型几何参数不能超过标准规定的限度值,必须在其对应的上、下限范围内,若超过标准的限度值,就必须更换新的轮对。若定义 $c_5(z_1, z_2, \cdots, z_{14}) = S_d$,$c_6(z_1, z_2, \cdots, z_{14}) = S_h$ 和 $c_7(z_1, z_2, \cdots, z_{14}) = qR$ 分别为与车轮轮缘厚度、轮缘高度和接触角参数相关的约束函数,则根据相关标准可知,分别对应有

$$d_{S_l} < d_S < d_{S_u} \quad d_S \to S_d \tag{6-54}$$

$$h_{S_l} < h_S < h_{S_u} \quad h_S \to S_h \tag{6-55}$$

$$q_{R_l} < q_R < q_{R_u} \quad q_R \to qR \tag{6-56}$$

其中,下标 l 代表下限值;u 代表上限值。

4. 优化算法

根据实际的优化目标,及各学科之间的耦合关系,可行的优化算法是采用前面提到的多学科可行方法 MDF。

6.5.3 优化镟修算例

对某高速动车组在运行 26 万 km 后的导向轮对右车轮外形进行多学科优化镟修计算。高速动车组车轮外形采用 LMA 车轮型面,与之匹配的钢轨采用 CHN60 钢轨外形。根据高速动车组轮对踏面镟修尺寸限度标准可知,$S_{d_l} = 27.5 \text{mm}$,$S_{d_u} = 33 \text{mm}$,$S_{h_l} = 22 \text{mm}$,$S_{h_u} = 35 \text{mm}$,$qR_l = 6.5 \text{mm}$,$qR_u = 11 \text{mm}$,多学科优化镟修车轮外形计算流程和在多学科优化软件中搭建的优化模型分别见图 6-22 和图 6-23。

图 6-24 为磨耗后的动车组车轮外形多学科优化镟修结果。优化计算后,在车轮名义滚动圆直径方向上的最小镟修量为 0.362 mm,明显小于采用轮缘厚为 30 mm 车轮外形等级镟修方法所对应的镟修量。图 6-25 为分别采用等级镟修方法和优化镟修方法后沿着车轮外形方向的半径减少量对比图,从图中可以看出,把磨耗后的车轮外形镟修到优化后的车轮外形需要切削材料总体积少于把磨耗后的车轮外形按照标准车轮外形镟修后切削材料总体积。

第6章 多学科设计优化

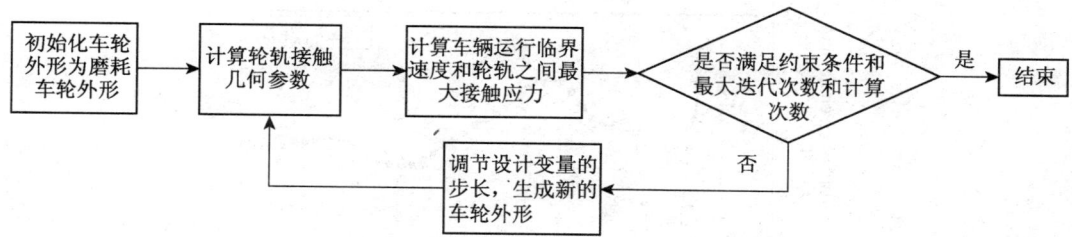

图 6-22 多学科设计优化镟修车轮外型计算流程图

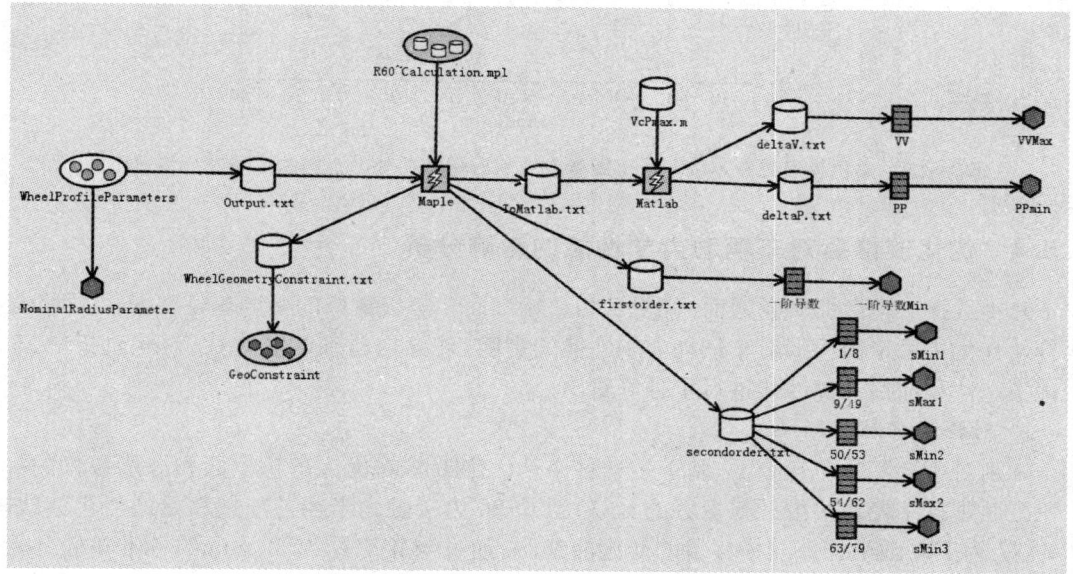

图 6-23 Optimus 界面

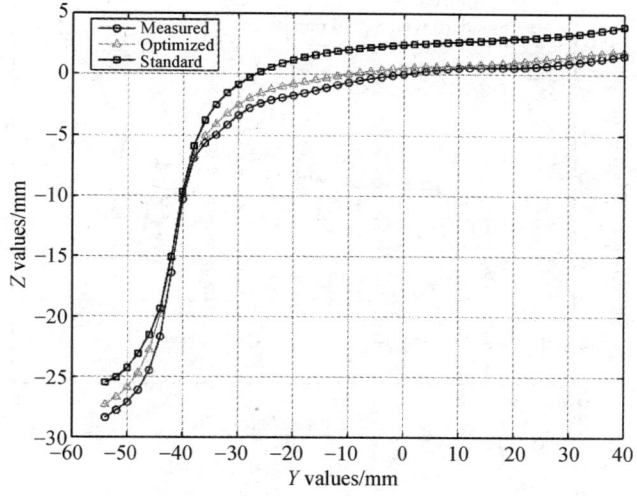

图 6-24 磨耗后的高速动车组车轮外形多学科优化镟修结果

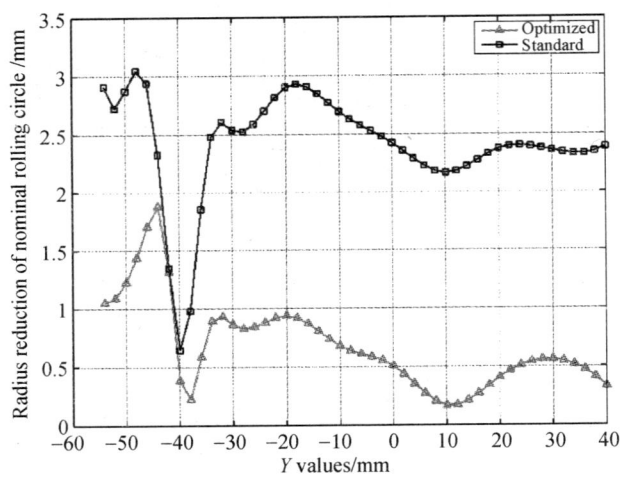

图 6-25 采用等级镟修方法和优化镟修方法后沿着车轮外形方向的半径减少量对比图

6.5.4 优化镟修后对车辆动力学性能的影响分析

分别选择磨耗后的车轮型面、优化后的车轮型面和等级镟修的标准车轮型面,为了验证多学科设计化化后踏面外形对车辆动力学性能的影响,建立更精细的非线性,对轮轨接触、车辆运行稳定性和曲线通过性能进行了计算对比。

1. 对轮轨接触的影响

分别对磨耗后的车轮型面、基于多学科设计优化策略的优化车轮型面和等级镟修的标准车轮型面进行了轮轨接触几何参数的计算,图 6-26 为接触角半径差随横移量的变化曲线图,图 6-27 为滚动圆半径差随横移量的变化曲线图,通过与轮缘厚为 30 mm 的标准车轮外形几何参数对比可知,优化后的镟修车轮外形具有良好的轮轨接触几何关系。

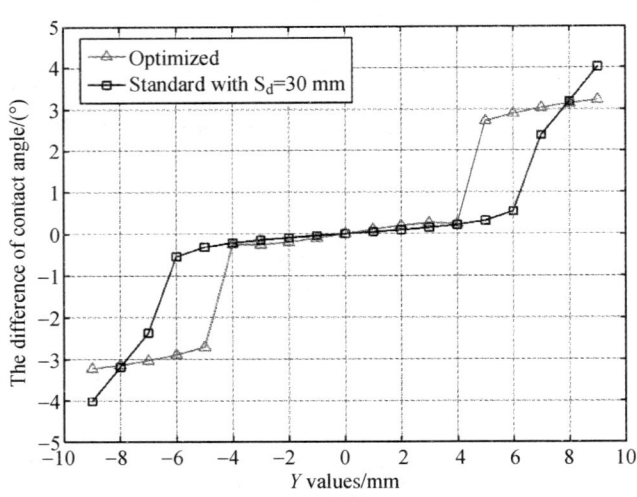

图 6-26 接触角之差随横移量的变化

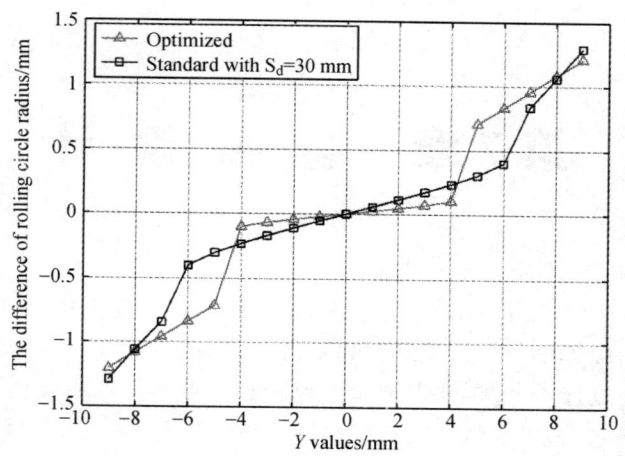

图6-27 滚动圆半径之差随横移量的变化

2. 对车辆运行稳定性的影响

对该算例的分析结果表明:优化镟修后的车辆非线性临界速度比原磨耗车轮外形是提高36 km/h,并且接近于新轮时车辆非线性临界速度。

3. 对曲线通过性能的影响

分析了磨耗、新轮和优化镟修等三种不同车轮外形下的车辆以不同速度通过不同曲线半径时的动态性能指标。仿真结果表明:优化车轮外形明显地减小了轮重减载率、轮轨横向力。转向架个车轮的脱轨系数、磨耗指数和冲角等指标分别接近于标准车轮外形时对应的指标,优于镟修前磨耗后车轮外形对应的指标。

参考文献

[1] 马昌风.最优化方法及其 Matlab 程序设计[M].北京:科学出版社,2010.
[2] 陈小前.飞行器不确定性多学科设计优化理论与应用[M].北京:科学出版社,2013.
[3] 吴义忠,陈立平.多领域物理系统的发展优化方法[M].北京:科学出版社,2011.
[4] 曾金玲.基于多场耦合技术的永磁同步电动机散热分析[J].上海交通大学学报,2014,48(9).
[5] Sobieszczanski-Sobieski J. Sensitivity of complex, internally coupled system[J], AIAA Journal, 1990, 28(01):153-162.
[6] Dennis J E, Lewis R M. Problem formulations and other optimization issues in Multidisciplinary Optimization [C]//Proceedings of the AIAA/NASA/USAF/ISSMO Symposium on Fluid Dynamics. Colorado Springs, 1994.
[7] Sobieszcznski-Sobieski J. Optimization by decomposition: A Step from hierarchic to non—hierarchic system[C]//The 2nd NASA/Air Force Sysmposium on Recent Advances in Multi disciplinary Analysis and Optimization. Hampton:1988.
[8] 李海燕.面向复杂系统的多学科系统优化方法研究[M].沈阳:东北大学出版社,2013.
[9] 陆正刚,徐俊林.MapleSim 系统建模与仿真[M].北京:中国铁道出版社,2012.

第 7 章　虚 拟 设 计

　　虚拟设计(Virtual Design)是现代设计方法之一,随着计算机技术、数字化技术和智能化技术的发展,近年来,虚拟设计得到了巨大的发展。虚拟设计是以计算机辅助图形学(环境和模型构建)、计算机仿真技术(虚拟样机仿真)为基础、以传感技术和显示技术(人机交互)等为体现的现代设计方法之一,主要包括虚拟样机技术和虚拟现实技术,其核心是虚拟样机技术。

　　本章首先介绍虚拟设计的基本理论和方法,包括虚拟样机建模方法、仿真分析;虚拟现实的发展。然后结合轨道车辆数字化设计和性能要求,应用虚拟设计技术介绍轨道车辆设计和性能分析的流程和关键技术。最后,结合虚拟设计技术的发展,提出轨道车辆数字化设计仿真平台建设的基本内容和功能模块。

7.1　虚拟设计与虚拟样机

　　正如在第 1 章中提到的,一般轨道车辆设计流程始于概念设计,随后是一个产品设计→样机制造→测试评估→反馈设计的循环反复过程(图 7-1)。这其中的每一次循环,都伴随有物理样机的制造或修改,随之而来的产品开发周期的延长和开发成本的增长。同时各分系统设计之间缺乏协调,在设计过程中无法对整个系统给出准确的描述,整个系统的性能只能靠试验来检验,缺乏有效的改进系统性能的技术手段,存在重复建模、降低工作效率、产品开发周期长、开发费用大的缺点。

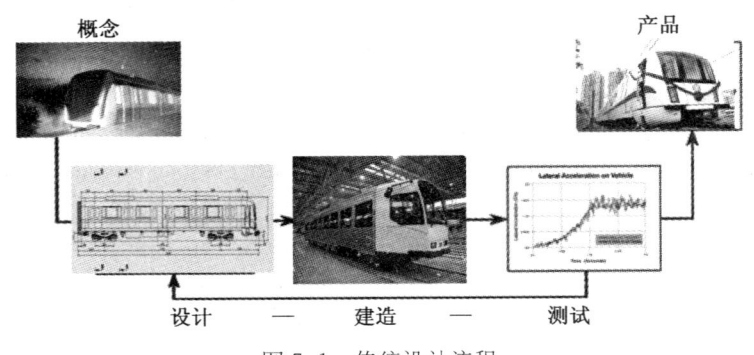

图 7-1　传统设计流程

　　而采用虚拟设计的现代设计流程如图 7-2 所示,运用虚拟设计技术,将传统的产品设计—样机建造—测试评估—反馈设计的循环过程采用虚拟样机技术,以数字化方式进行,避免了物理样机的建造,不仅利于缩短产品开发周期和降低产品开发成本,而且数字化方式有利于协同工作的进行,数字化模型的应用使得产品全生命周期的统一成为可能。

图 7-2 虚拟设计流程

虚拟样机(Virtual Prototyping，VP)技术是近些年在产品开发的 CAX 如 CAD、CAE、CAM 等技术，DFX 如 DFA(Design For Assembly 面向装配的设计)、DFM(Design For Manufacture 面向制造的设计)等技术基础上发展起来的，它进一步融合了现代信息技术、先进仿真技术和先进制造技术，将这些技术应用于复杂系统全生命周期和全系统并对它们进行综合管理，从系统的层面来分析复杂系统，支持由上至下的复杂系统开发模式，利用虚拟样机代替物理样机对产品进行创新设计测试和评估，以缩短产品开发周期，降低产品开发成本，改进产品设计质量，提高面向客户与市场需求的能力。

虚拟样机技术是面向系统级设计的、应用于基于仿真设计过程的技术，包含有数字化物理样机(CAD 模型)、功能虚拟样机(CAE)和虚拟仿真(Virtual Simulation)三个方面内容。

对一般的机电产品而言，虚拟样机的内容如图 7-3 所示，包括基于计算多体系统动力学的运动特性分析、基于有限元理论的应力和疲劳分析、基于有限元非线性理论的非线性变形分析、基于有限元模态理论的振动与噪声分析、基于有限元热传导理论的热传导分析、基于有限元大变形理论的碰撞和冲击仿真、基于计算流体动力学(Computational Fluid Dynamics，CFD)理论的流体动力学分析、基于液压与控制理论的液压/气动与控制仿真，以及基于多领域混合系统建模与仿真理论的多领域混合仿真等。

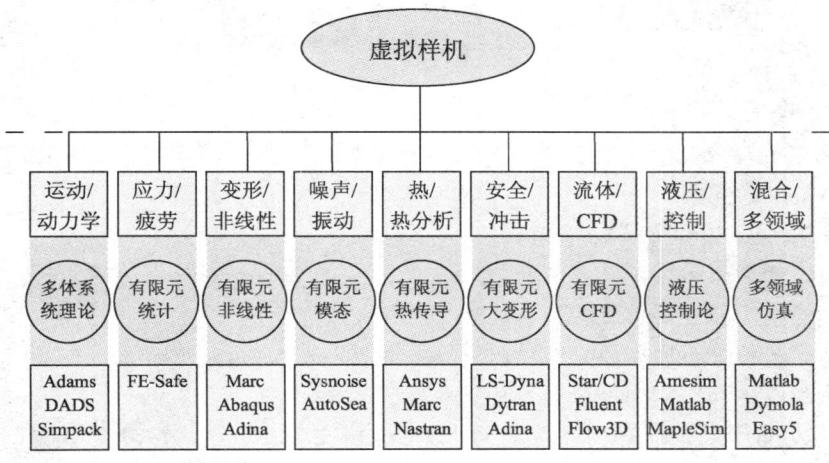

图 7-3 虚拟样机基本内容

一般的机电产品虚拟设计的关键是以多体系统运动学和动力学、数值分析为核心的虚拟样机技术

对轨道车辆而言,无论是机车、高铁动车组、城市轨道交通车辆还是现代有轨电车均是机、电、控制一体化和信息技术相结合的高新技术产品,集成度高、复杂程度大,从概念、设计、零部件试验、整车装配和性能测试(包括动力学性能、结构强度、牵引控制系统、制动安全性能、零部件可靠性和疲劳寿命等)到最终产品的确认全过程开发周期长、试验成本巨大,而运用过程性能优劣和零部件的疲劳和可靠性预测和防治更需要长时间的数据积累。因此从降低新产品开发风险和成本、缩短研发周期等方面来看,像轨道车辆这样复杂的机电控制一体化的系统更适合采用虚拟产品开发(Virtual Product Development,VPD)技术进行新产品的全过程集成开发和信息共享。

轨道车辆的设计过程是一个多学科交叉的系统工程,同时又是一个多学科集成和优化的过程,图 7-4 给出了在设计中所涉及的学科范围,因此轨道车辆虚拟样机主要有动力学、有限元、疲劳可靠性、被动安全、空气动力学、NVH、材料等不同学科及学科的交叉。然而多学科设计集成技术的应用前提是建立各学科所需要的数字化(参数化)模型,包括产品的设计模型和仿真分析模型。这些模型从不同学科、不同水平对产品的特征及性能进行描述,实际上就构成了轨道车辆的数字化样机体系。在此基础上开展的多学科设计集成应用,实际上是对数字化样机的特性及性能的集成。

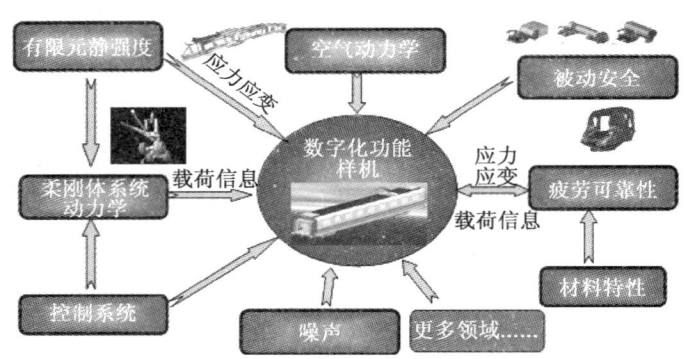

图 7-4 轨道车辆虚拟设计学科范围

更广意义上的产品的虚拟样机可以是由分布的、不同工具开发的、甚至异构的子模型组成的模型联合体,主要包括:

(1) 产品的 CAD 模型;
(2) 产品的外观表示模型;
(3) 产品的功能和性能仿真模型;
(4) 产品的各种分析模型(可制造性、可装配性等);
(5) 产品的使用和维护模型以及环境模型等。

从产品研发的周期(图 7-5)角度来看,虚拟样机支持产品开发制造的全生命周期包括:

(1) 需求分析和定义;
(2) 概念设计;

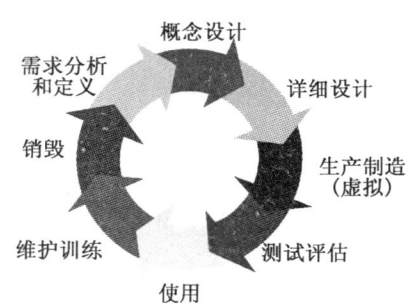

图 7-5 产品开发全生命周期

(3) 详细设计；
(4) 生产制造；
(5) 测试评估；
(6) 使用；
(7) 维护训练；
(8) 直至销毁等不同阶段。

图 7-6 给出了基于产品开发全生命周期的不同阶段的虚拟样机模型。

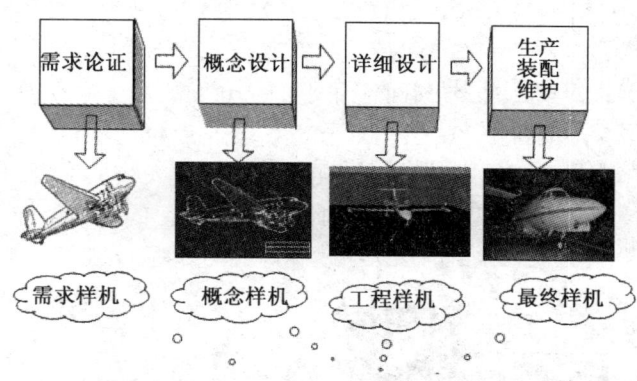

图 7-6 产品开发全生命周期不同阶段的虚拟样机

7.1.1 需求样机

需求样机是根据用户需求建立的未来产品的可视化和数字化描述，描述产品功能和外部行为的结构模型。

(1) 进行未来产品的功能仿真，给设计部门演示和说明产品功能的具体要求和使用环境。
(2) 给出未来产品的性能要求及其粗略框架，框架由有待填充、细化和完善的功能模块组成。

7.1.2 概念样机

概念样机是根据需求样机的要求，对所提出未来产品的方案设想的可视化和数字化描述。
(1) 细化了功能模块和模块间的信息流动关系；
(2) 为产品的性能和外部行为提供物理细节和更详细的可视化描述；
(3) 对产品的可制造性、可装配性及其可维护性进行概略评估。

7.1.3 工程样机

工程样机是概念样机的进一步细化，主要由产品的各种物理性能模型、CAD 模型以及其他模型(成本、维护等)组成。
(1) 开展产品的各种仿真试验工作，评估详细设计方案的优缺点，以及可制造性、可装配性、可维护性等；
(2) 根据评估结果，对产品的开发和生产进度、成本、质量提出更为全面的要求。

7.1.4 最终原型样机

在产品生产、装配和使用前,虚拟样机在工程上基本定型。最终原型样机是将原有样机与实际使用环境相结合,检验产品的实际使用效果,评估进一步改进设计方案的可能性。

(1) 加入可靠性模型、维护模型和可用性模型,支持产品的虚拟维护;

(2) 加入虚拟仿真模型和操作模型,支持产品的使用训练模拟。

因此可以说,虚拟样机技术是以并行工程思想为指导,建模仿真理论为核心,以各领域 CAx(如 CAD、CAM、CAE 等)/DFx(如 DFA、DFM 等)/仿真为工具的一种综合应用技术,虚拟样机具有如下的特点:

(1) 涉及产品全生命周期:虚拟样机可应用于产品开发的全生命周期,并随着产品生命周期的演进而不断丰富和完善(图 7-7)。

(2) 支持产品的全方位测试、分析与评估:支持不同领域人员从不同的角度对同一虚拟产品并行地进行测试、分析与评估活动。强调不同领域的虚拟化的协同设计。

(3) 强调系统的观点:强调在系统的层次上模拟产品的外观、功能和在特定环境下的行为。

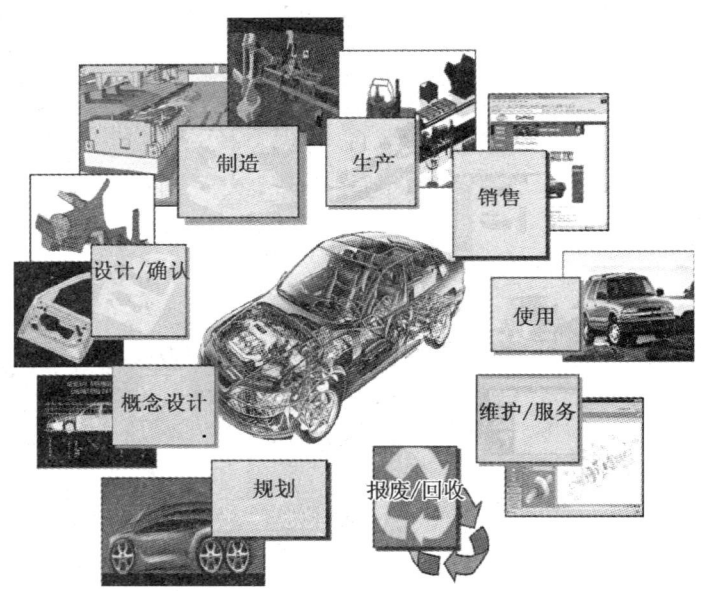

图 7-7 产品全生命周期虚拟样机技术

虚拟样机的关键技术包括:

(1) 虚拟样机建模技术;

(2) 协同仿真技术;

(3) 模型 VV&A(校验、验证和确认)技术;

(4) 集成管理技术(数字化设计平台)。

虚拟样机的关键技术之一是虚拟样机的建模技术,以图 7-8 的高速列车虚拟样机建模为例,可以看到,针对高速列车的不同领域的性能设计要求,需要分别建立相应学科的模型,以便进行仿真分析。

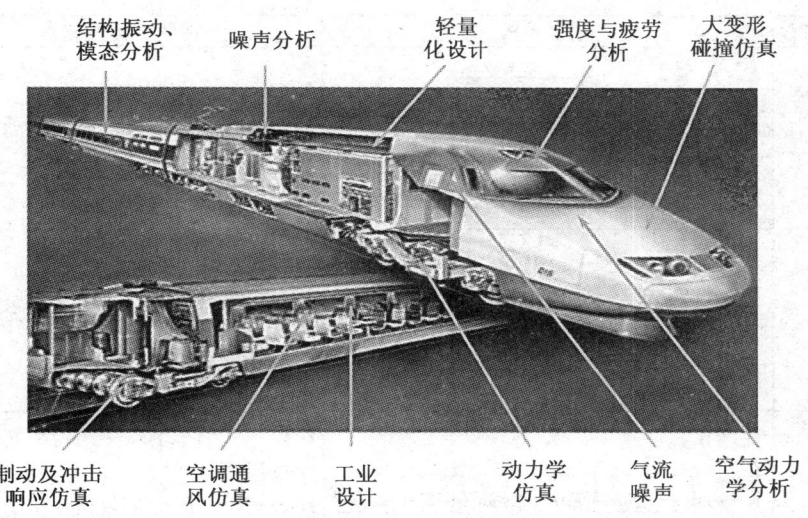

图 7-8　高速列车虚拟样机建模与仿真

比如列车动力学分析需要建立单个车辆系统的动力学模型,如图 7-9 所示,建模方法基于多体系统动力学理论,将一般的机械系统抽象成由一系列的刚体(可以包含柔性体)通过对相互之间的运动进行约束的关节(joints)连接而成的系统,以用来研究机械系统的位移、速度、加速度与其所受力(力矩)之间的关系。

轨道车辆系统动力学仿真分析主要包括车辆运行安全性、平稳性、动态载荷等的分析计算,以评价车辆的动力学性能,同时开展基于动力学性能要求的悬挂参数优化设计。

大变形碰撞仿真分析是研究和评价轨道车辆被动安全性的重要指标,如图 7-10 所示。碰撞发生时,车辆结构在巨大碰撞冲击力的作用下,发生大位移的弹性变形。碰撞仿真模型涉及两类关键技术:①碰撞建模技术;②大规模并行计算技术。建模与分析方法是基于非线性有限元理论和多体系统动力学理论。在建模时通常需要对车辆整个结构进行网格划分,相邻网格的实体则互相作用。为了取得足够的置信度,往往需要对车辆结构进行十万甚至百万数量级的网格实体划分。

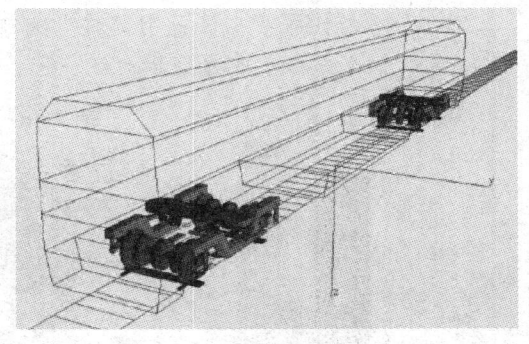

图 7-9　车辆动力学建模与仿真

目前,这碰撞分析研究已经逐步实用化,碰撞仿真已经被人们用于车辆碰撞性能测试,以全部或者部分代替实物样车试验。

显然,上述车辆的动力学仿真分析和碰撞性能仿真分析是基于不同的学科理论、不同的数学模型和不同的仿真技术的。

对车辆运行控制、制动和纵向动力学的分析,往往同时涉及机械动力学模型、驱动和液压系统模型以及控制系统模型,此时系统性能仿真将不是在一个学科领域内,所需要的模型超过两个,此时则属于系统协同建模和协同仿真的范围。

工况	碰撞模式	模型和研究重点
I-1	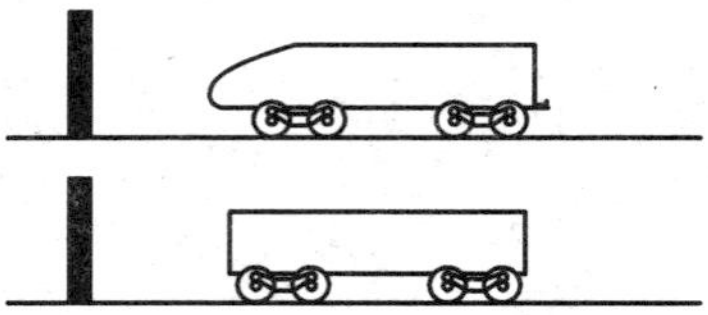	模型：整车详细结构 研究重点：与刚性墙碰撞不同车辆结构影响
I-2	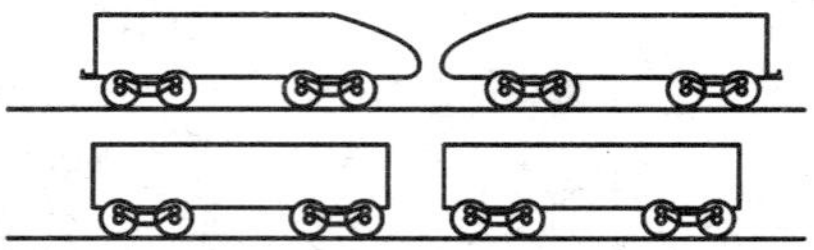	模型：整车详细结构 研究重点：研究两车碰撞，并比较与刚性墙碰撞的差异
II-1	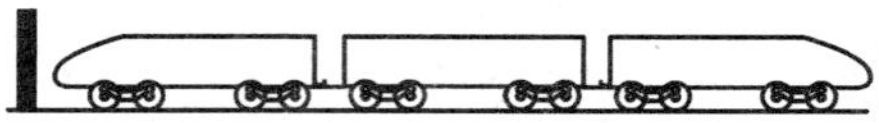	模型：详细车辆端部结构和简化的中部结构 研究重点：研究车辆相互作用和能量吸收原理
II-2		模型：整列车的3D模型 研究重点：研究列车动态响应

图 7-10 车辆碰撞建模与仿真

图 7-11 给出了虚拟设计中针对机械-控制复杂系统的设计分析过程，采用虚拟样机集成技术，将机械系统和控制系统耦合在一起，进行系统的设计和仿真。

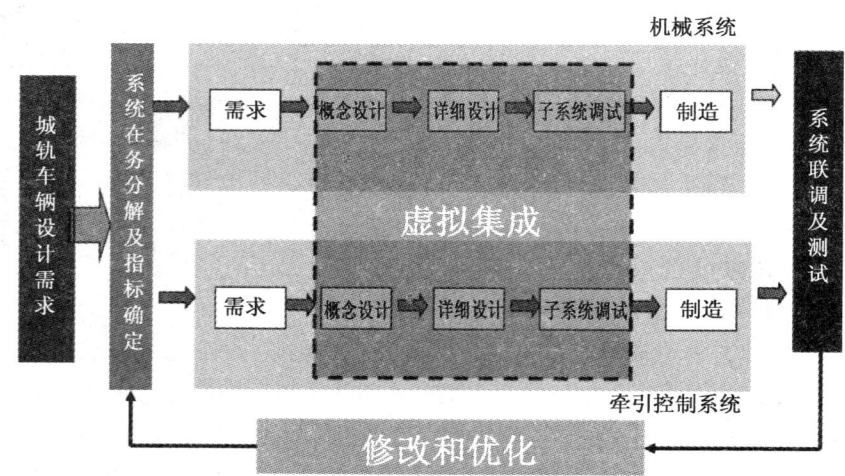

图 7-11 机电耦合系统建模与仿真

图 7-12 是磁浮车辆动力学协同仿真的概念，在进行磁浮车辆动力学仿真时，既要建立车辆机械系统的多体动力学模型，又要建立磁浮控制器的控制系统模型，以便精确地模拟悬浮电磁铁、导向电磁铁中的动态作用力。两个模型通过相关的变量联系在一起。

在此给出协同仿真的一般概念，既包含时间轴上对产品全生命周期的单点仿真分析，亦强

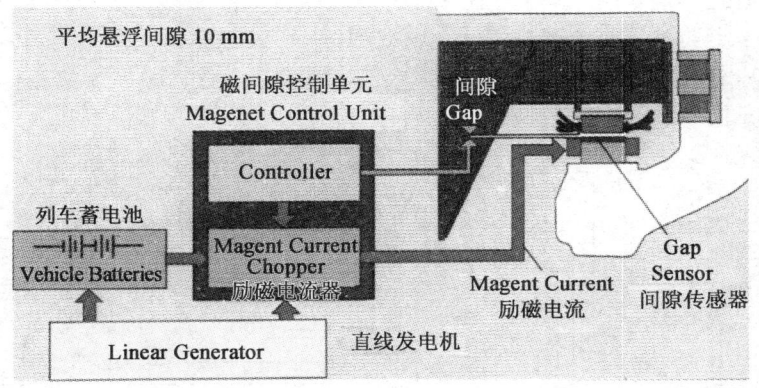

图 7-12 磁浮车辆 & 悬浮控制系统建模与仿真

调同一时间点上,基于不同人员/工具对同一产品对象在系统层面上的联合仿真分析。

更广泛意义上的协同仿真技术是指异地、分布的建模、仿真分析人员可在一个协同、互操作的环境中方便、快捷和友好地采用各自领域的专业分析工具对构成系统的各子系统进行建模与仿真分析,或从不同技术视图进行功能、性能的单点分析,并支持它们参与整个系统的联合仿真,协作完成对系统的仿真的一种复杂系统仿真分析方法。

7.2 虚拟设计与虚拟现实

虚拟设计的另一个重要组成部分是虚拟现实(Virtual Reality,VR)技术。从本质上讲,虚拟现实就是一种先进的计算机用户接口,它通过给用户同时提供诸如视觉、听觉、触觉等各种直观而又自然的实时感知交互手段.最大限度地方便用户操作,从而减轻用户的负担,提高整个系统的工作效率。根据 VR 所应用的对象不同,VR 的作用可以表现为不同的形式,例如将某种概念设计或构思可视化和可操作化,实现逼真的超现场效果,达到任意复杂环境下的廉价模拟训练目的等。

虚拟现实技术利用计算机生成一种模拟环境(如飞机驾驶舱、操作现场等),通过多种传感设备使用户"投入"到该环境中,实现用户与该环境直接进行自然交互的技术。这里所谓的模拟环境就是利用计算机生成的具有表面色彩的立体图形,它可以是某种特定现实世界的真实体现,也可以是纯粹构想的世界。

图 7-13 给出了一个典型的虚拟现实系统的基本构成示意图。图 7-14 是不同的应用实例。

虚拟现实系统具有以下主要特点:
(1) 多感知性:视觉、听觉、触觉、味觉及运动感知;
(2) 沉浸/临场感:通过上述感知获得数据而不是通过思考,符合自然习惯;
(3) 交互性:在模拟环境中可操作性;
(4) 自主性:虚拟环境中的物体按照物理规律进行运动。

虚拟现实系统的组成主要包括硬件系统和软件系统。

硬件系统的传感设备包括立体头盔、数据手套、数据衣等穿戴于用户身上的装置和设置于现实环境中的传感装置(不直接带在身上)(图7-15)。

自然交互是指用日常使用的方式对环境内的物体进行操作(如用于拿东西、行走等)并得到实时反馈。

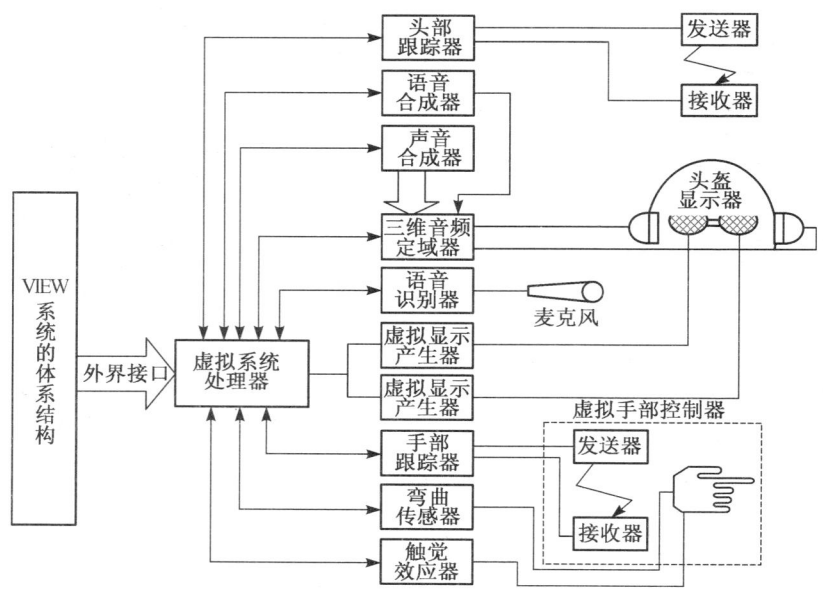

图7-13 典型的虚拟现实系统

(a) 轨道车辆动力学运行仿真再现

(b) 列车模拟驾驶系统

(c) 赛车模拟运行

(d) 海河联运系统

图7-14 不同行业的虚拟现实应用实例

(1) 3D 位置跟踪器。

(2) 数据手套(Data Glove,图 7-15a),国际高端数据手套产品如 5DT,CyberGlove,Measurand,Show Hand。

(3) 三维鼠标。

(4) 数据衣(Data Suit)。

(5) 触觉和力反馈装置。

(6) 3D 立体头盔(显示设备)(Head Mounted Display)。图 7-15b 是 Sony 公司最近推出的 3D 头盔,它能够与 PlayStation 4 游戏主机和周边设备如 PlayStation Camera、DualShock 4 手柄以及 PlayStation Move 设备建立无缝的硬件生态系统。

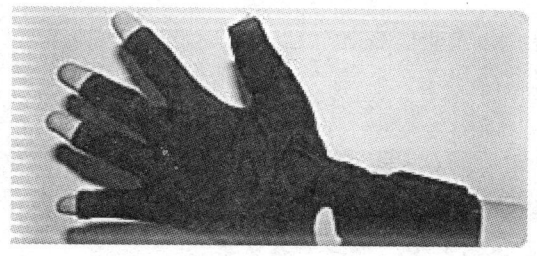 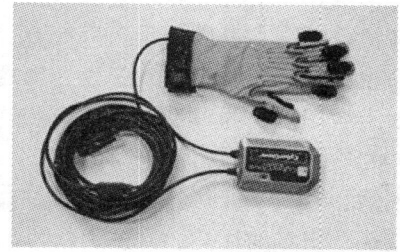

(a) 数据手套

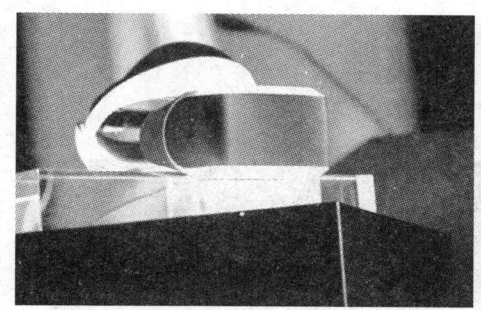 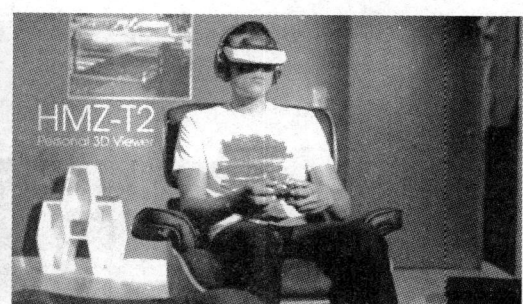

(b) SONY 公司推出的 SD 头盔 Project Morpheus

图 7-15 不同虚拟现实硬件设备

目前,触感数据手套/力反馈数据手套被广泛应用在工业、军事、科研的复杂虚拟场景操作和物理模拟工程中,也被用于数据可视化领域中,不仅可以让用户体验到真实物体的移动和反应,也能够探测出所模拟物体、模型的表面密度、水含量、磁场强度、光照强度和振动强度等。同时,在医疗和机器人领域,数据手套/力反馈手套也用于虚拟远程机械手控制和远程医疗等方面。

数据手套设有弯曲传感器,弯曲传感器由柔性电路板、力敏元件、弹性封装材料组成,通过导线连接至信号处理电路;在柔性电路板上设有至少两根导线,以力敏材料包覆于柔性电路板大部,再在力敏材料上包覆一层弹性封装材料,柔性电路板留一端在外,以导线与外电路连接。

把人手姿态准确实时地传递给虚拟环境,而且能够把与虚拟物体的接触信息反馈给操作者。使操作者以更加直接、更加自然、更加有效的方式与虚拟世界进行交互,大大增强了互动性和沉浸感。并为操作者提供了一种通用、直接的人机交互方式,特别适用于需要多自由度手模型对虚拟物体进行复杂操作的虚拟现实系统。

虚拟现实建模的软件系统包括：

(1) 语言类：C++，OpenGL，VRML(Virtual Reality Modeling Language)；

(2) 建模软件：AutoCAD，SolidWorks Pro/E，I-DEAS，CATIA 等；

(3) 应用软件：不同客户需求的软件；

(4) 通用工具软件包：快速建立虚拟环境，WTK，Java3D，VRML 等。

目前国内外在虚拟现实领域发展迅速的科技公司提供了虚拟现实开发的软件平台：用于虚拟现实的情景创建、网络交互、物理模拟系统建模和二次开发工具等。会编程的用户就可以使用各种编程工具，在 VRP 所提供的内核接口基础上，开发出自己需要的、自定制的高效虚拟现实仿真系统。

虚拟现实可广泛应用于远程教育、旅游教学、工业仿真、应急救援、展览展示、地产营销、家装设计、军事仿真、交互艺术等众多领域。

作为虚拟现实的典型应用，虚拟驾驶得到了快速发展。广义上的虚拟驾驶还包含其他交通工具的仿真，如高铁/地铁驾驶、汽车驾驶、轮船驾驶、飞行模拟驾驶等。可作为在商业领域进行车辆、游船、飞行器等的培训和预体验设备。正是因为针对了更多更广的领域，虚拟驾驶才得以获得更多的用户，并成为现今虚拟现实领域中用户最多的分支。

虚拟汽车驾驶是虚拟驾驶中应用较为广泛和性价比较高的一种解决方案。系统利用现代高科技手段如三维图形实时绘制技术、汽车动力学仿真物理系统、大视场显示技术(如多通道立体投影系统)、多自由度运动平台(如六自由度运动平台)、用户输入硬件系统、立体声音响、中控系统等，让体验者在一个虚拟的驾驶环境中，感受到接近真实效果的视觉、听觉和体感的汽车驾驶体验。图 7-16 是国内某公司开发的虚拟汽车驾驶系统。

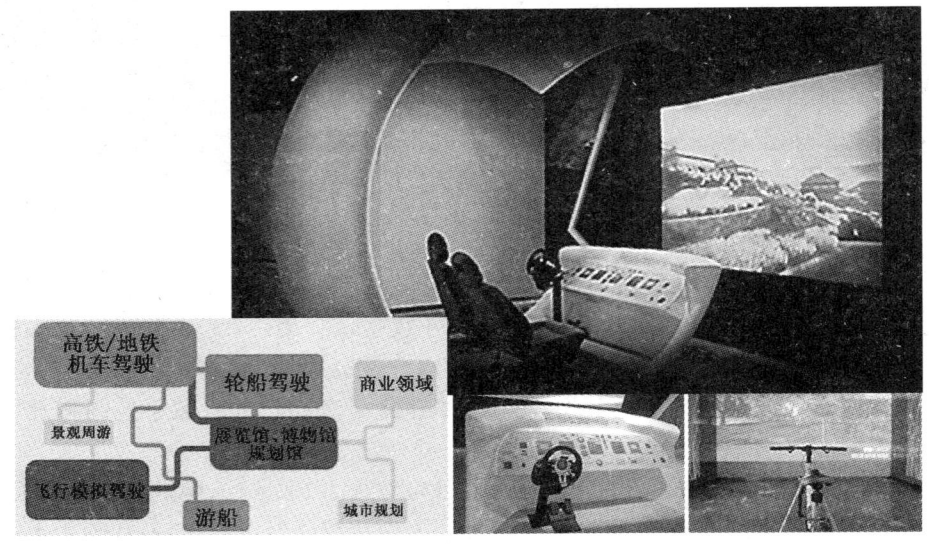

图 7-16　虚拟汽车驾驶系统

虚拟驾驶系统还可以作为城市规划和景观周游的三维可视化体验设备和载体，在展览馆、博物馆和规划馆中广为应用。

7.3 轨道车辆虚拟样机建模与仿真

轨道车辆分析、评价虚拟样机不同功能的模型的集合。对机械系统而言,关键是动力学和运动学建模和仿真。

高速动车组、城市轨道车辆已成为轨道交通装备中功能高度集成、安全运用要求更高的机电、控制和信息技术一体化的关键高端装备。在产品设计制造过程中,从概念、设计、零部件试验、整车装配和性能测试(包括动力学性能、结构强度、牵引控制系统、制动安全性能、零部件可靠性和疲劳寿命等)到最终产品的确认全过程开发周期长、试验成本巨大,而运用过程中性能优劣和零部件的疲劳、可靠性预测和防治更需要长时间的数据积累。因此从降低新产品开发风险和成本、缩短研发周期等方面来看,针对不同的要求建立相应的虚拟样机模型至关重要。本节将选择在车辆设计中常用的动力学、强度与疲劳分析,应用虚拟样机技术和相应的学科理论、软件建立虚拟样机模型,提出应该重视和关注的问题。

本节重点以多刚体和刚柔耦合系统虚拟样机构建、CAD 三维模型建立和引用等方面给出应用实例。

7.3.1 多体系统动力学基础

1. 多体系统及动力学分析概念

一般的机械系统有道路车辆、轨道车辆、机床、传统机械、运输设备、起重设备等。对这些物理系统,在进行动力学和运动学仿真分析时,需要抽象成多体系统(图 7-17)。

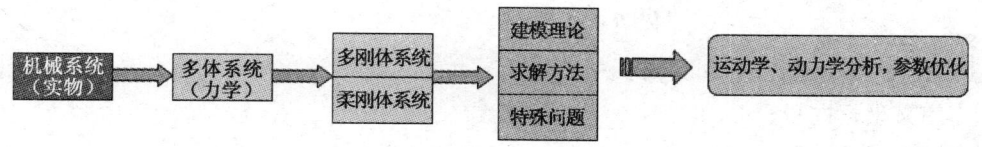

图 7-17 机械系统动力学分析

一般的多体系统主要由物体、铰、力元和外力等要素组成并具有一定拓扑构型的系统。具体地:

拓扑构型:多体系统中各物体的联系方式称为系统的拓扑构型,简称拓扑。根据系统拓扑中是否存在回路,可将多体系统分为树系统与非树系统。

物体:多体系统中的构件体。分为刚体和柔体。刚体定义为质点间距离保持不变的质点系,柔体定义为考虑质点间距离变化的质点系。

约束:对系统中某构件的运动或构件之间的相对运动所施加的限制称为约束。分为运动约束和驱动约束。

铰:也称为运动副,物体间的运动学约束定义为铰。

力元:多体系统物体间的相互作用定义为力元,也称为内力。力元是对系统中弹簧、阻尼器、致动器的抽象,理想的力元可抽象为统一形式的移动弹簧—阻尼器—作动器(TSDA),或扭转弹簧—阻尼器—作动器(RSDA)。

外力(偶):多体系统外的物体对系统中物体的作用定义为外力(偶)。

多体系统动力学分析,根据目的不同,主要有:

(1) 运动学分析:研究组成机构的相互联接的构件系统的位置、速度和加速度,其与产生运动的力无关。

(2) 动力学分析:研究外力(偶)作用下系统的动力学响应,包括构件系统的加速度、速度和位置,以及运动过程中的约束反力。动力学问题是已知系统构型、外力和初始条件求运动,也称为动力学正问题。动力学数学模型是微分方程或者微分方程和代数方程的混合。

(3) 静平衡分析:在与时间无关的力作用下系统的平衡,称为静平衡。静平衡分析是一种特殊的动力学分析,在于确定系统的静平衡位置。

(4) 逆向动力学分析:逆向动力学分析是运动学分析与动力学分析的混合,是寻求运动学上确定系统的反力问题,与动力学正问题相对应,逆向动力学问题是已知系统构型和运动求反力,也称为动力学逆问题。

多体系统动力学的建模理论和方法,根据坐标系和动力学方程类型,主要有两类:

(1) 拉格朗日方法。坐标选择相对坐标,系统动力学方程为拉格朗日坐标阵的二阶微分方程组(ODEs):

$$\boldsymbol{A}(\boldsymbol{q}, t)\ddot{\boldsymbol{q}} = \boldsymbol{B}(\boldsymbol{q}, \dot{\boldsymbol{q}}, t) \tag{7-1}$$

(2) 笛卡尔方法。坐标选择绝对坐标,系统动力学方程一般为拉格朗日坐标阵的二阶微分-代数方程组(DAEs)

$$\begin{cases} \boldsymbol{A}\dot{\boldsymbol{q}} + \boldsymbol{\Phi}_q^\mathrm{T}\lambda = \boldsymbol{B} & \text{微分方程组} \\ \boldsymbol{\Phi}(\boldsymbol{q}, t) = \boldsymbol{O} & \text{约束方程} \end{cases} \tag{7-2}$$

式(7-1)、式(7-2)中的符号含义为:

$\boldsymbol{q}$ 为广义坐标向量;

λ 为拉格朗日乘子;

$\boldsymbol{\Phi}(\boldsymbol{q}, t)$ 为约束方程;

$\boldsymbol{\Phi}_q(\boldsymbol{q}, t)$ 为约束方程的雅可比矩阵。

2. 坐标与坐标系

在多体系统建模中主要采用惯性和动坐标系来确定系统中个物体的位置。

(1) 惯性坐标系:固定在地面上的坐标系。

(2) 连体坐标系(动坐标系):固定在刚体上并随其运动的坐标系,用以确定刚体的运动。刚体上每一个质点的位置都可由其在连体坐标系中的不变矢量来确定。

(3) 绝对坐标:相对于惯性坐标系的坐标。

(4) 相对坐标:相对于动坐标系的坐标。

(5) 广义坐标:唯一地确定机构所有构件位置和方位即机构构形的任意一组变量。广义坐标可以是独立的(即自由任意地变化)或不独立的(即需要满足约束方程)。对于运动系统来说,广义坐标是时变量。

(6) 自由度:确定一个物体或系统的位置所需要的最少的广义坐标数,称为该物体或系统的自由度。

对平面机构:每个构件有 3 个自由度(2 个平动自由度、1 个转动自由度):
$$\{x, y, \psi\}$$

对空间机构:每个构件有 6 个自由度(3 个平动自由度、3 个转动自由度):
$$\{x, y, z, \theta, \phi, \psi\}$$

3. 约束及约束方程

描述不同约束类型的方法是约束方程。按照约束方程的不同,在多体系统动力学中约束可分为:

(1) 理想约束:系统中各点所受的约束反力在虚位移上所作的虚功之和为零。这种约束为理想约束。

(2) 完整约束(几何约束):仅仅限制系统的几何位置的约束,约束方程为代数形式。

(3) 非完整约束(微分约束或运动约束):不仅限制系统的几何位置,同时限制系统的速度的约束。约束方程为微分形式。

(4) 定常约束:约束方程中不显含时间的约束。

(5) 非定常约束:约束方程中显含时间的约束。

常用的约束可以分为转动约束、移动约束等不同类型。

约束方程分析实例。

【**实例 1**】 如图 7-18 所示,沿斜面作纯滚动的轮子(刚体),分析其约束类型及约束方程。

分析斜面对轮子的支撑作用和纯滚动,可以写出存在两个约束方程:

(1) 约束 1:条件:斜面的支承;

约束方程:$y = r$

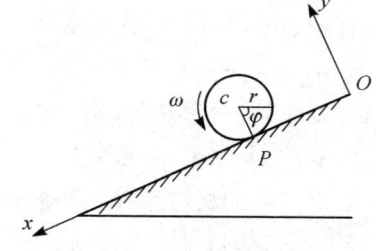

(2) 约束 2:条件:纯滚动 P 点速度为零;

约束方程:$\dot{x}_c - r\dot{\phi} = 0$
$$x_c - r\phi + a = 0$$

图 7-18 纯滚动的轮子-斜面系统

从约束方程看出,约束 1 和约束 2 均是完整约束。

【**实例 2**】 如图 7-19 所示,质量 m_1 和 m_2 通过长度为 L 的刚性杆连接,在 xOy 平面内运动,若要求杆中心 c 点的速度沿杆轴方向,分析系统的约束。

根据实例情况,可以写出存在两个约束方程:

(1) 约束 1:几何约束

条件:刚性杆;

约束方程:$(x_1 - x_2)^2 + (y_1 - y_2)^2 = l^2$

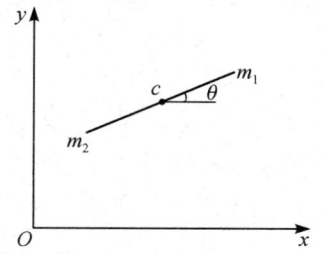

图 7-19 旋转的刚性杆-质点系统

(2) 约束 2:运动约束(非完整约束)

条件:c 点速度方向;约束方程:

$$\frac{\dot{y}_c}{\dot{x}_c} = \frac{y_1 - y_2}{x_1 - x_2} = \tan\theta, \quad \frac{\dot{y}_1 + \dot{y}_2}{\dot{x}_1 + \dot{x}_2} = \frac{y_1 - y_2}{x_1 - x_2}$$

从这两个实例可以看出，约束方程应是系统坐标的数学方程形式。实际上，多体系统的运动学分析均是从系统中连接物体与物体的运动副为出发点，系统各部件的位置、速度和加速度分析都是基于与运动副对应的约束方程来进行的。

4. 多体系统运动学分析

一般而言，基于约束的多体系统运动学分析，首先建立与系统中运动副等价的位置约束方程，再由位置约束方程的导数得到速度、加速度的约束代数方程，对这些约束方程进行数值求解，可得到广义位置坐标及相应的速度和加速度坐标，最后根据坐标变换就可以由系统广义坐标及相应导数得到系统中任何一点的位置、速度和加速度。

由于机械系统在二维空间运动时，广义坐标、约束方程、问题规模以及问题求解都相对简单，故本节先讨论二维多体系统运动学以解释多体系统运动学基本理论，在此基础上再给出三维多体系统的运动学方程。

(1) 二维多体系统运动学分析

a. 约束方程(位置方程)

设一个平面机构由 N 个刚性构件组成。在机构所在平面上建立一个全局坐标系 xOy，机构在该坐标系中运动；再为机构上每个构件 i 建立各自的连体坐标系 $x_i'O_i'y_i'$，可由连体坐标系的运动确定构件的运动。选定构件 i 连体坐标系原点 O_i' 的全局坐标 $\boldsymbol{r}_i = (x_i, y_i)^T$ 和连体坐标系相对于全局坐标系的转角 ϕ_i 组成构件 i 的笛卡尔广义坐标矢量 $\boldsymbol{q}_i \equiv (x_i, y_i, \phi_i)^T$，如图 7-20 所示。由 N 个刚性构件组成的系统的广义坐标数 $N_a = 3 \times N$，则系统广义坐标矢量可表示为 $\boldsymbol{q} = (\boldsymbol{q}_1^T, \boldsymbol{q}_2^T, \cdots, \boldsymbol{q}_{N_a}^T)^T$。

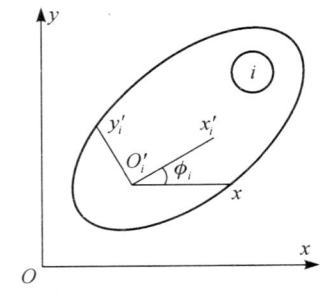

图 7-20　平面笛卡尔广义坐标

一个实际的机械系统，系统中构件与支架或构件与构件之间存在运动副的联接，这些运动副可以用系统广义坐标表示为约束方程。设表示运动副的约束方程数为 N_c，则用系统广义坐标矢量表示的运动学约束方程组为

$$\boldsymbol{\Phi}^K(\boldsymbol{q}) = (\boldsymbol{\Phi}_1^K(\boldsymbol{q}), \boldsymbol{\Phi}_2^K(\boldsymbol{q}), \cdots, \boldsymbol{\Phi}_{N_c}^K(\boldsymbol{q}))^T = \boldsymbol{O} \tag{7-3}$$

这里给出的是定常完整约束情况，一般的运动学约束是定常完整约束。

对于一个有 N_a 个广义坐标和 N_c 个约束方程的机械系统，若 $N_a > N_c$，且这 N_c 个约束方程是独立、相容的，则系统自由度 $DOF = N_a - N_c$。为使系统具有确定运动，可以有二种方法：

(ⅰ) 为系统添加与系统自由度 DOF 相等的附加驱动约束；

(ⅱ) 对系统施加力的作用。

在(ⅰ)情况下，系统实际自由度为零，被称为是在运动学上确定的，在此情况下求解系统运动过程中的位置、速度和加速度的分析是运动学分析，运动学分析本身不涉及作用力或反作用力问题。但是对于运动学上确定的系统，可以求解系统中约束反力，即已知运动求作用力，这是动力学逆问题。

在(ⅱ)情况下，系统有着大于零的自由度，但是在外力作用力，对于具有确定构型和特定初始条件的系统,其动力学响应是确定的,这种情况下求解系统运动过程中的位置、速度和加速度的分析,称为动力学分析。

考虑运动学分析,为使系统具有确定运动,也就是要使系统实际自由度为零,为系统施加等于自由度$(N_a - N_c)$的驱动约束:

$$\boldsymbol{\Phi}^D(\boldsymbol{q}, t) = \boldsymbol{O} \tag{7-4}$$

在一般情况下,驱动约束是系统广义坐标和时间的函数。驱动约束在其集合内部及其与运动学约束合集中必须是独立和相容的,在这种条件下,驱动系统运动学上是确定的,将作确定运动。

由式(7-3)表示的系统运动学约束和式(7-4)表示的驱动约束组合成系统所受的全部约束:

$$\boldsymbol{\Phi}(\boldsymbol{q}, t) = \begin{Bmatrix} \boldsymbol{\Phi}^K(\boldsymbol{q}, t) \\ \boldsymbol{\Phi}^D(\boldsymbol{q}, t) \end{Bmatrix} = \boldsymbol{O} \tag{7-5}$$

式(7-5)为具有N_a个广义坐标的系统非线性方程组,其构成了系统位置方程。求解式(7-5),就可得到系统在任意时刻的广义坐标位置$\boldsymbol{q}(t)$。

b. 速度和加速度方程

对式(7-5)运用求导,得到速度方程:

$$\dot{\boldsymbol{\Phi}}(\boldsymbol{q}, \dot{\boldsymbol{q}}, t) = \boldsymbol{\Phi}_q(\boldsymbol{q}, t)\dot{\boldsymbol{q}} + \boldsymbol{\Phi}_t(\boldsymbol{q}, t) = \boldsymbol{O} \tag{7-6}$$

若令$\boldsymbol{v} = -\boldsymbol{\Phi}_t(\boldsymbol{q}, t)$,则速度方程为

$$\dot{\boldsymbol{\Phi}}(\boldsymbol{q}, \dot{\boldsymbol{q}}, t) = \boldsymbol{\Phi}_q(\boldsymbol{q}, t)\dot{\boldsymbol{q}} - \boldsymbol{v} = \boldsymbol{O} \tag{7-7}$$

其中矩阵$\boldsymbol{\Phi}_q$,称为雅可比矩阵。雅可比矩阵是约束多体系统运动学和动力学分析中最重要的矩阵,一般地,如果$\boldsymbol{\Phi}$的维数为m,$\boldsymbol{q}$维数为n,那么$\boldsymbol{\Phi}_q$维数为$m \times n$矩阵,其定义为$(\boldsymbol{\Phi}_q)_{(i,j)} = \dfrac{\partial \boldsymbol{\Phi}_i}{\partial \boldsymbol{q}_j}$。这里$\boldsymbol{\Phi}_q$为$n_c \times n_c$的方阵。

如果$\boldsymbol{\Phi}_q$是非奇异的,可以求解得到各离散时刻的广义坐标速度$\dot{\boldsymbol{q}}$。

对式(7-7)再求导,可得加速度方程:

$$\ddot{\boldsymbol{\Phi}}(\boldsymbol{q}, \dot{\boldsymbol{q}}, \ddot{\boldsymbol{q}}, t) = \boldsymbol{\Phi}_q(\boldsymbol{q}, t)\ddot{\boldsymbol{q}} + (\boldsymbol{\Phi}_q(\boldsymbol{q}, t)\dot{\boldsymbol{q}})_q\dot{\boldsymbol{q}} + 2\boldsymbol{\Phi}_{qt}(\boldsymbol{q}, t)\dot{\boldsymbol{q}} + \boldsymbol{\Phi}_{tt}(\boldsymbol{q}, t) = \boldsymbol{O} \tag{7-8}$$

若令$\boldsymbol{\eta} = -(\boldsymbol{\Phi}_q\dot{\boldsymbol{q}})_q\dot{\boldsymbol{q}} - 2\boldsymbol{\Phi}_{qt}\dot{\boldsymbol{q}} - \boldsymbol{\Phi}_{tt}$,则加速度方程为

$$\ddot{\boldsymbol{\Phi}}(\boldsymbol{q}, \dot{\boldsymbol{q}}, \ddot{\boldsymbol{q}}, t) = \boldsymbol{\Phi}_q(\boldsymbol{q}, t)\ddot{\boldsymbol{q}} - \boldsymbol{\eta}(\boldsymbol{q}, \dot{\boldsymbol{q}}, t) = \boldsymbol{O} \tag{7-9}$$

如果$\boldsymbol{\Phi}_q$是非奇异的,可以求解式(7-9)得到各离散时刻的广义坐标加速度$\ddot{\boldsymbol{q}}$。

对式(7-7)中的$\boldsymbol{v}$和式(7-9)中的$\boldsymbol{\eta}$进行计算时,会涉及二阶导数,在实际的数值求解中,并不是实时地调用求导算法来进行计算,而是先根据具体的约束类型,导出二阶导数以及雅可比矩阵的表示式,在计算中只需代入基本的数据即可。

c. 坐标变换与任意点运动

在确定系统中部件上任意点的运动时,常要求将部件上点从连体动坐标系变换到全局惯性坐标系中,现讨论连体坐标系与全局坐标系的坐标变换及部件上任意点运动。

设矢量 s 在全局坐标系 xOy 和某连体坐标系 $x'_iO'_iy'_i$ 中分别表示为

$$\begin{cases} s = (s_x, \ s_y)^T \\ s' = (s_{x'}, \ s_{y'})^T \end{cases} \quad (7\text{-}10)$$

若任意点 P 在全局坐标系 xOy 和连体坐标系 $x'_iO'_iy'_i$ 中坐标如图 7-21 所示，则存在如下坐标变换关系：

$$r^P = r + s^P = r + As'^P \quad (7\text{-}11)$$

其中，r^P 为点 P 在全局坐标系中的坐标，r 为连体坐标系原点 O' 在全局坐标系中的坐标；s^P 为矢量 s 在全局坐标系中坐标；s'^P 为矢量 s 在连体坐标系中的坐标；A 为旋转变换矩阵，其形式为

$$A = A(\phi) = \begin{pmatrix} \cos\phi & -\sin\phi \\ \sin\phi & \cos\phi \end{pmatrix} \quad (7\text{-}12)$$

A 对时间的导数为

$$\dot{A} = \dot{\phi}\frac{\mathrm{d}}{\mathrm{d}\phi}A = \dot{\phi}\begin{pmatrix} -\sin\phi & -\cos\phi \\ \cos\phi & -\sin\phi \end{pmatrix} \equiv \dot{\phi}B \quad (7\text{-}13)$$

根据式(7-11)，可以得到以连体坐标系表示的构件上的任一点的全局坐标。

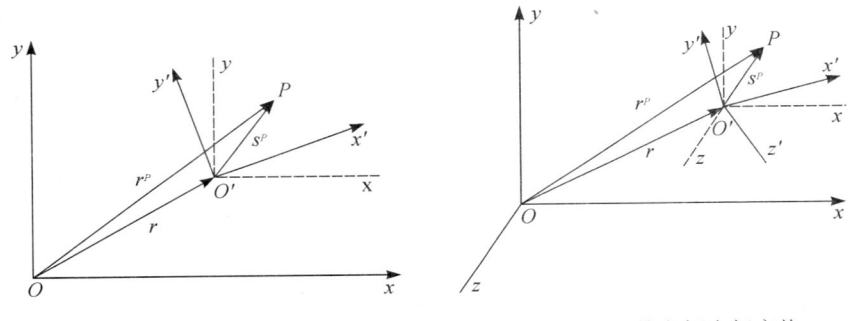

图 7-21　二维空间坐标变换　　图 7-22　三维空间坐标变换

式(7-11)对时间求导数，可得任意点的速度变换公式：

$$\dot{r}^P = \dot{r} + \dot{A}s'^P = \dot{r} + \dot{\phi}Bs'^P \quad (7\text{-}14)$$

式(7-14)对时间求导数，可得任意点的加速度变换公式：

$$\ddot{r}^P = \ddot{r} + \ddot{\phi}Bs'^P + \dot{\phi}\dot{B}s'^P = \ddot{r} + \ddot{\phi}Bs'^P - \dot{\phi}^2As'^P \quad (7\text{-}15)$$

对于一个平面机构来说，进行运动学分析时，先是选定最大集的广义坐标，再分别根据式(7-5)、式(7-7)和式(7-9)求解机构在各离散时刻的广义坐标位置、广义坐标速度和广义坐标加速度。对于任意一个由连体坐标系确定的构件上的点，可以根据式(7-11)、式(7-14)和式(7-15)求解其位置、速度和加速度。

(2) 三维多刚体系统运动学

三维多体系统的运动分析与二维多体系统较为相似，只是广义坐标选取复杂一些，约束方

程形式复杂一些,问题规模要大一些。三维多体系统广义坐标与二维相似,也是由位置坐标和方位(或称为姿态)坐标组成,位置坐标表示较为固定,都是由连体坐标系基点坐标确定,方位坐标则具有多种形式,如方向余弦矩阵、欧拉角、卡尔丹角、欧拉四元数等,最常用的是欧拉角和欧拉四元素。这里仅给出三维机械系统广义坐标的方向余弦与欧拉角两种形式及其之间的变换,再据此给出系统的约束方程、速度方程和加速度方程的形式。

a. 坐标变换、欧拉角

对于三维空间机构,采用固联在构件上的连体坐标系来确定系统运动。构件的广义坐标,由两个部分组成,一是连体坐标系的原点坐标,二是确定连体坐标系相对于全局坐标系的方位参数。如图 7-22 所示,连体坐标系 $O'x'y'z'$ 原点 O' 坐标为 $r \equiv (x, y, z)^T$,$O'x'y'z'$ 相对于全局坐标系 $Oxyz$ 的方位可用方向余弦矩阵表示,也可用欧拉角表示,这几种具有相同几何意义,但数值特性不同。

方向余弦矩阵定义为

$$\boldsymbol{A} = (\boldsymbol{f}, \boldsymbol{g}, \boldsymbol{h}) = \begin{bmatrix} a_{11} & a_{12} & a_{13} \\ a_{21} & a_{22} & a_{23} \\ a_{31} & a_{32} & a_{33} \end{bmatrix} \tag{7-16}$$

其中,$\boldsymbol{f}$,$\boldsymbol{g}$ 和 $\boldsymbol{h}$ 分别为连体坐标系 $O'x'y'z'$ 坐标轴 $O'x'$、$O'y'$ 和 $O'z'$ 的单位矢量。方向余弦矩阵 $\boldsymbol{A}$ 为正交矩阵,因此,$\boldsymbol{A}$ 中 9 个变量受 6 个独立方程的约束,方向余弦矩阵中只存在说明 3 个转动自由度的独立变量。

如果连体坐标系 $O'x'y'z'$ 和全局坐标系 $Oxyz$ 的原点重合,即 $\boldsymbol{r} = \boldsymbol{0}$,则矢量 $\boldsymbol{s}$ 在连体坐标系中的表示形式 $\boldsymbol{s}'$ 和在全局坐标系中的表示形式 $\boldsymbol{s}$ 存在如下变换关系:

$$\boldsymbol{s} = \boldsymbol{A}\boldsymbol{s}' \tag{7-17}$$

更一般的坐标变换式为

$$\boldsymbol{r}^P = \boldsymbol{r} + \boldsymbol{A}\boldsymbol{s}'^P \tag{7-18}$$

其中,$\boldsymbol{r}^P$ 为点 P 在坐标系 $Oxyz$ 中的坐标,$\boldsymbol{r}$ 为坐标系 $O'x'y'z'$ 原点 O' 在坐标系 $Oxyz$ 中的坐标,$\boldsymbol{s}'^P$ 为点 P 在坐标系 $O'x'y'z'$ 中的坐标,$\boldsymbol{A}$ 为 $O'x'y'z'$ 相对于 $Oxyz$ 的方向余弦矩阵。

对式(7-18)求时间导数,得速度变换式:

$$\dot{\boldsymbol{r}}^P = \dot{\boldsymbol{r}} + \dot{\boldsymbol{A}}\boldsymbol{s}'^P = \dot{\boldsymbol{r}} + \tilde{\boldsymbol{\omega}}\boldsymbol{s}^P \tag{7-19}$$

其中,$\tilde{\boldsymbol{\omega}}$ 是 $\boldsymbol{\omega}$ 的斜对称矩阵(斜对称矩阵定义参见相关文献),$\boldsymbol{\omega}$ 称为连体坐标系 $O'x'y'z'$ 相对于全局坐标系 $Oxyz$ 的角速度矢量,表示为

$$\tilde{\boldsymbol{\omega}} = \dot{\boldsymbol{A}}\boldsymbol{A}^T \tag{7-20}$$

若将角速度矢量 $\boldsymbol{\omega}$ 运用式(7-17)的相关导出式 $\tilde{\boldsymbol{s}}\boldsymbol{A} = \boldsymbol{A}\tilde{\boldsymbol{s}}'$ 变换到坐标系 $O'x'y'z'$ 并表示为 $\boldsymbol{\omega}'$,则存在:

$$\tilde{\boldsymbol{\omega}}' = \boldsymbol{A}^T \dot{\boldsymbol{A}} \tag{7-21}$$

$$\dot{\boldsymbol{A}} = \tilde{\boldsymbol{\omega}}\boldsymbol{A} = \boldsymbol{A}\tilde{\boldsymbol{\omega}}' \tag{7-22}$$

对式(7-19)求时间导数,得加速度变换式:

$$\ddot{\boldsymbol{r}}^P = \ddot{\boldsymbol{r}} + \ddot{\boldsymbol{A}}\boldsymbol{s}'^P \tag{7-23}$$

其中,

$$\ddot{\boldsymbol{A}} = \dot{\tilde{\boldsymbol{\omega}}}\boldsymbol{A} + \tilde{\boldsymbol{\omega}}\tilde{\boldsymbol{\omega}}\boldsymbol{A} \tag{7-24}$$

根据欧拉定理,可以将刚体的方位分解为连体坐标系从与全局坐标系重合的始点起,依次绕连体坐标系自身的 $O'z'$、$O'x'$ 和 $O'z'$ 转过有限角度 ψ、θ 和 ϕ 来确定,即相对体 313 转动序列,三个角度坐标 ψ、θ 和 ϕ 即为欧拉角,其中 ψ 为进动角,θ 为章动角,ϕ 为自转角。

用欧拉角表示的方向余弦矩阵为

$$\boldsymbol{A} = \begin{pmatrix} c\psi \cdot c\phi - s\psi \cdot c\theta \cdot s\phi & -c\psi \cdot s\phi - s\psi \cdot c\theta \cdot c\phi & s\psi \cdot s\theta \\ s\psi \cdot c\phi + c\psi \cdot c\theta \cdot s\phi & -s\psi \cdot s\phi + c\psi \cdot c\theta \cdot c\phi & -c\psi \cdot s\theta \\ s\theta \cdot s\phi & s\theta \cdot c\phi & c\theta \end{pmatrix} \tag{7-25}$$

从方向余弦矩阵到欧拉角的变换为

$$\begin{cases} \theta = \arccos(a_{33}) = \arcsin(\sqrt{1-a_{33}^2}) \\ \psi = \arccos\left(\dfrac{-a_{23}}{s\theta}\right) = \arcsin\left(\dfrac{a_{13}}{s\theta}\right) \\ \phi = \arccos\left(\dfrac{a_{32}}{s\theta}\right) = \arcsin\left(\dfrac{a_{31}}{s\theta}\right) \end{cases} \tag{7-26}$$

当章动角 $\theta = n\pi$ ($n = 0, 1, \cdots$) 时,式(7-26)失效,进动角和自转角不能确定,称为欧拉角奇异点。

b. 位置、速度和加速度分析

在一个三维多体系统中,构件 i 的广义坐标矢量由其连体坐标系原点平动坐标和转动坐标组成,表示为

$$\boldsymbol{q}_i = \begin{pmatrix} \boldsymbol{r}_i \\ \boldsymbol{\phi}_i \end{pmatrix} \tag{7-27}$$

对于由 N 个构件组成的系统,其广义坐标矢量组为

$$\boldsymbol{q} = [\boldsymbol{q}_1^{\mathrm{T}}, \boldsymbol{q}_2^{\mathrm{T}}, \cdots, \boldsymbol{q}_{N_a}^{\mathrm{T}}]^{\mathrm{T}} \tag{7-28}$$

系统广义坐标维数为 $N_a = 6N$。

与二维系统类似,则系统运动学约束方程的矢量形式为

$$\boldsymbol{\Phi}^K(\boldsymbol{q}) = [\boldsymbol{\Phi}_1^K(\boldsymbol{q}), \boldsymbol{\Phi}_2^K(\boldsymbol{q}), \cdots, \boldsymbol{\Phi}_{N_c}^K(\boldsymbol{q})]^{\mathrm{T}} = \boldsymbol{0} \tag{7-29}$$

为使系统具有确定运动,对系统施加 $(N_a - N_c)$ 个独立的驱动约束,系统驱动约束方程的矢量形式为

$$\boldsymbol{\Phi}^D(\boldsymbol{q}, t) = \boldsymbol{O} \tag{7-30}$$

据此,由系统的欧拉角描述的约束方程、运动学约束方程及驱动约束方程组成的系统约束

方程,或称位置方程为

$$\boldsymbol{\Phi}(\boldsymbol{q},t) \equiv \begin{Bmatrix} \boldsymbol{\Phi}^K(\boldsymbol{q}) \\ \boldsymbol{\Phi}^D(\boldsymbol{q},t) \end{Bmatrix} = 0 \tag{7-31}$$

为进行速度和加速度分析,对式(7-31)求微分,得到系统速度方程:

$$\sum_{i=1}^{N_c} \left\{ \begin{Bmatrix} \boldsymbol{\Phi}_{r_i}^K \\ \boldsymbol{\Phi}_{r_i}^D \end{Bmatrix} \dot{\boldsymbol{r}}_i + \begin{Bmatrix} \boldsymbol{\Phi}_{\pi'_i}^K \\ \boldsymbol{\Phi}_{\pi'_i}^D \end{Bmatrix} \boldsymbol{\omega}'_i \right\} = \begin{Bmatrix} -\boldsymbol{\Phi}_t^K \\ -\boldsymbol{\Phi}_t^D \end{Bmatrix} \equiv \begin{Bmatrix} \boldsymbol{v}^K \\ \boldsymbol{v}^D \end{Bmatrix} \tag{7-32}$$

当运动学约束方程不涉及时间时,得:

$$-\boldsymbol{\Phi}_t^K = \boldsymbol{O} \equiv \boldsymbol{v}^K \tag{7-33}$$

对式(7-33)微分可得到系统加速度方程:

$$\sum_{i=1}^{n_b} \left\{ \begin{Bmatrix} \boldsymbol{\Phi}_{r_i}^K \\ \boldsymbol{\Phi}_{r_i}^D \end{Bmatrix} \ddot{\boldsymbol{r}}_i + \begin{Bmatrix} \boldsymbol{\Phi}_{\pi'_i}^K \\ \boldsymbol{\Phi}_{\pi'_i}^D \end{Bmatrix} \dot{\boldsymbol{\omega}}'_i \right\} = -\begin{Bmatrix} \boldsymbol{\Phi}_{tt}^K \\ \boldsymbol{\Phi}_{tt}^D \end{Bmatrix} - \sum_{i=1}^{n_b} \left\{ \begin{Bmatrix} \dot{\boldsymbol{\Phi}}_{r_i}^K \\ \dot{\boldsymbol{\Phi}}_{r_i}^D \end{Bmatrix} \dot{\boldsymbol{r}}_i + \begin{Bmatrix} \dot{\boldsymbol{\Phi}}_{\pi'_i}^K \\ \dot{\boldsymbol{\Phi}}_{\pi'_i}^D \end{Bmatrix} \boldsymbol{\omega}'_i \right\} \equiv \begin{Bmatrix} \boldsymbol{\eta}^K \\ \boldsymbol{\eta}^D \end{Bmatrix} \tag{7-34}$$

同样地,当运动学约束中不涉及时间时,时间仅可能出现在驱动约束中,驱动约束方程是仅依赖于广义坐标的函数之和或仅依赖于时间的函数之和,故 $\boldsymbol{\Phi}_{qt} = \boldsymbol{O}$。

在计算速度方程和加速度方程中的雅可比矩阵时,并不是进行实时的数值计算,而是基于具体的约束类型进行计算。不管是运动学约束还是驱动约束,都可分为有限的几种类型,针对每一种类型的运动副计算其雅可比矩阵的代数形式,如此,在速度分析和加速度分析时只要先进行雅可比矩阵的组装,然后在迭代的每一时刻代入具体的构件特性值即可。

5. 多体系统动力学分析

对于受约束的多体系统,其动力学方程是先根据牛顿定理,给出自由物体的变分运动方程,再运用拉格朗日乘子定理,导出基于约束的多体系统动力学方程。与运动学分析类似,先考虑二维多体系统,再讨论三维多体系统,并对动力学三种类型的分析(正向动力学、逆向动力学和静平衡分析)分别予以讨论。

二维多刚体系统动力学。先给出自由刚体的运动方程,再根据拉格朗日乘子定理给出约束多体系统带拉格朗日乘子的运动方程,并讨论系统动力学分析的三种情况和约束反力问题。

(1) 自由物体的变分运动方程

任意一个刚体构件 i,质量为 m_i,对质心的极转动惯量为 $\boldsymbol{J}'_i$,设作用于刚体的所有外力向质心简化后得到外力矢量 $\boldsymbol{F}_i$ 和力矩 $\boldsymbol{n}_i$,若定义刚体连体坐标系 $x'O'y'$ 的原点 O' 位于刚体质心,则可根据牛顿定理导出该刚体带质心坐标的变分运动方程:

$$\delta \boldsymbol{r}_i^T (m_i \ddot{\boldsymbol{r}}_i - \boldsymbol{F}_i) + \delta \phi_i (\boldsymbol{J}'_i \ddot{\phi}_i - \boldsymbol{n}_i) = \boldsymbol{O} \tag{7-35}$$

其中, $\boldsymbol{r}_i$ 为固定于刚体质心的连体坐标系原点 O' 的代数矢量; ϕ_i 为连体坐标系相对于全局坐标系的转角; $\delta \boldsymbol{r}_i$ 与 $\delta \phi_i$ 分别为 $\boldsymbol{r}_i$ 与 ϕ_i 的变分。

取上一节中构件 i 定义的广义坐标:

$$\boldsymbol{q}_i = (\boldsymbol{r}_i^T, \phi_i)^T \tag{7-36}$$

定义广义力：

$$\boldsymbol{Q}_i = (\boldsymbol{F}_i^{\mathrm{T}}, \boldsymbol{n}_i)^{\mathrm{T}} \tag{7-37}$$

质量矩阵：

$$\boldsymbol{M}_i = \mathrm{diag}(m_i, m_i, \boldsymbol{J}_i') \tag{7-38}$$

则可将式(7-35)写成虚功原理的形式：

$$\delta \boldsymbol{q}_i^{\mathrm{T}} (\boldsymbol{M}_i \ddot{\boldsymbol{q}}_i - \boldsymbol{Q}_i) = \boldsymbol{O} \tag{7-39}$$

式(7-39)是连体坐标系原点固定于刚体质心时用广义力表示的刚体变分运动方程。其中广义坐标选取,广义力及质量矩阵计算分别按式(7-36)、式(7-37)及式(7-38)进行。

(2) 约束多体系统的运动方程

考虑由 N 个构件组成的机械系统,对每个构件运用式(7-39),组合后可得到系统的变分运动方程为

$$\sum_{i=1}^{N} \delta \boldsymbol{q}_i^{\mathrm{T}} (\boldsymbol{M}_i \ddot{\boldsymbol{q}}_i - \boldsymbol{Q}_i) = \boldsymbol{O} \tag{7-40}$$

若组合所有构件的广义坐标矢量、质量矩阵及广义力矢量,构造系统的广义坐标矢量、质量矩阵及广义力矢量为

$$\boldsymbol{q} = (\boldsymbol{q}_1^{\mathrm{T}}, \boldsymbol{q}_2^{\mathrm{T}}, \cdots, \boldsymbol{q}_{nb}^{\mathrm{T}})^{\mathrm{T}} \tag{7-41}$$

$$\boldsymbol{M} = \mathrm{diag}(M_1, M_2, \cdots, M_{nb}) \tag{7-42}$$

$$\boldsymbol{Q} = (\boldsymbol{Q}_1^{\mathrm{T}}, \boldsymbol{Q}_2^{\mathrm{T}}, \cdots, \boldsymbol{Q}_{nb}^{\mathrm{T}})^{\mathrm{T}} \tag{7-43}$$

系统的变分运动方程则可紧凑地写为

$$\delta \boldsymbol{q}^{\mathrm{T}} (\boldsymbol{M} \ddot{\boldsymbol{q}} - \boldsymbol{Q}) = \boldsymbol{O} \tag{7-44}$$

对于单个构件,运动方程中的广义力同时包含作用力和约束力,但在一个系统中,若只考虑理想运动副约束,根据牛顿定律,可知作用在系统所有构件上的约束力总虚功为零,若将作用于系统的广义外力表示为

$$\boldsymbol{Q}^A = (\boldsymbol{Q}_1^{A^{\mathrm{T}}}, \boldsymbol{Q}_2^{A^{\mathrm{T}}}, \cdots, \boldsymbol{Q}_{nb}^{A^{\mathrm{T}}})^{\mathrm{T}} \tag{7-45}$$

其中,

$$\boldsymbol{Q}_i^A = (\boldsymbol{F}_i^{A^{\mathrm{T}}}, \boldsymbol{n}^A)^{\mathrm{T}}, i = 1, 2, \cdots, nb \tag{7-46}$$

则理想约束情况下的系统变分运动方程为

$$\delta \boldsymbol{q}^{\mathrm{T}} (\boldsymbol{M} \ddot{\boldsymbol{q}} - \boldsymbol{Q}^A) = \boldsymbol{O} \tag{7-47}$$

式中虚位移 $\delta \boldsymbol{q}$ 与作用在系统上的约束是一致的。

系统运动学约束和驱动约束的组合如式(7-5),为

$$\boldsymbol{\Phi}(\boldsymbol{q}, t) = \boldsymbol{O} \tag{7-48}$$

注意,在动力学分析中系统约束方程的维数不需要与系统广义坐标维数相等。如果令广义坐标 $n = 3 \times N$,则 $q \in \mathbf{R}^n$,$\boldsymbol{\Phi} \in \mathbf{R}^m$,且 $m < n$。

对式(7-48)微分得到其变分形式为

$$\boldsymbol{\Phi}_q \delta q = \mathbf{O} \tag{7-49}$$

式(7-47)和式(7-49)组成受约束的机械系统的变分运动方程,式(7-49)对所有满足式(7-3)的虚位移 δq 均成立。

为导出约束机械系统变分运动方程易于应用的形式,运用拉格朗日乘子定理对式(7-47)和式(7-49)进行处理。

拉格朗日乘子定理:设矢量 $b \in \mathbf{R}^n$,矢量 $x \in \mathbf{R}^n$,矩阵 $A \in \mathbf{R}^{m \times n}$ 为常数矩阵,如果有:

$$b^{\mathrm{T}} x = 0 \tag{7-50}$$

对于所有满足式(7-50)的 x 条件都成立。

$$A x = \mathbf{O} \tag{7-51}$$

则存在满足式(7-52)的拉格朗日乘子矢量 $\boldsymbol{\lambda} \in \mathbf{R}^m$。

$$b^{\mathrm{T}} x + \boldsymbol{\lambda}^{\mathrm{T}} A x = 0 \tag{7-52}$$

其中,x 为任意的。

在式(7-47)和式(7-49)中,$q \in \mathbf{R}^n$,$M \in \mathbf{R}^{n \times n}$,$Q^A \in \mathbf{R}^n$,$\boldsymbol{\Phi}_q \in \mathbf{R}^{m \times n}$,运用拉格朗日乘子定理,则存在拉格朗日乘子矢量 $\boldsymbol{\lambda} \in \mathbf{R}^m$,对于任意的 δq 应满足:

$$(M \ddot{q} - Q^A)^{\mathrm{T}} \delta q + \boldsymbol{\lambda}^{\mathrm{T}} \boldsymbol{\Phi}_q \delta q = (M \ddot{q} + \boldsymbol{\Phi}_q^{\mathrm{T}} \lambda - Q^A)^{\mathrm{T}} \delta q = \mathbf{O} \tag{7-53}$$

由此得到运动方程的拉格朗日乘子形式:

$$M \ddot{q} + \boldsymbol{\Phi}_q^{\mathrm{T}} \lambda = Q^A \tag{7-54}$$

式(7-53)还必须满足式(7-6)、式(7-7)和式(7-9)表示的位置约束方程、速度约束方程及加速度约束方程,如下:

$$\boldsymbol{\Phi}(q, t) = \mathbf{O} \tag{7-55}$$

$$\dot{\boldsymbol{\Phi}}(q, \dot{q}, t) = \boldsymbol{\Phi}_q(q, t) \dot{q} - v = \mathbf{O}, \quad v = -\boldsymbol{\Phi}_t(q, t) \tag{7-56}$$

$$\ddot{\boldsymbol{\Phi}}(q, \dot{q}, \ddot{q}, t) = \boldsymbol{\Phi}_q(q, t) \ddot{q} - \eta(q, \dot{q}, t) = \mathbf{O}, \quad \eta = -(\boldsymbol{\Phi}_q \dot{q})_q \dot{q} - 2 \boldsymbol{\Phi}_{qt} \dot{q} - \boldsymbol{\Phi}_{tt} \tag{7-57}$$

以上三式其维数同式(7-48)。

式(7-54)、式(7-55)、式(7-56)和式(7-57)组成约束机械系统的完整的运动方程。

将式(7-54)与式(7-57)联立表示为矩阵形式:

$$\begin{bmatrix} M & \boldsymbol{\Phi}_q^{\mathrm{T}} \\ \boldsymbol{\Phi}_q & \mathbf{O} \end{bmatrix} \begin{bmatrix} \ddot{q} \\ \lambda \end{bmatrix} = \begin{bmatrix} Q^A \\ \eta \end{bmatrix} \tag{7-58}$$

式(7-58)即为多体系统动力学中最重要的动力学运动方程,被称为欧拉-拉格朗日方程

(Euler-Lagrange Equation),式(7-58)还必须满足式(7-56)和式(7-57)。它是一个微分－代数方程组(Differential Algebraic Equations,DAEs),不同于单纯的常微分方程组(Ordinary Differential Equations,ODEs)问题,其求解关键在于避免积分过程中的违约现象,此外,还要注意 DAE 问题的刚性问题。

显然,式(7-58)有且仅有唯一解的充要条件是其系数矩阵非奇异,但这一条件不利于实际中的判断,可以给出更为实用的判断。

如果式(7-49)满足如下条件:

(i) Rank $\boldsymbol{\Phi}_q(\boldsymbol{q}, t) = m$, $m < n$;

(ii) 对任意 $a \in \text{Ker}\,\boldsymbol{\Phi}_q(\boldsymbol{q}, t)$ 且 $a \neq \boldsymbol{O}$, $a^\text{T}\boldsymbol{M}(\boldsymbol{q}, t)a > \boldsymbol{O}$。

则式(7-58)中的系数矩阵是非奇异的,且 $\ddot{\boldsymbol{q}}$ 和 $\boldsymbol{\lambda}$ 是唯一确定的。这是多体系统运动方程解的存在定理。

可以据此判断,如果系统质量矩阵是正定的,并且约束独立,那么运动方程就有唯一解。实际中的系统质量矩阵通常是正定的,只要保证约束是独立的,运动方程就会有解。

在实际数值迭代求解过程中,需要给定初始条件,包括位置初始条件 $\boldsymbol{q}(t_0)$ 和速度初始条件 $\dot{\boldsymbol{q}}(t_0)$。此时,如果要使运动方程有解,还需要满足初值相容条件,也就是要使位置初始条件满足位置约束方程,速度初始条件满足速度约束方程。对于由式(7-58)及式(7-55)、式(7-56)确定的系统动力学方程,初值相容条件为

$$\boldsymbol{\Phi}(\boldsymbol{q}(t_0), t_0) = \boldsymbol{0} \tag{7-59}$$

$$\dot{\boldsymbol{\Phi}}(\boldsymbol{q}(t_0), \dot{\boldsymbol{q}}(t_0), t_0) = \boldsymbol{\Phi}_q(\boldsymbol{q}(t_0), t_0)\dot{\boldsymbol{q}}(t_0) - \boldsymbol{v}(\boldsymbol{q}(t_0), t_0) = \boldsymbol{O} \tag{7-60}$$

(3) 正向动力学分析、逆向动力学分析与静平衡分析

对于一个确定的约束多体系统,其动力学分析不同于运动学分析,并不需要系统约束方程的维数 m 等于系统广义坐标的维数 n,$m < n$。在给定外力的作用下,从初始的位置和速度,求解满足位置约束式(7-55)及速度约束式(7-56)的运动方程式(7-58),就可得到系统的加速度和相应的速度、位置响应,以及代表约束反力的拉格朗日乘子,这种已知外力求运动及约束反力的动力学分析,称为正向动力学分析。

如果约束多体系统约束方程的维数 m 与系统广义坐标的维数 n 相等,$m = n$,也就是对系统施加与系统自由度相等的驱动约束,那么该系统在运动学上就被完全确定,由上节的约束方程、速度方程和加速度方程可求解系统运动。在此情况下,式(7-58)的雅可比矩阵是非奇异方阵,即:

$$|\boldsymbol{\Phi}_q(\boldsymbol{q}, t)| \neq 0 \tag{7-61}$$

展开式(7-58)的运动方程,为

$$\boldsymbol{M}\ddot{\boldsymbol{q}} + \boldsymbol{\Phi}_q^\text{T}\boldsymbol{\lambda} = \boldsymbol{Q}^A \tag{7-62}$$

$$\boldsymbol{\Phi}_q\ddot{\boldsymbol{q}} = \boldsymbol{\eta} \tag{7-63}$$

由式(7-63)可解得 $\ddot{\boldsymbol{q}}$,再由式(7-62)可求得 $\boldsymbol{\lambda}$,拉格朗日乘子 $\boldsymbol{\lambda}$ 就唯一地确定了作用在系统上的约束力和力矩(主要存在于运动副中)。这种由确定的运动求系统约束反力的动力学分析就是逆向动力学分析。

如果一个系统在外力作用下保持静止状态,也就是说,如果:

$$\ddot{q} = \dot{q} = 0 \tag{7-64}$$

那么,就说该系统处于平衡状态。将式(7-64)代入运动方程式(7-54),得到平衡方程:

$$\boldsymbol{\Phi}_q^{\mathrm{T}} \boldsymbol{\lambda} = \boldsymbol{Q}^A \tag{7-65}$$

由平衡方程式(7-65)及约束方程式(7-48)可求出状态 q 和拉格朗日乘子 $\boldsymbol{\lambda}$。这种求系统的平衡状态及在平衡状态下的约束反力的动力学分析称为(静)平衡分析。

(4) 约束反力

对于约束机械系统中的构件 i,设其与系统中某构件 j 存在运动学约束或驱动约束,约束编号为 k。除连体坐标系 $x'O'y'$ 外,再在构件 i 上以某点 P 为原点建立一个新的固定于构件上的坐标系 $x''Py''$,称为运动副坐标系,设从坐标系 $x''Py''$ 到坐标系 $x'O'y'$ 的变换矩阵为 $\boldsymbol{C}_i$,从坐标系 $x'O'y'$ 到坐标系 xOy 的变换矩阵为 $\boldsymbol{A}_i$,则可导出由约束 k 产生的反作用力和力矩分别为

$$\boldsymbol{F}''^k_i = -\boldsymbol{C}_i^{\mathrm{T}} \boldsymbol{A}_i^{\mathrm{T}} \boldsymbol{\Phi}_{r_i}^{k\mathrm{T}} \boldsymbol{\lambda}^k \tag{7-66}$$

$$\boldsymbol{T}''^k_i = (\boldsymbol{s}'^{P\mathrm{T}}_i \boldsymbol{B}_i^{\mathrm{T}} \boldsymbol{\Phi}_{r_i}^{k\mathrm{T}} - \boldsymbol{\Phi}_{\phi_i}^{k\mathrm{T}}) \boldsymbol{\lambda}^k \tag{7-67}$$

以上两式中,$\boldsymbol{\lambda}^k$ 为约束 k 对应的拉格朗日乘子,反作用力 $\boldsymbol{F}''^k_i$ 和力矩 $\boldsymbol{T}''^k_i$ 均为运动副坐标系 $x''Py''$ 中的量。

6. 多体动力学建模软件简介

多体系统动力学的核心问题是建模和求解问题,其系统研究开始于 20 世纪 60 年代。从 60 年代到 80 年代,侧重于多刚体系统的研究,主要是研究多刚体系统的自动建模和数值求解;80 年代之后,多体系统动力学的研究更偏重于多柔体系统动力学,这个领域也正式被称为计算多体系统动力学,它至今仍然是力学研究中最有活力的分支之一。随着计算机技术和数值分析技术的快速发展,数值分析技术与传统力学的结合曾在结构力学领域取得了辉煌的成就,出现了以 ANSYS, NASTRAN 等为代表的应用极为广泛的结构有限元分析软件。计算机技术在机构的静力学分析、运动学分析、动力学分析以及控制系统分析上的应用,则在 20 世纪 80 年代形成了计算多体系统动力学,并产生了以 ADAMS 和 DADS 为代表的多体系统动力学分析软件。两者共同构成计算机辅助工程(CAE)技术的重要内容。

目前在多体系统动力学领域,常用的软件包括最早由美国 MDI 公司(Mechanical Dynamics Inc.)开发的虚拟样机分析软件 ADAMS 及其演变版本、加拿大 MapleSoft 公司开发的数学和符号运算及仿真软件 MapleSim、德国航空航天局(DLR)开发的相对坐标系递归算法的 SIMPACK 软件等。

在车辆动力学分析方面,上述多体系统动力学软件可以完成以下几方面的分析功能:

(a) 车辆系统刚体振动模态分析;
(b) 线性稳定性和非线性系统稳定性分析;
(c) 车辆通过不同线路时的动态响应计算;
(d) 柔刚体系统分析;
(e) 车辆和机电控制系统的联合仿真。

以下对主要的软件做基本的介绍,详细软件使用说明可查阅相应的使用手册。

(1) ADAMS 软件

MSC. ADAMS 软件,即机械系统动力学自动分析软件 ADAMS(Automatic Dynamic Analysis of Mechanical Systems),最早是美国 MDI 公司(Mechanical Dynamics Inc.)开发的虚拟样机分析软件。ADAMS 软件由于其领先的"虚拟样机"理念和技术,迅速发展成为 CAE 领域中使用范围最广、应用行业最多的机械系统动力学仿真工具,被广泛应用于航天、航空、汽车、铁道、兵器、船舶、电子、工程设备及重型机械等行业,目前,ADAMS 已经被全世界各行各业的数百家主要制造商采用,众多国际化大型公司、企业均采用 ADAMS 软件作为其产品设计研发过程中机械系统动力学性能仿真的平台。

ADAMS 软件使用交互式图形环境和零件库、约束库、力库,创建完全参数化的机械系统几何模型,其求解器采用多刚体系统动力学理论中的拉格朗日方程方法,建立系统动力学方程,对虚拟机械系统进行静力学、运动学和动力学分析,输出位移、速度、加速度和反作用力曲线。ADAMS 软件的仿真可用于预测机械系统的性能、运动范围、碰撞检测、峰值载荷以及计算有限元的输入载荷等。

ADAMS 一方面是虚拟样机分析的应用软件,用户可以运用该软件非常方便地对虚拟机械系统进行静力学、运动学和动力学分析。另一方面,又是虚拟样机分析开发工具,其开放性的程序结构和多种接口,可以成为特殊行业用户进行特殊类型虚拟样机分析的二次开发工具平台。

借助 ADAMS 软件强大的建模功能、卓越的分析能力以及方便灵活的后处理手段,可以建立复杂机械系统的"虚拟样机",在模拟现实工作条件的虚拟环境下逼真地模拟其各种运动情况,帮助用户对系统的各种动力学性能进行有效的评估,并且可以快速分析比较多种设计思想,直至获得最优设计方案,提高产品性能,从而减少昂贵、耗时的物理样机试验,提高产品设计水平、缩短产品开发周期和产品开发成本。

ADAMS 具有广泛的平台适用性,可在 PC 机、工作站、小型机、巨型机等多种硬件平台上运行,既支持节点锁死,也支持网络浮动。支持的操作系统有 UNIX,Linux,Windows 等。

ADAMS 软件由基本模块、扩展模块、接口模块、专业领域模块及工具箱 5 类模块组成,主要模块如表 7-1 所示。用户不仅可以采用通用模块对一般的机械系统进行仿真,而且可以采用专用模块针对特定工业应用领域的问题进行快速有效的建模与仿真分析。

表 7-1　　　　　　　　　　　ADAMS 软件主要模块

基本模块	用户界面模块	ADAMS/View
	求解器模块	ADAMS/Solver
	后处理模块	ADAMS/PostProcessor
扩展模块	液压系统模块	ADAMS/Hydraulics
	振动分析模块	ADAMS/Vibration
	线性化分析模块	ADAMS/Linear
	高速动画模块	ADAMS/Animation
	试验设计与分析模块	ADAMS/Insight
	耐久性分析模块	ADAMS/Durability

续表		
接口模块	柔性分析模块	ADAMS/Flex
	控制模块	ADAMS/Controls
	图形接口模块	ADAMS/Exchange
专业领域模块	轿车模块	ADAMS/Car
	轮胎模块	ADAMS/Tire
	发动机设计模块	ADAMS/Engine
	铁路车辆模块	VI Rail
工具箱	软件开发工具包	ADAMS/SDK
	虚拟试验工具箱	Virtual Test Lab
	虚拟试验模态分析工具箱	Virtual Experiment Modal Analysis
	飞机起落架工具箱	ADAMS/Landing Gear

① 用户界面模块(ADAMS/View)。ADAMS/View 是 ADAMS 系列产品的核心模块之一,采用以用户为中心的交互式图形环境,将图标操作、菜单操作、鼠标点取操作与交互式图形建模、仿真计算、动画显示、优化设计、$X-Y$ 曲线图处理、结果分析和数据打印等功能集成在一起。

ADAMS/View 采用简单的分层方式完成建模工作。采用 Parasolid 内核进行实体建模,并提供了丰富的零件几何图形库、约束库和力/力矩库,并且支持布尔运算、支持 C 和 FORTRAN /90 中的函数。除此之外,还提供了丰富的位移函数、速度函数、加速度函数、接触函数、样条函数、力/力矩函数、合力/力矩函数、数据元函数、若干用户子程序函数以及常量和变量等。

② 求解器模块(ADAMS/Solver)。ADAMS/Solver 是 ADAMS 系列产品的核心模块之一,是 ADAMS 产品系列中处心脏地位的仿真器。该软件自动形成机械系统模型的动力学方程,提供静力学、运动学和动力学的解算结果。ADAMS/Solver 有各种建模和求解选项,以便精确有效地解决各种工程应用问题。

ADAMS/Solver 可以对刚体和弹性体进行仿真研究。为了进行有限元分析和控制系统研究,用户除要求软件输出位移、速度、加速度和力外,还可要求模块输出用户自己定义的数据。用户可以通过运动副、运动激励,高副接触、用户定义的子程序等添加不同的约束。用户同时可求解运动副之间的作用力和反作用力,或施加单点外力。

ADAMS/Solver 的积分器能够根据模型的复杂程度自动调整参数,以提高仿真计算速度;如采用新的 S12 型积分器(Stabilized Index 2 intergrator),能够同时求解运动方程组的位移和速度,显著增强积分器的鲁棒性,提高复杂系统的解算速度;采用适用于柔性单元(梁、衬套、力场、弹簧-阻尼器)的新算法,可提高 S12 型积分器的求解精度和鲁棒性;可以将样条数据存储成独立文件使之管理更加方便,并且 spline 语句适用于各种样条数据文件,样条数据文件子程序还支持用户定义的数据格式;具有丰富的约束摩擦特性功能,在 Translational, Revolute, Hooks, Cylindrical, Spherical, Universal 等约束中可定义各种摩擦特性。

③ 后处理模块(ADAMS/Postprocessor)。后处理模块 ADAMS/Postprocessor 用来处

理仿真结果数据、显示仿真动画等。既可以在 ADAMS/View 环境中运行,也可脱离该环境独立运行。

ADAMS/Postprocessor 的主要特点是,采用快速高质量的动画显示,便于从可视化角度深入理解设计方案的有效性;使用树状搜索结构,层次清晰,并可快速检索对象;具有丰富的数据作图、数据处理及文件输出功能;具有灵活多变的窗口风格,支持多窗口画面分割显示及多页面存储;多视窗动画与曲线结果同步显示,并可录制成电影文件;具有完备的曲线数据统计功能:如均值、均方根、极值、斜率等;具有丰富的数据处理功能,能够进行曲线的代数运算、反向、偏置、缩放、编辑和生成波特图等;为光滑消隐的柔体动画提供了更优的内存管理模式;强化了曲线编辑工具栏功能;能支持模态形状动画,模态形状动画可记录的标准图形文件格式有"*.gif","*.jpg","*.bmp","*.xpm","*.avi"等;在日期、分析名称、页数等方面增加了图表动画功能;可进行几何属性的细节的动态演示。

ADAMS/Postprocessor 的主要功能包括:ADAMS/Postprocessor 为用户观察模型的运动提供了所需的环境,用户可以向前、向后播放动画,可以随时中断播放动画,而且可以选择员佳观察视角,从而使用户更容易地完成模型排错任务;为了验证 ADAMS 仿真分析结果数据的有效性,可以输入测试数据,并对测试数据与仿真结果数据进行绘图比较,还可对数据结果进行数学运算、对输出进行统计分析;用户可以对多个模拟结果进行图解比较,选择合理的设计方案;可以帮助用户再现 ADAMS 中的仿真分析结果数据,以提高设计报告的质量;可以改变图表的形式,也可以添加标题和注释;可以载入实体动画,从而加强仿真分析结果数据的表达效果;还可以实现在播放三维动画的同时,显示曲线的数据位置,从而可以观察运动与参数变化的对应关系。

④ 试验设计与分析模块(ADAMS/Insight)。ADAMS/Insight 是基于网页技术的模块,利用该模块,工程师可以方便地将仿真试验结果置于 intranet 或 extranet 网页上,这样,企业不同部门的人员(设计工程师、试验工程师、计划/采购/管理/销售部门人员)都可以共享分析成果,加速决策进程,最大限度地减少决策的风险。

应用 ADAMS/Insight,工程师可以规划和完成一系列仿真试验,从而精确地预测所设计的复杂机械系统在各种工作条件下的性能,并提供了对试验结果进行各种专业化统计分析的工具。ADAMS/Insight 是选装模块,既可以在 ADAMS/View, ADAMS/Car, ADAMS/Pre 环境中运行,也可脱离 ADAMS 环境单独运行。工程师在拥有这些能力后,就可以对任何一种仿真进行试验方案设计,精确地预测设计的性能,得到高品质的设计方案。

ADAMS/Insight 采用的试验设计方法包括全参数法、部分参数法、对角线法、Box-Behnkn 法、Placket-Bruman 法和 D-Optimal 法等。当采用其他软件设计机械系统时,工程师可以直接输入或通过文件输入系统矩阵对设计方案进行试验设计;可以通过扫描识别影响系统性能的灵敏参数或参数组合可以采用响应面法(Response Surface Methods)通过对试验数据进行数学回归分析,帮助工程师更好地理解产品的性能和系统内部各个零部件之间的相互作用。

另外,ADAMS/Insight 能帮助工程师更好地了解产品的性能,能有效地区分关键参数和非关键参数;能根据客户的不同要求提出各种设计方案,可以清晰地观察对产品性能的影响;在产品制造之前,可综合考虑各种制造田素的影响(例如:公差、装配误差、加工精度等),大大地提高产品的实用性;能加深对产品技术要求的理解,强化在企业各个部门之间的合作。应用

ADAMS/Insight,工程师可以将许多不同的设计要求有机地集成为一体,提出最佳的设计方案,并保证试验分析结果具有足够的工程精度。

⑤ 控制模块(ADAMS/Controls)。ADAMS/Controls 是 ADAMS 软件包中的一个集成可选模块。在 ADAMS/Controls 中,设计师既可以通过简单的继电器、逻辑与非门、阻尼线圈等建立简单的控制机构,也可利用通用控制系统软件(如 Matlab, MATRIX, EASY5)建立的控制系统框图,建立包括控制系统、液压系统、气动系统和运动机械系统的仿真模型。

在仿真计算过程中,ADAMS 采取两种工作方式:其一,机械系统采用 ADAMS 解算器,控制系统采用控制软件解算器,二者之间通过状态方程进行联系;其二,利用控制软件书写描述控制系统的控制框图,然后将该控制框图提交给 ADAMS,应用 ADAMS 解算器进行包括控制系统在内的复杂机械系统虚拟样机的同步仿真计算。

这样的机械-控制系统的联合仿真分析过程可以用于许多领域,例如汽车自动防抱死系统(ABS)、摆式列车和高速动车组的主动悬挂系统、飞机起落架助动器、卫星姿态控制等。联合仿真计算可以是线性的,也可以是非线性的。使用 ADAMS/Controls 的前提是需要 ADAMS 与控制系统软件同时安装在相同的工作平台上。

(2) SIMPACK 软件

SIMPACK 软件最早由德国航空航天局(DLR)开发。

SIMPACK 是机械、机电系统运动学、动力学仿真分析的多体动力学软件。利用该软件,工程师可以快速预测复杂机械系统整机的运动学/动力学性能和系统中各零部件所受载荷。

利用 SIMPACK 软件,工程师可以像构筑 CAD 模型一样,快速建立机械系统和机电系统的动力学模型,包含关节、约束、各种外力或相互作用力,并自动形成其动力学方程,然后利用各种求解方式,如时域积分,得到系统的动态特性或频域分析,得到系统的固有模态及频率。

SIMPACK 软件的主要特点有:

(ⅰ) 采用递归算法、相对坐标系以及子结构建模方法;
(ⅱ) 快速、稳定、可靠的求解器;
(ⅲ) 具有碰撞建模和求解功能;
(ⅳ) 和控制系统分析软件(MATLAB)双向的协同仿真技术;
(ⅴ) 全参数化的机械系统和控制系统分析模型;
(ⅵ) 源代码输出功能;
(ⅶ) 可以进行多体系统实时仿真的技术;
(ⅷ) 快速高效、优化的弹性体建模和求解器;
(ⅸ) 功能强大的专业化模块。

(3) MapleSim 软件

数学和符号运算及仿真软件 Maple 和 MapleSim 是由全球领先的工程、科学研究和数学计算的高性能软件开发商 Maplesoft 开发。Maplesoft 公司的核心技术包括世界上最强大的符号计算引擎和创新的物理建模技术,这些领先的技术提供了尖端的工具用于设计、建模和高性能仿真,Maple 用于解决各种复杂的数学问题和创建丰富的技术文档;MapleSim 用于对物理系统的高性能、多领域建模和仿真。

MapleSim™ 是一个建模环境适用于对复杂多领域物理系统建模和仿真,建立在符号-数值混合计算技术基础之上,能够有效地处理工程系统模型(例如复杂多领域系统和控制工程中控制对象的模型)开发中涉及的各种复杂数学问题,包括复杂多领域系统、虚拟仪器建模和控制系统设计,其独有的符号计算技术能够加速仿真速度,生成高保真、高性能的模型。

图 7-23 所示的 MapleSim 工作界面包含面板和部件:

2D Modeling Workspace:创建 MapleSim 模型模的主要工作区域。

3D Modeling Workspace:通过拖放和连接 3-D 对象操作构建多体机械模型。当你构建 3-D 模型时,变换将同步反映在 2-D 模型框图中,反之亦然。

Palettes:面板包含可展开的菜单,可使用其中的模型元件和工具创建模型以及管理 MapleSim 项目。这个面板包含两个制表项,Libraries 和 Project。库制表项包含构建模型的多领域元件,以及范例模型。项目制表项包含工具用于帮助浏览模型和管理结果。

Toolbars:工具栏包含工具用于运行和查看仿真,参看附属文档,模型树导航,模型布局等。

Console:包含三个面板,Message Console、Help 和 Debugging 面板。消息控制台显示仿真过程信息,显示 MapleSim 引擎在仿真过程中的状态。帮助面板显示建模元件的相关帮助主题。调试面板帮助你发现和解决模型中潜在的错误。

Parameters Pane:参数面板包含两个选项卡,Inspector 和 Plots,它们会随着你在模型工作区中选择的对象而变化。Inspector 选项卡让你可以查看和编辑建模元件属性,例如命名和参数值,定义仿真参数。

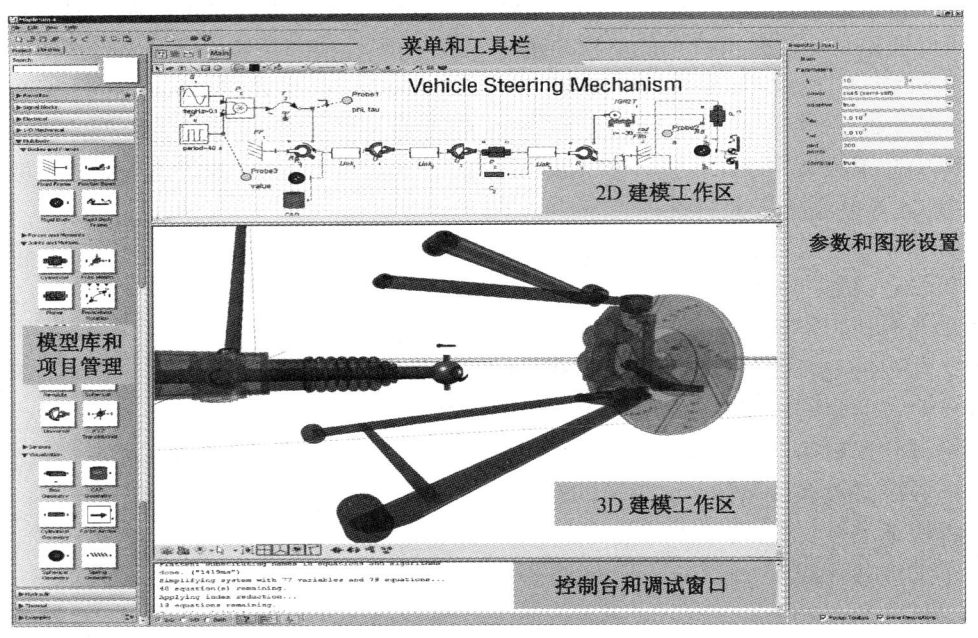

图 7-23 MapleSim 工作界面

MapleSim 提供广泛的预定义模型库和工具箱,包括车辆轮胎库、传动系统库、多体机械库、液压库、电气库、控制设计工具箱等,同时用户利用数学软件 Maple 快速将自定义的数学模型转化为仿真模型,帮助用户快速创建复杂车辆系统的高保真模型。这些元件大部分是基于 Modelica® 标准库(表 7-2)。依据各自所属的领域分类组织在面板:电子,1-D 和多体机械,热,液压和信号块等。

表 7-2　　　　　　　　　　　　　MapleSim 元件库

元件库	描述
电子元件库	建模元件包括电子仿真电路、单相和多相系统、机器
液压元件库	包含对液压系统建模的元件,如体动力系统,汽缸和执行器
1-D 机械	建模元件包括 1-D 平移和旋转系统
多体库	对一般多体及机械系统的元件,包括力、运动、和节点等
信号块	建模元件包括操作或生成输入和输出信号
热力学库	建模元件包括热流和热传导等

其中 MapleSim 中的多体机械库采用了线性图形理论实现多体机构的建模、仿真和分析。可以应用相应的元件库来构建相应的系统。

MapleSim 自动生成模型的符号方程,方便用户从物理上理解运动学和动力学方程的结构,对方程的高级符号处理技术,实现高性能仿真和基于模型方程的分析。此外,MapleSim 可以自动生成多体元件的动画,或在 3D 环境中构建系统模型,让用户直观地观看多体系统的动画。

MapleSim 具有广泛的接口功能,包括输出高保真的 MapleSim 到 NI Labview/Veristand 实时平台、dSpace、免费 C 代码(含求解器)等,能够与工具链中的其他工具无缝协同工作。

7.3.2　多体系统动力学虚拟样机建模与仿真

1. 基于 ADAMS 环境下的虚拟样机模型构建

采用 ADAMS 软件建立虚拟样机的机械系统模型主要包括三个基本内容:几何建模、约束建模和施加外力。

(1) 第一步创建部件

创建部件有两种方式:

① 是通过在创建的机械系统中建立运动部件的物理属性来创建。部件分为刚性部件和柔性体部件,对这两种部件的创建方式有所不同。此外对具有不同几何实体类型的部件其创建方式也有所不同。

刚体——ADAMS/View 提供几何构造工具和固体模型以便于创建刚体,也可以通过增加特性和进行布尔运算合并物体来优化几何形状。

柔性体——使用 ADAMS/View,通过创建间断的柔性连接件和输出载荷用来使用有限元工具。也可以通过使用 ADAMS/Flex 来导入复杂的柔性体工具。ADAMS/Flex 以物理模型测试的方式来考察这些物体。

② 是在 ADAMS/View 中导入用三维造型软件建立的模型。ADAMS/Exchange 用来导入 CAD 几何信息以实际地观察模型的行为。ADAMS/Exchange 可从其他使用标准格式如 IGES,STEP,DXF/DWGHE Parasolid 的 CAD 软件中导入几何图形。

(2) 第二步添加约束和驱动

约束被用来定义零件连接方式以及零件之间相对运动。ADAMS/View 提供了一个约束库,其中有:

Idealized joints：如旋转副(hinge 铰链)或移动副(sliding dovetail 滑动榫头)。

Joint primitives：在相对运动上设置约束，如一个物体总是相对于另一个物体的平行移动约束。

Motions generators：驱动模型以时间为函数运行一段距离，具有一定速度或加速度。

Associative constraints：定义约束之间的运动，如配合或齿轮。

Two-dimentional curve constrains：定义点或者曲线怎样沿另一条曲线运动。

常用的约束形式见表 7-3。

表 7-3 ADAMS 常用约束

图标	名称	功能（空间）	平面
	固定副	构件 1 相对于构件 2 固定 约束 3 个旋转和 3 个平移自由度	约束 3 个自由度
	旋转副	构件 1 相对于构件 2 旋转 约束 2 个旋转和 3 个平移自由度	约束 2 个平移
	平移副	构件 1 相对于构件 2 平移 约束 3 个旋转和 2 个平移自由度	约束 1 个平衡，1 个转动
	圆柱副	构件 1 相对于构件 2 既可平移又可旋转 约束 2 个旋转和 2 个平移自由度	约束 1 个平移
	球面副	构件 1 相对于构件 2 可在球面内旋转 约束 3 个平移自由度	约束 2 个平移
	平面副	构件 1 相对于构件 2 可在平面内运动 约束 2 个旋转和 1 个平移自由度	约束 1 个转动
	齿轮副	构件 1 相对于构件 2 定速比啮合转动 提供定比传动关系	同左

创建约束有两种方法：其一是在主工具箱中点快捷图标，右键点击按钮选择约束类型；第二种是进入主菜单 Build，选择"Joints…"，这时会出现约束类型更为详细的对话框，然后选择约束工具。主工具箱的连接和驱动工具集中包含大部分常用的约束命令，而由 Build 菜单获得的连接对话框中包含所有约束工具命令。

在多体系统运动学分析中，约束的另外一种形式是驱动约束，驱动约束表明了一个部件的运动是时间的函数，例如要求平移副沿 x 轴以 5 m/s 的速度运动。通过定义驱动可以约束机构的某些自由度，另一方面也决定了是否需要施加力来维持所定义的运动。

ADAMS/View 提供了以下两种类型的驱动：

铰驱动。定义旋转副、平移副和圆柱副中的移动和转动，每一个连接运动约束了一个自由度，使系统自由度减少一个。

点驱动。点驱动定义两点之间的运动规律。定义点规律时，还需指明运动的方向。点驱动可以应用于任何典型的运动副。通过定义点驱动以在不增加额外约束或构件的情况下，构造复杂的运动。

具体可查阅使用手册。

(3) 第三步施加外力来控制零件运动

施加力作用在模型上。这些力将引起零件运动在约束上的反作用力。ADAMS/View 提供"作用力力库",其中包括:

Flexible connectors:如弹性阻尼器和衬套。

Special forces:如空气动力学作用力,提供经常遇见的预定义作用力。

Applied forces:允许写入自己的方程式来代表力之间的关系。为了写好方程式,它提供了一个功能函数编辑器,它能引导写出方程式,并能在将其添加到模型之前估计其函数值。

Contacts:指出当模型运动中,物体之间在接触时所起的响应。

在 ADAMS/View 中有四种类型的力,它们不会增加或者减少系统的自由度。这四类力分别如下:

① 作用力:是定义在部件上的外载荷。定义作用力时,必须用常值、ADAMS/View 的函数表达式或者连接到 ADAMS/View 中用户写的参数化子程序来说明作用力。

② 柔性连接力:可以抵消驱动的作用。柔性连接力比应用力使用起来更简单,因为定义该类力时只需指定常量系数。弹簧阻尼器、梁、衬套、场力等可以产生这类力。

③ 特殊力:这类力有我们常见的重力和轮胎力等。

④ 接触力:当模型系统运动的时候,部件在接触的时候,它们之间的相互作用力。

不论哪种类型的力,在定义力时,需要说明是力还是力矩、力作用的构件和作用点、力的大小和方向。

【实例:两自由度的车辆垂直振动系统】 在一般客车动力学研究中,在分析车辆垂直运行平稳性时,可以将车辆的垂直振动等效成两自由度振动系统,由一个转向架和半车体组成,K_{pz} 代表转向架一系垂直刚度总和,K_{sz} 为转向架的二系垂直刚度总和,C_{sz} 对应二系垂直阻尼系数,如图 7-24 所示。

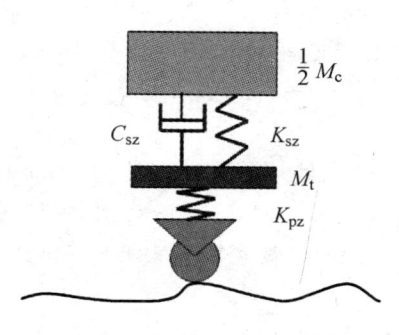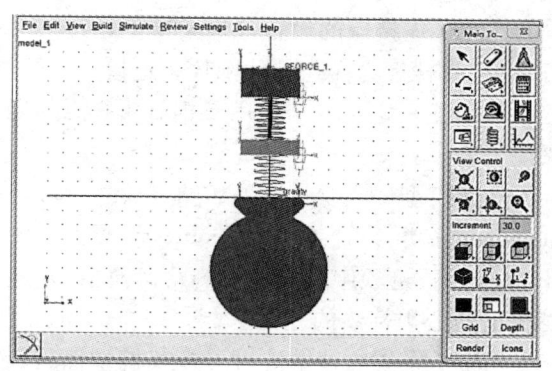

图 7-24 车辆两自由度垂直振动系统及 ADAMS/View 模型

在 ADAMS/View 建模时,按照前面提到的三步,分别建立车体和构架两个构件、一系弹簧、二系弹簧和减振器,施加单方向的滑动约束,保证构件在垂直方向自由振动,在车体上可以施加外力,分析对不同激励频率的响应。

2. 基于 MapleSim 环境下的虚拟样机模型构建

以下以构建轨道车辆转向架模型为例,说明在 MapleSim 下构建虚拟样机模型的过程。

【实例:转向架模型构建】 以图 7-25 动力转向架为例,建模对象的示意图为:

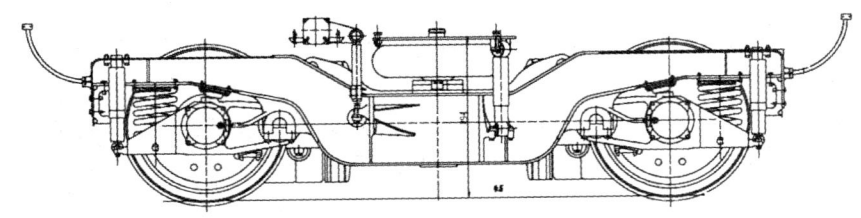

图 7-25 动力转向架示意图

在多体动力学建模时的主要特征定义为:
(1) 与车体连接的二系空气弹簧;
(2) 构架与车体间有垂向和横向阻尼器;
(3) 构架与车体间有抗侧滚扭杆装置;
(4) 构架与车体间的纵向力由牵引拉杆传递;
(5) 构架与轮对采用一系悬挂与阻尼,忽略具体的结构实现形式,统一将参数等效至轴端。

主要的构件有轮对、构架等。

1) 构架建模

基于多体动力学的建模更为简便,而且能够准确地模拟各个力的作用点,其具体实现步骤如下:

(1) 建立代表构架的刚体,并填写准确的质量和惯量,对于构架刚体的质量和惯量的赋值,同样可以采用参数化建模方法。

(2) 建立构架与轨道间的运动副,因为构架相对于轨道同样具有 6 个独立的自由度,故其运动副的建立与车体时的处理一致。

(3) 建立各连接点的位置。构架模型通过二系空气弹簧、垂向阻尼器、横向阻尼器、抗侧滚扭杆、牵引拉杆等力元与车体刚体相连接;又通过等效到轴端的一系垂向悬挂和阻尼与轮对相连接。故需逐一定义各个作用点相对质心点的局部位置矢量,用 Rigid Body Frame 元件一一定义。

(4) 几何模型的导入:为了仿真结果能够做逼真的后处理显示,使用 Multibody 库中 Visualization 分类下的 CAD Geometry 模块,将其与对应的构架相连,并在该模块的 Attachment 下拉选项中选择相应的几何模型,并通过相应的平移和旋转来补偿 CAD 建模坐标系与当前质心坐标系的差异。

(5) 构架子系统的建立。对于多体模型而言,考虑到大部分转向架在拓扑结构上几乎相同,只是存在参数的差异,故可建立构架的子系统并定义各接口(图 7-26a)。

图 7-26b 所示为构架的内部连接关系,上部的各个输出为构架与二系悬挂的各力元作用点,此外还增加了外力及外力矩的输入端口;下部为构架与轮对的连接端口。

综上,一个标准的构架(bogie frame)模型由下列对象组成,参数见表 7-4。

(1) 一个定义为构架的物体;

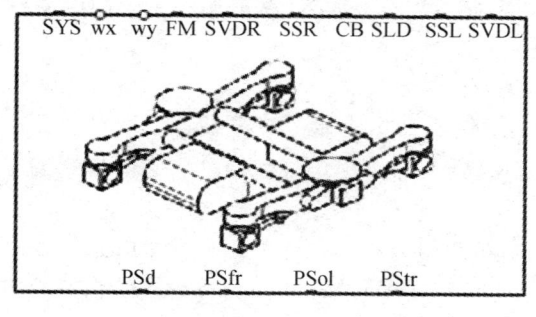
(a) 对外接口

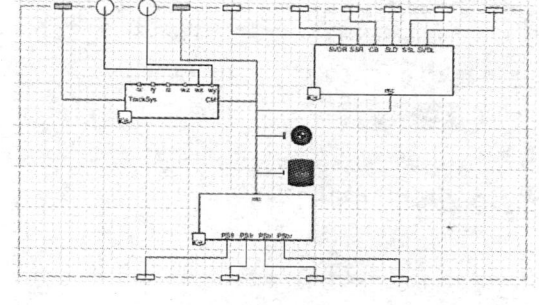
(b) 内部实现

图 7-26　构架子系统

(2) 相关联的 CAD 几何模型；
(3) 描述构架相对于全局坐标系运动的 6 个铰；
(4) 描述构架与一二系悬挂各个连接点位置的"Rigid Body Frame"。

表 7-4　　　　　　　　　　　　　　构架的参数变量

参数	参数类型	定义
BogieMass	Mass	构架质量
BogieIxx/Iyy/Izz	Inertia	构架惯量
BogieHc	Position	构架质心距轨面高

2) 重要元件的建模

(1) 空气弹簧。轨道车辆用空气弹簧是一个复杂的系统，主要有空气弹簧本体、附加空气室、高度控制阀、差压阀及滤尘器等组成。一般的动力学建模针对的是空气弹簧本体，以 Nishmura 和 Krettek 的空气弹簧模型最为著名，并被运用于商业轨道车辆动力学计算软件 ADAMS。这些模型都考虑了空气弹簧本体和附加空气室内压缩空气的热力学特性和节流孔的效应，并最终用微分方程建立该元件的模型。

考虑到对于列车动力学模型而言，对车体振动响应的要求并不需要如此精确的模型，从而在合理的模型精度内尽可能提高计算效率。故，对于空气弹簧在 xyz 方向刚度在平衡位置附近做等效线性化，并最终简化为沿这三个方向的刚度。

故对于该元件的建模，其主要力学参数即为三向的刚度。输入为车体和构架在连接点处的三向位移，输出为悬挂力，力的上下作用点由构架和车体的具体结构决定。该模块的具体实现如下：

① 使用 Multibody 库中 Sensors 分类下的 Relative Translation 模块测量构架和车体的相对位移。

② 使用 Signal Blocks 库中 Routing 分类下的 3-port Demultiplexer 将相对位移矢量分解为沿 3 个方向的标量。

③ 将各方向的相对位移信号乘以对应方向的刚度，得到悬挂力。

④ 使用 Applied Force 元件，将该数字信号赋予力的物理意义，并将引脚与构架和车体的空气弹簧作用点相连。

⑤ 特别地,对于垂向力,为了保证车辆在初始时刻处于平衡状态,需根据上下空气弹簧作用点的位置和车体质量做预载平衡。

⑥ 对于建立的空气弹簧模型予以封装,生成参数化的子系统。

(2) 液压减振器。一般车辆上采用的减振器与弹簧一起构成弹簧减振装置。弹簧主要起缓冲作用,缓和来自线路的冲击和振动的激扰力,而减振器的作用是衰减振动。它的作用力总是与运动的方向相反,起着阻止振动的作用。

车辆用减振器按阻力特性可分为常阻力减振器和变阻力减振器;按安装部位可分为轴箱悬挂减振器和中央悬挂减振器;按减振方向可以分为横向减振器和垂向减振器;按结构特点可以分为摩擦减振器和油压减振器。

液压减振器一般设计成具有"卸荷"特性,即超出工作区范围后,阻尼力与速度不再呈线性关系。在此不考虑因此造成的阻尼器非线性特性,取线性阻尼系数作为液压减振器的特征参数。输入为车体和构架在连接点处的速度,输出为阻尼力,力的上下作用点由构架和车体的具体结构决定。

MapleSim 对于点对点的线性阻尼器提供了现成的模块,其位于 Multibody 库 Forces and Moments 分类下的 Translational Spring Damper Actuator 模块,只需赋值相应的阻尼参数即可。对于横向阻尼和垂向阻尼的实现,其本质并无差异,只是阻尼系数与连接点位置的不同。

图 7-27 所示为二系横向减振器模型的内部实现,对每节车而言,有前、后转向架各自的横向各一个。其上下侧的引脚分别代表车体和构架的连接点位置,红色的元件为(Multibody/Visualition/Cylindrical Geometry)是对于阻尼器的几何显示,用于检查模型搭建的正确性。

二系垂向阻尼器作用点的几何位置相关的参数定义在表 7-5 中:车辆固定轴距 BogieL;二系垂向阻尼器纵向偏距 SVDx;二系垂向阻尼器横向跨距 SVDy;二系垂向阻尼器上作用点距离轨面高度 SVDz1;二系垂向阻尼器下作用点距离轨面高度 SVDz2。

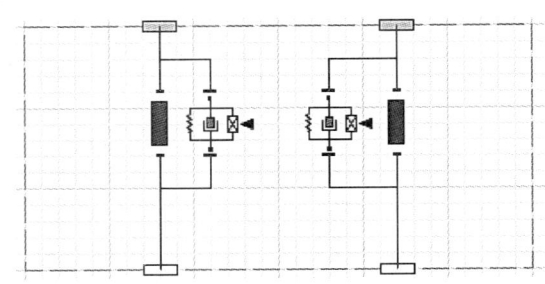

图 7-27 轨道车辆二系横向减振器模型的实现

表 7-5 二系垂向阻尼器模块的参数

参数	参数类型	定义
SVDC	Translational Damping	二系垂向阻尼器系数
SVDz1	Position	二系垂向阻尼器上作用点距轨面高度
SVDz2	Position	二系垂向阻尼器下作用点距轨面高度
SVDy	Position	二系垂向阻尼器横向跨距
SVDx	Position	二系垂向阻尼器纵向偏距

二系横向阻尼器的建模与垂直减振器类似。

(3) 轴箱悬挂。轴箱定位的结构形式应能保证良好地实现弹性定位作用,其主要目的是确保车辆系统具有优良的运行稳定性和曲线通过能力,而影响稳定性的轴箱定位参数主要是纵向定位刚度和横向定位刚度。因此对于轴箱定位装置的基本要求是:它在纵向和横向应该具有合适的定位刚度值,既防止转向架蛇形运动的失稳,又要兼顾车辆曲线通过时良好的导向性能。

即使将研究对象设定为城市轨道交通车辆,轴箱定位仍可以有多种形式,如导框式、橡胶堆式、转臂式等,这给为各种不同结构形式建立统一的物理对应模型带来了困难。故抽取轴箱悬挂的特征,将其对于轮对在三个方向上的约束统一等效定义为在轴端施加的三向刚度和垂向阻尼,并据此建立参数化的轴箱悬挂模型。其主要力学参数即为三向刚度和垂向阻尼。输入为构架和轮对在联结点的相对位移和相对速度,输出为悬挂力和阻尼力,作用在相应的连接点处。

前面已经先后展示了悬挂元件和阻尼元件在 MapleSim 环境下的建模方法,故在此不再赘述建模过程,给出该模块的外部接口和内部实现如图 7-28 所示,参数表见表 7-6。

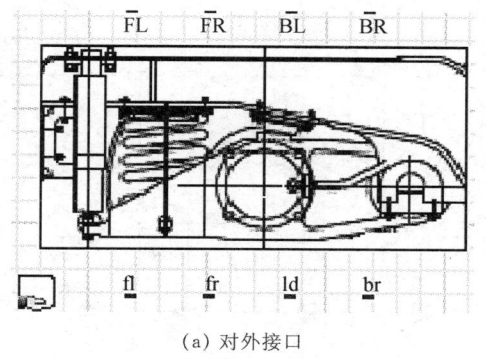

(a) 对外接口

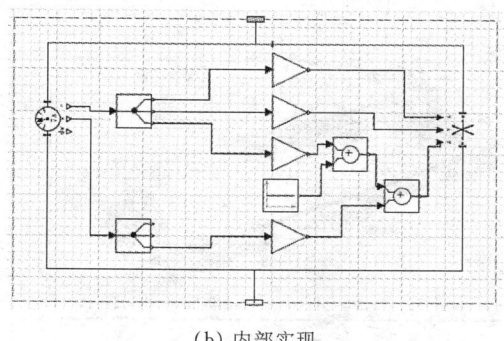

(b) 内部实现

图 7-28 轴箱悬挂模块

表 7-6 轴箱悬挂模块的参数

参数	参数类型	定义
PSKx	Translational Spring	一系纵向刚度
PSKy	Translational Spring	一系横向刚度
PSKz	Translational Spring	一系垂向刚度
PSCZ	Translational Damping	一系垂向阻尼器系数
PSy	Position	轴箱悬挂横向跨距

(4) 抗侧滚扭杆。为了改善车辆垂向振动性能,需要相当柔软的二系悬挂装置(如采用空气弹簧或柔软的钢弹簧),同时也就出现了车体侧滚振动的角刚度也随之变得相对柔软,使得运行中的车辆车体侧滚角位移增大。这不仅影响了车辆运行的平稳性和旅客的舒适性,还会带来严重的安全隐患。为了解决这一问题,目前一般在转向架的悬挂系统中加装一套抗侧滚扭杆装置,该装置对车辆的纵向、垂向、横向、点头、摇头等振动不产生影响,只是抑制车体相对于构架的侧滚振动。其原理是利用金属弹性杆在受扭矩作用时,产生扭转变形而提供扭转反力矩。

对于该元件的建模,其主要力学参数即为扭杆的扭转刚度。输入为车体和构架的角位移,输出为扭转力矩。由于对于刚体而言,力矩是可以做等效的平面移动,故不妨将作用点分别设置在车体和构架的质心。该模块的具体实现如下:

① 使用 1D_Mechanical 库中 Rotational Sensors 分类下的 Relative Angle Sensor 模块测量构架和车体的相对角位移。

② 将角位移差信号乘以扭杆刚度,得到扭力矩。

③ 使用 Applied Moment 元件,将该信号赋予力矩的物理意义,并将引脚与构架和车体相连。

④ 对于建立的抗侧滚扭杆模型予以封装,生成参数化的子系统。

图 7-29a 中,上部的端口为车体侧滚角的输入和对于车体的力矩反馈;下部的端口为前后构架的侧滚角的输入和相应的力矩反馈。

其他部件,如牵引连杆等,根据需要,对于该元件的建模,其主要力学参数即为纵向牵引刚度,建模方法类似。

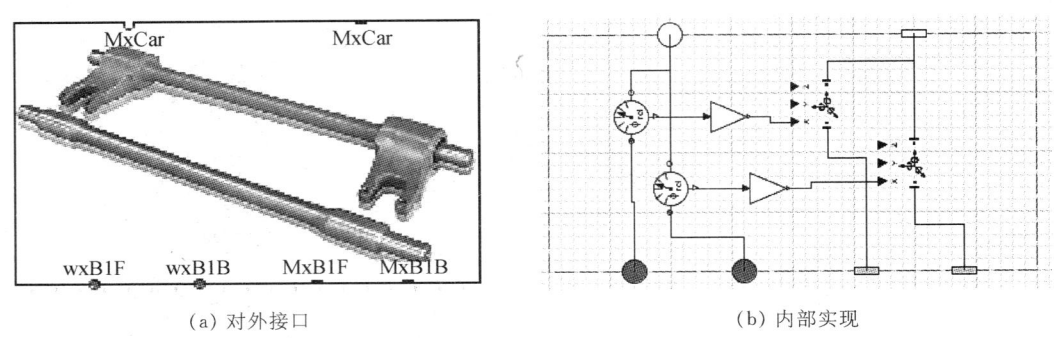

(a) 对外接口　　　　　　　　　　(b) 内部实现

图 7-29　抗侧滚扭杆模块

3) 轮对模型的实现

轮对模型的构建,是轨道车辆动力学分析中的关键,轮对模型包含轮轨接触几何计算、轮对相互作用力(法向力、蠕滑力等),因此在 MapleSim 环境中,使用 CustomComponent 模板,定义各个子流程的求解过程,并最终搭建能够模拟轮轨运动副的子系统(图 7-30)。

4) MapleSim 环境下转向架模型

有了上述转向架构建、轮对和重要部件的子模块后,就可以按照实际的物理拓扑关系将各元件的相应引脚连接,构建整个转向架在 MapleSim 下的动力学模型(图 7-31)。

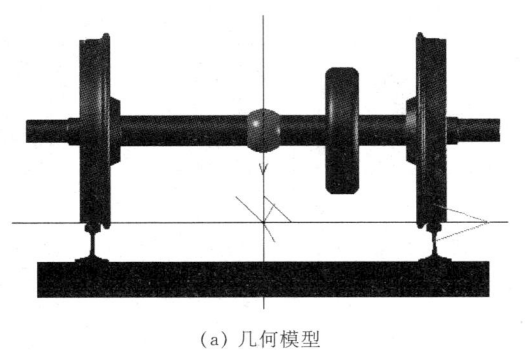

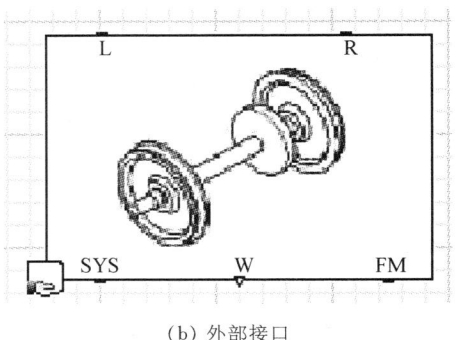

(a) 几何模型　　　　　　　　　　(b) 外部接口

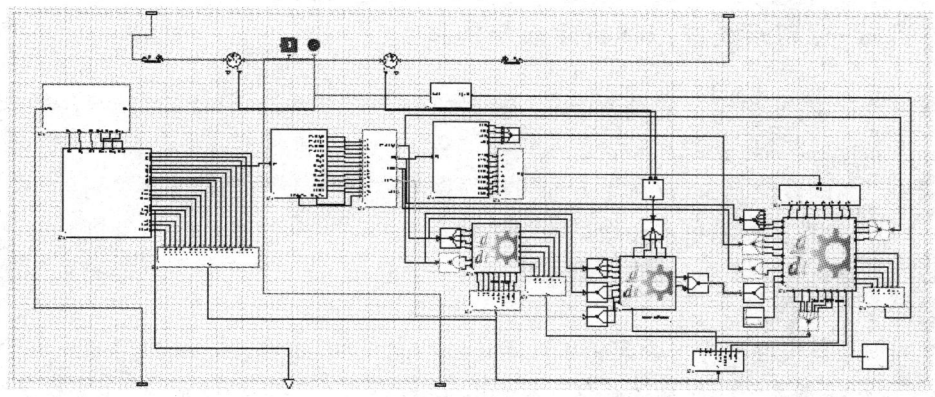

(c) 内部实现

图 7-30 轮对模型的搭建

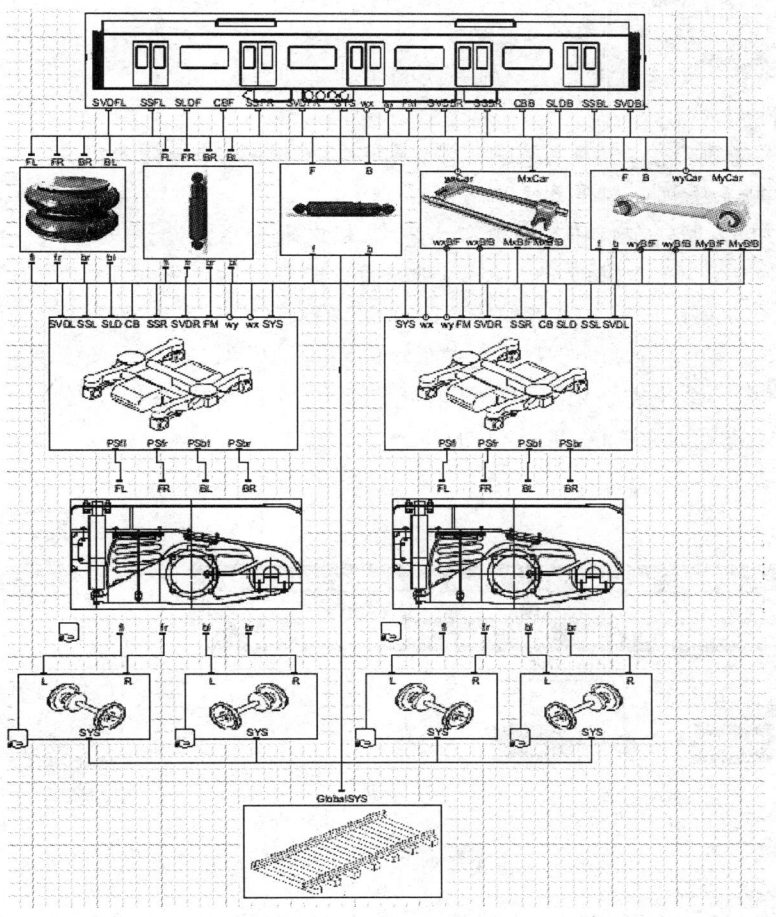

图 7-31 MapleSim 环境中客车转向架通用模型

7.3.3 机械-控制系统虚拟样机建模与仿真

在系统设计中,机电系统的动态性能一般是机械多体系统动力学与控制系统的耦合作用所决定。比如一般机器人、汽车和轨道车辆等运载工具。在进行系统设计和性能仿真时,对这些机电耦合产生的复杂现象,仅从单方面模拟往往不够全面,一方面控制系统可能不能获得满意的效果,另一方面控制系统潜在地影响到机械系统的动力学性能。比如当轨道车辆系统中的防滑器控制系统设计不当,轮轨粘着无法得到充分利用,将导致车轮空转或抱死引起的轨道擦伤等运行安全隐患。

构建的虚拟样机模型应包含多体机械系统和控制系统,即在设计时共用一个虚拟样机模型。关于机械-控制系统的联合仿真(Co-Simulation)技术在计算机技术、软件发展下,得到了快速的发展。

1. 机械-控制系统一般特征

一般机械-控制系统(机电系统)的动态性能具有以下特征:

(1) 机电耦合;

(2) 控制系统的动态性能影响机械系统的运动或动力学性能;

(3) 实时性要求高;

(4) 控制系统响应快,机械系统响应慢,系统的动态性能差异较大。

2. 轨道车辆系统机电耦合系统应用

在高速动车组、城轨车辆和有轨电车系统中,机电耦合系统设计应用广泛,比如:

(1) 摆式列车系统。如图7-32所示,列车通过曲线时的动态性能与列车倾摆控制系统、作动器的系统响应密切相关。设计和仿真时建立"车辆动力学系统+倾摆控制系统"的联合仿真模式是必须的。在建模时同时需要建立车辆的动力学模型、控制系统模型和作动器的数学模型,而联系三个子系统的是相应的车辆相应加速度、控制信号、和作动器载荷信号等,需要应用协同仿真技术来完成系统的动力学仿真分析。

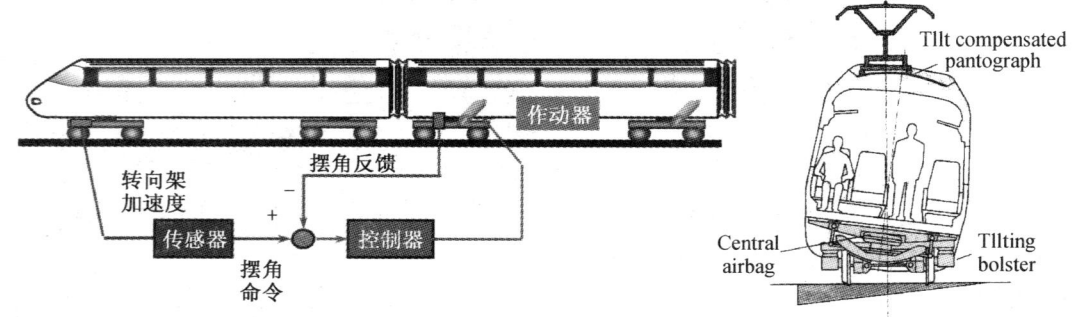

图7-32 摆式列车(转向架)& 倾摆控制系统

(2) 主动或半主动悬挂系统。如图7-33所示,采用半主动阻尼器的高速列车转向架在运行过程中,通过半主动阻尼器来改善车辆直线运行的平稳性和安全性。车辆和转向架的动力学性能同样与车辆系统和半主动悬挂元件的动态性能有关。

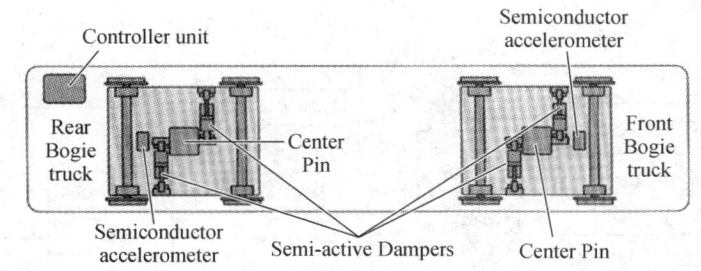

图 7-33 半主动悬挂系统

(3) 列车纵向动力学、牵引和制动。列车运行的动态行为,包括轮轨系统引起的垂直、横向和纵向动力学问题,由于牵引传动系统、制动系统引起的纵向非稳态动力学问题。牵引电机的特性曲线对列车运行的影响将通过轮轨机械系统起作用,因此列车纵向动力学,包括牵引和制动过程是一个典型的机电耦合系统动力学问题,特别是牵引控制系统和制动控制系统的设计和更深入的研究将必须以列车机电耦合系统动力学分析为实现,如图 7-34 所示。

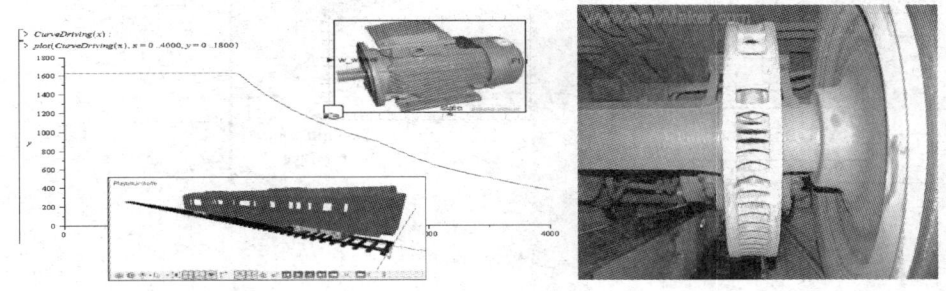

图 7-34 列车牵引制动

(4) 磁浮列车。磁浮列车的设计和动态性能同样如图 7-12 所示,需要进行机械系统—控制系统的联合仿真。

3. 机械-控制系统建模方法

机械-控制系统建模的一般步骤是:

(1) 分别建立机械系统动力学模型和控制系统模型。

(2) 定义控制系统的输入和输出。控制系统的输入来自于车辆动力学系统的响应输出,该响应输出用作决定系统的反馈控制量。

(3) 建立相应的控制策略,获得需要施加在机械系统的控制输出(如控制力、力矩或控制电压、电流等),该控制输出作为车辆动力学系统的输入,作用在对应部件上,产生针对动力学性能的控制。

4. 机械-控制系统仿真方法

在仿真系统建模方面,对具有控制系统的机电系统动力学仿真必须由动力学软件、实时控制仿真软件和接口程序三部分组成,在仿真系统总的时钟下,通过数据实时传输来完成(图 7-35)。

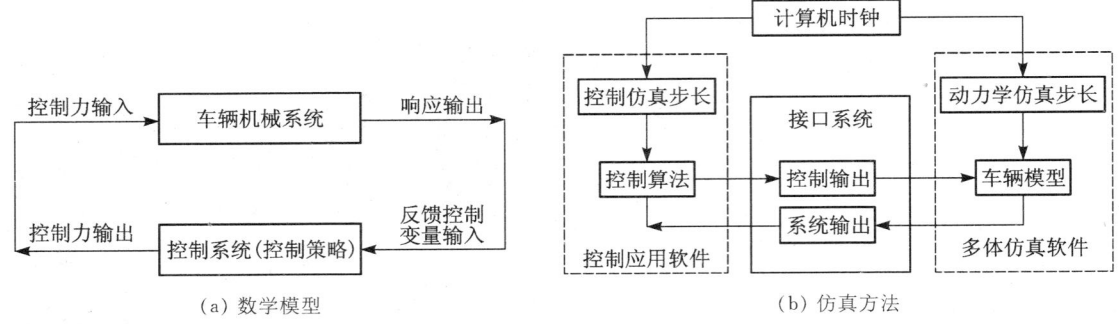

(a) 数学模型　　　　　　　　(b) 仿真方法

图 7-35　机械-控制系统建模与仿真方法

目前对一般机电系统联合仿真多采用 MATLAB/Simulink，EASY5 等控制仿真软件和多体动力学软件 SIMPACK、ADAMS 等进行完成，如图 3-36 所示。

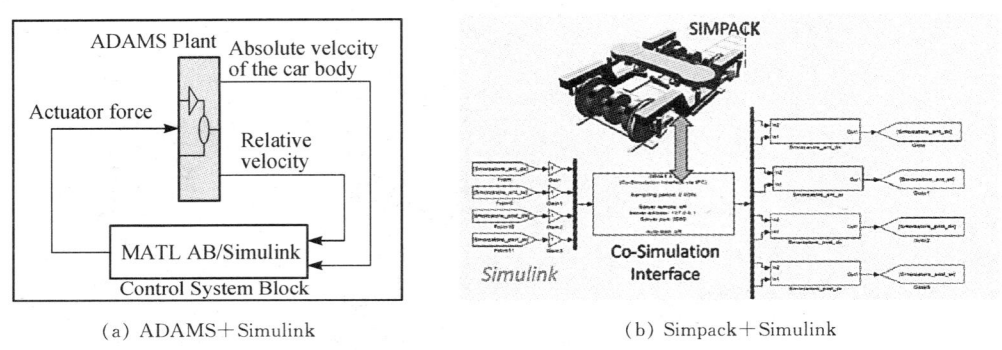

(a) ADAMS+Simulink　　　　　　(b) Simpack+Simulink

图 7-36　机械-控制系统联合仿真

联合仿真的方法是在 MATLAB/Simulink 环境下通过机械系统和控制系统的实时数据交换完成。Simulink 通过车辆机械系统模块，得到控制系统需要的广义加速度输入（对车辆机械系统而言是响应或输出），按照不同的控制策略，经过控制系统的仿真计算，得到下一步应施加在车辆机械系统上的作动器控制力，该控制力既是控制系统的输出又是车辆机械系统的输入，这样全局系统变量的应用和数据交换将两部分联系在一起，实现和控制的联合仿真。应该注意：分属不同软件商业的两个系统仿真数据交换的时间间隔应大于各系统的最大仿真步长。

下面以具有独立旋转车轮转向架的有轨电车系统建模仿真为例说明机械-控制联合仿真模型的建立过程（图 7-37）。

该模型为研究独立旋转车轮转向架在实际采用导向控制技术以改善转向架通过小半径曲线的酒店耦合模型，列车模型采用 Simpack 软件搭建，独立车轮导向控制系统采用 MATLAB/Simulink 软件搭建。分析在主动导向控制下车辆的性能。

在 MATLAB/Simulink 环境中建立的主动导向控制系统采用左右车轮速差作为反馈量，使用 PI（比例积分）设计控制器，控制反馈的力矩通过牵引电机作用在左右车轮上。速差导向控制的目标在直线上为零，在曲线上时考虑线路曲率对内外轨车轮速差的影响。在曲线运行时，左右车轮速差控制目标为

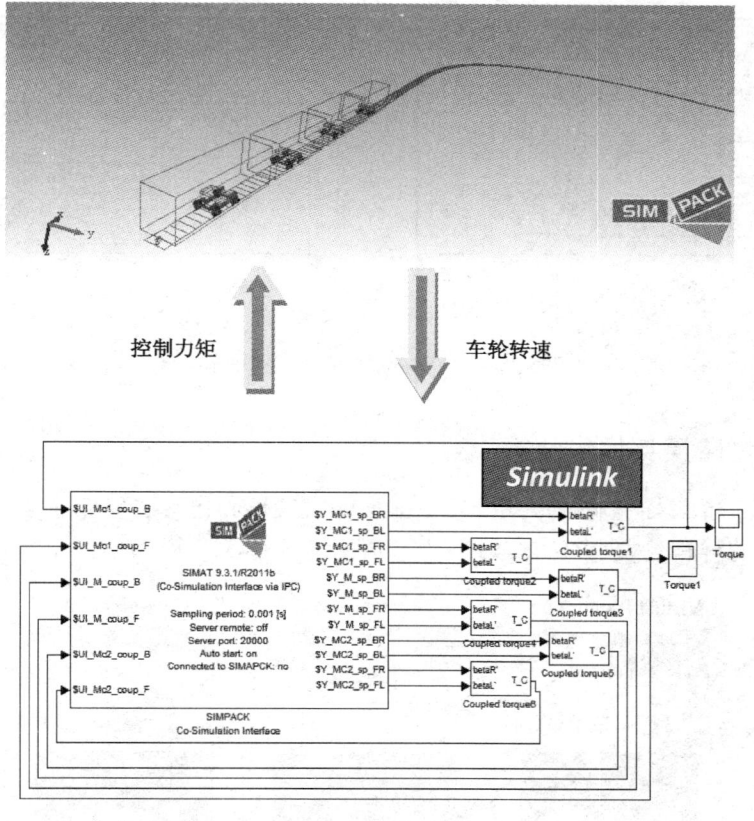

图 7-37 独立旋转车轮转向架导向控制仿真

$$\Delta\omega = f(v, r_0, R, y_w, \psi_w) \tag{7-68}$$

式中，b 表示左右车轮横向跨距一半；v 表示车辆运行速度；R 表示线路曲线半径；r_0 表示车轮半径。

在 Simpack 和 MATLAB/Simulink 下的通过半径为 150 m 曲线的仿真结果见图 7-38，可以看出，对独立旋转车轮转向架及车辆的动力学分析，考虑和不考虑控制系统的作用对仿真结果的影响是巨大的。

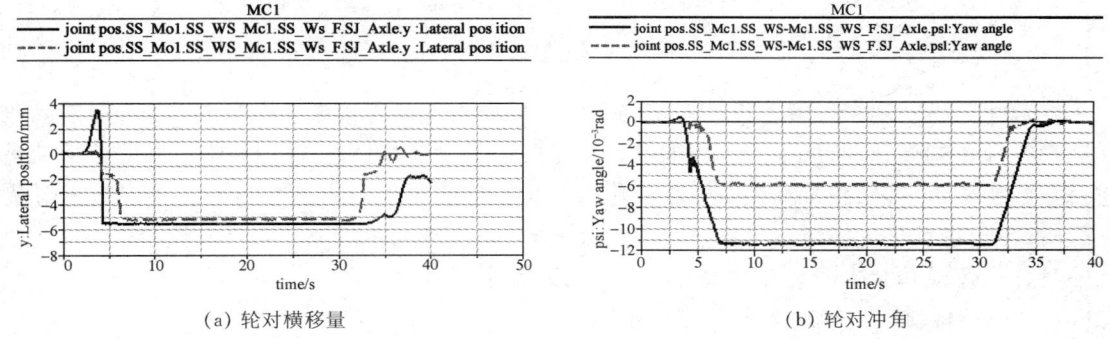

(a) 轮对横移量　　　　　　　　　　　　(b) 轮对冲角

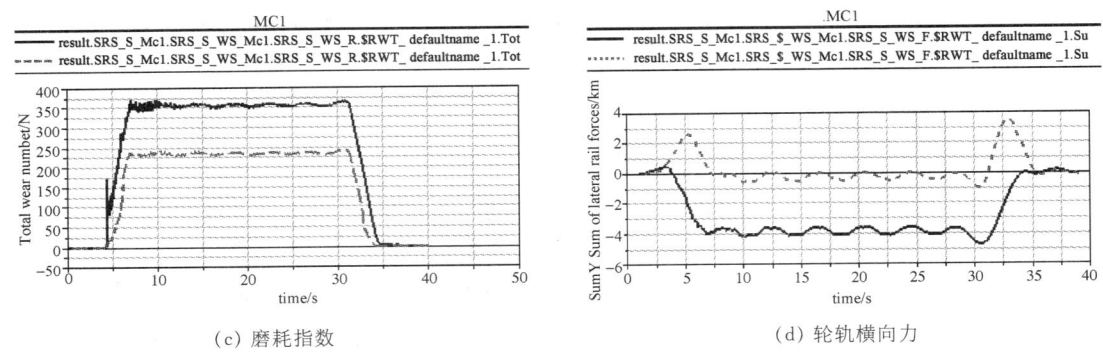

(c) 磨耗指数 (d) 轮轨横向力

图 7-38 独立旋转车轮转向架导向控制仿真结果(实线:不控制;虚线:控制)

7.3.4 参数化建模与优化分析

可以用图 7-39 来描述虚拟产品开发中虚拟样机建模和仿真的发展。从 20 世纪 80 年代至今,经历了虚拟样机建模、参数化建模、协同仿真与优化等三个阶段。

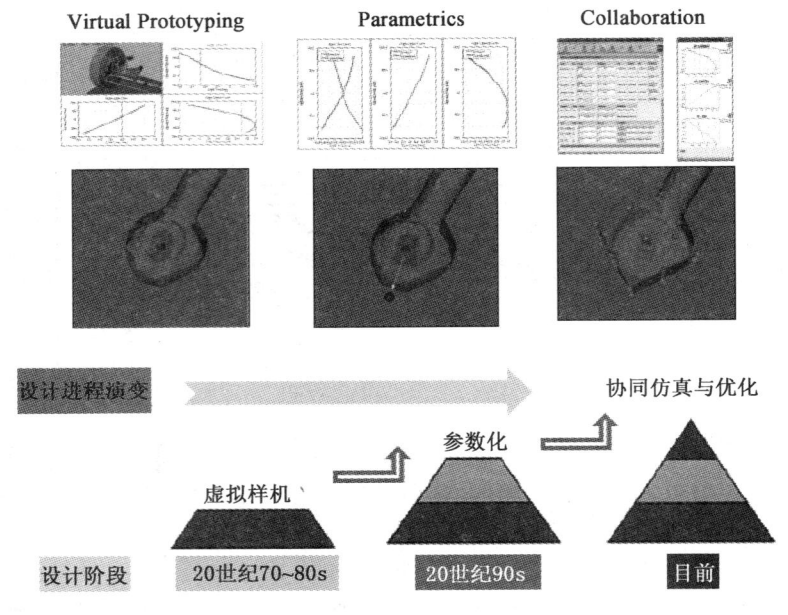

图 7-39 虚拟设计进程

参数化分析有利于了解各设计变量对样机性能的影响。在参数化分析过程中,根据参数化建模时建立的设计变量,采用不同的参数值,进行一系列的仿真。然后根据返回的分析结果进行参数化分析,得出一个或多个参数变化对样机性能的影响。再进一步对各种参数进行优化分析,得出最优化的样机。

参数化建模和分析的必要性可以从以下几方面来理解:
(1) 虚拟样机模型中的参数需要改变时;
(2) 虚拟样机模型中尺寸需要改变时;

(3) 虚拟样机适应不同的外部条件时；
(4) 对参数的优化研究。

参数化建模和仿真的优势：
(1) 避免重复性的建模和重复仿真工作；
(2) 有利于比较参数变化前后系统性能上的差异。

从轨道车辆虚拟样机模型来看，由于影响车辆动力学性能的因素很多，既有悬挂系统，如弹簧刚度和减振器的阻尼系数；又有悬挂系统的安装位置，各部件的质量和惯量等。因此采用参数化建模方法，快速而又全面地进行系统仿真，符合上述特点。

根据选择的变量个数和研究方法的不同，参数化分析可以分为如下三种方法：设计研究(Design study)、试验设计(Design of Experiments, DOE)和优化分析(Optimization)。

1. 参数化建模方法

参数化模型的基本概念是：

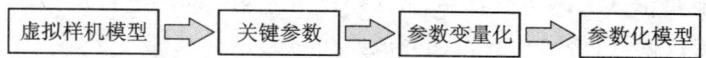

以在 ADAMS 环境下建模为例，其参数化建模的途径有：
(1) 使用参数表达式：对输入变量采用参数表达式。
参数表达式是参数化分析的基础。

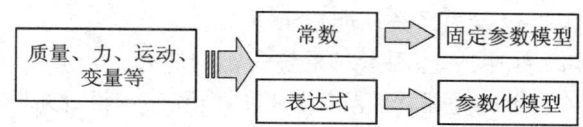

采用的参数表达式有常数、数学函数、设计过程函数、变量、数据库等。在 ADAMS/View 中，函数有两类：

① 设计过程函数：仅在建模阶段变化，如数学函数、位置和方向函数、模型函数、数组、字符串函数、数据库函数等。

② 运行过程函数：在仿真过程中变化，是时间的函数，如构件的位移、速度、加速度、力、接触等函数。

(2) 运动参数化：对样机可能的运动轨迹参数化。
(3) 参数化点坐标：修改点坐标值时，与参数化点相关联的对象都得以自动修改。
(4) 使用设计变量：通过使用设计变量，修改模型中的已被设置为设计变量的对象。通过用户定义自变量、与仿真对象关联产生设计变量方法通过使用对话框或使用弹出式菜单。修改设计变量可以通过使用对话框或使用表格编辑器。

使用设计变量可以对系统中几何坐标点的位置进行参数化。

2. 参数化分析方法

(1) 设计研究(Design study)。在建立好参数化模型后，当取不同的设计变量，或者当设计变量值的大小发生改变时，仿真过程中，样机的性能将会发生变化。而样机的性能怎样变化，这是设计研究主要考虑的内容。在设计研究过程中，设计变量按照一定的规则在一定的范围内进行取值，根据设计变量值的不同，进行一系列仿真分析，在完成设计研究后，输出各次仿

真分析的结果。通过各次分析结果的研究,用户可以得到以下内容:
① 设计变量的变化对样机性能的影响。
② 设计变量的最佳取值。
③ 设计变量的灵敏度,即样机有关性能对设计变量值的变化的敏感程度。

(2) 试验设计。试验设计(Design of Experiments,DOE)考虑在多个设计变量同时发生变化时,各设计变量对样机性能的影响。试验设计包括设计矩阵的建立和试验结果的统计分析等。最初,所设计的试验设计(DOE)用在物理实验上面,但对于虚拟试验的效果也很好。

对于简单的设计问题,可以将经验知识,试错法或者施加强力的方法混合使用来探究和优化机械系统的性能。但当设计方案增加时,这些方法也就不能得出快速的、系统化、公式化的答案,因此传统上的 DOE 是费时费力的。一次改变一个因素(也称设计参数,Factors)不能给出因素之间相互影响的信息,而进行多次仿真同时测试多个不同的因素会得到大量的输出数据让用户评估。为了减少耗时的工作,需要确定一个定制计划和采用合适的分析工具来进行一系列的试验。比如在 ADAMS 软件中,ADAMS/Insight 提供进行试验研究的分析工具,帮助用户确定相关的数据进行分析,并自动完成整个试验设计过程。

DOE 一般有以下五个基本步骤:
① 确定试验目的。例如,想确定那个变量对系统影响最大。
② 为系统选择你想考察的因素集,并设计某种方法来测量系统的响应。
③ 确定每个因素的值,在试验中将因素改变来考察对试验的影响。
④ 进行试验,并将每次运行的系统性能记录下来。
⑤ 分析在总的性能改变时,哪些因素对系统的影响最大。

对设计试验的过程的设置称为建立矩阵试验(设计矩阵)。设计矩阵的列表示因素,行表示每次运行,矩阵中每个元素表示对应因素的水平级(可能取值因子,Levels),是离散的值。设计矩阵给每个因素指定每次运行时的水平级数,只有根据水平级才能确定因素在运算时的具体值。

创建设计矩阵通常有五种方法,这五种的目的和特点各有所区别:
① Perimeter Study:测试分析模型的健壮性。
② DOE Screening (2-level):确定影响系统行为的某因素和某些因素的组合;确定每个因素对输出会产生多大的影响。
③ DOE Response Surface(RSM):对试验结果进行多项式拟合。
④ Sweep Study:在一定范围内改变各自的输入。
⑤ Monte Carlo:确定实际的变化对设计功能上的影响。

创建好设计矩阵后,用户需要确定试验设计的类型。在 ADAMS/Insight 中有六种内置设计类型来创建设计矩阵,也可以导入自己创建的设计矩阵。可以自由选择设计矩阵,为系统创建最有效率的试验。

当使用内置的设计类型时,ADAMS/Insight 根据选择的设计类型生成相应的设计矩阵。这六种设计类型是 Full Factorial, Plackett-Burman, Fractional Factorial, Box-Behnken Central, Composite Faced(CCF), D-Optimal。

(a) Full Factorial 是所有设计类型中综合程度最高的,使用到了因素水平的所有可能的组合。

(b) Plackett-Burman 设计类型适用于在大量的因素中筛选最有影响的因素。该设计所需要的传统设计类型运行的次数最少,但不允许用户估计这些因素之间的相互的影响。

(c) Fractional Fractorial 和 Plakett-Burman 使用的是 Full Factorial 专门的子集,因而也被看作减化的 Factorial。它普遍用于筛选重要变量并主要用于两水平的因素,能够估计其对系统的影响。

(d) Box-Behnken 设计类型使用设计空间中平面上的点。这样该设计就适用于模型类型为二次的 RSM 试验。Box-Behnken 对每个因素需要三个水平。

(e) CCF(Center Composite Faced)设计类型使用的是每个数据轴上的点(开始点),以及设计空间的角点(顶点)和一个以上的中心点。CCF 比 Box-Behnken 相比较运行的次数更多。CCF 适用于二次 RSM 试验的模型类型。

(f) D-Optimal 设计类型产生的是将系数不确定性降到最低的模型。这种设计类型由根据最小化规则从大量候选因素中随机抽取的行所组成。D-Optimal 指明了在试验中运行的总次数,将以前试验中已存在的行提供给新的试验,并对每个因素指定不同的水平。这些特性使得 D-Optimal 在很多情况,特别是在试验费用惊人的情况下,成为最佳选择。

(3) 优化分析(Optimization)。优化是指在系统变量满足约束条件下使目标函数取最大值或者最小值。目标函数是用数学方程来表示模型的质量、效率、成本、稳定性等。使用精确数学模型的时候,最优的函数值对应着最佳的设计。目标函数中的设计变量对需要解决的问题来说应该是未知量,并且设计变量的改变将会引起目标函数的变化。在优化分析过程中,可以设定设计变量的变化范围,施加一定的限制以保证最优化设计处于合理的取值范围。

另外对于优化来说,还有一个重要的概念是约束。有了约束才使目标函数的解为有限个,有了约束才能排除不满足条件的设计方案。

通常,优化分析问题可以归结为:在满足各种设计条件和在指定的变量变化范围内,通过自动地选择设计变量,由分析程序求取目标函数的最大值或最小值。

虽然 ADAMS/Insight 也有优化的功能,但两者还是有区别,并且互相补充。试验设计主要研究哪些因素的影响比较大,并且还调查这些因素之间的关系;而优化分析着重于获得最佳目标值。试验设计可以对多个因素进行试验分析,确定哪个因素或者哪些因素的影响较大,然后,可以利用优化分析的功能对这些影响较大的因素进行优化,这样可以达到有效提供优化分析算法的运算速度和可靠性。

有关优化设计分析以及多学科设计优化的内容可参阅第 6 章。

7.4 轨道车辆虚拟设计仿真平台

7.4.1 平台开发意义和必要性

随着世界轨道交通特别是中国高速铁路和城市轨道交通的不断发展,虽然高速动车组和城市轨道车辆在我国有巨大的市场需求,具有制造成本的优势,但是许多关键技术,比如高速动车组和城轨列车牵引控制技术,高速转向架的轮对和制动控制技术;磁浮列车悬浮导向控制技术等,这些影响车辆运行和安全的关键系统的设计和制造技术仍然需要进行研发攻关。由于国内外制造企业的设计平台不同,特别是中国轨道交通制造企业的设计仿真平台仍然没有全面建立,此外在产品创新方面,无论国内外的制造企业,都面临很多不可回避的问题:部件级模型相互关系松散;部件级模型最优难以保证总体最优;各学科独立设计、难以协调;设计流程规范不统一、存在随意性;难以确定产品性能的瓶颈点;CAD、CAE 和 CAT 数据流没有得到很好的整合,三方面的数据存在一定的相互孤立性,计算机辅助工具(CAX)在轨道车辆设计中的作用没有得到完全的发挥等;这些问题不是刚刚出现,而是一直存在于产品设计过程中。在数字化设计方面,目前主要轨道车辆制造企业在产品三维数字建模、数字样机、工装数字化定义和预装配等方面已取得了较大的进展,并重点在详细设计阶段进行了结构件和部分系统件的三维数字建模与预装配,但目前所开展的数字化工作,只是把数字化技术应用到现有工作和环节中来简单地缩短周期和提高效率,基本上是局部的、自发的、分散的、孤立的、浅层次的、不系统的、部分重复性的,没有形成体系和能力,而 CAE 仿真分析能力普遍较弱。

对企业而言,一方面用户对产品性能要求的不断提升、要求设计周期的缩短;另一方面是目前企业设计方法、设计手段特别是设计平台的不足将延缓产品研发进程。因此如何提高企业 CAD/CAE/CAT 的应用水平,特别是制造企业 CAE 仿真分析水平,协调众多的 CAD/CAE/CAT 模型和数据,使 CAD/CAE/CAT 为车辆总体性能的提高做出更大的贡献,成为轨道车辆设计新的发展方向,实用化的"虚拟样机"技术呼之欲出,这就是研发轨道车辆虚拟设计仿真平台的行业需求背景和重要性所在。

从需求来看,在设计研发的初期,设计人员更多关注的是如何通过减少物理模型实验数量来获得设计效率的提高,如采用各种试验设计方法。当前 CAD/CAE 技术已经相当成熟,工程模拟已经进入实用阶段,CAT 也逐渐发挥作用,物理模型的试验数量已经大大压缩。随着计算机辅助工程 CAX(包括 CAD\CAE\CAT)技术的不断成熟,目前轨道车辆设计研究方法已经逐渐由早期的物理模型研究向计算机虚拟设计和仿真转移,比如轨道车辆部件级的计算机模型仿真已经日趋成熟,从简单模型到当前最复杂的三维模型,在部件设计中均占有相当的比重,这些为轨道车辆设计和仿真平台的顺利实施创造了条件。

轨道车辆虚拟设计仿真平台是作为轨道交通车辆数字化工程研发的基础平台,重点实现车辆性能 CAE 分析集成,包括轨道交通车辆设计开发的工作流引用集成(包括参数化定义、分析)和仿真数据管理系统(SDM)。同时在条件成熟时实现与设计数据管理(PDM)和试验数据管理(TDM)之间的无缝连接(图 7-40)。

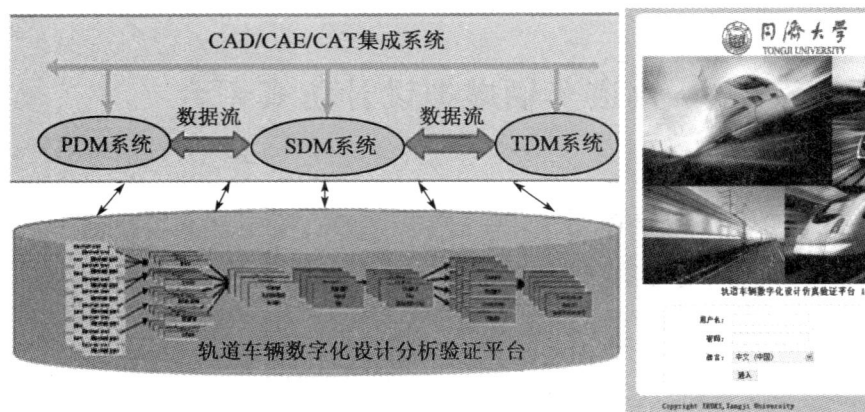

图 7-40　轨道交通车辆数字化设计分析验证平台

7.4.2 平台总体架构

该平台将有效地提高轨道车辆数字化设计分析的效率和能力,最终担负起企业的 CAD/CAE/ACT 集成要求,实现企业 PDM、SDM 和 TDM 流程数据的管理,因此平台应具有以下特征:①基于分布式构架和 CS 的先进性;②开放性;③直观性;④标准化;⑤实用性;

平台由基础框架管理系统、CAD/CAE/CAT 分析模块和接口、虚拟现实系统等三部分组成(图 7-41)。基础框架管理系统为仿真分析、项目和人员管理、数据库等提供基础的管理,形成以它为基础的网络和数据管理平台。CAD/CAE/CAT 分析模块和接口主要有 CAD 数据接口和调用、各种功能分析的 CAE 模块、为试验数据处理预留的 CAT 接口模块等。虚拟现实系统可提供各类数据可视化的软件系统,能在 3D 可视化硬件上实现统一的输出和三维显示效果。

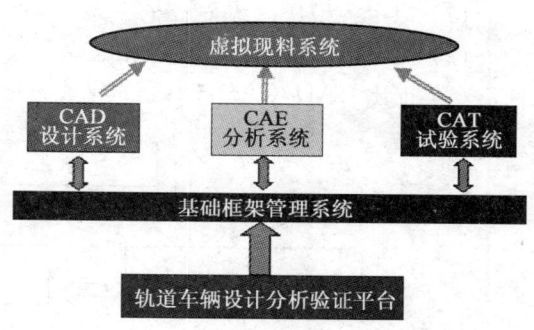

图 7-41 平台系统架构

1. 基础框架管理系统

基础框架管理系统是实现平台仿真流程管理、数据管理、项目管理和人员权限的基础,目前国内外主流的基础框架管理系统有 MSC 公司的 SimManager、西门子公司的 Teamcenter 等。

以 SimManager 为基础框架的数字化仿真管理平台,通过门户及模型树、产品结构层次和多学科仿真类型三条基线,通过 PM 和人员权限管理实现数字化样机的项目管理。此平台是基于分布式架构基础之上的用于支持协同研发的完善系统,采用由 IT 技术和 CAD/CAE/CAT 集成技术构成的复合技术,通过采用以下技术实现平台的网络化、开放性、高性能计算功能和可移植性:

(1) 系统架构通过集群系统、异构存储管理、存储区域网络 SAN 和 Java、SOAP、ActiveX 技术来实现。

(2) 与 PDM 的集成可以通过利用 EAI(企业应用集成)的 SDM-PDM 集成连接桥来实现,通过 PDM 系统与 CAD 几何信息关联,通过 STEP、IGES、PDM-Enables 支持通用数据格式。

(3) 与 TDM 的集成可以通过利用 EAI(企业应用集成)的 SDM-TDM 集成连接桥来实现,通过对试验系统的交互和试验结果的管理验证设计方案和分析结果。

(4) 并行网格计算通过任务系统/工作管理器(LSF,SGEE,NetPBS)、分布文件系统、数据共享设施来实现。

(5) 应用集成通过应用集成模块来实现,诸如 Patran,Nastran,Catia,Adams,Dytran,Fatigue,Marc 和其他专业软件等来实现。

(6) 通过关系管理器(context manager)和内容管理器(content manager)分别管理流程和数据,通过 Schema 技术对数据对象进行配置,通过行为封装技术实现仿真流程自动化。

(7) 通过集成客户端(Integrated Client)技术集成拥有知识产权软件。

(8) 车辆系统数字化工程研发知识库基于 Oracle 数据库来管理知识、数据。

(9) 利用内容模板、布局模板和 DVSL 样式表、XML 的 DTD 技术实现报告的自动生成。

2. CAE 分析功能模块设计

平台中最关键的 CAE 分析功能模块,按照轨道车辆产品特点,从零部件、车辆和列车三个层次来确定相关的 CAE 功能模块(图 7-42),开发内容包括:

(1) 拟定各模块的流程;

(2) 提出与 PDM、TDM 等相关系统集成的策略和思路;

(3) 提出 CAD/CAE/CAT 的集成方案。

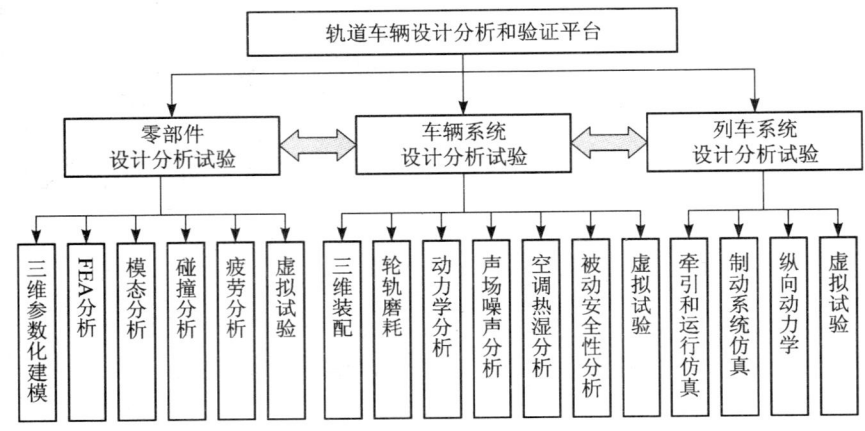

图 7-42 平台主要功能模块设计

3. 虚拟现实系统

针对平台 CAE 仿真分析结果,特别是轨道车辆常用的动力学分析、强度分析、空气动力学流场分析等功能模块的仿真结果,如何快速有效地在平台上进行展现,比如动力学分析中包括轨道线路、桥梁和隧道、车辆、弓网等,为了再现车辆在线路上运行的动态性能,包括速度、位置、平稳性指标、加速度,特别是局部的振动和相互动态关系。同时可以对结构强度分析、空气动力学流场分析的结果进行虚拟动态显示,采用 Ensight 软件、动力学分析软件、轨道和现场虚拟场景制作软件三方面结合,构成平台的虚拟现实系统,实现车辆运行的动态显示。

7.4.3 平台组织架构及配置

基于 MSC.SimManager 的轨道车辆数字化设计分析验证平台由基础框架和功能框架两方面有机组成。

1. 基础框架及配置

基础框架采用当前成熟的软硬件技术,硬件构成如图 7-43 和表 7-7 所示。

(1) 仿真管理平台的基础框架软件 MSC.Simmanager 提供模板服务、应用软件集成、数据集成、系统服务等功能,并提供系统安全服务。

(2) 网络应用许可服务器。用以处理用户的请求以及执行基于批处理的前后处理程序,支持 WebSphere 网络应用服务器。

(3) 数据库服务器,支持 Oracle。该部分资源可由现有的条件或公共资源提供。

(4) 计算和存储服务器。
(5) 集成系统、计算服务器和用户系统之间的网络。

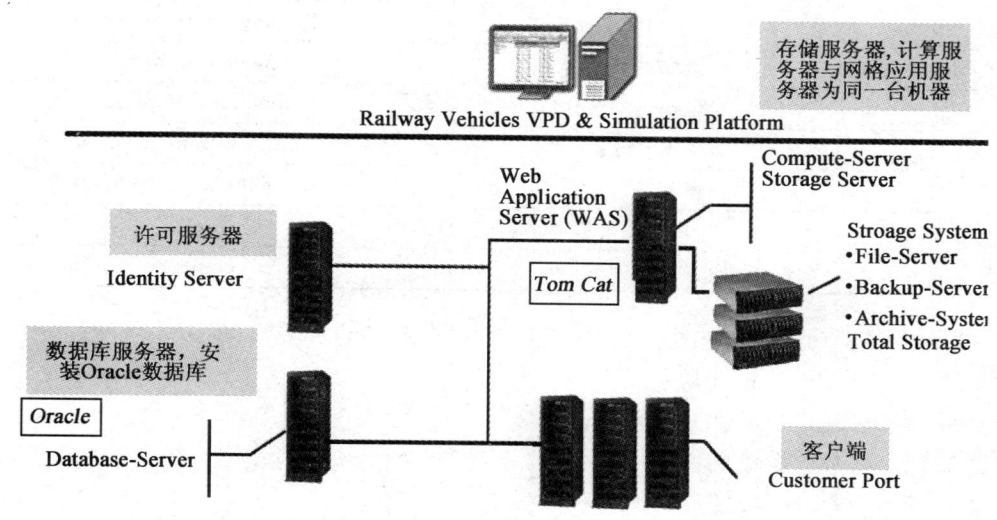

图 7-43　平台硬件过程及拓扑结构

表 7-7　　　　　　　　　　　平台系统硬件基本配置

序号	名称	数量	基本配置	说明
1	系统管理服务器	1	内存 16 G 以上	
2	计算服务器与网络应用服务器为同一台机器	1	内存 16 G 以上	可以分别配置
3	数据库服务器	1	8 G 以上内存,大容量硬盘	
4	投影设备(3D)	1	解析度 1 920×1 080	根据需要配置
6	客户终端	若干	内存 8 G 以上	根据需要配置

基础框架的软件包括:

(1) MSC. SimManager 基础框架管理系统软件,在此基础上进行 CAD/CAE /CAT 的集成,实现仿真流程和仿真数据管理。对 SimManager 软件基本功能进行了测试和评估,认为达到了作为基础框架管理软件的要求。

(2) Oracle 数据库作为平台的基础数据库管理软件。

这些基础框架软件实现以下功能:

(1) 平台上所有软件,包括商业软件和自主研发软件及程序的集成等。

(2) 实现了项目管理和客户管理功能。

(3) 各种报告模板的建立与发布。

(4) 实现了文档与数据的分级管理及发布。

2. 功能框架及配置

(1) 基础分析功能。平台提供一般商用 CAE 分析软件及集成:能进行有限元、动力学、碰撞、声学分析等,实现了与机电控制软件(MATLAB、EASY5、MapleSim 等)的集成,为完成机械-控制联合仿真、牵引和制动过程仿真等通过基础。

平台基础分析功能和可配置的软件如表 7-8。

表 7-8　　基础分析功能和可配置软件

序号	分析功能	软件支持
1	强度和模态分析	Patran, Nastran, Ansys
2	动力学分析	Adams, Simpack
3	机电控制系统分析	Simulink, Maplesim
4	噪声分析	MSC. Actran, Sysnoise
5	疲劳寿命评估	MSC. Fatigue,自主研发软件
6	可靠性分析	Relex
7	优化分析	Optimus

（2）专业分析功能模块开发。针对轨道车辆的分析特点和要求，通过系统流程分析、识别和定义，形成以下专业功能模块：

① 轮轨接触几何与镟修分析模块；

② 车辆全参数建模模块；

③ 车辆动力学分析模块；

④ 静强度分析模块；

⑤ 疲劳寿命分析模块。

7.4.4　轮轨接触几何和虚拟镟修模块

1. 模块设计和算法

（1）轮轨接触几何分析。钢轨模型如图 7-44 所示。图中 $OXYZ$ 为全局（固定）坐标系，其坐标原点在轨道左右钢轨轨头中央连线的中点，OX 沿轨道纵向，OZ 垂直于轨面向上。

本文的轮轨接触几何基于以下假设：①踏面与钢轨上的接触点具有相同的空间位置；②踏面与钢轨上接触点处的法线重合。

由上述假定，可以建立下面的接触方程。

$$\begin{cases} \boldsymbol{r}_{OP_{Rr}} = \boldsymbol{r}_{OP_{wr}} \\ \boldsymbol{r}_{OP_{Rl}} = \boldsymbol{r}_{OP_{wl}} \\ \boldsymbol{n}_{Rr} \cdot \boldsymbol{t}_{Wr\theta} = 0 \\ \boldsymbol{n}_{Rr} \cdot \boldsymbol{t}_{Wry} = 0 \\ \boldsymbol{n}_{Rl} \cdot \boldsymbol{t}_{Wl\theta} = 0 \\ \boldsymbol{n}_{Rl} \cdot \boldsymbol{t}_{Wly} = 0 \end{cases} \qquad (7-68)$$

式（7-68）中，$\boldsymbol{r}_{OP_{Rl}}$ 为左轨上的接触点 P_{Rl} 相对于 O 点的矢径；$\boldsymbol{r}_{OP_{wl}}$ 为左轮上的接触点 P_{wl} 点相对于 O 点的矢径；$\boldsymbol{n}_{Rl}$ 为左侧钢轨上接触点处的法向量；$\boldsymbol{t}_{Wl\theta}$ 和 $\boldsymbol{t}_{Wly}$ 为左侧踏面上接触点处的两个切向量。

在 Maple 环境下建立轮轨接触几何约束方程组后，可进一步简化方程形式并求解。若前述假设不改变，各式代入式（7-68）所得的方程组具有通用性，求解时不必在代码中进行重复的推导和化简。

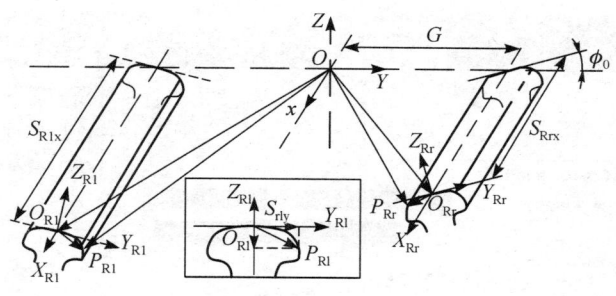

(a) 轨道模型及坐标系

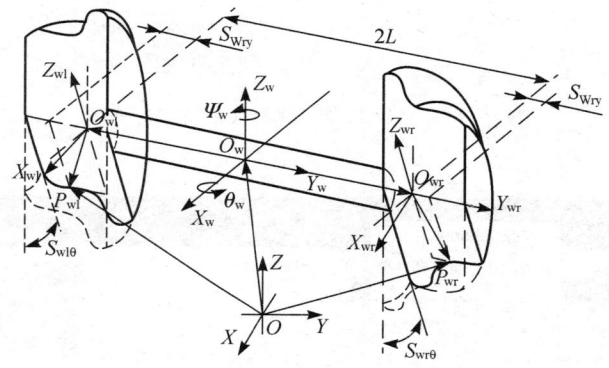

(b) 轮对模型及坐标系

图 7-44 钢轨模型

(2) 车轮虚拟镟修。轮对磨耗主要表现为踏面磨耗和轮缘磨耗(主要指轮缘厚度的磨耗),随着车辆运行里程的不断增加,轮对的轮缘和踏面处会出现不同程度的磨耗,为了保证轮对形面的尺寸参数在规定的范围内,必须对磨耗的轮对进行及时的镟修,以确保车辆运行平稳性和安全性。

为了保证轮对镟修后车轮要保持标准的外形轮廓,目前采用两种镟修方法,一种方法是把磨耗后的车轮外形镟修到新轮踏面外形,也就是轮对形面的尺寸参数(如轮缘厚、轮缘高、轮缘角参数)必须和新轮的一致;另一种方法是设计一系列不同轮缘厚度的车轮踏面外形作为不同等级的标准外形,这样可以根据轮缘厚度的实际情况和使用的需要,灵活地选择不同等级的镟修,充分利用磨耗后的轮缘和踏面形状,尽可能地减少车轮名义滚动圆处直径方向上的镟修量。实际上,采用轮缘厚度最接近于磨耗后车轮轮缘厚的等级镟修方法,在名义滚动圆处直径方向上的切削量最小,采用这种方法可以增加车轮镟修的次数,延长轮对的使用寿命。

2. 平台功能实现

项目经理分配任务并退出系统,由分析工程师登录系统,如图 7-45 所示,创建分析类型"(Item)wheel/rail",选择其所属项目为"Data/Metro"。

(1) 轮轨接触几何分析

第一步:工作用户进入工作空间,如图 7-46 所示。

第二步:点击操作菜单进行接触几何计算(Maple),上传轮轨型面 excel 数据和关键参数数据,如图 7-47 所示。

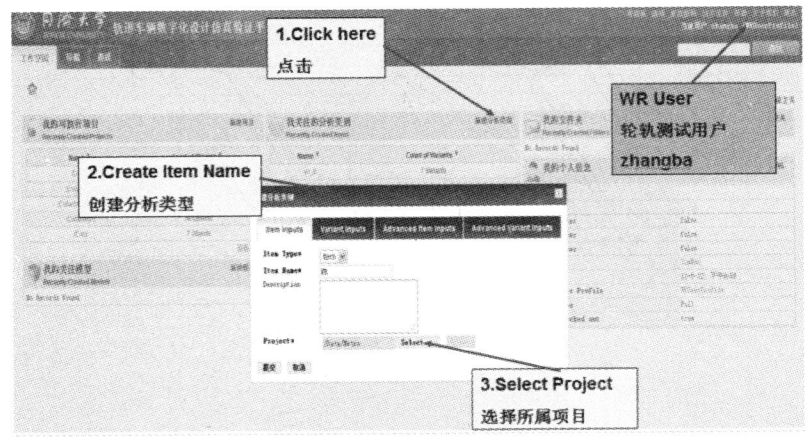

图 7-45 分析工程师登录并创建分析类型

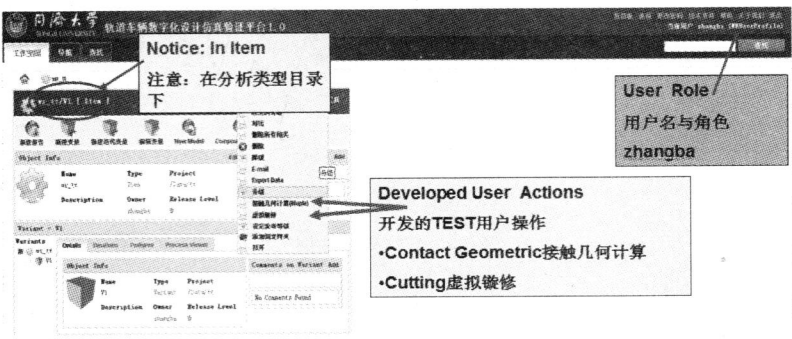

图 7-46 分析分析工程师工作空间

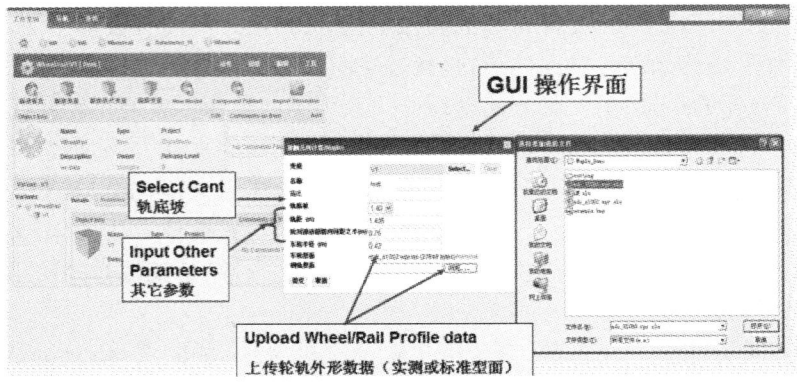

图 7-47 轮轨接触几何计算界面

第三步:提交 Maple 计算,如图 7-48 所示。

第四步:查看计算结果,如图 7-49 所示。

轮轨接触几何计算结果包括 MapleResult.xls 和轮径差、接触角差 gif 图片。

图 7-48 轮轨接触几何在 Maple 下的计算

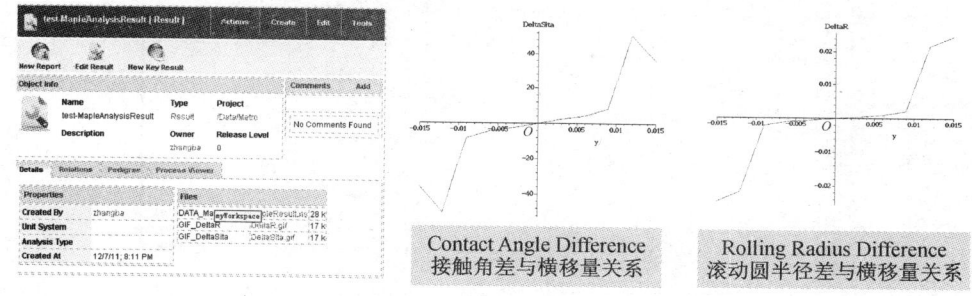

图 7-49 轮轨接触几何计算结果

(2) 车轮模拟镟修

第一步：点击操作菜单进行模拟镟修(Maple)，如图 7-50 所示。

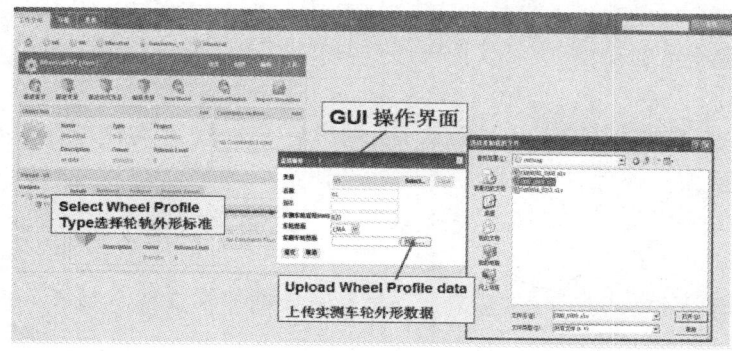

图 7-50 虚拟镟修计算

选择型面类型 LMA/CN/XP55 或提交实测车轮外形"*.xls"文件

第二步:提交 Maple 计算,如图 7-51 所示。

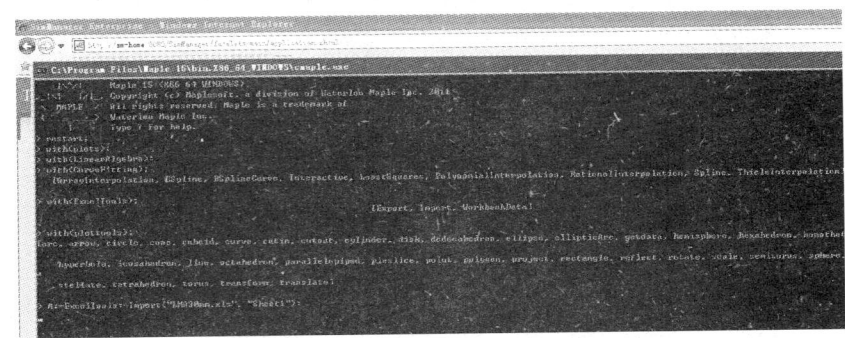

图 7-51 磨耗型面虚拟镟修在 Maple 下的计算

第三步:查看计算结果。

计算结果自动上传到数据库,包括图片文件和切削量,供用户查看,如图 7-52 所示。

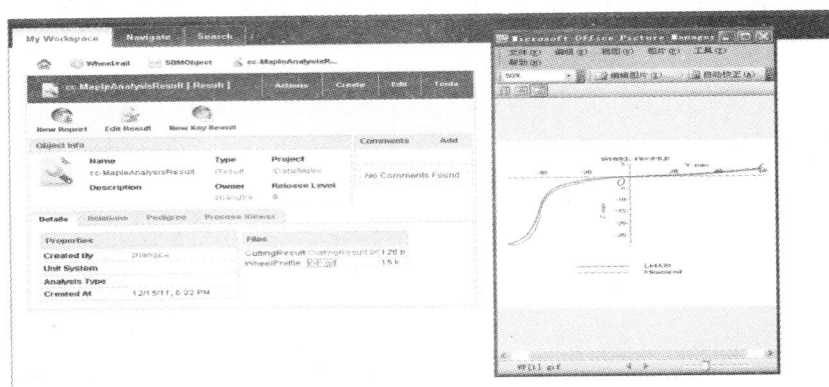

图 7-52 虚拟镟修计算结果

7.4.5 全参数化车辆多体动力学模型

1. 功能设计和算法

全参数化车辆多体动力学建模是指分别在 SIMPACK,ADAMS(VI Rail)环境下,建立标准的四轴轨道车辆全参数化模型,可以按照用户要求,自动替换参数数据形成不同的动力学模型,提高建模效率。

通过建立参数化转向架模板和车体模板,同时还可以输入柔性车体或构架,建立全参数化的车辆多体动力学模型,所有设计参数可以通过用户界面交互式输入、参数文件输入或特征曲线输入等不同方式,实现单一参数或多参数的多方案优化比较。设计流程见图 7-53。

参数化的车辆多体动力学模型,参数包括悬挂特性曲线文件输入列表 7-9 和参数文件输入变量列表 7-10。

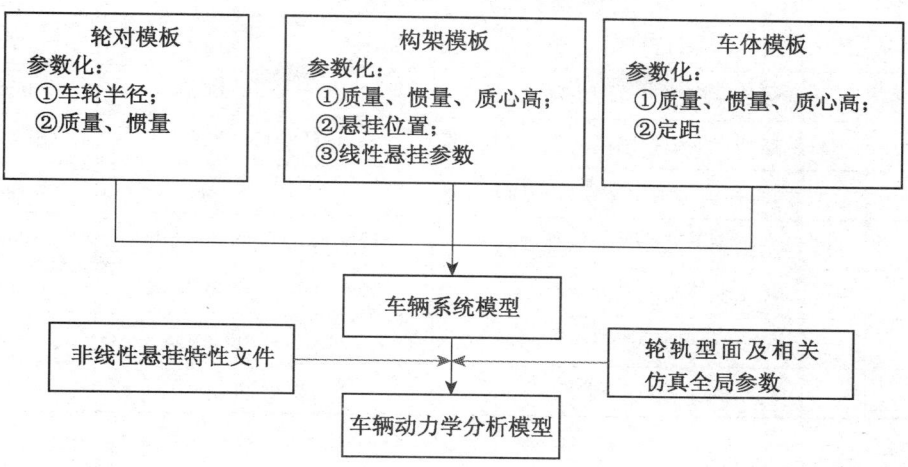

(a) 基于 SIMPACK 的全参数化车辆多体动力学模型

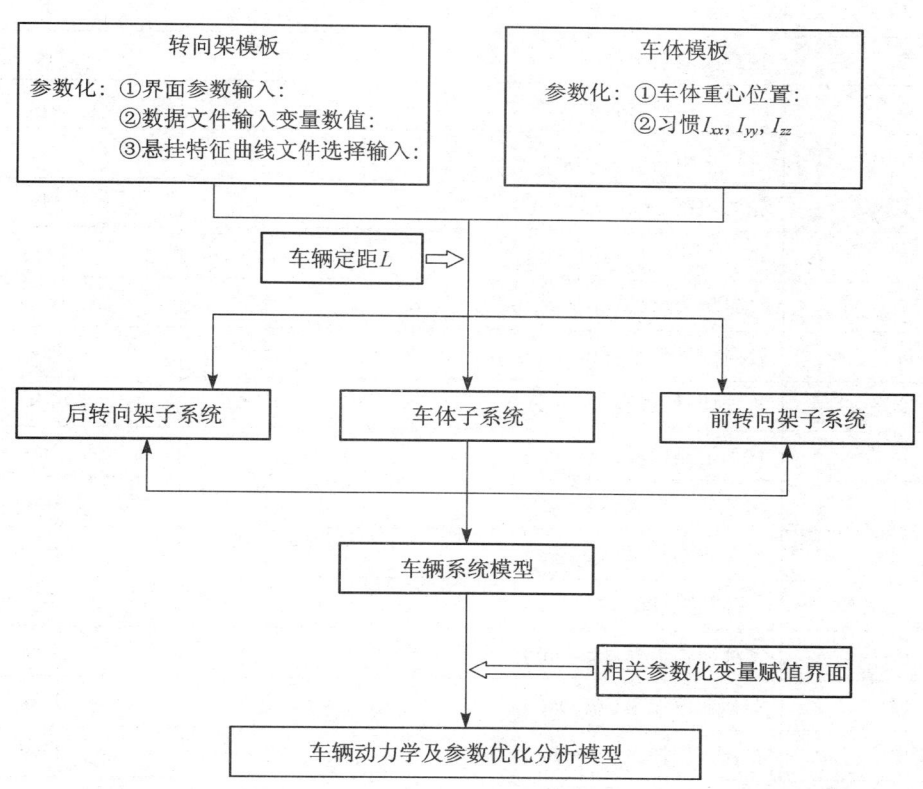

(b) 基于 ADAMS/Rail(VI-Rail)的全参数化车辆多体动力学模型

图 7-53 全参数化车辆多体动力学模型

表 7-9　　　　　　　　　　　　悬挂特性曲线文件输入变量列表

序号	悬挂特性	文件名称	性质
1	一系悬挂纵横向定位刚度特性曲线	Kpxy_low.bus	bushing
2	一系悬挂垂直钢弹簧刚度文件(六方向)	SHA_Kpz.sel	Susp_elem
3	二系悬挂弹簧刚度文件(六方向)	SHA_SS.sel	Susp_elem
4	二系抗蛇行减振器非线性曲线	SHA_antiyawdamper.dpr	damper
5	二系横向档刚度曲线	SHA_abumpstop.bum	bumpstops
6	中央牵引装置刚度特性曲线	SHA_Traction.bus	bushing
7	心盘回转特性曲线	SHA_center.bus	bushing

表 7-10　　　　　　　　　　　　参数文件输入变量列表

序号	含义	变量名
1	转向架固定轴距(m)	B
2	轮对滚动圆半径(m)	ro
3	轴箱定位转臂长度(m)	Lp
4	车辆定距(m)	Lo
5	轮对质量(kg)	Mw
6	轮对摇头惯量(kg·m^2)	Iwyy
7	轮对侧滚惯量(kg·m^2)	Iwxx
8	轮对回转惯量(kg·m^2)	Iwzz
9	构架质量(kg)	Mt
10	构架摇头惯量(kg·m^2)	Itzz
11	构架侧滚惯量(kg·m^2)	Itxx
12	构架点头惯量(kg·m^2)	Ityy
13	车体质量(kg)	Mc
14	车体摇头惯量(kg·m^2)	Iczz
15	车体侧滚惯量(kg·m^2)	Icxx
16	车体点头惯量(kg·m^2)	Icyy
17	构架质心高度(相对于轨面,向上为正;m)	Ht
18	车体质心高度(相对于轨面,向上为正;m)	Hc
19	轴箱定位横向间距(m)	Bpxy
20	轴箱垂直弹簧下部位置高度(m)	Papz

续表

序号	含 义	变量名
21	轴箱垂直弹簧上部位置高度(m)	Pfpz
22	轴箱垂直减振器横向间距(m)	Bcpz
23	轴箱垂直减振器纵向间距(m)	Dxcpz
24	轴箱垂直减振器线性阻尼系数(kN·s/m)	Cpz
25	中央弹簧横向间距(m)	Bsk
26	中央弹簧在构架上的垂直位置(m)	Pzskf
27	中央弹簧在车体上的垂直位置(m)	Pzskc
28	中间垂直减振器线性阻尼系数(kN·s/m)	Csz
29	中央垂直减振器横向间距(m)	Bscz
30	中央垂直减振器纵向间距(m)	Pxscz
31	中央垂直减振器在构架上的垂直位置(m)	Pzsczf
32	中央垂直减振器在车体上的垂直位置(m)	Pzsczc
33	中间横向减振器线性阻尼系数(kN·s/m)	Csy
34	中央横向减振器距转向架中心横向间距(m)	Dsy
35	中央横向减振器纵向间距(m)	Pxscy
36	中央横向减振器在构架上的垂直位置(m)	Pzscyf
37	中央横向减振器在车体上的垂直位置(m)	Pzscyc
38	中央横向减振器在构架上的横向位置(m)	Pyscyf
39	中央横向减振器在车体上的横向位置(m)	Pyscyc
40	抗蛇行减振器横向间距(m)	Byaw
41	抗蛇行减振器在构架上的垂直位置(m)	Pzyawf
42	抗蛇行减振器在车体上的垂直位置 m)	Pzyawc
43	抗蛇行减振器在构架上的纵向位置(m)	Pxyawf
44	抗蛇行减振器在车体上的纵向位置(m)	Pxyawc
45	中央悬挂横向挡间隙(m)	DLTsy
46	抗侧滚扭杆刚度(N·m/rad)	Kroll

2. 平台功能实现

第一步：CAD工程师登录。

CAD工程师登录系统，创建分析类型CAD，并且选择所属项目为"/Data/Metro"，如图7-54所示。

第二步：创建车辆子系统CAD模型。

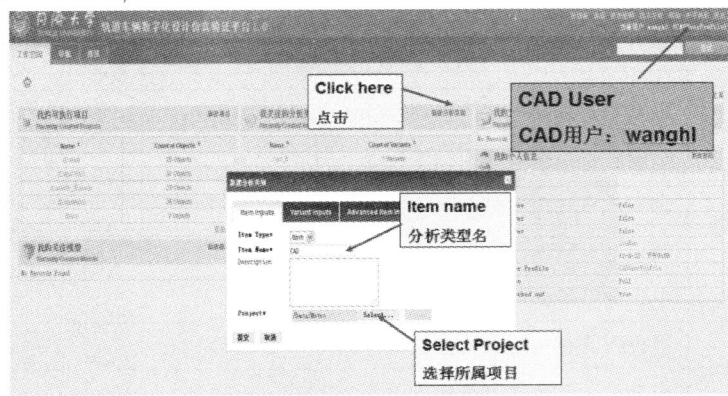

图 7-54　CAD 工程师创建分析类型

(1) CAD 工程师在工作空间进入分析类别 CAD 后(图 7-55),点击操作菜单可以看到所有相关创建车辆子系统 CAD 模型操作。

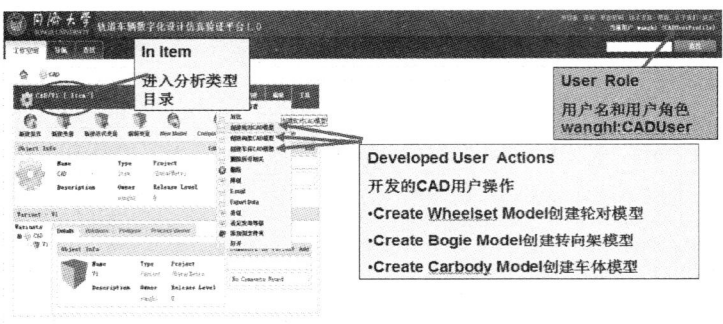

图 7-55　CAD 工程师工作空间

(2) 依次点击运行创建车辆子系统——轮对、构架与车体操作(图 7-56)。

上传本地存放的轮对几何模型,参数文件(轮对质量,惯量等信息,给后面的动力学计算使用)和图片。同样操作创建构架和车体的几何模型。

此时实现了车辆几何模型和几何参数定义。

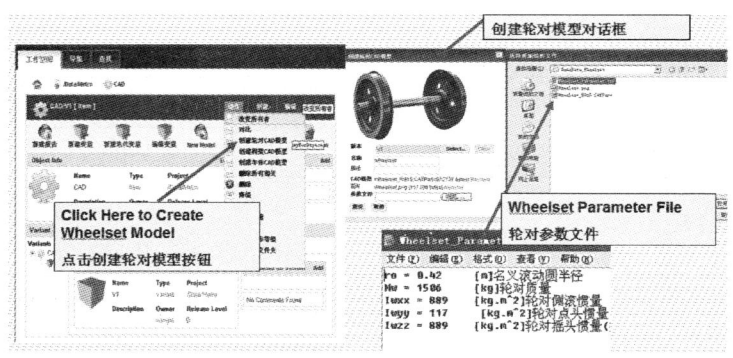

(a) 创建车轮模型

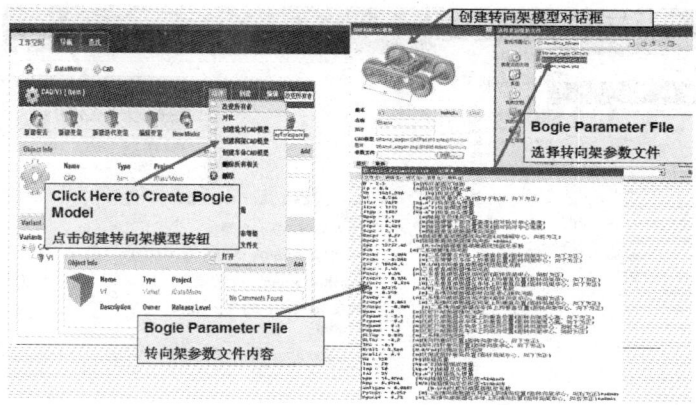

(b) 创建构架模型

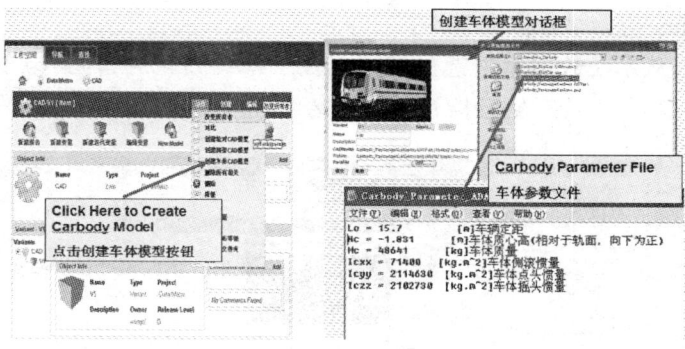

(c) 创建车体模型

图 7-56 创建车辆子系统 CAD 模型

第三步：CAE 工程师登录。

CAE 动力学分析工程师登录（图 7-57），创建分析类型"Dynamic"，并且选择所属项目为"/Data/Metro"。

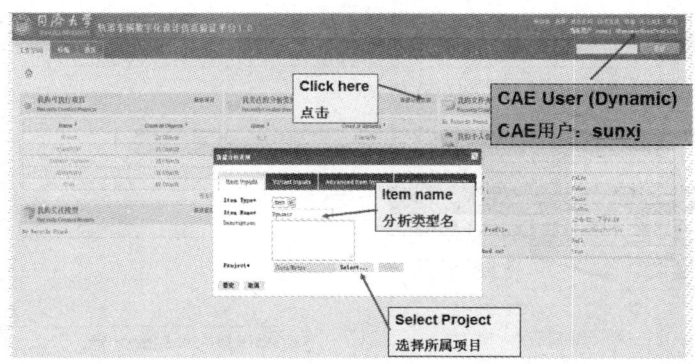

图 7-57 创建 Dynamic 分析类型

第四步：创建车辆动力学模型。

(1) CAE 动力学工程师登录（图 7-58），进入分析类型"Dynamic"，创建"Adams/Simpack"动力学分析模型。

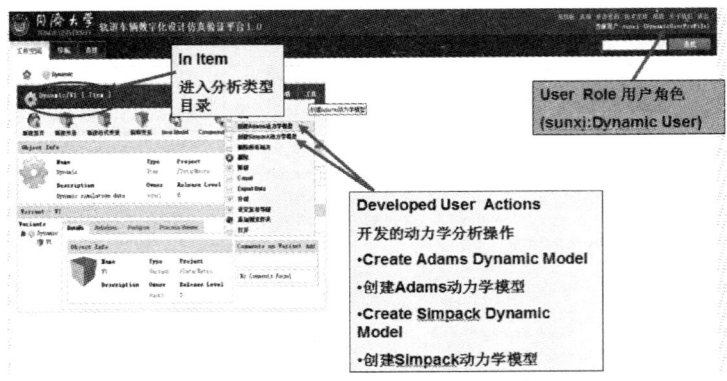

图 7-58　CAE(Dynamic)工程师工作空间

(2) 创建 Adams 动力学分析模型(图 7-59)。

输入模型名称,从系统数据库中选择使用车辆子系统的轮对、构架与车体 CAD 模型,从下拉框中选定车轮型面,上传车辆悬挂系统特性文件(止挡,抗蛇行减振器,一系二系悬挂等)。

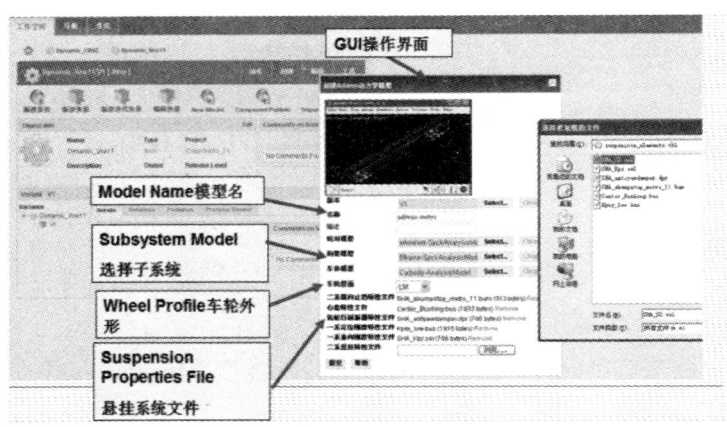

图 7-59　创建 Adams 动力学分析模型

(3) 查看 Adams 动力学分析模型(图 7-60)。

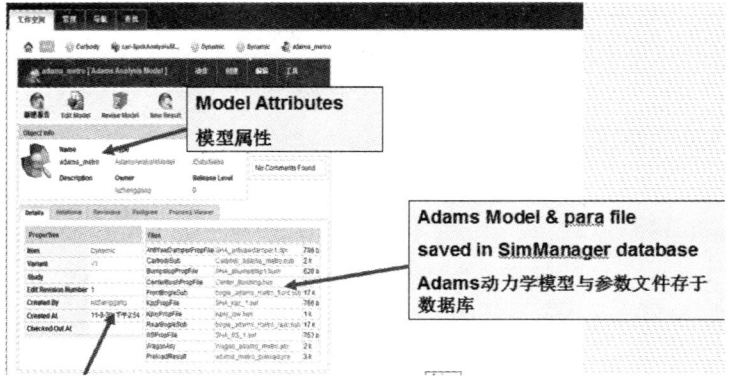

图 7-60　查看 Adams 动力学分析模型

提交后,系统自动调用 Adams 软件生成 Adams 动力学分析模型,并存于数据库。

(4) 点击创建 Simpack 动力学分析模型(图 7-61)。

输入模型名称,从系统数据库中选择使用车辆子系统的轮对、构架与车体 CAD 模型,从下拉框中选定轮轨型面,上传车辆悬挂系统特性文件,提交。

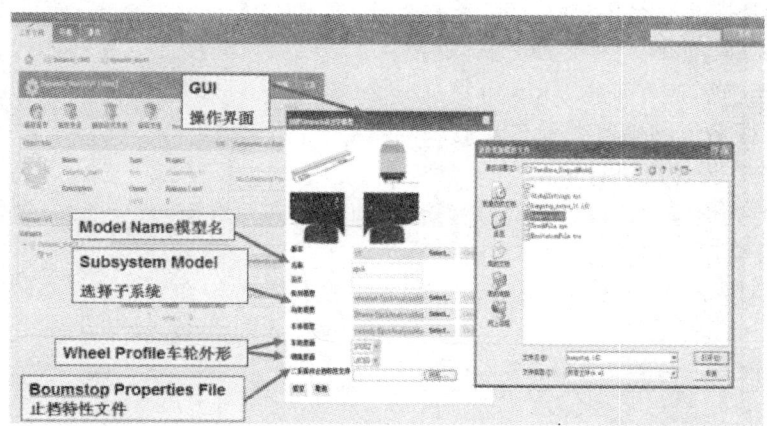

图 7-61 创建 Simpack 动力学分析模型

(5) 查看 Simpack 动力学分析模型(图 7-62)。

提交后,系统自动生成 Simpack 动力学分析模型,并存于数据库。

图 7-62 查看 Simpack 动力学分析模型

7.4.6 动力学仿真模块

高速车辆、磁浮车辆和地铁车辆动力学仿真分析模块是在 Simpack 或 ADAMS(或 VI-Rail)环境下,建立标准的四轴轨道车辆全参数化模型,按照用户要求,自动完成从车辆系统刚体振型分析、运行稳定性和参数优化、运行平稳性和参数优化和曲线运行安全性等相关分析后,输出相关结果数据文件、图表、曲线和动画等,根据不同评价标准,如 GB/T5599—1985、ISO2631、UIC518 等国内外主要标准,形成标准的仿真分析报告,同时完成关键悬挂参数的优化功能。具体描述包括:

1. 刚体模态分析

(1) 对车辆系统进行准线性模态分析;

(2) 对第 7 阶模态开始到频率小于 50 Hz 的刚体模态进行动画显示;

(3) 对感兴趣的模态进行保存和输出。

2. 运行稳定性及参数化分析

(1) 对系统进行非线性稳定性分析,速度从 v_o 开始(该速度通过界面输入,可控制),步长 dv,自动搜索,当前后速度差在 2 km/h 之内时结束分析。标志是导向轮对横向位移从收敛到振荡到分散,且振荡位移幅值大于 3 mm。

(2) 对最终临界速度进行输出。

(3) 对大于失稳速度的最近计算结果进行输出:导向轮对横向位移时间历程。

(4) 参数改变后上述流程的自动化。

整个流程见图 7-63。

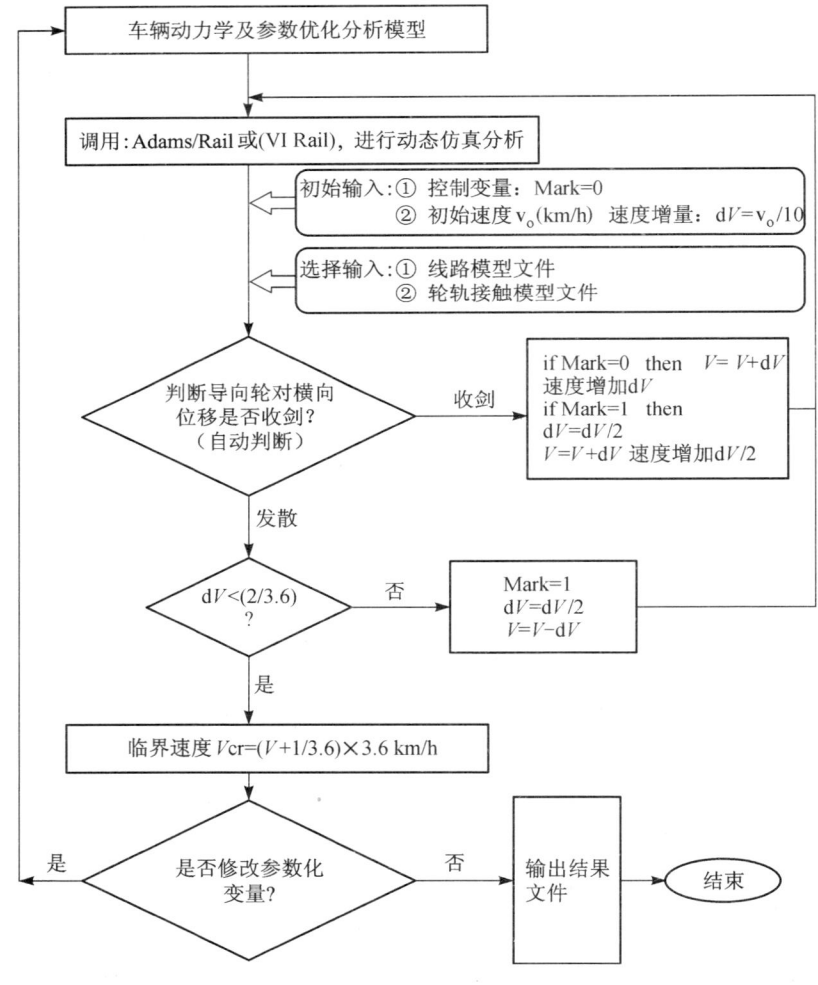

图 7-63 运行稳定性及参数化分析

3. 运行平稳性及参数化分析

(1) 在指定线路(通过界面选择)上,对指定速度级(通过界面选择)进行仿真分析;

(2) 对指定点(事先已定义)的垂直和横向加速度分别按照 GB5599—1985 和 ISO2631 评价的平稳性指标;

(3) 输出指定速度及下这些点的加速度曲线和其他指定输出(通过文件定义);

(4) 形成需要的动画、报告。

整个流程见图 7-64。

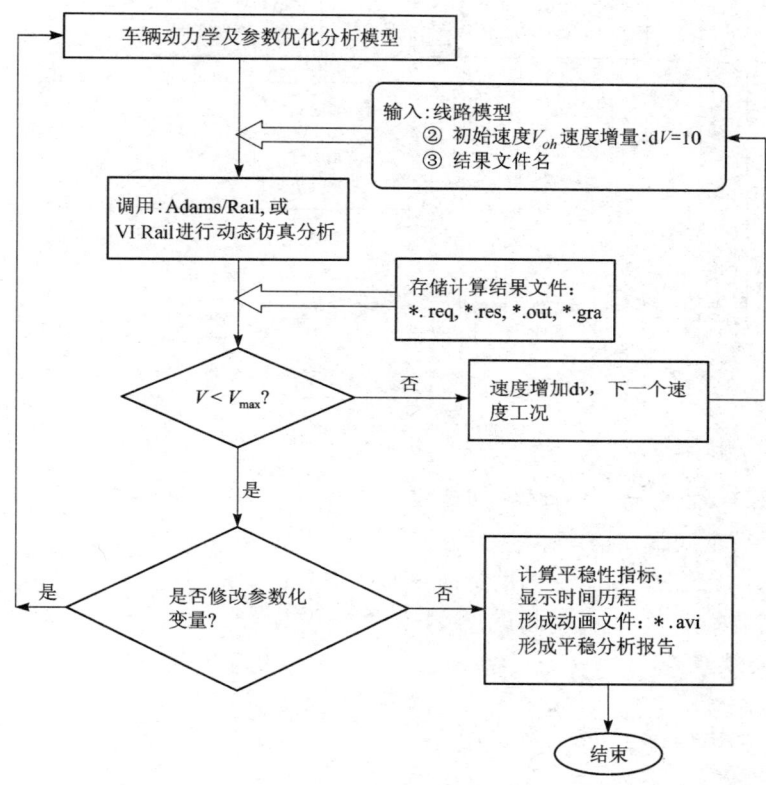

图 7-64 运行平稳性及参数化分析

4. 曲线性能及参数化分析

(1) 在指定曲线线路(通过界面选择)上,对指定速度级(通过界面选择)进行仿真分析;

(2) 输出指定点(事先已定义)的垂直加速度和横向加速度;

(3) 输出导向轮对外侧和内侧轮子的轮重减载率、脱轨系数、轮轨横向力等;

(4) 输出转向架各轮对的横向位移和轮轨总横向力;

(5) 输出各轮对的磨耗指数;

(6) 输出各转向架内外侧二系悬挂横向位移;

(7) 输出指定速度及下这些点的加速度曲线和其他指定输出(通过文件定义);

(8) 形成需要的动画、报告。

整个流程见图 7-65。

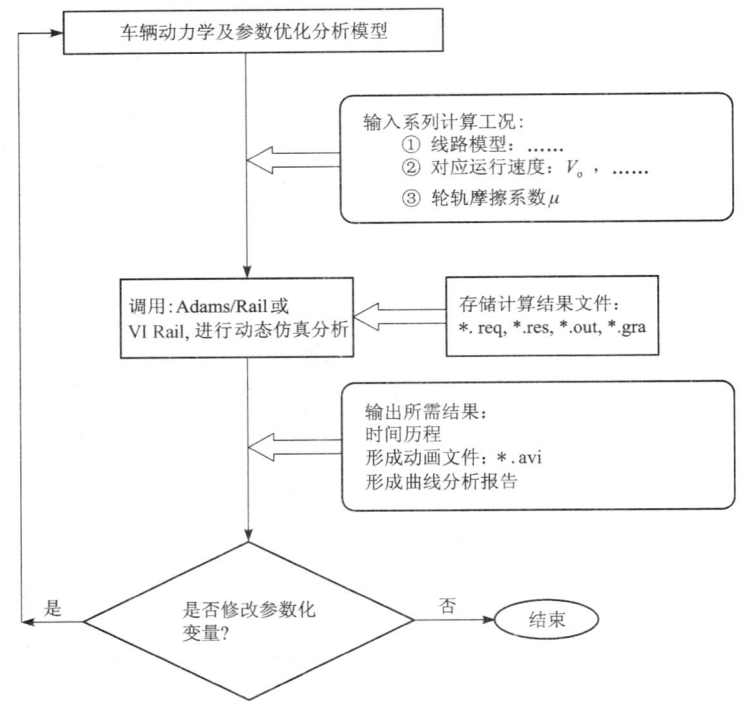

图 7-65　曲线性能及参数化分析

5. 通过特殊线路(道岔、局部不平顺等)
(1) 完成对指定线路和指定速度级的非线性分析;
(2) 输出指定的结果(基本上同动态曲线通过相关变量);
(3) 形成需要的动画(定义观测点、参考物体、光源等)。
6. 平台功能实现
(1) 刚体模态分析
第一步:CAE 用户登录系统(图 7-66)。

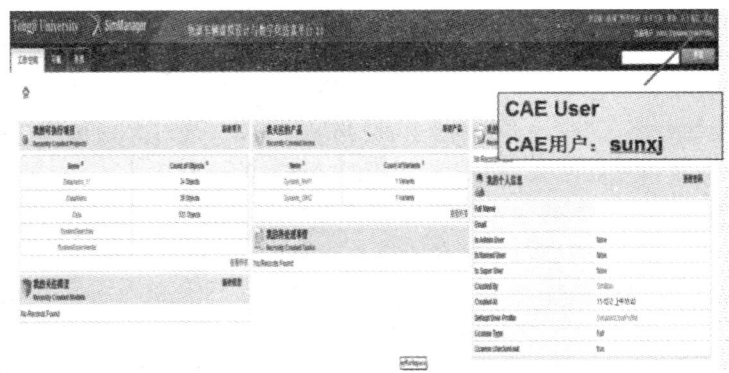

图 7-66　CAE 用户登录系统

第二步:进入 Adams 动力学分析模型目录下,点击动作菜单下的模态分析,键入分析名称,选择分析对象模型(图7-67)。

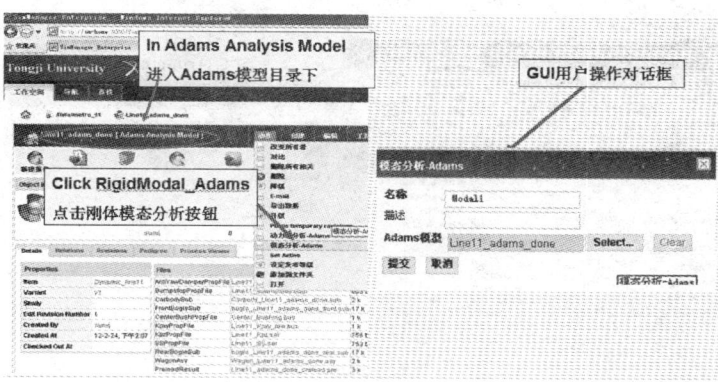

图7-67 刚体模态计算界面

第三步:调用Adams进行刚体模态分析计算(图7-68)。

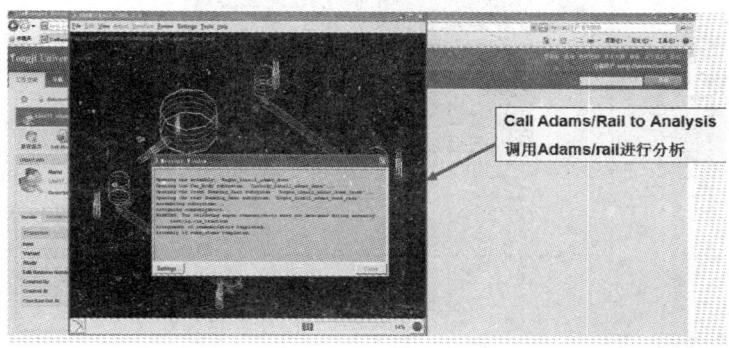

图7-68 调用Adams进行刚体模态计算

第四步:查看刚体模态分析计算结果文件(图7-69),计算结果文件被自动存于数据库。

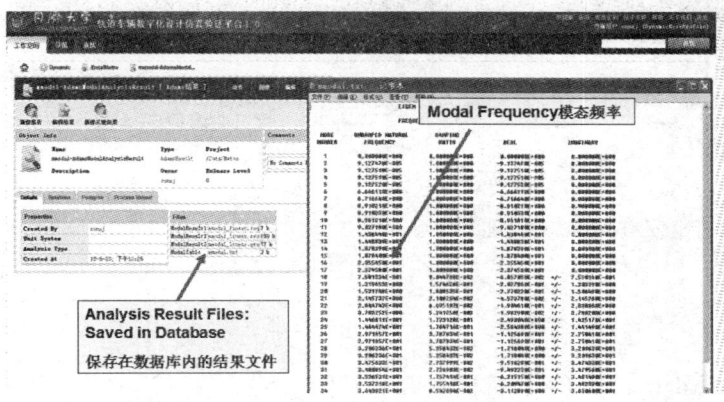

图7-69 查看刚体模态计算结果

第五步:动画查看刚体模态分析计算结果(图7-70),在模态计算结果文件目录下点击查看模态分析结果,键入分析名称,选择查看对象。

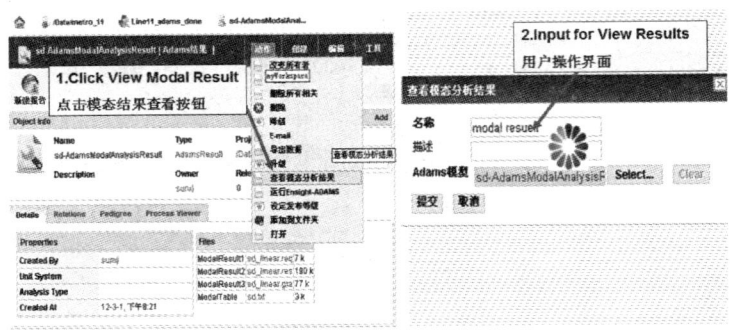

图 7-70　运行查看模态分析结果

第六步:调用 Adams 动画显示刚体模态分析结果(图 7-71)。

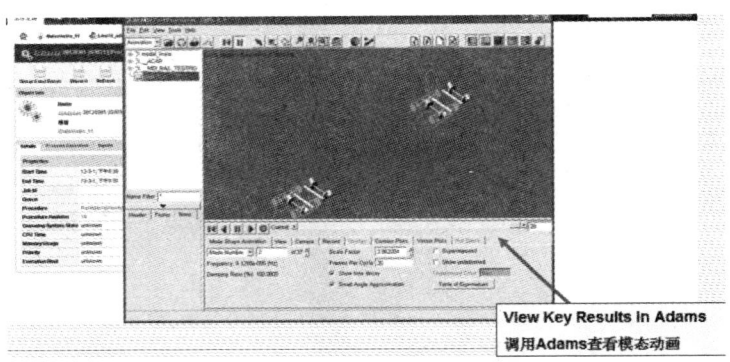

图 7-71　调用 Adams 动画显示刚体模态分析结果

(2) 车辆动力学分析——Adams 软件环境

第一步:CAE 用户×××登录系统(图 7-72)。

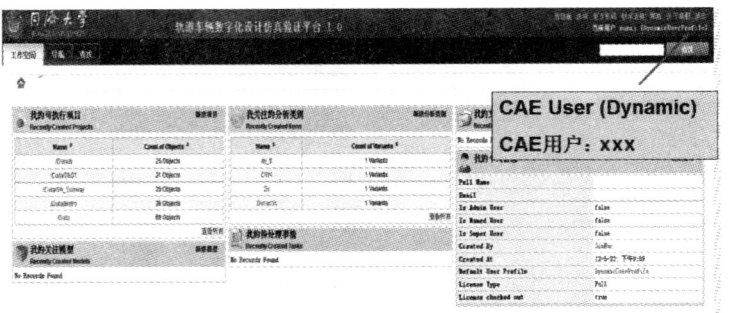

图 7-72　CAE 用户登录系统

第二步:进入 Adams 动力学分析模型目录下,点击动作菜单下的动力学分析——Adams,键入分析名称,选择分析对象模型(图 7-73),设定仿真时间(s)、仿真步长(点数)、速度(m/s)、轮轨摩擦系数、线路和激扰。

第三步:平台自动调用 Adams 进行动力学分析计算(图 7-74),并抽取关键结果。

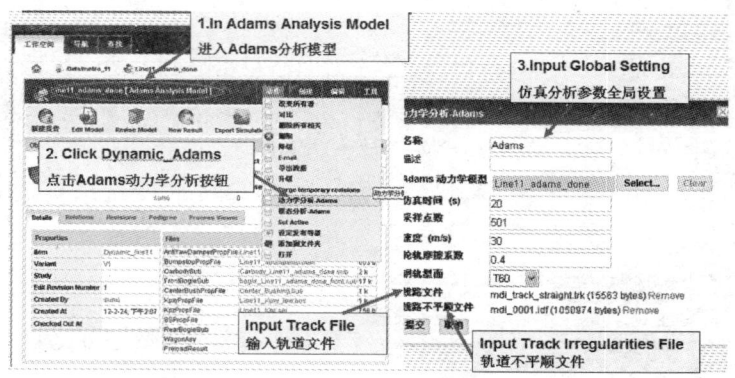

图 7-73　Adams 动力学分析界面

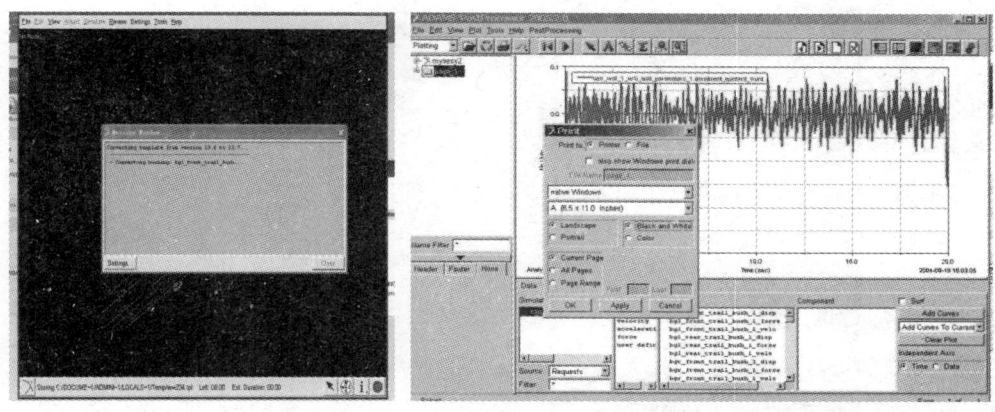

图 7-74　Adams 动力学分析

第四步：查看关键结果文件(图 7-75)。

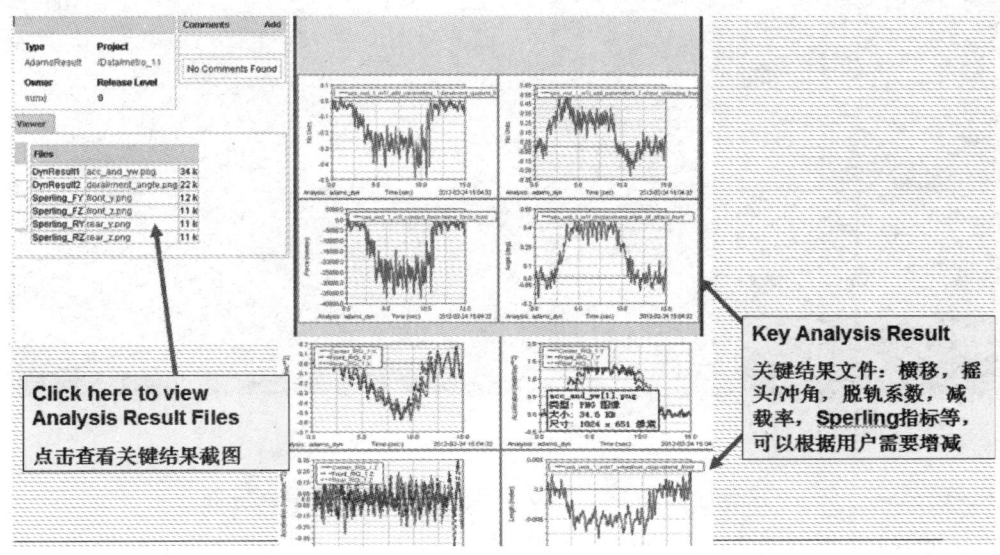

图 7-75　查看 Adams 动力学计算结果

计算完成后 Adams 自动关闭，结果文件上传到数据库。计算结果可以通过文件形式查看，也可以使用 Ensight 进行动画显示（流程见动力学结果 Ensight 动画显示）。

（3）车辆动力学分析——Simpack 软件环境

第一步：进入 Simpack 动力学分析模型目录下，点击动作菜单下的动力学分析-Simpack，键入分析名称，选择分析对象模型，如图 7-76，设定仿真时间（s），仿真步长（点数），速度（m/s），线路和激扰。

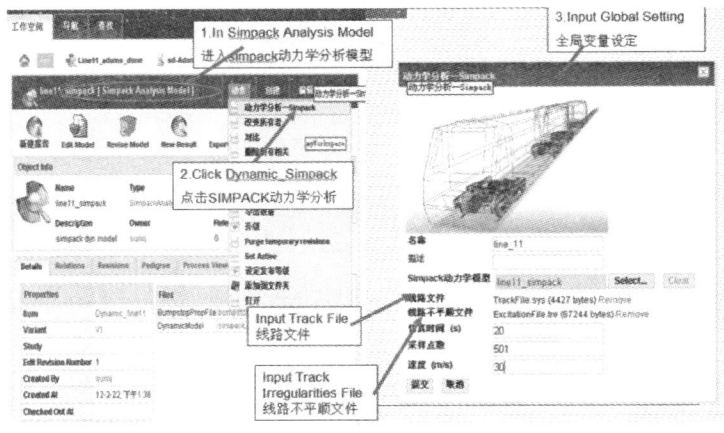

图 7-76　Simpack 动力学计算界面

第二步：平台自动调用 Simpack 进行动力学分析计算，如图 7-77-图 7-78 所示，并抽取关键计算结果。

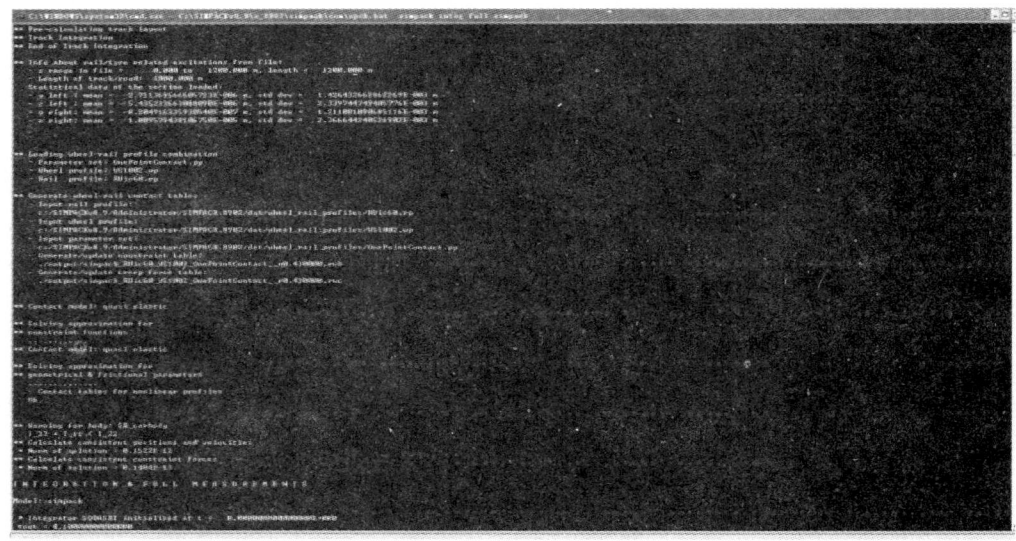

图 7-77　调用 Simpack 后台进行动力学计算

时间积分完成后，手动关闭窗口 cmd.exe，自动弹出 Simpack 主界面

在 Simpack 主界面手动选定计算模型，再点击 G2D plot，模型中定制了动力学计算结果（图 7-79）和车辆多体系统运动学结果（图 7-80）。

第 7 章 虚拟设计

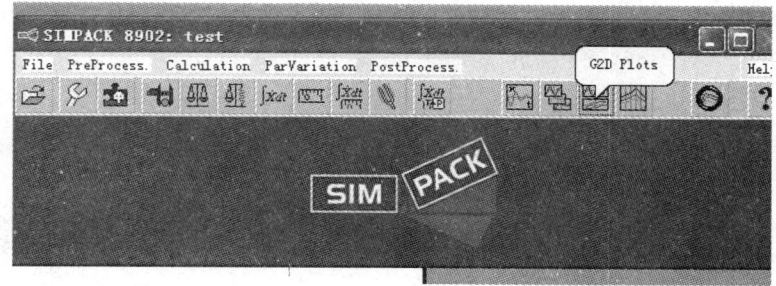

图 7-78　Simpack 主界面

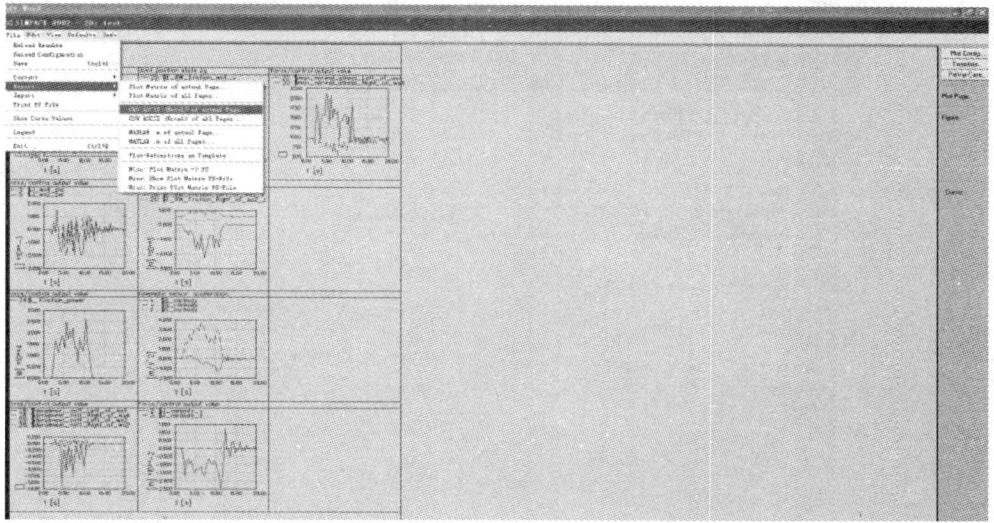

图 7-79　Simpack 动力学计算结果

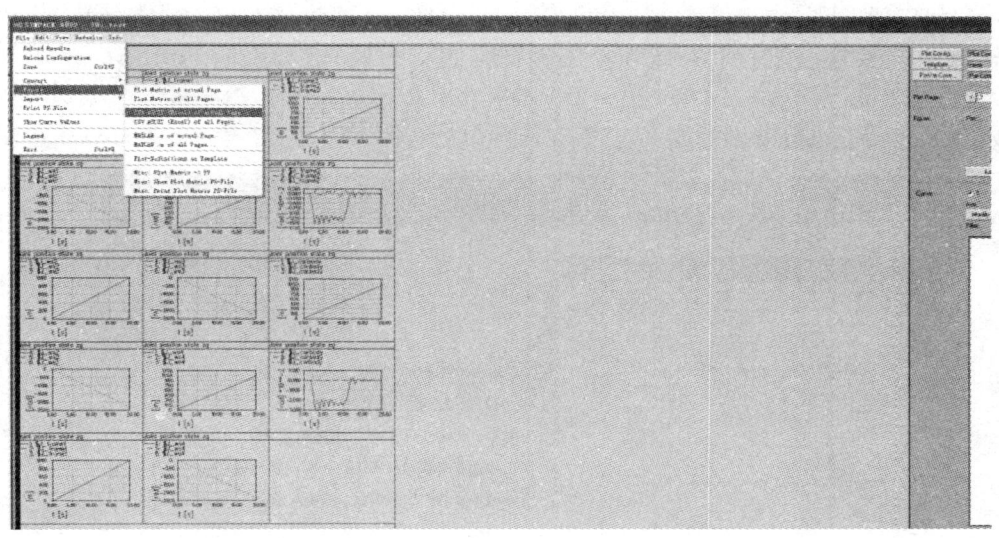

图 7-80　Simpack 运动学计算结果

· 315 ·

动力学结果(车轮横移,摇头角/冲角,轮轨横向力,脱轨系数,摩擦功率,车体加速度,ISO2631舒适性指标等Simpack自定义结果)可以使用G2D plot绘图,用于生成计算报告。也可以自己编写程序,计算其他动力学结果(如:sperling平稳性指标)。

第三步:保存关键结果。

File—Export—CSV ASCII(Excel)of actual Page 输出动力学计算结果为 result.csv

File—Export—CSV ASCII(Excel)of actual Page 输出车辆多体运动学结果为 motion.csv

注意:输出的两个csv文件名称不可以更改,也不可以更改其保存路径(采用默认路径)。

手动关闭所有Simpack程序相关窗口(G2D plot,Simpack主窗口和Simpack批处理窗口),动力学计算流程结束,系统上传两个文件(result.csv和motion.csv)到数据库,如图7-81。

图 7-81　Simpack 计算结果

7.4.7　FEA 静强度分析模块

转向架构架强度计算通常采用 MSC.Patran 或 HyperMesh 作为前、后处理器,因为上述两种软件的开放性较好,可以作为多种解算器的前后处理,如 Nastran、Abaqus、Marc、Dytran、LS-Dyna、Ansys 等。平台的 FEA 静强度分析模块集成了 Patran。

如图 7-82 所示,数字化仿真平台的 FEA 强度分析模块是应用三维模型(CAD)、材料库、

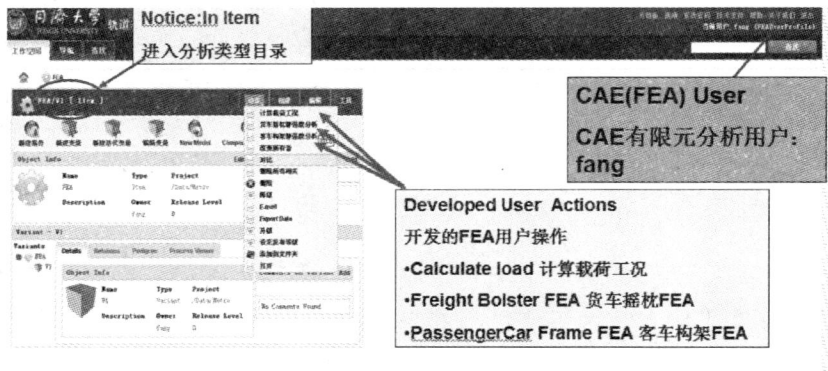

图 7-82　平台工作界面

第 7 章 虚拟设计

载荷库和有限元分析(FEA)、等不同领域的组合分析,实现对到轨道车辆系统关键零部件的强度计算。在 MSC.PATAN 环境下,建立转向架构架的有限元模型,按照相关的标准或规范,结合车辆的一些参数,自动施加载荷,根据一定的工况组合在 NASTRAN 中完成应力、变形、结构模态等相关分析后,输出相关结果数据文件、图表、曲线和动画等,形成标准报告。

1. 模块参数输入

对于不同的分析过程需要输入不同的参数,这些参数包括了分析所必需的信息,主要有轴重、转向架质量、车辆载重、车辆自重、车辆构造速度、零部件载荷载荷大小及方向、外部激励信息等。图 7-83 为客车转向架强度分析参数的输入界面。

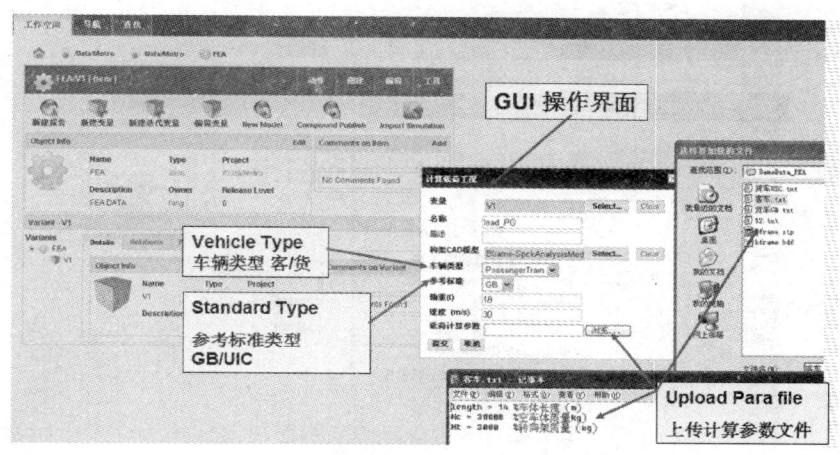

图 7-83 FEA 参数输入界面

2. 边界条件定义

边界条件是指分析过程中对模型施加的约束和载荷。根据分析对象及要求不同,需要输入相应的边界信息。分析过程中的边界条件根据规范或标准的不同而有所差异。对于不同的分析对象施加位置、大小、方向也各不相同。

边界经计算后写入文件,并通过系统程序读入。通过将不同大小、方向、作用位置的载荷及约束组合在一起即构成分析所需要的工况。

如图 7-84 所示,为客车转向架在国标下的各工况的载荷信息,每一列分别代表工况编号、

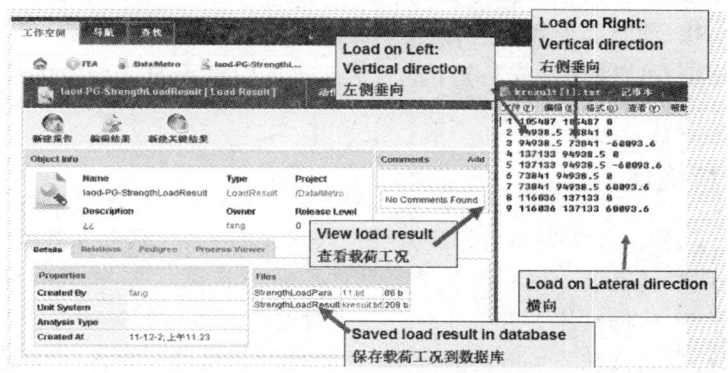

图 7-84 载荷、工况信息文件

构架左承载处载荷大小、构架右承载处载荷大小、构架两承载处横向载荷大小。在脚本文件中定义各个载荷所对应的施加位置,平台通过程序将此文件里的信息替换到脚本文件中,然后执行脚本,完成强度分析。

3. 工况定义

不同的分析过程需要将不同的载荷按照一定要求组合在一起形成工况。通常对于有限元分析需要使用垂直、横向、纵向载荷及其相关组合形成的工况。

工况通过相关规范或标准给定,以文件的形式保存于系统中。分析时只需选定所依照的规范或标准即可自动生成相应的工况,见图7-85。

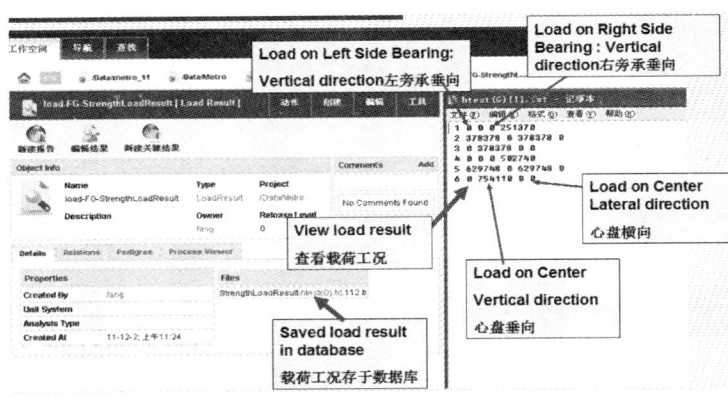

图7-85 查看载荷、工况界面

4. 规范及标准引用

计算过程完全依照相关规范或标准进行,主要包括:《TB01959—2006 摇枕侧架静强度及疲劳试验》、《UIC515-4 转向架构架结构强度试验》、《200 kmh 及以上速度级铁道车辆强度设计及试验鉴定暂行规定》、《GB/T 7928-2003 地铁车辆通用技术条件》、《TB/T1335—1996 铁道车辆强度设计及试验鉴定规范》、《TB/T 2368—2005 动力转向架构架强度试验方法》等。

规范或标准对载荷大小、方向、作用位置以及工况等提出的要求都保存于系统中,需根据分析对象及要求进行选取。

5. 后处理

使用 MSC. Patran、Hyperworks、Ensight 等后处理程序读入计算结果文件,并将结果以云文图、数据表、曲线、动画等形式输入,方便对结果进行分析评判。

对于有限元分析,可以输出:各工况下的合成应力或位移云图、动力响应曲线、各阶模态频率及振型等。

7.4.8 疲劳分析模块

如图7-86所示,数字化仿真平台的疲劳分析模块是材料库、载荷库和疲劳分析等不同领域的组合分析,实现对到轨道车辆系统关键零部件的疲劳计算。在 Matlab 环境下,按照界面定义的载荷分级标准,依据雨流计数程序对载荷进行处理。参照相关疲劳计算标准或规范,结合疲劳计算的参数,自动施加节点应力载荷谱,计算疲劳损伤值。输出相关结果数据文件、图表等,并形成报告。

第7章 虚拟设计

图7-86 疲劳分析模块

1. 模块参数输入

疲劳分析计算参数输入包括：载荷文件上传、载荷文件雨流计数的分级、疲劳分析标准类型、材料类型、残余应力情况、温度、焊缝类型、表面粗糙度、网格质量等，见图7-87。

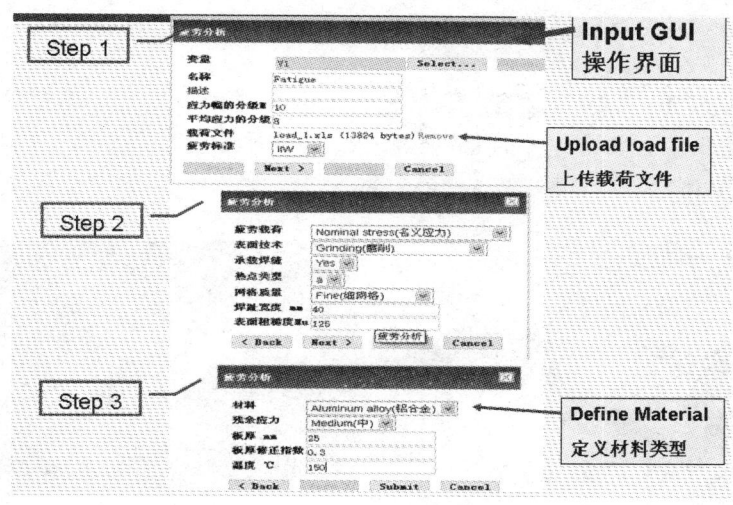

图7-87 疲劳分析参数定义界面

2. 规范及标准引用

疲劳分析模块的分析方法主要参考国际焊接学会(IIW)标准，IIW文件《焊接接头及其构件疲劳设计》中提供的各种级别的焊接接头疲劳强度的 $S-N$ 曲线是许多国际著名的焊接专家学者在实验室的试验数据。这些 $S-N$ 曲线考虑了焊缝形状所引起的局部应力集中、一定范围内的焊缝尺寸和形状偏差、应力方向、残余应力、冶金状态、焊接过程和焊后热处理，所以不仅具有权威性，而且具有工程实用性。对 $S-N$ 曲线的修正和具体的疲劳分析理论在第5章中有具体的介绍。在此仅给出根据IIW设计的疲劳分析模型流程见图7-88。

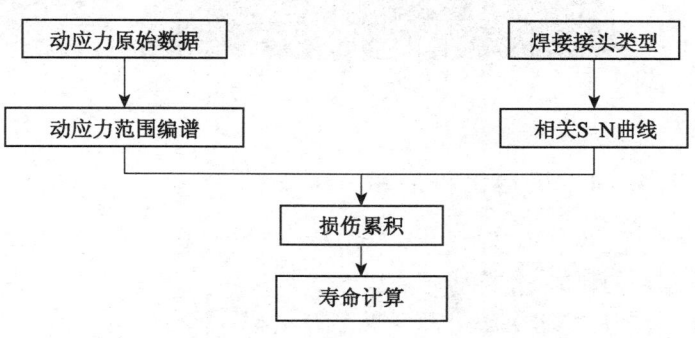

图7-88 基于IIW标准的疲劳分析流程

计算完成后,自开发的疲劳程序自动关闭,程序上传结果文件(包括载荷文件和疲劳损伤文件)到平台数据库,供平台用户查看。

7.4.9 虚拟现实功能模块

针对平台CEA仿真分析结果,特别是常用的动力学分析、强度分析、空气动力学流场分析等功能模块的仿真结果,如何快速有效的在平台上进行展现,比如动力学分析中包括轨道线路、桥梁和隧道、车辆、弓网等,为了实时再现车辆在线路上运行的动态性能,包括速度、位置、平稳性指标、加速度,特别是局部的振动和相互动态关系,同时可以对结构强度分析、空气动力学流场分析的结果进行虚拟动态显示,采用Ensight软件、动力学分析软件、轨道和现场虚拟场景制作软件三方面结合,构成平台的虚拟现实系统,实现车辆运行的动态显示。

该模块主要实现以下的功能:

(1) 实现轨道车辆运行虚拟环境的构建;

(2) 实现不同FEA分析软件生成的有限元模型和应力云图的静、动态统一显示;如图7-89所示。

(3) 实现Simpack、Adams或自主开发软件的动力学分析结果的虚拟再现,与虚拟环境结合,再现出来在线路上运行不同速度下各部件的动态性能显示和查询。同时为其他功能模块的后处理提供支撑,平台还提供了可选的分析报告模板;如图7-90所示。

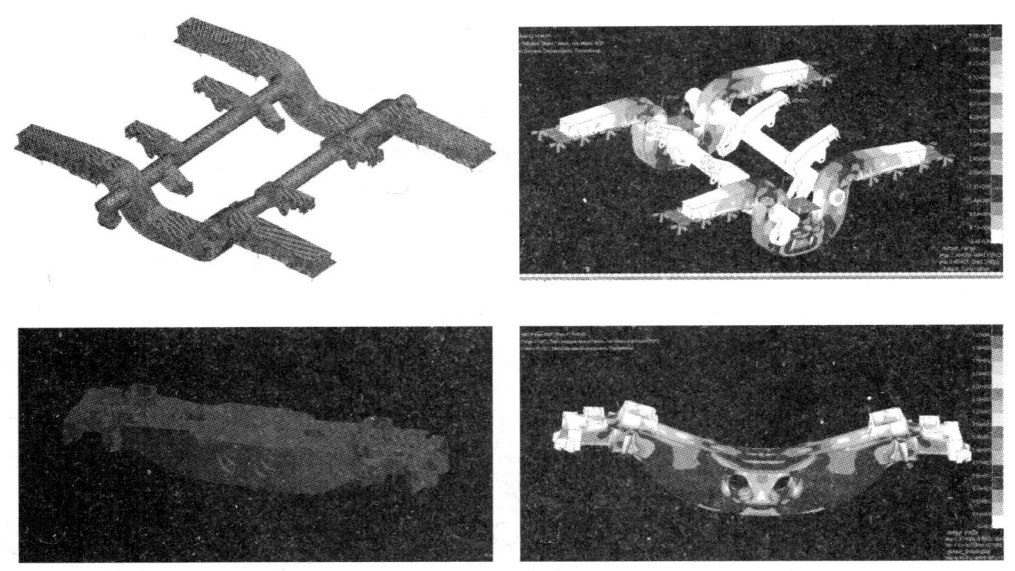

图7-89 基于Ensight环境下的FEA显示

7.4.10 平台工程应用

应用该平台的功能模块,结合工程应用实例,完成了以下工程应用,平台功能模块能实现预期的目的,分析结果合理可信。

(1) 某型动车组轮轨接触及虚拟镟修计算;

(2) 某型地铁车辆动力学仿真分析;

图 7-90　基于 Ensight 环境下车辆动力学仿真结果与运行再现

(3) 某型轨道车辆转向架构架数字化设计和强度分析；

(4) 某型转向架焊接构架疲劳损伤分析。

基于 Web 的轨道车辆专业特色数字化设计仿真和试验验证平台，在轨道交通设备整车和零部件制造企业均有广阔的应用空间，可逐渐使计算机信息技术更好地服务于企业，提升企业的虚拟产品开发(VPD)应用能力，为企业在新产品开发方面节省大量的设计和试验费用。

对整车制造企业，通过项目平台的实施和定制，将开发成熟的、服务于轨道交通装备数字化设计、分析和试验研究的管理系统，逐步升级为基于 VPD 技术的具有独立知识产权的轨道车辆设计开发软件产品，提升企业在轨道车辆产品开发领域上的自主创新研发能力。

对零部件制造企业，通过网络共享方式向这些企业开放本平台，一方面节省企业在软硬件方面的投入，同时又能缩短产品研发周期，节省研发成本，提高企业的产品竞争力。

基于平台的开放性和可扩展性，平台其他功能模块需要进一步开发：

(1) 零部件、车辆和列车系统的虚拟试验分析；

(2) 车辆被动安全性分析(结构碰撞、失效分析)；

(3) 列车运行控制(纵向动力学、牵引控制、制动控制)分析模块；

(4) 客室内外声学环境分析。

参考文献

[1] 严隽耄. 车辆工程[M]. 北京：中国铁道出版社，2011.
[2] 王安麟. 现代设计方法[M]. 武汉：华中科技大学出版社，2010.
[3] 张鄂. 现代设计理论与方法[M]. 北京：科学出版社，2007.
[4] 陈定方. 虚拟设计[M]. 北京：机械工业出版社，2004.
[5] 王国强. 现代设计[M]. 北京：化学工业出版社，2006.
[6] 熊光楞. 协同仿真与虚拟样机技术[M]. 北京：清华大学出版社，2004.